闽海学刊

第二辑

肖庆伟◎主编
闽南师范大学文学院◎编

海峡出版发行集团
THE STRAITS PUBLISHING & DISTRIBUTING GROUP
福建人民出版社

刊首语

闽海之称，由来已久。晚唐五代福建诗人黄滔《祭先外舅》云“绵邈吴山，苍茫闽海”，乃最早提及闽海一语，并有指代福建之意。至宋，闽海一语使用增多，或为福建士人自称，或为官游福建者自述。及元，改福建广东道为福建闽海道，并在江南诸道行御史台下设闽海道廉访司，这是中国历史上首次以“闽海”冠名设置的行政机构。至此，闽海已获得官方认可，正式成为福建区域地理的指称。自康熙二十二年清朝统一台湾，“台海”一语始现，其意初指台湾西部海域。至嘉、道间，闽海在地理内涵上已有覆盖台海之势。林树梅在向闽浙总督邓廷桢阐述全闽备海之策时说道：“闽海界连浙、粤，濒海之宁、福、兴、泉、漳、台，各有汊口，不能一一设备。”闽海已然包含福建、台海、台湾在内。

闽南师范大学地处闽海之南，学校建立之初，中文即为重点学科。陈炳昭、刘庆璋、林继中、汤漳平、张桂兴、王春庭、胡金望等教授辛勤耕耘，奠定学术之基础，薪火相传，迄今已逾六十载，学风日炽。2021 年，文学院幸获一级学科博士点，遂使中文学科登上新的发展平台。新的平台，需要承担更大的责任。爰此之际，编辑《闽海学刊》，秉持求是创新之宗旨，立足闽南，广对四海，发布高质量学术文章，展示中文学科相关领域的最新研究成果，促进学界交流合作，为推动中文学科发展贡献自己的绵薄之力。

回溯传统，展望未来。闽海拥有深厚的文化根基，我们从这里出发，与各地同道通力合作，相信终将走出一条有特色的学术之路。

闽南师范大学文学院

2024 年 7 月

目　录

古代文学研究

文献学研究

语言文字学研究

文艺学研究

琴学与古谱研究

闽南文化研究

CONTENTS

Classical Chinese Literature Studies

Philology Studies

Language and Philology Studies

Art and Literature Studies

Qin and Ancient Music Studies

Minnan Culture Studies

古代文学研究

略论僧人著述对《世说新语》的传播接受

李小荣
（福建师范大学闽台区域研究中心，福建福州　350007）

摘　要：《世说新语》是中古文学史上的瑰宝，因其记载了大量名僧、名士交往的典型事迹而备受后世僧俗两界的高度重视而广泛传播。就僧人著述说来，主要表现在史传、注疏、僧诗、语录和杂著中。它们传播接受《世说》的历程并不同步，最早的是史传，最晚的是杂著。其传播接受的方式有同有异：同者皆以引用典故为主；异者在于史传、注疏更重视原文的直接引用，其他类型则相对灵活，尚有大量意引，或活用、化用、反用典故的情况，尤其以禅宗语录最具创造性，常以《世说》为据建构戏剧化的新文本以达成小说证禅的目的。至于传播接受的原因则基本相同：从内因看，《世说》所载名僧、名士之交往事迹，是后世僧俗共同效法的典范，其好简尚奇的文学个性也与后世僧人的著述要求较为契合；从外因看，僧人著述使用《世说》典故的语境，往往与原典的文化场域有着高度的相似性。

关键词：僧人著述；《世说新语》；传播接受

刘义庆撰、刘孝标注《世说新语》[①] 是研究中古文学史、文化思想史、宗教史、社会生活史及士人精神史不可或缺的史料渊薮之一，由此促成了近年来中国古典学领域较为热闹的“《世说》学”之问世，[②] 并产生大量研究成果。不过，通览过往相关论著，我们不难发现在资料使用上尚有缺憾，那就是在讨论《世说新语》的传播接受时，多数学人对齐

---

①　该书又称《世说》《世说新书》。对其命名问题的较新研究，参李小龙：《〈世说新语〉命名的渊源、演变及定名困境》，《学术研究》2019 年第 6 期，第 158—164 页。又，本文论《世说》的传播接受，是把刘孝标注也包括在内。

②　刘强《“〈世说〉学”论纲》（《学术研究》2003 年第 11 期，第 74—81 页）的发表，可视作是“《世说》学”建立的雏形。至 2023 年，河南师范大学、南京大学、同济大学、洛阳师范学院、黄淮学院先后主持召开了五届“《世说》学”国际学术研讨会，可见“《世说》学”的影响越来越大。

梁以后僧人的著述未给予充分重视。[①] 笔者因阅藏有年，且对僧人著述与中古文学名著《文选》《文心雕龙》的传播接受有所涉猎，[②] 故对《世说新语》的相关问题也有一些不成熟的看法，谨请海内外方家批评指正。

一、传播接受的类型

中古以降的僧人著述，内容丰富，形式多样。虽说释家保有自己的著述传统，[③] 但总体说来与教外著述一样，具有与时俱进的特点。换言之，在不同历史阶段，僧人传播接受《世说新语》之著述的生成场域、文本性质并非完全相同。兹按著述内容与性质，大致分成如下几类：

（一）史传

中土史学传统悠久，渊源深厚，佛教史学也相当发达。[④]《世说新语》及其注本问世后，较早接受它的僧人著述是史传。现按时间先后，择要介绍如下：

1. 释慧皎

慧皎撰《高僧传》14卷，其史料来源之一就是《世说》。如卷四“晋豫章山康僧渊”说：“琅琊王茂弘以鼻高眼深戏之，渊曰：‘鼻者面之山，眼者面之渊，山不高则不灵，渊不深则不清。’时人以为名答。”[⑤] 王、康对话，更早出处即《世说新语·排调第二十五》之二十一则，[⑥] 两相比较，主体内容完全相同，仅慧皎多加了一句评述语“时人以为名答”。[⑦] 同

① 如刘强《〈世说新语〉研究史论》（上海：复旦大学出版社，2019年，第74—82页）仅涉及《高僧传》与《世说新语》及刘注的继承关系，马彦峰《〈世说新语〉传播接受史述略》（西北师范大学2018年硕士学位论文）、杨丹《唐宋诗引用〈世说新语〉典故研究》（中南大学2022年硕士学位论文）等，则偶引佛教文献（含僧诗）为证。又，《世说新语》及刘注都记载佛教东传华夏后名僧与名士交往之事，故就《世说》和佛教文化之关联性研究而言是题中应有之义，如戴丽琴、姜广振先后撰写同题博士学位论文《〈世说新语〉与佛教》（华中师范大学，2010年；南京师范大学，2016年）。

② 参李小荣、侯艳：《论僧人撰述与〈文选〉的传播》，《福州大学学报》（哲学社会科学版）2008年第3期，第78—84页；李小荣：《两宋佛经注疏对〈文心雕龙〉的直接引用》，《宝鸡文理学院学报》（社会科学版）2019年第4期，第5—10页。

③ 举例说来，佛经目录、版本、音韵、文字等自成体系，与佛教史学、佛经翻译等一道构成了专门的佛教文献学。

④ 相关研究，参见曹仕邦《中国佛教史学史——东晋至五代》（台北：法鼓文化事业有限公司，1999年）、曹刚华《宋代佛教史籍研究》（上海：华东师范大学出版社，2006年）、《明代佛教方志研究》（北京：中国人民大学出版社，2011年）、《清代佛教史籍研究》（北京：人民出版社，2018年）等。

⑤ 慧皎撰，富世平点校：《高僧传》上，北京：中华书局，2023年，第149页。

⑥ 刘义庆撰，刘孝标注，余嘉锡笺疏：《世说新语笺疏》（修订本），上海：上海古籍出版社，1993年，第799页。

⑦ 按，《高僧传》对康僧渊“名答”的叙述，后来多被僧人著述所袭用，如释道世《法苑珠林》卷三三（《大正新修大藏经》第53册，台北：新文丰出版公司，1983年，第685页上栏）等。

卷“晋剡沃州山支遁”又引郗超与谢安对话：

“林公谈何如嵇中散？”安曰：“嵇努力裁得去耳。”又问：“何如殷浩？”安曰：“亹亹论辩，恐殷制支，超拔直上渊源，浩实有惭德。”①

此处文字，基本上和《世说新语·品藻第九》之六十七则②相同，后者虽将对话者改成“郗嘉宾”（郗超，字嘉宾）、“谢太傅”（谢安死后，追赠太傅），③ 然所指人物无别。卷五“晋长安五级寺释道安”则载，习凿齿向道安“饷梨十枚”后，“正值众食，便手自剖分，梨尽人遍，无参差者”④。此分梨故事，虽不见于今传通行本《世说新语》，但出自北宋皇家所编《太平御览》，⑤ 当属佚文。由此三例可知，《高僧传》接受传播《世说新语》的主体内容，在于后者所记载的高僧事迹。

2. 释法琳

据释彦琮撰《唐护法沙门法琳别传》卷中载，贞观十一年（637）春正月，法琳作为释家代表向李世民上表云：“琳年迫桑榆，始逢太平之世；貌侵蒲柳，方值圣明之君。”⑥ “蒲柳”出自《世说新语·言语第二》之五十七则：“顾悦与简文帝同年，而发早白。简文曰：‘卿何以先白？’对曰：‘蒲柳之姿，望秋而落；松柏之质，经霜弥茂。’”⑦ 法琳用典，除称赞对方与简文帝一样身份高贵外，还有乞求对方怜悯而取消诏令“道士女官在僧尼之前”的用意。当然，这是法琳惯有护教立场的表现，早在武德四年（621）太史令傅奕上书高祖主张废除佛教、沙门还俗之时，法琳便以《破邪论》予以批驳，其卷下引《世说》“鲁人尚不贵东家丘，邪见岂信有西方佛”后，颇为愤怒地指出：“根深难拔，悲夫！”⑧

3. 释道世

其人撰有《诸经要集》20卷、《法苑珠林》100卷，⑨ 二书皆引用《世说》。如《法苑珠林》卷三六“感应缘”引《世说》曰：“桓车骑时有陈庄者，入武当山中学道，所居有白烟，香气闻彻。”⑩ 是条为《世说》佚文，⑪ 内容重在宣扬佛教香华供养的灵验，若结合《太平御览》引《世说》另一佚文“桓车骑时有陈庄者，为府将，性仁爱，虽存行阵，未

---

① 慧皎撰，富世平点校：《高僧传》上，第160页。

② 刘义庆撰，刘孝标注，余嘉锡笺疏：《世说新语笺疏》（修订本），第533页。

③ 《高僧传》对世俗人物多直呼其名，而少称字或官衔，也是一大特色。

④ 慧皎撰，富世平点校：《高僧传》上，第183页。

⑤ 李昉等：《太平御览》卷九六九，北京：中华书局，1960年，第4296页下栏。

⑥ 《大正新修大藏经》第50册，第203页下栏。

⑦ 刘义庆撰，刘孝标注，余嘉锡笺疏：《世说新语笺疏》（修订本），第117页。

⑧ 《大正新修大藏经》第52册，第489页上栏。又，是条属于《世说》佚文。

⑨ 《诸经要集》编成于唐显庆四年（659），至总章元年（668）又扩充为《法苑珠林》。

⑩ 《大正新修大藏经》第53册，第573页上栏。

⑪ 是条又见《太平御览》卷九八一“香部一”引《世说》，结句作“所居恒有白烟，香气闻彻”（第4343页上栏），多出“恒”字，语气更顺，是。

尝杀戮”[①]，则知陈庄虽为将军，却常持杀生之戒，故后来修道才有种种灵验。再如卷七五“邪淫部第六”之“述意部第一”批判“凡夫颠倒，纵此贪迷，妄见妖姿，恋着华态”时举例说“遂使然香之气，迥袭韩寿之衣”，[②] 其所述韩寿偷香典故，出自《世说新语》“惑匿第三十五”之第五则。[③]

4. 释慧宝

中唐沙门神清撰有《北山录》，北宋慧宝为之作注。如注卷三“合王霸第五”之“而澄亡，彼群胡尸于冉闵矣”时，引《世说》云：

> 图澄亡，石虎于棺载尸，唯袈裟在。冉闵，石虎养孙，谋勇绝伦，杀石鉴而自立。旌旗钟鼓，绵亘百里，唯事杀戮，为慕容恪擒而杀之，左右七里，草木悉枯。[④]

此处叙佛图澄事，出自《世说新语·言语第二》第四十五则注引《澄别传》。[⑤] 叙冉闵事，则为《世说》佚文。卷四“宗师议第七”述支遁事迹曰：

> 后出沃州，于山阴讲《维摩经》，许询为都讲。遁通一义，众谓询无所措难。询设一难，亦谓遁不能通。

慧宝注：“《世说》曰：许询，字玄度，好游山水，而便登涉。隐永兴幽穴，每致四方诸侯之遗。山阴县在越州，即王右军兰亭曲水在此。有越王勾践小城犹在。”[⑥] 其对许询的介绍，是综合《世说·栖逸第十八》之十六则、十三则的相关内容而成。[⑦] “山阴县”云云，似为《世说》注佚文。

5. 释祖琇

释祖琇《隆兴佛教编年通论》卷三“逸士许询”条，是今存古文献中叙述东晋玄言诗人许询生平事迹最详细者，其文曰：

> 许询，字玄度，高阳人，魏中领军允曾孙也。澡心学佛，甚为江左诸公卿仰慕。简文帝高其风，每月白风恬，思清言妙理，必造焉。至其亹亹，简文不觉前席，达旦忘倦。帝谓亲友曰：“玄度才情，故未易有。”刘真长为时谭宗，而与结清言友，每谓人曰：“吾不见玄度，几为轻薄令尹。”又尝曰：“清风明月，何尝不思玄度？”
>
> 初，隐永兴山，而四方诸侯馈送络绎。有谓曰：“箕山似不尔。”许曰：“筐筥苞苴，故轻于天下之宝。”许健而便登陟，时谓其“非徒有胜情，亦有济胜具”。每谓：

---

① 李昉等：《太平御览》卷四一九，第 1934 页上栏。

② 《大正新修大藏经》第 53 册，第 847 页中栏。又，《诸经要集》卷一四“十恶部第二十三”之“邪淫缘第三”同此（参《大正新修大藏经》第 54 册，第 134 页下栏）。

③ 刘义庆撰，刘孝标注，余嘉锡笺疏：《世说新语笺疏》（修订本），第 921 页。

④ 神清撰，慧宝注，德珪注解，富世平校注：《北山录校注》，北京：中华书局，2014 年，第 176 页。

⑤ 刘义庆撰，刘孝标注，余嘉锡笺疏：《世说新语笺疏》（修订本），第 106 页。

⑥ 神清撰，慧宝注，德珪注解，富世平校注：《北山录校注》，第 281 页。

⑦ 刘义庆撰，刘孝标注，余嘉锡笺疏：《世说新语笺疏》（修订本），第 661、660 页。

"自司马相如、王褒、扬雄诸贤，世尚赋颂体，则《诗》《骚》傍综百家之言。及建安，而诗章大盛。逮西朝之末，潘、陆之徒虽时有质文，而宗归不异也。正始中，王、何好《老》《庄》玄理之谭，世遂贵焉。过江，佛理尤盛。郭璞五言，始会道家之意，言而韵之。余及兴公，又加六世之辞，而《诗》《骚》之体尽矣。"（出阁本《世说》）①

祖琇明确标注其材料来源是"阁本《世说》"，即当时皇家图书馆收藏的《世说新语》。祖琇极有可能借阅到皇家藏书，这从"刊头法眼宗应助雕此目录一卷"②（按，指《隆兴编年通论》目录）是用"御制七纸"的史实得到有力印证。问题在于，祖琇所阅是哪一种"阁本"？从《隆兴佛教编年通论》撰成于南宋隆兴二年（1164）这一史实推断，祖琇参考的不大可能是北宋王尧臣等庆历六年（1047）所编《崇文总目》卷五著录的"《世说》十卷"，③ 只能是陈骙、吕祖谦等淳熙五年（1178）撰《中兴馆阁书目》所载南渡以来皇家图书馆重建以后所藏之《世说》。此外，绍兴八年（1138）董弅严州校刊本《世说》问世后，很快就取得"定本"效应，当时除了一两种抄本外，其他多属董弅本之印本，甚至还成为此后最权威、最通行的版本。④ 然以前引祖琇文字对勘董弅以来的各种《世说》刻本，都找不到任何一处有如此完整的关于许询之介绍。⑤ 因此，祖琇依据的"阁本"，有可能是失传近千年的另一《世说》版本。

（二）注疏

较重要的有：

1.《观音玄义》

隋代天台智顗述，门人灌顶记，旨在阐释《法华经》卷七《观世音菩萨普门品》的五重玄义。其卷上有云：

福慧相须，本不相离。若定而无慧者，此定名痴定，譬如盲儿骑瞎马，必堕坑落堑而无疑也。⑥

智顗所用比喻，出自《世说·排调第二十五》之六十一则"盲人骑瞎马，夜半临深池"，⑦ 意在强调去除"痴定"的必要性。

---

① 《大藏新纂卍续藏经》第75册，石家庄：河北省佛教协会，2006年，第122页上栏。

② 《大藏新纂卍续藏经》第75册，第110页中栏。又，"六世"当作"三世"，"六"是"三"之讹。

③ 王尧臣、王洙、欧阳修等编：《崇文总目》卷五，《景印文渊阁四库全书》第674册，台北：台湾商务印书馆，1986年，第64页下栏。

④ 潘建国：《〈世说新语〉在宋代的流播及其书籍史意义》，《文学评论》2015年第4期，第165—177页。

⑤ 笔者另有专文《祖琇〈逸士许询〉辩证》（待刊稿）予以详细讨论，此不赘述。

⑥ 《大正新修大藏经》第34册，第881页下栏。

⑦ 刘义庆撰，刘孝标注，余嘉锡笺疏：《世说新语笺疏》（修订本），第821页。

2.《西方要决释疑通规》《西方要决科注》

《西方要决释疑通规》相传为窥基所作，但众说纷纭，迄无定论。传入日本后，基辨为之作注，成《西方要决科注》二卷。后者卷上释“色丝之妙，达者须臾，所以取舍不明，浪生疑执”时说：

> 色丝之妙，犹言绝妙也。《世说新语》曰：魏武尝过曹娥婢（碑）下，杨修从，碑背上见题作“黄绢幼妇，外孙齑白”八字。魏武谓修曰：“解不?”答曰：“解。”魏武曰：“卿未可言，待我思之。”行三十里，魏武乃曰：“吾已得。”令修别记所知。修曰：“黄绢，色丝也，于字为绝。幼妇，少女也，于字为妙。外孙，女子也，于字为好。齑白，受辛也，于字为辞。所谓‘绝妙好辞’也。”魏武亦记之，与修同，乃叹曰：“我才不及卿。”乃觉三十里。①

是处引文出《捷悟第十一》第三则，② 文字全同于刘义庆原著。换言之，该科注表明窥基所用“色丝”典故，就出于《世说》。

3.《肇论疏》

初唐元康撰，三卷。其卷中云：

> “将无以”者，意言以也，如《世说》云“将无同，意言同也”，以般若体性不取着于真谛，无惑取之知，故曰无知耳。③

“将无以”三字，出自《肇论·般若无知论》：“然经云般若清净者，将无以般若体性真净，本无惑取之知。本无惑取之知，不可以知名哉。”④ 而“将无同”出《文学第四》第十八则所载阮宣子答太尉王夷甫“老、庄与圣教同异”之语。⑤“意言同”，似为刘注佚文。

卷中释《隐士刘遗民书问》“古人不以形疏致淡”，又说：

> 而言“古人”者，《世说》云：嵇康吕安，暂一相思则千里命驾。安时寻康，康不在，见嵇熹，熹要安过，安不应，直书门上作凤字。古凤字凡中着鸟，谓熹为凡鸟，故不过也。⑥

此处引证的嵇康、吕安故事，出自《世说·简傲第二十四》的第四则，⑦ 文字略有不同，当是元康所据为唐代写本之故也。

卷中释《答刘隐士书》“每一言集，何尝不远”者时，则谓：

> 古贤《诫子书》云：昔侍座于先帝，时有三长史俱来会座。帝谓之曰：“为官长

① 《大藏新纂卍续藏经》第61册，第103页上栏。

② 刘义庆撰，刘孝标注，余嘉锡笺疏：《世说新语笺疏》（修订本），第579页。

③ 《大正新修大藏经》第45册，第179页上栏。

④ 僧肇著，张春波校释：《肇论校释》，北京：中华书局，2010年，第79页。

⑤ 刘义庆撰，刘孝标注，余嘉锡笺疏：《世说新语笺疏》（修订本），第207页。

⑥ 《大正新修大藏经》第45册，第182页上栏。

⑦ 刘义庆撰，刘孝标注，余嘉锡笺疏：《世说新语笺疏》（修订本），第769页。

者，当清、当慎、当勤。此三者，何患不治乎?”及去。帝谓余曰：“必不得已而去，于斯三者何先唱为本?”对曰：“慎乃为本。夫清不必有慎，慎无不清，犹仁者必有勇，勇者不必有仁也。”帝曰：“卿举比来慎者为谁?”乃举数人。帝曰：“卿所举人，亦各其慎。然天下至慎，其唯阮嗣宗，每与之言，言及悬远，未尝臧否人物。”今用此事也。①

此处叙述司马昭、阮籍之故事，元康虽未标示出自《世说》，然其文字大同于《德行第一》第十五则之刘注，② 只不过后者点明是“李秉《家诫》”。“今用此事也”，则是元康的评述性说法，意在以阮籍喻刘遗民。

4.《法华经玄赞要集》

是书35卷，中晚唐栖复集。其卷一三云：

言“色力等”者，色谓容色，如潘安仁掷果盈车，何晏人疑傅粉。③

此处所举出何晏、潘岳之事，分别出自《容止第十四》第二则及第七则刘注《语林》。④ 栖复以二人为例，意在劝戒世人勿贪美色。

5.《维摩经略疏垂裕记》

是书10卷，孤山智圆撰成于北宋大中祥符八年（1015）十二月。其卷四曰：

刘义庆《世说新书》云：晋太尉陶侃语人曰：“圣人惜乎寸阴，众人当惜分阴。”诸参佐或以戏废事，乃取樗蒲局投之于江。⑤

此叙陶侃事，出《政事第三》第十六则刘孝标注引《晋阳秋》《中兴书》，⑥ 但文字比刘注更简略。细绎智圆之意，意在用俗世故事激励出世修行者要像陶侃那样珍惜光阴，精进不止。

6.《楞严经熏闻记》

是书亦10卷，释仁岳撰于北宋庆历五年（1045）。其卷二云：

“谈说酢梅，口中水出”者，《世说》云：魏武帝行失道，三军皆渴，帝令曰：“前有大梅林，饶子，甘酸，可以解渴。”士卒闻之，口皆水出。⑦

此处所据即著名的望梅止渴故事，出自《假谲第二十七》第二则。⑧ 不过，仁岳引之，意在批判妄念不可执。同书卷五又说：“陵率，谓勇心高率者，陵即高也，《世说》云：刘麟

① 《大正新修大藏经》第45册，第184页中—下栏。
② 刘义庆撰，刘孝标注，余嘉锡笺疏：《世说新语笺疏》（修订本），第17—18页。
③ 《大藏新纂卍续藏经》第43册，第480页上栏。
④ 刘义庆撰，刘孝标注，余嘉锡笺疏：《世说新语笺疏》（修订本），第606、608页。
⑤ 《大正新修大藏经》第38册，第701页上栏。
⑥ 刘义庆撰，刘孝标注，余嘉锡笺疏：《世说新语笺疏》（修订本），第178—179页。
⑦ 《大藏新纂卍续藏经》第11册，第727页中栏。
⑧ 刘义庆撰，刘孝标注，余嘉锡笺疏：《世说新语笺疏》（修订本），第851页。

之为性高率。”[①] 其引语出自《栖逸第十八》第八则“南阳刘驎之，高率善史传”。[②] 细绎前后文，若据仁岳引文，《世说》原文校作“南阳刘驎之，为性高率，善史传”，语义更完整。

7.《祖庭事苑》

是书八卷，睦庵善卿至迟完成于北宋大观二年（1108）。它是一部以解释云门宗语录为主（兼顾临济宗、法眼宗）的禅宗语录词典，其中多引《世说》（含注）来解释僧诗用典的出处，如卷三所释雪窦重显《祖英集上》“难兄难弟”条云：

> 东汉陈元方子长文，即陈群也，与季方子孝光各论其父功德，争之不决，咨于太丘。太丘即陈寔，元方季方父也。太丘曰：“元方难为兄，季方难为弟。”
>
> 又，晋王珉字秀杰，少有才艺，名出于兄王询之右。语曰：“法护非不嘉，僧弥难为兄。”法护，询小字；僧弥，泯小字也。[③]

此注“难兄难弟”，前者出于《德行第一》第八则，[④] 后者出于《政事第三》第二十四则刘注引《珉别传》、《规箴第十》第二十二则刘注引《续晋阳秋》，[⑤] 重显原诗《送显冲禅者之雪上觐兄著作》则云：“选佛选官应在我，难兄难弟不唯他。”[⑥] 显而易见，善卿认为重显是综合运用了前述两组典故，所以才一并注出。

卷四所释是雪窦重显《祖英集下》，“买山”条引《世说新书》云：

> 支公因人就深公买隐山，深公曰：“未闻巢、由买山而隐。”[⑦]

此所释诗作是重显《和于秘函见召之什二首》其一“斋中既是清凉国，应笑支公别买山”，[⑧] 典故出自《排调第二十五》第二十八则，[⑨] 重显反用之，旨在强调对支遁的超越。

同卷“拂云雾”条则谓：

> 晋卫瓘见乐广曰：“见此人莹然，若披云雾而睹青天也。”[⑩]

此注的是重显诗《送僧之金华兼简周屯田》“若到金华拂云雾，不应容易见文星”，[⑪] 典故

---

① 《大藏新纂卍续藏经》第 11 册，第 772 页上—中栏。

② 刘义庆撰，刘孝标注，余嘉锡笺疏：《世说新语笺疏》（修订本），第 654 页。又，麟、驎，传世文献混用。刘驎之、刘麟之，皆指刘子骥。如虞世南辑《北堂书钞》卷六八引《世说》云“南阳刘麟之，隐居于阳岐”；清光绪十四年南海孔氏三十有三万卷堂景宋刻本，第二页 a。

③ 《大藏新纂卍续藏经》第 64 册，第 356 页下栏。

④ 刘义庆撰，刘孝标注，余嘉锡笺疏：《世说新语笺疏》（修订本），第 11 页。

⑤ 刘义庆撰，刘孝标注，余嘉锡笺疏：《世说新语笺疏》（修订本），第 186、570 页。

⑥ 《大正新修大藏经》第 47 册，第 703 页中栏。

⑦ 《大藏新纂卍续藏经》第 64 册，第 366 页上栏。

⑧ 《大正新修大藏经》第 47 册，第 707 页上栏。

⑨ 刘义庆撰，刘孝标注，余嘉锡笺疏：《世说新语笺疏》（修订本），第 802 页。

⑩ 《大藏新纂卍续藏经》第 64 册，第 367 页上栏。

⑪ 《大正新修大藏经》第 47 册，第 707 页下栏。

出自《赏誉第八》第二十三则刘注引王隐《晋书》。[①]

卷六所释是风穴《众吼集》，其“骑牛穿市”条云：

> 《世说》云：晋王恺，字君夫。有牛名曰八百里骏，常莹其蹄角。与石崇出游，日晚，争入洛城。崇牛迅若飞，恺牛绝走不能及。[②]

此处引文，是综合《汰侈第三十》第六则、第五则[③]相关内容而成，但文字方面删减较多。而且，即便是引用原文，个别地方也有不同，如第六则正文说牛名“八百里駮”，“骏”“駮”字形相近，可能是刊刻时手民误植；第五则正文描述石崇之牛的速度是“迅若飞禽”，善卿引文似夺一“禽”。此外，需要特别说明的是，《世说》中并无“骑牛穿市”一词（甚至连“骑牛”“穿市”也未见），它当是五代宋初临济宗风穴延沼禅师《众吼集》首创。睦庵善卿只是把历史中相同的事件汇集到“骑牛穿市”的条目下而已，因为他除了征引《世说》外，还引了《三齐略记》宁戚骑牛夜遇齐桓公而唱《饭牛歌》的典故。换言之，《世说》并非禅宗典故“骑牛穿市”的唯一出处。

8.《楞严经合辙》

通润撰于明天启元年（1621），共10卷。其卷一云：

> 弃本有而不知恋妄想而不舍，所谓“小时了了，大未必佳”。[④]

此处“小时”等八字，出于《言语第二》第三则所载陈韪讥讽孔融之语。[⑤]

9.《禅林疏语考证》

是书四卷，明永觉元贤禅师撰，超然道果注，系道果对元贤《禅林疏语》所作的注释与考证，其中也有出自《世说》者。如卷二“秋科立愿”条注“着鞭”曰：

> 东晋刘琨与祖逖为友，与亲故书曰：“吾枕戈待旦，志枭逆虏，常恐祖先生先吾着鞭。”[⑥]

此处引文，实出自《赏誉第八》第四十三则刘注引《晋阳秋》。[⑦]

同卷“祈嗣”条注“伯道”曰：

> 晋邓攸，字伯道……又遇贼掠其牛马，步走担其儿及其弟子。绥、度不能两全，乃谓妻曰：“吾弟早亡，惟有一息，理不可绝止，应自弃我儿耳，幸而得存，我后当有子。”妻泣而从之，乃弃己子。后卒以无嗣。时人义而哀之曰：“天道无知，使邓伯

---

① 刘义庆撰，刘孝标注，余嘉锡笺疏：《世说新语笺疏》（修订本），第434页。又，“拂云雾”之“拂”字，《世说》本文作“披”，刘注作“廓”，意义区别甚小。

② 《大藏新纂卍续藏经》第64册，第389页下栏。

③ 刘义庆撰，刘孝标注，余嘉锡笺疏：《世说新语笺疏》（修订本），第881、880页。

④ 《大藏新纂卍续藏经》第14册，第284页上栏。

⑤ 刘义庆撰，刘孝标注，余嘉锡笺疏：《世说新语笺疏》（修订本），第56页。

⑥ 《大藏新纂卍续藏经》第63册，第687页下栏。

⑦ 刘义庆撰，刘孝标注，余嘉锡笺疏：《世说新语笺疏》（修订本），第445页。

道无儿。”①

此叙邓攸无子的缘由，主要是综合《德行第一》第二十八则注引《晋阳秋》、邓粲《晋纪》、王隐《晋书》、《中兴书》而成。② 但“天道无知”云云，出自唐修《晋书》卷九〇《良吏传》。③

卷三“荐父通用”条释“桥木之亲”又云：

> 《世说》曰：伯禽与康叔见周公，三见三笞之。乃问商子，商子曰：“南山之阳有木名桥，南山之阴有木名梓，何不往观之？”二子往观，见桥木高而仰，梓木实而俯。还告商子，商子曰：“桥者父道，梓者子道也。”注：为子者见父，不能卑下逊顺，如梓木实而俯，是以遭挞也。④

是处引文见《排调第二十五》第六十二则刘注引《尚书大传》，⑤ 但文字有删减和调整。

10.《禅林象器笺》

是书20卷（目录另为一卷），日僧无著道忠编，宽保元年（1741）刊行。其卷六引《世说》云：

> 支道林常养数匹马。或言：“道人畜马不韵。”支曰：“贫道重其神骏。”⑥

此引文出自《言语第二》第六十三则，⑦ 文字与原文毫厘不差。

11.《沙弥律仪要略述义》

是书二卷，清初杭州昭庆万寿戒坛传律沙门书玉撰，是对袾宏所辑《沙弥律仪要略》的科释。其卷上释袾宏‘锄金不顾，世儒尚然；释子称贫，蓄财奚用”⑧ 时说：

> “不顾”者，《世说新语》云：“汉管幼安讳宁，与华歆园中锄茶，见地上有片金，管挥锄与瓦无异，歆捉而掷之。”时人以此定管、华之优劣，故曰“世儒尚然”。⑨

此处引文出《德行第一》第十一则及刘注引《傅子》。⑩ 书玉不但明确了袾宏“锄金”典故的出处，而且赞同时人对管、华二人优劣的定评，并以世儒榜样激励释子应安贫乐道。

综上所述，则知注疏型涉及佛教经、律、论各部，是僧人著述传播接受《世说》的主要载体之一。而《祖庭事苑》《禅林疏语考证》中的例证，又说明禅宗兴起后，除了丛林仪式性的疏类作品外，诗僧也大量使用《世说》及刘注之语典、事典（灯录、语录中的例

① 《大藏新纂卍续藏经》第63册，第695页中栏。
② 刘义庆撰，刘孝标注，余嘉锡笺疏：《世说新语笺疏》（修订本），第29页。
③ 房玄龄等：《晋书》卷九〇，北京：中华书局，1974年，第8册，第2340页。
④ 《大藏新纂卍续藏经》第63册，第708页上栏。
⑤ 刘义庆撰，刘孝标注，余嘉锡笺疏：《世说新语笺疏》（修订本），第822页。
⑥ 蓝吉福主编：《大藏经补编》第19册，台北：华宇出版社，1986年，第183页下栏。
⑦ 刘义庆撰，刘孝标注，余嘉锡笺疏：《世说新语笺疏》（修订本），第122页。
⑧ 《嘉兴大藏经》第32册，台北：新文丰出版公司，1987年，第590页上栏。
⑨ 《大藏新纂卍续藏经》第60册，第295页上栏。
⑩ 刘义庆撰，刘孝标注，余嘉锡笺疏：《世说新语笺疏》（修订本），第13页。

子，详见后文)。

(三) 僧诗与禅宗语录

就汉传佛教文献来说，禅宗语录与汉译佛典的数量最大，因禅宗语录收录了大量的僧诗(仅少数诗僧著述未收入《大藏经》)，故笔者把两者放在一起讨论。

1. 僧诗

从传世文献看，凡著名诗僧，其诗歌多有用《世说》典故者。单就唐代而言，就有皎然、贯休、齐己等。如皎然《九日阻雨简高侍御》(时与高公近邻)“不能成落帽，翻欲更催巾”,[①] “落帽”出于《识鉴第七》第十六则刘注引《嘉别传》所述孟嘉九月九日龙山之游时被风吹落帽子之事,[②] 意在以孟嘉自比，以桓温比高侍御。《送顾处士歌》(吴兴丘司议之女聟，即况也)“满道喧喧遇君别，争窥玉润与冰清”,[③] “玉润冰清”出自《言语第二》第三十二则注引《玠别传》,[④] 旨在称赞丘、顾翁婿二人之品格。贯休《阳春曲》(江东广明初作)“为口莫学阮嗣宗，不言是非非至公”,[⑤] 所述阮籍事出自《德行第一》第十五则谓阮“未尝臧否人物”,[⑥] 反用典故，意在倡导大乘济世精神。《桐江闲居作十二首》其三“数只飞来鹤，成堆读了经。何妨似支遁，骑马入青冥”,[⑦] 所述支遁爱鹤、马之事，分别出自《言语第二》第七十五则、第六十三则,[⑧] 意在以支公自比。齐己《题中上人院》“欠鹤同支遁”,[⑨] 所用“支遁鹤”典故，用意同于贯休。《渚宫莫问诗一十五首》其四“终当学支遁，买取个青山”,[⑩] 用典同于前述重显诗，都出于《排调第二十五》第二十八则，但两人对支遁的态度却不尽一样，一是效仿，一是超越。

入宋以后，诗僧熟悉运用《世说》典故者不胜枚举，除了被《祖庭事苑》重点疏解过的云门重显以外，另一重要人物就是文字禅历史上最重要的倡导者临济宗黄龙派的释惠洪。后者《石门文字禅》中的相关诗句，比比皆是：如卷二《吴子副送性之诗有老子只堪持蟹螯之句因寄之》“绝知此公风味高，想见尊前持蟹螯”,[⑪] 卷四《次韵云居诠上人有

① 彭定求等编：《全唐诗》卷八一七，上海：上海古籍出版社，1986年，第2004页中栏。

② 刘义庆撰，刘孝标注，余嘉锡笺疏：《世说新语笺疏》(修订本)，第399页。

③ 彭定求等编：《全唐诗》卷八二一，第2015页下栏。

④ 刘义庆撰，刘孝标注，余嘉锡笺疏：《世说新语笺疏》(修订本)，第94页。

⑤ 彭定求等编：《全唐诗》卷八二六，第2023页中栏。据，题下注，是诗作于唐广明元年(880)。

⑥ 刘义庆撰，刘孝标注，余嘉锡笺疏：《世说新语笺疏》(修订本)，第17页。

⑦ 彭定求等编：《全唐诗》卷八三〇，第2034页下栏。

⑧ 刘义庆撰，刘孝标注，余嘉锡笺疏：《世说新语笺疏》(修订本)，第136、122页。

⑨ 彭定求等编：《全唐诗》卷八三八，第2053页上栏。

⑩ 彭定求等编：《全唐诗》卷八四二，第2063页中栏。

⑪ 释惠洪撰，周裕锴校注：《石门文字禅校注》一，上海：上海古籍出版社，2021年，第320页。又吴子副，指吴则礼，号北湖居士。性之，指王铚，两宋之际著名的藏书家。

感》“毕卓卧瓮边，谢琨挑邻女”,① 卷三《浙竹》“平生知爱足风流，只有山阴王子猷”,② 其“持蟹螯”“毕卓卧”“王氏爱竹”典故，分别出于《任诞第二十三》第二十一则和刘注引《晋中兴书》、第四十六则;③ 卷八《信师相别》“今我舍子行，穷猿瞑投林”,④ “穷猿”出自《言语第二》第八十则李弘度答殷浩之语“穷猿奔林，岂暇择木”⑤ 而有所变易。

两宋著名诗僧皆有高度的文学修养和诗歌造诣，如曹洞宗高僧万松行秀于金元光二年(1223）撰《〈评唱天童从容庵录〉寄湛然居士书》即说：

> 吾宗有雪窦、天童，犹孔门之有游、夏。二师之颂古，犹诗坛之李、杜。世谓雪窦有翰林之才，盖采我华而不摭我实。又谓不行万里地，不读万卷书，毋阅工部诗，言其博赡也。拟诸天童老师颂古，片言只字，皆自佛祖渊源流出，学者罔测也。⑥

《评唱天童从容庵录》，又称《天童觉和尚颂古从容庵录》《从容庵录》《从容录》，是行秀应其嗣法弟子之一金元时期大政治家耶律楚材（即湛然居士）之请而撰，其评唱对象是曹洞宗天童正觉的“颂古百则”。行秀把云门宗雪窦重显和曹洞宗天童正觉比作孔门“文学”中的子游、子夏及盛唐诗坛的李白、杜甫，旨在揄扬二人的诗歌成就，同时也强调李、杜对僧诗创作的典范引领作用。事实上，李、杜二人皆十分熟悉《世说》，本身就是传播接受《世说》的典型代表之一。⑦ 当然，由此又可推断，诗僧接受《世说》还有间接的途径，即通过学习俗世名家之作（及其笺注本）而了解《世说》及相关注本。

宋元以后的僧诗，使用《世说》典故同样是一种普遍的文学现象。就万松行秀来说也不例外，其《请益录》卷下“第六十二则仰山问僧”条释天童正觉拈古“免人指点好郎君”时注曰：“东床坦腹者，岂不是天童?”⑧ “东床”者，指著名书法家王羲之，其坦腹事出《雅量第六》第十九则,⑨ 行秀不但揭示了天童正觉用典的出处，而且把后者也比作东床佳婿，颇富戏剧性。笑隐大䜣《送刘文美知事赴燕南》“古来三语掾，今代孝廉船”,⑩ “三语掾”，即前揭《文学第四》第十八则所说“将无同”，“孝廉船”出自第五十三则所述张凭故事。⑪ 两个典故天然妙成，大䜣用以称赞刘氏的高才，颇富艺术性。湛然

① 释惠洪撰，周裕锴校注：《石门文字禅校注》二，第 648—649 页。

② 释惠洪撰，周裕锴校注：《石门文字禅校注》二，第 561 页。

③ 刘义庆撰，刘孝标注，余嘉锡笺疏：《世说新语笺疏》(修订本)，第 739、759 页。

④ 释惠洪撰，周裕锴校注：《石门文字禅校注》三，第 1365 页。

⑤ 刘义庆撰，刘孝标注，余嘉锡笺疏：《世说新语笺疏》(修订本)，第 138 页。

⑥ 《大正新修大藏经》第 48 册，第 267 页下栏—268 页上栏。

⑦ 相对说来，随着宋型文化的出现，杜甫在诗僧中的影响要大于李白。参李小荣：《禅宗语录之杜诗崇拜》,《杜甫研究学刊》2020 年第 3 期，第 1—22 页。

⑧ 《大藏新纂卍续藏经》第 67 册，第 489 页中栏。

⑨ 刘义庆撰，刘孝标注，余嘉锡笺疏：《世说新语笺疏》(修订本)，第 361—362 页。

⑩ 笑隐大䜣：《蒲室集》卷三，蓝吉富主编：《大藏经补编》第 24 册，第 263 页。

⑪ 刘义庆撰，刘孝标注，余嘉锡笺疏：《世说新语笺疏》(修订本)，第 235 页。

圆澄《山居杂咏》“山居无长物，清风四时有”，[①] “无长物”出《德行第一》第四十四则王恭语“恭作人无长物”，[②] 作者以此典故表明闲适、安贫、乐道的修行氛围。雨山上思《次韵送慎修禅人回灵隐》“山行不挂杖头钱，半拨闲云半拨烟”，[③] “杖头钱”出于《任诞第二十三》第十八则所记阮宣子故事，[④] 虽是反用典故，却也塑造了慎修上人“身无长物”的游方僧形象。

2. 禅宗语录

禅宗语录的编撰虽盛于北宋，但此前的禅师也有语录行世，如《坛经》《四家语录》等。[⑤] 其中少数语录就有涉及传播接受《世说》之语料。如题为于頔编集的《庞居士语录》卷下载庞蕴诗曰“别泪成河海，骨如毗富山”，[⑥] 其“别泪”句，即化用《言语第二》第九十五则顾长康语“泪如倾河注海”；[⑦] 题为郭凝之编集的《潭州沩山灵祐禅师语录》载沩仰宗灵祐语云“这个因缘，三十年后，如金掷地相似”，[⑧] 其“掷地”之喻，出于《文学第四》第八十六则孙绰之语范启“卿试掷地，要作金石声”；[⑨] 《景德传灯录》卷二三载泉州龟洋慧忠禅师在宣宗复兴佛教后有偈自抒怀抱曰“不因世主教还俗，那辨鸡群与鹤群”，[⑩] “鸡群”一句，出自《容止第十四》第十一则“嵇延祖卓卓如野鹤之在鸡群”。[⑪]

宋代语录盛行后，《世说》被丛林广泛用于各种仪式场合，兹举数例以见其端绪：

(1)《建中靖国续灯录》卷八载舒州甘露法眼禅师“示众”：

> 僧曰：“如何是句中玄？”师云：“七步成章。”[⑫]

这是法眼回复学僧对临济“三玄”（体中玄、句中玄、玄中玄）第二玄的答语，“七步”指《文学第四》第六十六则所说曹植七步成诗的故事，[⑬] 表明师徒双方都熟悉该故事，否则就无的放矢。曹植迅速组织语句击中曹丕要害，这与“玄中玄”不拘泥于言语表达而有透彻之悟的要求较为相似。

---

① 祁骏佳编：《湛然圆澄禅师语录》卷八，《大藏新纂卍续藏经》第72册，第836页上栏。

② 刘义庆撰，刘孝标注，余嘉锡笺疏：《世说新语笺疏》（修订本），第49页。

③ 嗣法门人编：《雨山和尚语录》卷一七，《嘉兴大藏经》第40册，第599页中栏。

④ 刘义庆撰，刘孝标注，余嘉锡笺疏：《世说新语笺疏》（修订本），第736页。

⑤ 有关唐五代禅宗语录的编纂情况及其文学特色，参孙昌武：《今存唐人名下禅宗语录的编纂及其特征》，《文学遗产》2021年第4期，第68—80页。

⑥ 《大藏新纂卍续藏经》第69册，第142页上栏。

⑦ 刘义庆撰，刘孝标注，余嘉锡笺疏：《世说新语笺疏》（修订本），第147页。

⑧ 《大正新修大藏经》第47册，第579页上栏。

⑨ 刘义庆撰，刘孝标注，余嘉锡笺疏：《世说新语笺疏》（修订本），第267页。

⑩ 《大正新修大藏经》第51册，第395页下栏。

⑪ 刘义庆撰，刘孝标注，余嘉锡笺疏：《世说新语笺疏》（修订本），第610页。

⑫ 《大藏新纂卍续藏经》第78册，第698页中栏。

⑬ 刘义庆撰，刘孝标注，余嘉锡笺疏：《世说新语笺疏》（修订本），第244页。

（2）《法演禅师语录》卷二载法演“端午上堂”：

举：昔有秀才造《无鬼论》，论就才放笔，有鬼现身，斫手谓秀才云：“尔争奈我何！”白云当时若见，便以手作鹁鸠觜向伊道：“谷谷孤。”①

此处把《方正第五》第二十二则阮宣子持无鬼论故事②进行戏剧化表演。“白云”，指法演之师白云守端，法演借老师之动作、语言来展示端午驱鬼的习俗，这充分体现了禅宗“竿木随身，逢场作戏”的精神。③

（3）《嘉泰普灯录》卷一三载庆元府育王无示分谌禅师“上堂”：

德山棒，临济喝，乱世英雄。汝等诸人，穿僧堂，入佛殿……磕着圣僧额头，不免一场祸事。④

这里的关键词是“乱世英雄”，出自《识鉴第七》第一则乔玄对少年曹操的预言。⑤但分谌用它比喻唐代著名禅师德山宣鉴、临济义玄的教法，旨在提醒学人，修道全靠自悟，不能迷信任何权威。

（4）《续古尊宿语要》卷六载竹庵珪和尚“示众”云：

大众！云门句里别有生机，甘蔗洲边渐入佳境。⑥

“渐入佳境”出自《排调第二十五》第五十九则所述顾长康噉甘蔗事，⑦士睦和尚因在广因甘蔗洲示众，便用接近联想法把地名“甘蔗洲”之“甘蔗”，巧妙地置换成食物甘蔗，并进而揭示参究“云门三句”（函盖乾坤、截断众流、随波逐浪）公案也要循序渐进，由浅入深，才能达到顿悟的至高境界。

（5）《大川普济禅师语录》辑有普济《兰亭四威仪》曰：

行崇山峻岭，失脚蹋翻古井。通身是口波澜，何须三止四请。

住晋朝古寺，无米无盐无醋。岁岁遍乞诸邻，三百六十余度。

坐茂林修竹，高节虚心满目。个个尽是儿孙，香严口哑舌秃。

卧流觞九曲，青源白家香熟。三杯席地幕天，不辨东西南北。⑧

普济禅师一方面把僧家日常行、住、坐、卧所在之地比作魏晋风流胜地兰亭，另一方面又使用《世说》典故，如“九曲流觞”出自《企羡第十六》第三则刘注引王羲之《临河叙》，

---

① 《大正新修大藏经》第 47 册，第 658 页上栏。

② 刘义庆撰，刘孝标注，余嘉锡笺疏：《世说新语笺疏》（修订本），第 304 页。

③ 参康保成：《“竿木随身，逢场作戏”——禅宗仪式中的戏剧因素探析》，《中山大学学报》（社会科学版）2001 年第 2 期，第 30—37 页。

④ 《大藏新纂卍续藏经》第 79 册，第 373 页中栏。

⑤ 刘义庆撰，刘孝标注，余嘉锡笺疏：《世说新语笺疏》（修订本），第 382 页。

⑥ 《大藏新纂卍续藏经》第 68 册，第 497 页中栏。

⑦ 刘义庆撰，刘孝标注，余嘉锡笺疏：《世说新语笺疏》（修订本），第 819 页。

⑧ 《大藏新纂卍续藏经》第 69 册，第 771 页上—中栏。

“席地幕天”出自《文学第四》第六十九则刘注引《竹林七贤论》。[①] 更可注意的是，普济描绘的山水风景与《临河叙》所说毫无区别，并用刘伶醉酒比附僧人“卧”威仪的自在境界。与普济相似的还有《五灯全书》卷一一一载越州妙峰指源净信禅师“上堂”：

雨过峰峦景致美，山阴道上花放蕊。少年公子步兰亭，把盏相将看曲水。却忆当时王右军，不知今日归何里。茂林修竹空自存，物在人非成故址。喝一喝曰：“试看棚头弄傀儡。”[②]

两相比较，净信禅师的说法更具戏剧性，他把王羲之当成曲水流觞的主演员，即便风流再盛，最终也不过是像弄傀儡戏一样，终归于虚幻和空无。

(6)《神鼎云外泽禅师语录》卷九载行泽对“临济栽松话”有颂古云：

二十藤条赏有功，布帆无恙挂秋风。冰消瓦解光明发，要显儿孙意气雄。[③]

据《景德传灯录》卷一二，临济栽松公案是黄檗希运、临济义玄师徒间有关成佛与否的考验，结果是黄檗得出了“吾宗到汝，大兴于世”[④] 的预言。“布帆无恙”出自《排调第二十五》第五十六则顾长康上殷浩笺所说“行人安稳，布帆无恙”。[⑤] 顺便说一下，行泽末句化用南宋宗演禅师对“玄沙结契卖田”颂古偈之结句“要见儿孙意气豪”，[⑥] 同样表达了必定成佛的修行信念。

(7)《屾峰宪禅师语录》卷五载清初宪禅师为“东蒲茹子祯居士装塑韦、李二尊天开光”云：

试看：足蹑祥云，感三洲而威神赫奕；顶开活眼，冠诸天而功德妙严。不须颊上添毛，只在眉间着点。[⑦]

此处反用《巧艺第二十一》第九则中“顾长康画裴叔则，颊上益三毛”[⑧] 的典故，表明佛像开光只在眉间点画，因为佛教尊像多有白毫相。

综上看来，语录对《世说》典故的接受传播，多与仪轨相联系，并有戏剧化的表演性，这是其他类型所没有的特色。

（四）杂著

杂著是形式活泼多样、体例不一的著述类型，虽在佛教文献中不占主导地位，却也是

① 刘义庆撰，刘孝标注，余嘉锡笺疏：《世说新语笺疏》（修订本），第630、250页。
② 《大藏新纂卍续藏经》第82册，第683页中—下栏。
③ 《嘉兴大藏经》第33册，第299页中栏。
④ 《大正新修大藏经》第51册，第290页中—下栏。
⑤ 刘义庆撰，刘孝标注，余嘉锡笺疏：《世说新语笺疏》（修订本），第719页。
⑥ 法应集，普会续集：《禅宗颂古联珠通集》卷三一，《大藏新纂卍续藏经》第65册，第672页上栏。
⑦ 《嘉兴大藏经》第34册，第109页下栏。
⑧ 刘义庆撰，刘孝标注，余嘉锡笺疏：《世说新语笺疏》（修订本），第817页。

值得注意的一类。其中，也多有传播接受《世说》者，如：

1.《法藏碎金录》

是书10卷，晁迥编纂于北宋天圣五年（1027）。其书名即取自《文学第四》第八十二则桓温赞谢安石《简文谥议》“此是安石碎金”，[①] 意谓选取的是历代精美短章。卷七又曰：

> 晋张翰任心自适，或谓之曰：“卿纵适一时，独不为身后名耶？”答曰：“使我有身后名，不如即时一杯酒。”[②]

所引张翰故事，则综合《任诞第二十三》第二十则及刘注所引《文士传》而成，[③] 可知晁氏对《世说》真是情有独钟。

2.《随缘集》

是书4卷，明末清初释灵耀撰，具有较为重要的文学价值。[④] 其卷一、卷二归为“杂著”，卷三为“源流”（即“嘱词”），卷四为“尺牍”。“杂著”部分多用《世说》典故。如卷一《梧桐月记》“庾楼之明，如兹地乎”[⑤] 的“庾楼”，出自《容止第十四》第二十四则及刘注所说庾亮在武昌与殷浩等人登南楼赏秋月而玄对山水之事；[⑥] 卷二《莲花赋》又云：

> 予曰：昔年遇子南湖之南，靓妆婉娈，莲步姗姗。今我来思，摇落三潭。物犹如此，人何以堪……王子犹（猷）访戴之舟，兴尽而返，何必莲哉！[⑦]

其“物犹”八字，出自《言语第二》第五十五则桓温之语“木犹如此，人何以堪”[⑧] 而略有变易；“访戴”，指王子猷雪夜访戴逵故事，则出于《任诞第二十三》第四十七则。[⑨]

此外，卷四《与汪天真》（二）说：

> 昔王修龄饥向谢仁祖乞食，不从陶胡奴索米者，盖以小丈夫不必勉与作缘耳，天真知我，当不罪我气傲也。[⑩]

所叙王修龄拒陶胡奴馈米事，出自《方正第五》第五十二则。[⑪] 灵耀用之实表感谢，因为在

---

① 刘义庆撰，刘孝标注，余嘉锡笺疏：《世说新语笺疏》（修订本），第267页。

② 《大藏经补编》第23册，第793页上栏。

③ 刘义庆撰，刘孝标注，余嘉锡笺疏：《世说新语笺疏》（修订本），第738页。

④ 参张培锋：《释灵耀〈随缘集〉的宗教与文学世界——兼论明清释家别集整理的意义与价值》，《江西师范大学学报》（哲学社会科学版）2003年第3期，第84—92页。又，张氏列举了《随缘集》的3种版本，本文暂取常见的《卍续藏》本。

⑤ 《大藏新纂卍续藏经》第57册，第513页上—中栏。

⑥ 刘义庆撰，刘孝标注，余嘉锡笺疏：《世说新语笺疏》（修订本），第616页。

⑦ 《大藏新纂卍续藏经》第57册，第524页下栏—第525页上栏。是赋作于清康熙十七年（1678），是灵耀一生三变的象征。又，王子犹，当作王子猷，“犹”“猷”形近音同而致误。

⑧ 刘义庆撰，刘孝标注，余嘉锡笺疏：《世说新语笺疏》（修订本），第114页。

⑨ 刘义庆撰，刘孝标注，余嘉锡笺疏：《世说新语笺疏》（修订本），第759页。

⑩ 《大藏新纂卍续藏经》第57册，第534页上—中栏。

⑪ 刘义庆撰，刘孝标注，余嘉锡笺疏：《世说新语笺疏》（修订本），第327页。

大饥荒之际，此前他已接受过汪氏馈赠的米与果，故不便一而再、再而三地向对方索米。

二、传播接受原因之略析

虽然僧人著述存在大量使用《世说》语典、事典的现象，但它们几乎从不说明缘由，所以，我们得从接受传播主客体之间的契合度、接受传播的场域特色、传播接受诸现象之间的逻辑关系等要素进行检讨，主要分成两大层面：内因与外因。

（一）内因

主要有三：

一者《世说》及刘注记载两晋至刘宋初大量高僧事迹，为后世僧传的撰写提供了史料来源。如陈垣敏锐地指出：

> 《世说新语》为说部最通行之书，其中关涉晋僧几二十人。此二十人中，见于《晋书·艺术传》者仅佛图澄一人，然十之九皆见《高僧传》。
>
> 支道林在当时最富盛名，《世说》中凡四五十见，应入《晋书·隐逸传》，然《晋书》遗之。《高僧传》四有长传，而支道林始末毕见。①

由此总结可知，《高僧传》对两晋僧人事迹的撰述，主要取材于《世说》（含刘注）。当然，因后出的缘故，慧皎对《世说》的少数讹误也有订正。

二者《世说》及刘注记载大量与名僧交往的名士，如许询、郗超、谢安、殷浩等人的礼佛、研佛事迹，同样为后世僧传或佛教史所借鉴，最突出的就是前述《隆兴佛教编年通论》卷三“逸士许询”条，全部取自“阁本《世说》”。

三者《世说》在中国小说史上独具特色，是志人小说的代表作，鲁迅对它有“记言则玄远冷俊，记行则高简玫奇”② 的定评。类似的批评视角，明末清初遗民僧澹归今释（俗名金堡）也用过，其《偏行堂集·续集》“文”卷九《书袁重其轶事后》曰：

> 《史记》列传，或取一二事，事取其大者如见其人；《世说新语》或取一事，或一言，皆取其小，亦如见其人。李君令贻传袁重其之孝，只衣碎按摩一节，直欲摄入《霜哺篇》五十轴，盖笔胜识亦胜也……吴母改故衣为其子上服，不知数澣之已弊。③

今释通过对比《史记》列传与《世说》的异同，肯定了《世说》在记事、记言方面以“小”取胜的特色。如果说《史记》更重视叙述重大的历史事件，《世说》则更重视世人日常生活中的小事与微言（按，今释所说“事”与鲁迅所说“行”，内涵基本相同）。今释并

---

① 陈垣：《中国佛教史籍概论》，上海：上海书店出版社，2001年，第21页。

② 鲁迅：《中国小说史略》，《鲁迅全集》第九卷，北京：人民文学出版社，2005年，第63页。

③ 澹归和尚著，段晓华点校：《偏行堂集》（四），广州：广东旅游出版社，2008年，第216—217页。今释是文为释家《世说》传播接受史上的罕见史料，颇显珍贵。

以李令贻所撰《袁重其轶事》孝母的细节“衣碎按摩”为例，说明小事足以传神，[①] 其作用、意义与袁氏为弘扬寡母吴氏养育之恩数十年间遍征名家赠言、印鉴所成的《霜哺篇》五十卷轴[②]旗鼓相当。当然，今释之所以引《世说》为据，与袁重其（名骏之）名、字皆出自《世说》[③] 的事实也有一定的关联。

在中国佛教史上，尤其禅宗兴起之后，不少僧人如永嘉玄觉、寒山、拾得、丰干、布袋和尚、济颠、惠洪、猪头和尚等，都有洒脱不羁的个性和对精神自由境界的追求，这点和“竹林七贤”为代表的魏晋风流也多有相通之处。尤其《世说》所载支遁、慧远等高僧事迹，无不成为后世僧人学习的典型之一。此外，僧人创作也有好简好奇的倾向，这点也契合了《世说》的文学传统。如僧肇注《维摩诘经》时就称赞原经“言虽简约，而义包群典”，[④] 圭峰宗密《禅源诸诠集都序》则明确要求“文须简约，义须周足”。[⑤] 再如，两宋禅林俗语“川僧藞苴”，体现了僧诗好艳好奇、滑稽诙谐的特色。[⑥] 即便与日常生活环境最为密切的山水，僧人也有好奇的审美追求，皎然《出游》即说“少时不见山，便觉无奇趣”，[⑦] 释师观“上堂”偈又谓“山奇水秀洞中天，与么分明知几年。左右逢源无限意，几人于此彻根源”，[⑧] 结合前述普济《兰亭四威仪》，则知奇秀山水是僧人创作的根本场域之一。同样，奇人奇事，也是释家文学常见的主题之一，其例甚多，如《济颠道济禅师语录》载济颠唱词云：

> 每日终朝醉似泥，未尝一日不昏迷……杜康曾唱莲花落，刘伶好饮舞啰哩。[⑨]

《莲花落》，即《莲花乐》，是隋唐以后出现的佛教歌曲，啰哩舞则晚至五代，杜康、刘伶作为千年或数百年前的人物，显然不会唱相关歌曲、跳相关舞蹈。这种时空错位的场景设计，意在渲染人奇、事奇和意境之奇。

---

① 曾灿《题李令贻为袁重其孝子传跋》又说“予尝谓老莱子戏彩，与大舜孺慕同一纯孝……重其服母服，衣破损，遂至终身废按摩，事虽小节，然非纯教不至此。乃知心到诚极，即贤智愚贱，其精神同归一致，谁谓古今人之不相及乎”（《曾青藜文集》卷一三，《四库未收书辑刊》柒辑，北京：北京出版社，1997 年，第 25 册，第 538 页下栏），则知时人对李氏所作的袁重其传记，最看重的是“衣碎按摩”的细节描写。

② 袁重其因孝母而纂辑《霜哺篇》的经过，参杜桂萍：《袁重其与〈霜哺篇〉略考》，《文献》2008 年第 3 期，第 131—137 页。

③ 袁氏名字，出自《言语第二》第六十三则所述支道林“爱其神骏”而畜马的典故。

④ 《大正新修大藏经》第 38 册，第 414 页上栏。

⑤ 《大正新修大藏经》第 48 册，第 399 页下栏。

⑥ 参李小荣：《两宋川浙禅宗文学区域互动略说——以“川僧藞苴”“浙僧潇洒”为中心》，《文学遗产》2021 年第 3 期，第 56—60 页。

⑦ 彭定求等编：《全唐诗》卷八一七，第 2003 页上栏。

⑧ 法宝编：《月林师观禅师语录》，《大藏新纂卍续藏经》第 69 册，第 349 页下栏。

⑨ 《大藏新纂卍续藏经》第 69 册，第 617 页上—中栏。

（二）外因

外因主要聚集于客观因素的变化。《景德传灯录》卷九载沩山灵祐禅师悟道因缘曰：

一日侍立，百丈问："谁？"师曰："灵祐。"百丈云："汝拨炉中有火否？"师拨云："无火。"百丈躬起深拨，得少火，举以示之云："此不是火？"师发悟礼谢，陈其所解。百丈曰："此乃暂时歧路耳。经云：欲见佛性，当观时节因缘。时节既至，如迷忽悟，如忘匆忆，方省己物，不从他得。"①

此处所说"时节"，主要指客观条件，同样的炉子，只因怀海拨得深（喻主观上精进不已），故得火（喻悟透佛性），而灵祐浅尝辄止，故一无所得。嗣后，相同的开示，史不绝书，如同书卷二四载法眼宗开祖清凉文益禅师"上堂示众"曰：

出家人但随时及节，便得寒即寒，热即热。欲知佛性义，当观时节因缘。②

《汾阳无德禅师语录》卷上又载释善昭"上堂云"：

夫说法者，须及时节，观根投机，应病用药；若不及时节，总唤作非时语。所以道"欲知佛性义，当观时节因缘"。③

总之，时节因缘是修道者的观照对象，修道者（师徒皆然）因地制宜熟悉客观环境的变化，随机应变，才能参透佛性之义。类似的场景，同样见于僧人传播接受《世说》的创作语境，如：

（1）重阳题材，自诗僧皎然以后好用"落帽"典故

相关作品有宝昙《落帽》、元肇《九日》、函昰《戊子九日》、永觉元贤《九日自双漈归宝善途中有感》、幻住明禅师《九日雨中》等百余首；乃至"重阳上堂"，"落帽"也成为话头之一，像《了庵清欲禅师语录》卷二载清欲"九日上堂"偈云"篱下黄华烂熳开，龙山落帽沾风埃"，④《宝持总禅师语录》卷上载比丘尼玄总"重阳晚参"偈云"茱萸酒，菊花茶，落帽当年笑孟嘉。争似山僧都不管，任他人世乱如麻"，⑤ 可知禅师不分男女，重阳上堂都好引《世说》"落帽风流"为据。

（2）丧葬文书，常用《世说》典故

如道潜《孙传师密学挽辞》其一"新阡埋玉树，黄雾惨余悲"，⑥《圆悟佛果禅师语录》卷二〇《为智海法真和尚入龛》"法真智海告终……最后皇都大作佛事。今则未埋玉

---

① 《大正新修大藏经》第 51 册，第 264 页中栏。
② 《大正新修大藏经》第 51 册，第 399 页中栏。
③ 《大正新修大藏经》第 47 册，第 601 页上栏。
④ 《大藏新纂卍续藏经》第 71 册，第 314 页上栏。
⑤ 《嘉兴大藏经》第 35 册，第 708 页上栏。
⑥ 高慎涛、张昌红编著：《参寥子诗集校注》，郑州：中州古籍出版社，2014 年，第 294—295 页。

树，先入云龛”，[①]《希叟绍昙禅师广录》卷七《为刘郎下火》“不忍丘山埋玉树，攒殡瞥过五年华”[②] 等所说“埋玉树”，皆出自《伤逝第十七》第九则记庾亮亡后，何充临葬之语“埋玉树箸土中，使人情何能已”，[③] 并成了一种套语。

再如《希叟绍昙禅师广录》卷七“小佛事”之《为吕县尉孺人陈氏下火》曰“共惟：殁故厶人，闺门玉洁，林下风清”，[④] 此“闺门”八字，典出《贤媛第十九》第三十则济尼对张玄妹、王羲之二儿媳谢道韫（其夫是王凝之）的称誉用语[⑤]而有所变易。换言之，绍昙认为陈孺人之才，堪与历史上任何一位贤媛相媲美。若结合前述《禅林疏语考证》中的例证，此类疏语多用于佛教法事，涉及家庭生活的多重人伦，如卷三《荐悼门》就包括父母、祖父母、伯叔父母、兄弟、姊妹、夫妻、子女、岳父母、婿等。

（3）募修文书，常用“阿堵（物）”

如《古雪哲禅师语录》卷二〇载真哲《募铸铜像疏》“十方具眼王臣，信心长者，一掷阿堵，百福齐臻”，[⑥]《吹万禅师语录》卷一四载广真禅师《修观音阁引》“第无论嗣业之丁，出闺之子，各捐阿堵物以助厥美，庶几枌榆桑梓复重光于大士之阁，而孝义岂浅浅哉，即以是为劝”，[⑦]《憨休禅师敲空遗响》卷三载如乾《修仰天池普光寺引》“今以佛祖道场，久烟墟莽，幸七十苦行老头陀重修有志，告十方善信大檀越欣然乐施，慎勿吝阿堵之财，请庄严他生福果……微法无非净土”[⑧] 等所说“阿堵（物）”，出自《规箴第十》第九则王夷甫因雅尚玄远而未尝言“钱”字。[⑨] 诸禅师劝化募捐，许以信众“百福”“孝义”“西方净土”等功德果报，不言“钱”字而用典故，属于委婉修辞。

除了时节因缘的场域因素外，小说证禅也是外因之一。尤其是明清两朝的不少禅师，鉴于当时白话小说繁荣的文化背景，常引信众耳熟能详的《水浒》《三国》中的关键情节、中心人物来说道证禅。[⑩] 与此同时，明清也是《世说》传播接受史上的高峰时期，除评点、训释、考据之风甚盛外，还有大量的续作、仿作和补作，甚至出现了30多种以《世说》为题材的创编剧，著名者如陆采《怀香记》（韩寿偷香）、徐渭《狂鼓史渔阳三弄》（祢衡骂曹）、杨潮观《温太真晋阳分别》（温峤事）等。在此时风熏染之下，禅师在小说

---

① 《大正新修大藏经》第47册，第810页上—中栏。
② 《大藏新纂卍续藏经》第70册，第480页下栏。
③ 刘义庆撰，刘孝标注，余嘉锡笺疏：《世说新语笺疏》（修订本），第640页。
④ 《大藏新纂卍续藏经》第70册，第480页上栏。
⑤ 刘义庆撰，刘孝标注，余嘉锡笺疏：《世说新语笺疏》（修订本），第698页。
⑥ 《嘉兴大藏经》第28册，第406页下栏。
⑦ 《嘉兴大藏经》第29册，第528页上栏。
⑧ 《嘉兴大藏经》第37册，第263页上—中栏。
⑨ 刘义庆撰，刘孝标注，余嘉锡笺疏：《世说新语笺疏》（修订本），第557页。
⑩ 参李小荣：《明清禅宗之小说证禅举隅》，《福州大学学报》（哲学社会科学版）2016年第6期，第54—62页。

证禅时以《世说》中心人物、典故为据者也不少，除了前揭净信禅师的“上堂”表演以外，较有特色者俯拾皆是，几乎每种语录里都能找出相关案例。如《三宜盂禅师语录》卷二载明盂“上堂”：

> 点得无油灯，豁开顶门窍，走入闹市中，左右逢原得妙。如何寒山子，忘却来时道？阮藉猖狂，孙登长啸。①

明盂自问自答，以《栖逸第十八》第一则及刘注引《魏氏春秋》所载阮籍、孙登长啸故事（又称“数部鼓吹”）② 来印证寒山诗“十年归不得，忘却来时道”③ 的隐逸境界。

再如《蔗庵范禅师语录》卷五载净范“上堂”：

> “世尊拈花大事，达磨面壁因缘。后代儿孙，各各雄倚马之才，个个擅白眉之誉……正谓顽迷一旦，望绝多生。云门今日重整家风，如有担荷斯大事因缘者，出来承绍看。”乃竖拂子高声唤曰：“大众见么？”众举首，师便下座。④

云门净范，即明盂法嗣之一，他先用两个典故赞扬自大迦叶至菩提达摩的西天二十八祖系谱东传中土后的历代禅宗信徒，都是杰出人才。“倚马之才”出自《文学第四》第九十六则所述东晋袁宏故事。⑤“白眉之誉”，出自《三国志·蜀志》：“马良，字季常，襄阳宜城人也。兄弟五人，并有才名，乡里为之谚曰：‘马氏五常，白眉最良。’良眉中有白毛，故以称之。”⑥ 然后再以重整家风为借口，激励现场听众要敢为天下先。由此可知，净范用的是先扬后抑法，意在强调，即使才如袁宏、马良，若做不到敢为人先，终将一事无成，遑论成大事因缘而化度有情众生了。

同书卷八又载净范“出队归上堂”曰：

> 鸳鸯湖边，无心呼艇去；山阴道上，有伴唤舟还……忆过钱塘江时，有则奇特因缘，举似大众。潮平两岸阔，风正一帆悬。⑦

此处记录作为住持的净范于清康熙八年（1669）率众出外化缘，回到嘉兴东塔广福寺后的上堂说法。“山阴道上”四字，出自《言语第二》第九十一则王献之所说“从山阴道上行，山川自相映发，使人应接不暇”，⑧ 是用借代辞格，以局部代全体，其意重在介绍出游化缘时所见的山水风景；“唤舟还”，则与前引灵耀《莲花赋》一样，同用《世说》王子猷雪

---

① 《嘉兴大藏经》第27册，第14页上栏。又，“阮藉”之“藉”，当作“籍”，但在佛经写本、刻本中，“艹”“⺮”常不分，特此说明。

② 刘义庆撰，刘孝标注，余嘉锡笺疏：《世说新语笺疏》（修订本），第647页。又，其所说苏门真人，即孙登。

③ 寒山著，项楚注：《寒山诗注》（附《拾得诗注》），北京：中华书局，2000年，第62页。

④ 《嘉兴大藏经》第36册，第917页下栏。

⑤ 刘义庆撰，刘孝标注，余嘉锡笺疏：《世说新语笺疏》（修订本），第273页。

⑥ 陈寿撰，裴松之注：《三国志》卷三九，北京：中华书局，1959年，第4册，第982页。

⑦ 《嘉兴大藏经》第36册，第932页中栏。

⑧ 刘义庆撰，刘孝标注，余嘉锡笺疏：《世说新语笺疏》（修订本），第145页。

夜访戴逵典故，表明化缘是兴起而出，兴尽而归。若从净范的交通行程看，以乘船为主，特别对钱塘江遇潮，印象极其深刻，故又以王湾《次北固山下》① 的名句提撕信众。此外，从净范的两则上堂语录看，《世说》在丛林的传播接受可以是复合型的，即同时可结合其他经典作品进行综合传播。

三、结　　语

通过前面的初步梳理，我们可以得出几点相对明确的结论：一者僧人不同类型的著述，其传播接受《世说》的历程并不同步，最早的是史传，最晚的是杂著。二者传播接受的方式有同有异，同者皆以引用语典、事典为主，异者在于史传、注疏更重视原文的直接引用（含摘引），僧诗语录、杂著相对灵活，尚有大量意引，或活用、化用、反用典故的情况，尤其是禅宗语录，常将《世说》所载不同朝代的人物并置，或将多个《世说》典故重组，从而建构戏剧化的新文本，以达成小说证禅的目的。三者传播接受的原因基本相同，从内因看，《世说》所载名僧、名士之交往事迹（以支遁、许询为代表），是后世僧俗共同效法的典范，其好简尚奇的文学个性，也与后世僧人的著述要求较为契合；从外因看，僧人著述使用《世说》语典、事典的语境，往往与原典的文化场域有高度的相似性。当然，由此也产生了一种不太好的现象，即套语化的创作倾向，仪式场合尤为明显。

最后，需要说明的是：僧人著述卷帙浩繁，内容包罗万象，我们不可能在一篇短文中穷尽他们对《世说》传播接受的全部语料，也未能比较僧俗著述传播接受《世说》的异同及其互动关系。但愿有更多的同好参与检讨，助力“《世说》学”走入更深更细的文本领域，果如是，吾心慰矣。

A Brief Discussion on the Dissemination and Acceptance of the Monks' Writings on *Shishuo Xinyu*

LI Xiaorong
(The Center for Studies of Fujian and Taiwan,
Fujian Normal University, Fuzhou, Fujian 350007)

Abstract: *Shishuo Xinyu* was one of the treasures in the history of medieval literature, because it recorded a large number of exemplary deeds of famous monks and celebrities, and had been highly valued and widely disseminated by later generations of monks and laymen. As far as

① 彭定求等编：《全唐诗》卷一一五，第 271 页上栏。

monks' writings are concerned, it was mainly manifested in the historical biographies, commentaries on Buddhist scriptures, monks' poems, Zen quotes and miscellaneous works, and the process of their dissemination and acceptance of *Shishuo Xinyu* was not synchronized, the earliest was historical biography, and the latest was miscellaneous works. There were similarities and differences in the way in which monks' writings disseminate and receive *Shishuo Xinyu*: the same was that they mainly quoted allusions; the difference was that historical biographies and commentaries on Buddhist scriptures paid more attention to the direct quotation of the original text, while other types were relatively flexible, and there were still a large number of cases where the original text were cited, or allusions were used flexibly, transformed, or reversed, especially the Zen quotations were the most creative, and new dramatized texts were often constructed based on *Shishuo Xinyu* to achieve the purpose of the novel to prove Zen. As for the reasons for the dissemination and acceptance of *Shishuo Xinyu*, there were basically the same: from the perspective of internal factors, the deeds of the interaction between the outstanding monks and the celebrities in *Shishuo Xinyu* were a model for later generations of monks and laymen to emulate, its penchant for simplicity and advocating novel literary characteristics were also more in line with the writing requirements of later generations of monks; from the perspective of external factors, the context in which the monks used the allusions of the *Shishuo Xinyu* often had a high degree of similarity with the cultural field of the original texts.

Keywords: the monks' writings; *Shishuo Xinyu*; dissemination and acceptance

作者简介：李小荣，文学博士，福建师范大学闽台区域研究中心教授、博士生导师，著有《晋唐佛教文学史》等。

苏颂嘉祐七年到任颍州考

张明华
（闽南师范大学文学院，福建漳州　363000）

摘　要： 苏颂是宋代闽南杰出的历史人物。目前学界公认苏颂到任颍州在“嘉祐六年三月五日”，这种观点并不准确。根据有关史料及新发现王向墓志，可以推论，苏颂赴任颍州虽始于嘉祐六年秋天，但他一路上游山玩水，直到七年三月五日才到达任所。

关键词： 苏颂；颍州；离都；到任

苏颂（1020—1101），字子容，泉州同安（今福建厦门）人。北宋庆历二年（1042）进士，授宿州观察推官，后仕至尚书右仆射兼中书侍郎。著有《苏魏公集》。苏颂是了不起的科学家，曾主持制作“水运仪象台”观测天象，并撰有《新仪象法要》。因此，其生平履历一直受到后人关注。

苏颂曾于嘉祐年间出知颍州（今安徽阜阳），对于其到任的年份，目前学界并无争议。颜中其《苏颂年表》“宋仁宗嘉祐六年（辛丑）”条载：“以朝奉郎、太常博士充集贤校理差知颍州，三月五日到任。”① 李之亮《北宋京师及东西路大郡守臣考》亦将苏颂在颍州知州任上的时间列在嘉祐六年至八年（1061—1063）。② 那么，苏颂到任颍州的年份与出知年份是否一致呢？

一、苏颂离都前往颍州的时间是嘉祐六年

苏颂何时出知颍州？现有史籍中并无明确的记载。邹浩《故观文殿大学士苏公行状》载：

> 皇祐四年，翰林学士赵概与诸禁从列荐公文学才行宜在朝廷。召试学士院，明年，改大理寺丞。时公与冯公京同试，入最优等，除馆阁校勘。至和初，同知太常礼院。嘉祐二年，改集贤校理，编定集贤院书集。再迁太常博士。前后在馆九年，官冷

---

① 颜中其：《苏颂年表》，苏颂著，王同策、管成学、颜其中等点校：《苏魏公文集》附录，北京：中华书局，1983年，第1259页。

② 李之亮：《北宋京师及东西路大郡守臣考》，成都：巴蜀书社，2001年，第199页。

俸薄，而奉翁夫人、陈夫人，养诸姑、姊妹与外族之无归者凡数十人。躬自刻厉，甘旨无阙，婚嫁以时。妻子衣食之用常不足，而公处之晏如也。时富郑公、韩魏公为相，务推尚廉退有德之士，以劝励风俗。知公久次儒馆，不干荣利，屡问所欲，惟力求外，以便亲养。遂除知颍州。①

曾肇《赠司空苏公墓志铭》也有类似的记载：

皇祐五年，近臣连章荐公。召试，除馆阁校勘，迁大理寺丞。历集贤校理，同知太常礼院，编定集贤院书籍。在馆九年，廉静自守。宰相富郑公、韩魏公贤之，问所欲，恳求补外。二公益称叹，乃以知颍州。②

其后的《宋史》本传云：

皇祐五年，召试馆阁校勘，同知太常礼院……

迁集贤校理，编定书籍。颂在馆凡九年，奉祖母及母，养姑姊妹与外族数十人，甘旨融怡，昏嫁以时。妻子衣食常不给，而处之晏如。富弼尝称颂为古君子，及与韩琦为相，同表其廉退，以知颍州。③

这三处记载虽有不少差异，但涉及苏颂出知颍州的两则信息却是相同的：其一，苏颂在皇祐五年（1053）始任馆阁校勘；其二，苏颂“在馆九年”后出知颍州。从皇祐五年下推八年，即在嘉祐六年（1061）。颜、李二位先生将苏颂出知颍州的时间定在嘉祐六年，当都是这样计算出来的结果。

确定了苏颂出知颍州的年份，再加上他本人对于到任的月日有具体的记载，时间似乎就变得更加精确了。其《颍州谢上表》云：“臣某言：昨奉敕差知颍州军州，即以三月五日到本任赴上讫者。”④ 于是，苏颂于嘉祐六年（1061）知颍州并于同年三月五日到任似乎就成了定论。如管成学、王兴文在《苏颂评传》中不仅认同这个年份，而且称其于“三月五日到任”。⑤ 最有趣的是颜先生在《苏颂年谱》中引了多则相关史料（笔者按：包括《行状》《墓志铭》和《宋史》本传中的相关部分）后所加的一段按语：

子容颍州到任在嘉祐六年三月，然不明离都时间。嘉祐六年所作《刁景纯学士寄示嘉篇述前后过颍游览之乐不鄙虚陋曲蒙推奖感叹不足辄用本韵通成五十仰答来贶》诗，有“十年走京华，（京）［官］局苦闲冷”“去都时值秋，到官月逢寎”之句。“寎”即三月，与《颍州谢表》“昨奉敕差知颍州军州，即以三月五日到本任赴上讫

① 邹浩：《道乡集》卷三十九，《文渊阁四库全书》集部1121册，台北：台湾商务印书馆，1986年，第513页。

② 曾肇：《曲阜集》卷三，《文渊阁四库全书》集部1101册，第381页。

③ 脱脱等：《宋史》卷三四〇，北京：中华书局，1977年，第31册，第10859—10860页。

④ 苏颂著，王同策、管成学、颜其中等点校：《苏魏公文集》卷三十七《表》，笫560页。

⑤ 管成学、王兴文：《苏颂评传》，长春：吉林文史出版社，2006年，第99页。

者”合，当知差知颍州离都在秋天。[1]

根据这个按语，颜先生断定“子容颍州到任在嘉祐六年三月”，可是他又说“当知差知颍州离都在秋天”，这两句话带有明显的矛盾，试想秋天才出发，如何能于同年三月到任？

二、苏颂到任颍州在王向去世之后

除了史籍中的记载，考察苏颂到任颍州的时间其实还有另外一条思路。苏颂《王子直挽辞二首》云：

嗟若时之彦，怀哉昔并游。十年追几砚，一别见坟邱。满目皆陈迹，伤心未白头。风流何处尽，颍水去悠悠。

逝者日云远，人情尤感伤。素车来隧路，奠哭起高堂。集纪论才备，阡铭叙事长。友兄诚雅志，不朽是文章。[2]

从其一中“十年追几砚，一别见坟邱”可知，苏颂到颍州时，“王子直”已经去世；又从其二中“素车来隧路，奠哭起高堂”知，其时“王子直”尚未安葬。“王子直”即王向，与其兄王回（字深父）同为嘉祐二年（1057）进士，仕至陕州硖石县主簿。苏颂与王氏兄弟少年时在开封为同学，关系密切。王向去世后，除了《王子直挽辞二首》外，苏颂还作《祭王秘校》云：

呜呼！予与子直，世笃朋仪。越在稚年，游从讲谊。两家情亲，各有兄弟。辇寺同馆，秋闱并试。爱子衿怀，脱落闳肆。嘉子文章，俊雄雅丽。谓如子才，必用于世。吾侪龊龊，曾莫跂至。不见数年，声明益炽。先后相望，并收科第。子尉宛丘，予职京师。传闻治户，民歌咏之。窃私嘉叹，有友如斯。子罢陕官，予方忝麾。承以疾苦，相见无期。既来汝阴，子以丧归。不见神锋，乃见裳帷。兴言怆恸，涕洟交颐。念昔相从，情弥眷眷。二十余年，流离忧患。同辈几何？会而复散。今乃与子，生死间断。长年多感，动增喟叹。况复怀感，心摧意乱。胡城子居，鲖阳子藏。日月有期，吉在仲商。幼子未立，母兄治丧。交友来吊，抚事悲伤。肴醴奠之，词以侑觞。[3]

苏颂在此文中不仅回顾了与王向的亲密交往，再次追述了《王子直挽辞二首》其一中“十年追几砚”所体现的同学之情，而且用“既来汝阴，子以丧归。不见神锋，乃见裳帷”肯定了其到颍州时王向已经去世的事实。“汝阴”即汝阴县，宋代颍州州治所在。

关于同王向的同学关系，在苏颂之孙苏象先《魏公谭训》卷三中也有相关的记载：

---

① 颜中其、苏克福：《苏颂年谱》，长春：北方妇女儿童出版社，1993 年，第 117 页。

② 苏颂著，王同策、管成学、颜其中等点校：《苏魏公文集》卷十四《挽辞》，第 190—191 页。

③ 苏颂著，王同策、管成学、颜其中等点校：《苏魏公文集》卷七十一《祭文》，第 1073 页。

祖父言：幼时在无锡与华直温、闵从先、山甫二叔相处。在洪州则李泰伯、曼君特先生，二蔡贤良。及居京师，又得黄馨隅，王深父、子直，刘原父、贡父，吕缙叔，曾公孚先生相与切磋琢磨，日有所资，至于学成。乃知取友之益，不可忽也。①

从这个记载可知，在苏颂晚年的回忆中，“王深父、子直”仍是其在京师读书时最重要的同学。既然彼此之间的友谊如此深厚，则苏颂到达颍州后会尽快与王家联系，更何况王家就定居在颍州呢。如此，则苏颂到任颍州的时间在王向去世之后的论断可以成立。

三、苏颂到任在嘉祐七年

既然上文确认了苏颂到任颍州的时间在王向去世之后，那么只要考出王向的去世时间，就可以进一步推断其具体的年份。所幸阜阳市博物馆 2021 年从阜南县朱寨镇曹元村征集的两合宋代王氏墓志，其一的墓主即是王向。关于王向的去世和安葬时间，墓志中有明确的记载：

子直初以先君遗表帖三班借职，监颍州斤沟镇酒税。迁奉职，换陈州宛丘县尉。进士出身，试秘书省校书郎，为陕州硖石县主簿，替归。以嘉祐六年十一月辛酉卒于颍，年三十七。娶枢密副使东海侯包拯女，二男，曰汶，六岁；曰泾，四岁。八年八月甲申，其母及其昆弟葬子直于颍西旌义乡众义管先君侍御讳平之兆。其世次、乡贯，具于先君之碣铭。其兄回泣而书，刻诸圹内之石，为子直之铭焉。

在其兄王回撰写的墓志中，王向的去世时间非常具体：“以嘉祐六年十一月辛酉卒于颍。”

既然苏颂到颍州的月日是“三月五日”，王向去世的时间是“嘉祐六年十一月辛酉”，而苏颂到颍时王向已经去世，则苏颂到颍州的时间必在嘉祐七年（1062），具体来说在该年的三月五日，而不可能是嘉祐六年。

前引颜文提到的《刁景纯学士寄示嘉篇述前后过颍游览之乐不鄙虚陋曲蒙推奖感叹不足辄用本韵通成五十仰答来贶》诗甚长，兹引其前一部分如下：

昔岁寓文馆，雅志慕藩屏。尝闻近畿州，胜绝惟南颍。
十年走京华，官局苦闲冷。欲求一麾去，数奏囊章请。
适会择兹守，乘时窃侥幸。君相宠儒林，念久贷訾眚。
旋蒙左符赐，上戴天恩并。扁舟促行役，洪渠逐奔猛。
飘然离尘嚣，有若出机穽。从容光景多，历览江山迥。
去都时值秋，到官月逢病。此邦信名区，民愿俗无警。
昔守皆巨公，今犹蒙镇靖。非才偶承乏，继治实多幸。②

客观地说，颜先生对“去都时值秋，到官月逢病”二句的解释单独看起来都很正确，

① 苏象先：《魏公谭训》卷三，《苏魏公文集》附录，第 1136 页。

② 苏颂著，王同策、管成学、颜其中等点校：《苏魏公文集》卷三《古诗》，第 29 页。

只是不该将二者看作同一年的事情。结合前面的分析不难看出，这两句真正说的就是苏颂在嘉祐六年的秋天开始从京城出发，到七年的三月才到达颍州任所。颍州距离北宋都城开封只有五百里，苏颂后来在《少府监致仕王君墓志铭》中曾经这样说：

> 由京师舟行东南五百里而近郡曰汝阴，地濒淮颍，厥土良沃，水泉鱼稻之美甲于近甸，言卜居者莫不先之。故自庆历以来贤士大夫往往经营其处，以为闲燕之地。①

既然开封到颍州不远，而且交通便利，可是苏颂竟然在路上走了大半年，这颇为令人诧异。之所以如此，苏颂在上诗中其实已经说得很明白：其一，他走的是水路。“扁舟促行役，洪渠逐奔猛”即是明证。相对于陆路，水路更为舒适，也更为安全，只是需要的时间要多得多。其二，他不急于到任。他在“飘然离尘嚣，有若出机穽”二句中将此行比作逃离了尘嚣和机穽，内心非常欢快，所以尽情地放飞自我。其三，他借此机会不断游览了沿岸的风景名胜，“从容光景多，历览江山迴”二句说的就是这个意思。就这样，从嘉祐六年秋就出发的苏颂，一路上游山玩水，优哉游哉，直到七年三月才终于漂到了目的地颍州。今有学者根据《于役志》批评欧阳修将其景祐三年（1036）赴任夷陵的旅途当成公务旅游，实则欧阳修用五个月走了五千里，与其比较，苏颂的旅途仅五百里，为欧阳修的十分之一，但他却走了大半年，花费的时间比欧阳修更多，充分体现出他本人在前引诗中所说的“从容”二字。

附：新发现王向墓志

① 苏颂著，王同策、管成学、颜其中等点校：《苏魏公文集》卷六十一《墓志》，第935页。

Research on Su Song's Arrival in Yingzhou in the Seventh Year of Jiayou

ZHANG Minghua
(School of Liberal Arts, Minnan Normal University,
Zhangzhou, Fujian 363000)

Abstract: At present, it is recognized in the academic circles that Su Song took office in Yingzhou on lunar calendar March 5th of the sixth year of Jiayou, but this view is not accurate. In fact, Su Song's appointment to Yingzhou and leaving Kaifeng in the autumn of the sixth year of Jiayou, but he traveled all the way until March 5th of the seventh year of Jiayou, when he finally arrived at his destination.

Keywords: Su Song; Yingzhou; leaving the capital city; take office

作者简介：张明华，文学博士，闽南师范大学文学院教授、博士生导师，著有《“宋调”之建构与解构》等。

唐太宗“三镜”说文化与文学源流考论

庞明启

（四川外国语大学中国语言文化学院，重庆沙坪坝　400031）

摘　要：唐太宗的政治理论中最脍炙人口的莫过于“三镜”说，可简称为铜镜、史镜、人镜，侧重点在于后二者。人镜着眼于能随时明君恶、补君缺的诤臣，魏征为其典范；史镜注重对历代史实的系统学习，认为近贤远佞决定了王朝兴衰，集中体现在唐太宗《金镜述》一文中。“三镜”说分而言之，可以追溯到《尚书》《诗经》等典籍中，其他秦汉史书与子书中亦有不少相关表述。合而言之，东汉荀悦的“三鉴”说乃其直接源头。“三镜”说在后世产生深远影响。在政论文学领域，镜喻频繁地进入到唐代以及后世君王与文人士大夫的治国理论诗文当中，《金镜述》作为治国鉴戒书文的典范也被一遍遍地追述与模仿。与此相关联的是，由于镜在王朝兴亡与帝王权柄方面的象征义被固定和放大，大臣献镜与皇帝赐镜成为一种礼俗现象。在其他文学领域，镜尤其是金镜成为科举诗赋的命题之一，带有“三镜”含义的镜喻也广泛渗透到日常文学创作之中。

关键词：三镜论；人镜；史镜；金镜

唐太宗的政治理论中最脍炙人口的莫过于“三镜”说，即所谓“以铜为镜”“以古为镜”“以人为镜”，体现在对名臣魏征的评价中。文献中有两个版本，一为唐刘餗《隋唐嘉话》记载：“太宗谓梁公曰：‘以铜为镜，可以正衣冠；以古为镜，可以知兴替；以人为镜，可以明得失。朕尝宝此三镜，用防己过。今魏征殂逝，遂亡一镜矣。’”① 一为唐李冗《独异志》记载：“太宗以魏征为人镜，谓左右曰：‘以古为镜见成败，以铜为镜知美丑，以人为镜知善恶。吾用此三镜，以辨兴衰。今魏征死，吾失一镜。’”② 两种表述虽然略有区别，但作为核心内容的“三镜”却是一样的，而且整体句式也比较相似。“三镜”可简单称为铜镜、史镜、人镜，唐太宗的侧重点显然是后二者，“以铜为镜”云云貌似只起到比喻中本体的作用。但在推行与传承“三镜”说的过程中，唐代君臣之间又不断采用

① 刘餗：《隋唐嘉话》上卷，《唐五代笔记小说大观》上册，上海：上海古籍出版社，2000年，第95页。

② 李冗：《独异志》卷下，北京：中华书局，1983年，第70页。

赏赐、纳贡、进献实物镜的方式强化这种比喻性与象征性，因此镜的物质形态和理论形态并没有分离。考察“三镜”说的内涵与来龙去脉，能够看到镜喻政治与历史理论在古代逐渐发展变化的轨迹，而作为一种修辞，它又与文学密不可分。

一、人镜与史镜的具体内涵

关于人镜，唐太宗有非常具体的论述：

> 太宗谓侍臣曰：“自知者明，人不能善鉴己过，如善为文章、工诸伎艺，皆自谓己善，他人不及。若良工商略，文匠诋诃，芜音拙句，往往而有。又譬傅母养子，颒面豫饰，乃堪见人。若栉发必须明镜，览其形容，以鉴善恶。以此而言，人君亦须得匡谏之臣，道其愆过，即其为政，无大乖违。一日万几，一人听断，细微差僻，安能尽美？唯有魏征随事谏正，多中朕失，其进喻启沃，有同明镜，分明善恶，瞭见己形。既数餐嘉言，安得不喜？”太宗因举觞以赐房玄龄、高士廉等，数数励之。①

这段话的出发点是人难免会犯错，哪怕是在自己最为擅长领域也是如此，所以不能刚愎自用，经过互相“商略”“诋诃”，一定会发现问题。而镜子的功用就在于对形貌优劣之处的鉴察，从而使人知晓如何修饰。所以从人性的基本角度来看，君王日理万机，绝不可能尽善尽美，更需要明镜一样的诤臣随时指出善恶优劣所在。在唐太宗眼中，只有魏征能够担当得起明镜的称号。此外，唐太宗还曾赐镜于高季辅，“贞观十七年，吏部侍郎高季辅知选，凡所铨综，时称允惬。十八年，独知选事，太宗赐金背镜一面，以表其清鉴焉”②。魏征的人镜作用在于能够发现人君之恶，而高季辅的人镜作用在于能够发现人才之善，不过前者更能体现出太宗人镜论的意图。

关于史镜，唐太宗曾经作有《金镜述》一文，开头便阐明主要内容与旨归道：

> 朕以万机暇日，游心前文，仰六代之高风，观百王之遗迹，兴亡之运，可得言焉。每至轩昊之无为，唐虞之至治，未尝不留连赞咏，不能已矣。及于夏殷末世，秦汉暴君，使人凛然竞惧，如履朽薄。然人君皆欲其永享万乘之尊，以垂百王之后，而得失异迹，兴灭不同，何也？盖短于自见，不闻逆耳之言，至于灭亡，终身不悟，岂不惧哉？观理乱之本原，足为明镜之鉴戒。乱未尝不任不肖，理未尝不任忠贤，任忠贤则享天下之福，用不肖则受天下之祸。③

在下文对前朝明君与暴君行迹进行评价的时候，也多从人性善恶的角度出发，指出君主应该认识到自己的不完美，克制不良的嗜欲，而对待臣民不仅要能养还要能顺，让他们各尽其用，营造出一个能产生大量贤才的社会环境，同时要注意以贤者为师，重其所长、

① 魏征著，吕效祖主编：《新编魏征集》，西安：三秦出版社，1994年，第194页。

② 杜佑：《通典》卷十五，长沙：岳麓书社，1995年，第188页。

③ 李世民撰，吴云、冀宇编辑校注：《唐太宗集》，西安：陕西人民出版社，1986年，第121页。

轻其所短，不以顺逆己意为标准来判断忠奸、滥施刑赏，这才是君王与臣民的相酬之道。晚唐号称“小太宗”的宣宗对此亦有深刻理解，他曾召翰林学士令狐绹入便殿，因案头正有此文，便以之相问，而令狐绹应答如流，显得十分熟络。当其口诵到“乱未尝不任不肖，治未尝不任忠贤，任忠贤则享天下之福，任不肖则受天下之祸”之句时，宣宗止之曰：“朕每读至此，未尝不三复后已。《书》又云‘任贤勿贰，去邪勿疑’，是则欲致升平，当用此言为首。”① 宋代唐史大家范祖禹所撰《帝学》列举历代帝王学问著述，亦以该句为此文题旨。由此可见，太宗史镜的归结点还是在于人镜。

史镜的真正获得，只有通过熟稔大量史籍并理解消化才能实现。范祖禹在《帝学》一书中指出唐太宗在即位前“初为天策上将，开天策府，置官属，乃开馆于宫西，延四方文学之士出教”②，即位之始便“聚四部书二十余万卷，置弘文馆于殿侧，精选天下文学之士……令更日宿直，听朝之暇，引入内殿，讲论前言往行，商榷政事，或至夜分乃罢”③。《金镜述》以及下述其他大臣的相似著作，都是在这种持久而热烈的学习、讲论、切磋的氛围中诞生的。

宋代王应麟指出，该文“一卷，一名《金镜述实录》”“凡千八百余言……或曰《金镜述》，或止曰《金镜》”④，并提及太宗朝相互关联的其他书文，一为“太宗召林宏远撰《金鉴书》三十卷”，一为“张蕴古上《大宝箴》，箴在即位之初”⑤，一为“令虞世南圣德论著《金镜帝范》，论君臣之道，序仁义之方，商略古今，以为监诫”⑥，这些篇目的功用和《金镜述》类似，皆为史镜之用。其中张蕴古《大宝箴》论及礼贤下士、从善如流的明君“如水如镜，不示物以形，物之鉴者，妍媸自生”⑦，又直接颂美太宗“爰述金镜，穷神尽性，使人以心，应言以行，包括理体，抑扬辞令”⑧ 云云，太宗因其文中有挺切之语而加以提拔，另一朝臣谢偃见状，便献上主旨类似的《惟皇诫德赋》。上有所好，下必甚焉，这种风气的形成皆有迎合圣意的因素。

南宋方大琮作有《金镜书赋》，对《金镜述》在命名、内容、缘起、作用等方面都做了较为全面的阐释。其中言其命名之意曰“永示宸旒之戒，著为金镜之书，托兹宝鉴之

① 康骈：《剧谈录》卷上，陶敏主编：《全唐五代笔记》第 3 册，西安：三秦出版社，2012 年，第 2491 页。

② 范祖禹：《帝学》卷二，《景印文渊阁四库全书》第 696 册，台北：台湾商务印书馆，1986 年，第 739 页。

③ 范祖禹：《帝学》卷二，《景印文渊阁四库全书》第 696 册，第 740 页。

④ 王应麟：《玉海》卷二八，《景印文渊阁四库全书》第 943 册，台北：台湾商务印书馆，1986 年，第 683 页。

⑤ 王应麟：《玉海》卷二八，《景印文渊阁四库全书》第 943 册，第 682 页。

⑥ 王应麟：《玉海》卷二八，《景印文渊阁四库全书》第 943 册，第 683 页。

⑦ 吴兢：《贞观政要》卷八，长沙：岳麓书社，1991 年，第 285 页。

⑧ 吴兢：《贞观政要》卷八，第 286 页。

名，意诚近矣”，又曰“虽帝心视此，常如目击于龟图；恐后嗣忘之，所以书名于金镜”，“是书所作，正欲垂训，言镜不足，托名以金”①，意即“镜”之名有训诫的内涵，而“金”之名有垂范的用意。这个解释非常符合唐太宗的作文之意。

除了“三镜”，唐太宗还有所谓“三行”。“帝曰：‘朕行有三，一监前代成败，以为元龟；二进善人，共成政道；三斥远群小，不受谗言。朕能守而勿失，亦欲史氏不能书吾恶也。’”② 头一条类似史镜，后两条类似人镜。

二、“三镜”说思想资源追踪

“三镜”之中最核心的是人镜，人镜之说起源甚古。在《尚书·酒诰》中，周公旦在借鉴商纣王嗜酒淫乐导致民怨沸腾，身死国灭时引用古人之言曰“人无于水监，当于民监”③，此处的“监”通鉴，就是镜的意思。在《国语·吴语》中伍子胥劝谏吴王夫差时也说了类似的话，曰“王其盍亦鉴于人，无鉴于水”④，接着举了楚灵王不听大臣规谏一意孤行导致众叛亲离、自缢而死的例子。在据说为姜太公所著的《太公阴谋》中有《武王阴之铭》，记载了周武王所作几篇铭文，其中《镜铭》曰：“以镜自照者见形容，以人自照者见吉凶。”⑤ 在《墨子·非攻》中，墨子引用古语曰“君子不镜于水而镜于人，镜于水见面之容，镜于人则知吉与凶”，紧接着说道“今以攻战为利，则盖尝鉴之于智伯之事乎？此其为不吉而凶，既可得而知矣”⑥。从先秦的几个例子能够看出，当时所谓的人镜指的是对人事或民情的借鉴，“人”的范畴比较笼统模糊，与史镜的意义关联紧密。

一直到了战国末年，人镜的范围开始明确在“士”这一人群上。在《吕氏春秋·恃君览》的“达郁”篇中讲述了这样一则故事：

> 列精子高听行乎齐愍王，善衣东布衣，白缟冠，颡推之履，特会朝雨袪步堂下，谓其侍者曰：“我何若？”侍者曰：“公姣且丽。”列精子高因步而窥于井，粲然恶丈夫之状也，喟然叹曰：“侍者为吾听行于齐王也，夫何阿哉！又况于所听行乎万乘之主，人之阿之亦甚矣，而无所镜，其残亡无日矣，孰当可而镜？其唯士乎？人皆知说镜之明己也，而恶士之明己也，镜之明己也功细，士之明己也功大，得其细，失其大，不知类耳。”⑦

---

① 方大琮：《铁庵集》卷二三，《景印文渊阁四库全书》第1178册，台北：台湾商务印书馆，1986年，第259页。

② 欧阳修、宋祁：《新唐书》卷一〇五，北京：中华书局，1975年，第7册，第4025页。

③ 李民、王健撰：《尚书译注》，上海：上海古籍出版社，2004年，第277页。

④ 徐元诰撰，王树民、沈长云点校：《国语集解》，北京：中华书局，2002年，第541页。

⑤ 严可均辑，苑育新审订：《全上古三代文·全秦文》卷二，北京：商务印书馆，1999年，第23页。

⑥ 吴毓江撰，孙启治点校：《墨子校注》上册，北京：中华书局，1993年，第204—205页。

⑦ 高诱注，毕沅校，徐小蛮校点：《吕氏春秋》卷二〇，上海：上海古籍出版社，2014年，第494—495页。

列精子高是齐国的贤人，受到齐愍王的礼遇，因此本来相貌十分丑陋的他却被侍从罔顾事实地阿谀为“姣且丽”，他由此发出感慨，指出人镜对于有权位者尤其是国君的重要性。这里的人镜，指的是能够像镜子一样照鉴国君优劣是非的士人阶层，因为他们不同于一般的侍从和百姓，他们有判断是非的能力，也负有相应的道义担当。但是他们能否发挥人镜的作用，关键则在于国君开明与否。他从人之常情出发，指出人们喜爱铜镜的明察而憎恶人镜的明察，是轻重颠倒的荒唐行径。为了进一步说明这个问题，该故事后面又举了赵简子能容忍直谏的言论，指出“人主贤则人臣之言刻”，这就很好地诠释了人镜的概念。后来北朝的刘昼从人有不足需要外假铜镜照面、善言补益入手，也说道“镜栉理形，其惠轻也；善言成德，其惠重也。人皆悦镜之明己形，而不慕士之明己心……是弃重德而采轻功，不亦倒乎”①，但这里说的已经不限于君主的层面了。

明代焦竑在对列精子高的故事进行诠释时，有一段意味深长的议论：

> 古人有言，以钲为镜，见面之容；以人为镜，知吉与凶，正是此意。彼道德法度之臣，正言敢谏之士，皆人主之镜也。孔子曰：“择其善者而从之，其不善者而改之。”苟能取人自镜，即不善者且有益，况其善者乎？不特此也，诗书载籍，皆圣贤格言正论所在，古今得失兴衰之迹昭然可见，一开卷便自有益。人能取其善者以为法，恶者以为戒，是亦己之镜也。人主既能以人为镜，又能以古为镜，则庶几矣。②

将人镜与史镜结合起来，强调了开放言论与读书论史的重要性。之后焦竑又赋诗一首，题为《井窥示警》，曰：“听行貌虽丑，侍者阿姣丽。说镜而恶士，明己不知类。邹忌曾发端，同归此一致。”这当中提到了《战国策·齐策》中记载的“邹忌讽齐王纳谏”的故事，言宰相邹忌是个美男子，其妻妾与来客皆吹捧他貌美赛过城北徐公，但真正见到徐公之后才自惭形秽，照镜自视，更觉相差甚远，由此才警醒自己被各种阿谀之声蒙蔽了，于是联想到国君所受蒙蔽更为深广，便上谏齐威王请求广开言路。齐威王采纳了建议，下令批评国君越厉害、越直接的受赏越多，结果一年之后齐国就变得非常强大。这与列精子高的故事属于同一种模式，可能存在着递嬗关系。两个故事都强调批评性言论的重要性，这是后来唐太宗人镜论的精髓。

史镜的渊源也很早，可以追溯到《诗经》。在“召穆公伤周室大坏也。厉王无道，天下荡然无纲纪文章，故作是诗也”③（《毛诗序》）的《大雅·荡》中，有“殷鉴不远，在夏后之世”之句，《韩诗外传》解释道：

> 昔者禹以夏王，桀以夏亡，汤以殷王，纣以殷亡，故无常安之国、宜治之民，得贤则昌，不肖则亡，自古及今，未有不然者也。夫明镜者，所以照形也；往古者，所

① 杨明照校注，陈应鸾增订：《增订刘子校注》卷七，成都：巴蜀书社，2008年，第489页。

② 焦竑：《养正图解》，《续修四库全书》子部第943册，上海：上海古籍出版社，2002年，第387页。

③ 向熹：《诗经译注》，北京：商务印书馆，2013年，第436页。

以知今也。夫知恶往古之所以危亡，而不袭蹈其所以安存者，则无以异乎却行而求逮于前人，鄙语曰：“不知为吏，视已成事。”或曰：“前车覆而后车不诫，是以后车覆也。”故夏之所以亡者，而殷为之；殷之所以亡者，而周为之。故殷可以鉴于夏，而周可以鉴于殷。《诗》曰：“殷鉴不远，在夏后之世。”①

夏桀和商纣作为历史上最为典型的暴君以及亡国之君，他们的事迹是历朝历代君王最有力的警戒，《金镜述》中也屡有强调。“殷鉴”是指夏桀王为殷商提供的镜鉴，堪称中国历史上第一面史镜，而殷纣王又成为后世镜鉴，于是此词逐渐演变为史镜的代名词。

另外，《孔子家语·观周》中记载孔子到洛邑观周礼，于明堂之中看见尧舜桀纣的图像、周公辅佐成王即位的图像以及国家兴废的箴言，不由得赞叹道：“此周之所以盛也！夫明镜，所以察形；往古者，所以知今。人主不务袭迹于其所以安存，而忽怠所以危亡，是犹未有以异于却走而欲求及前人也，岂不惑哉？”② 认为充分汲取前代成败的经验教训才是周王朝兴盛的原因，如果后世人君不这样而想求得如同周朝的盛世，则无异于南辕北辙，这就是一种鲜明的史镜精神。

前面单独探讨了唐前人镜与史镜之说的源头，而整体来看，“三镜”说的直接起源无疑是东汉末年荀悦《申鉴》中的“三鉴”说，曰：

君子有三鉴，世人镜鉴，前惟训，人惟贤，镜惟明。夏商之衰，不鉴于禹汤也。周秦之弊，不鉴于民下也。侧弁垢颜，不鉴于明镜也，故君子惟鉴之务。若夫侧景之镜，亡鉴矣。③

明代黄省曾在“世人镜鉴”后注曰“蒸庶但知镜鉴而已”，在“前惟训，人惟贤，镜惟明”后注曰“此君子之三鉴”。结合荀悦后面展开的论述来看，“前”即可资训诫的前代历史，“人”即贤德的臣民，“镜”必须是明镜。魏征、褚亮、虞世南等人编撰的《群书治要》对《申鉴》一书进行了节选，其中“君子有三鉴”之后是“鉴乎前，鉴乎人，鉴乎镜”④，而非“世人镜鉴”四字，这与后面的内容衔接得更加紧密，也更清楚地写明了“三鉴”的内容。荀悦“三鉴”与唐太宗“三镜”高度一致，而且收入专供太宗御览的《群书治要》之中，如此一来，便明白无误地表明了“三镜”说的直接来源。

另外，还应看到《金镜述》之名与唐太宗赐予高季辅的“金背镜”中“金镜”的象征义。《文选》中有颜延之《皇太子释奠会作》，李善注解其中“庶士倾风，万流仰镜”二句时，引用“《洛书》曰‘秦失金镜’，郑玄曰‘金镜，喻明道也’”⑤。金镜既然象征着明

① 屈守元笺疏：《韩诗外传笺疏》卷五，成都：巴蜀书社，1996年，第481页。

② 王国轩、王秀梅译注：《孔子家语》卷三，北京：中华书局，2011年，第132页。

③ 荀悦：《申鉴》卷四，北京：中华书局，1954年，第19页。

④ 魏征、褚亮、虞世南、萧德言合编，《群书治要》学习小组译注：《群书治要译注》卷四六，北京：中国书店，2012年，第26册，第105页。

⑤ 萧统编，李善等注：《六臣注文选》卷二〇，北京：中华书局，1987年，第379页。

正的大道，也便象征着王朝的正统性和合法性，及其所拥有的统治权力。于是王朝衰败灭亡可称为“失金镜”，王朝开基定国可称为“握金镜”，如《魏书》称“世祖太武皇帝，握金镜以照耀”①，唐代韦模当《金镜赋》曰“大哉唐之为盛，授宝历兮握金镜，御乾符兮秉坤政”② 等等。皇帝授予的权力也可以称为“金镜”，如白居易《赠友诗五首》其一曰“一年十二月，每月有常令。君出臣奉行，谓之握金镜”③。唐太宗让吏部侍郎高季辅主持铨选工作，赋予他选拔人才的权力，后者出色地完成了任务，太宗便将抽象化的权力变成具体的金镜实物赏赐给他，这种表彰的象征性是非常明显的。所以，太宗的“三镜”说也毫无疑问地含有金镜的帝王气息。

三、“三镜”说历代影响管窥

唐太宗“三镜”说在后世产生了深远的影响。在政治领域，镜喻频繁地进入到唐代以及后世的君王与文人士大夫的政治理论当中，《金镜述》作为治国鉴戒书文的典范也被一遍遍地追述与模仿。在文化风俗领域，由于镜在王朝兴亡与帝王权柄方面的象征义被固定和放大，大臣献镜与皇帝赐镜成为一种礼俗现象。在文学领域，镜尤其是金镜成为科举诗赋的命题之一，带有“三镜”含义的镜喻也广泛渗透到日常文学创作之中。

南宋方大琮《金镜书赋》曾指出唐太宗以“金镜”喻史鉴的精神是难能可贵的，但他的问题在于鉴前而不顾后，忽视了对后世子孙的教育，感叹道“观如是之谟训，惜不尽循于后昆……金鉴一书，太宗自为之，且自背之，何责子孙之不鉴”④。其说之目的可能在于借古讽今，但对唐太宗来说就未免吹毛求疵了。即便是到了晚唐，《金镜述》对君臣的影响还是比较明显的，前述唐宣宗与令狐绹的例子便是明证。唐太宗在晚年亦著《帝范》一书作为皇室的家训家规，也许是受其启发。后来，武则天主持编撰《臣轨》一书，作为官吏的管理守则。在《公正章》中，武则天指出：“夫不正于昧金而照于莹镜者，以莹能明也；不鉴于流波而鉴于静水者，以静能清也。镜水以明清之性，故能形物之形，见其善恶而物无怨者，以镜水至公而无私也。镜水至公，犹免于怨，而况于人乎。”⑤ 镜水无私的说法，早在《庄子》《淮南子》等著作中就已出现，跟太宗“三镜”说有所差异，但难免没有镜喻理论运用在治国理政方面的一脉相承与潜移默化。在政治实践中，武则天也深谙人镜与史镜之道，清代史学家赵翼就指出“其纳谏知人，亦自有不可及者”⑥。武则天

① 魏收：《魏书》卷一一，北京：中华书局，1974年，第1册，第194页。

② 李昉等编：《文苑英华》卷六一，北京：中华书局，1966年，第279页。

③ 白居易著，朱金城笺校：《白居易集笺校》卷二，上海：上海古籍出版社，1988年，第1册，第97页。

④ 方大琮：《铁庵集》卷二六，《景印文渊阁四库全书》第1178册，第260页。

⑤ 武则天：《臣轨》卷上，北京：中华书局，1985年，第22页。

⑥ 赵翼著，王树民校证：《廿二史札记校证》卷一九，北京：中华书局，1984年，第414页。

朝的宰相姚崇作有《执镜诫》一文，序曰“执镜者取其明也，夫内涵虚心，外分朗鉴，物不可以匿诈，体无得以逃形”，文曰“握在帝心，则宇宙融朗；悬诸铨目，则翘楚瞻仰。且明不匿瑕，君子是嘉；不疲屡照，君子是效。嗟尔在职，为代作则，刑不可滥，政不可贼。凡今之人，鲜务为德。纷纶谄媚，汩没忠直。当须如镜之明，断可以平；如镜之洁，断可以决”①，强调了镜子的无私品格与训诫意义，无论对君对臣都有警示作用，并特别指出一定要用这种精神迅速革除当下的谄媚风气。如果说这还算保持了太宗朝“三镜”说及其著述遗风的话，那么唐玄宗朝千秋节大张旗鼓的群臣献镜活动则偏离了正常轨道，堕入了阿谀的风气中，而此时张九龄试图以《千秋金镜录》一书力挽狂澜，使之重回正道，成为“三镜”说接受的一个重要转折。

千秋节为天下庆祝唐玄宗生日所举办的节日，始于开元十七年（729）八月五日，乃宰相源乾曜、张说上表所请，“群臣当以是日进万寿酒，王公戚里进金镜、绶带”②。而次年第二届千秋节举办之时，不仅百官纷纷献贺，唐玄宗也赏赐有加并当场作诗，“御花萼楼，以千秋节百官献贺，赐四品已上金镜、珠囊、缣彩，赐五品已下束帛有差，上赋八韵诗，又制秋景诗”③。从玄宗所作《千秋节赐群臣镜》，张说所作《奉和圣制赐王公千秋镜应制》以及其他大臣的相关应制诗来看，基本是颂圣祝寿的意思，并没有规谏之意。到了开元二十四年的千秋节，张九龄打破常规，不献镜而献书，其《进〈千秋金镜录〉表》曰：

> 臣九龄言：臣伏见千秋节日，王公以下悉以金宝镜进献，诚贵尚之尤也。臣愚以为，明镜所以鉴形者也，有妍媸则睹之于外，往事所以鉴心者也，有善恶则省之于内。故黄帝镜铭云“以镜自照见形容，以人自照见吉凶”，又古人云“前事之不远，后事之元龟”，元龟亦犹镜也。伏惟开元神武皇帝陛下，圣德之至，动与天合，本已全于道体，固不假于事鉴。然天覆广大，无所不包，圣道冲虚，有来皆应。臣敢缘此义，谨于生辰节上事鉴十章，分为五卷，名曰《千秋金镜录》。虽闻见褊浅，所识不深，至于区区效愚，其庶乎万一。不胜悃款之至。谨言。④

张九龄首先肯定了群臣献镜的忠心，接着用较长篇幅阐述了镜的明察龟鉴的寓意，是为该表文的主要内容，然后盛赞玄宗胸怀广大，希望他能够接收这部“事鉴”之书。此时玄宗重用李林甫、牛仙客等人，朝政日非，以直谏著称的张九龄屡犯圣恶。这次进书则为曲谏，希望以此一悟人主。镜乃日常用品，并不算名贵，君臣之间以之献赐，当然是取其象征义用来表彰与颂美，这本来就是唐太宗重镜思想的延续，但放弃镜喻的规箴精神而代之以真实的物件，就已经沦为了形式主义的表演。张九龄献书的举动，就是要重新回到镜

① 董诰等编：《全唐文》卷二〇六，北京：中华书局，1983年，第2084页。

② 王溥：《唐会要》卷二九，北京：中华书局，1955年，第542页。

③ 刘昫等：《旧唐书》卷八，北京：中华书局，1975年，第1册，第195页。

④ 李昉等编：《文苑英华》卷六一一，第3166页。

喻传统的精神实质上来，并且受到了玄宗的嘉奖。后来王维奉命绘制《帝皇龟镜图》，或许是受到了张九龄此书的影响。王维陈述书名含义曰："窃以名为帝皇图者，盖龟可以卜也，镜可以照也，以前代帝王行事善恶以卜后代，以前代帝王行事善恶以照后代，可以知盛衰兴亡。故其行事似尧舜者必盛，似汤武者必兴，似秦皇汉武者必衰，似夏桀殷纣者必灭。如卜之必知，如照之必见，故谓之龟镜图。"①（《奉敕详帝皇龟镜图状》）但由于书中有一些女娲造人之类难以置信的神话故事，非徒历代兴亡事迹，所以王维又觉得取名"龟鉴"有所不妥。很显然此书的内容旨趣与玄宗崇信道教神仙有关，其目的又与太宗"三镜"不尽相同。

献书献图并没能阻挡献镜的形式主义风气，它甚至延续到了安史之乱之时。独孤及在唐肃宗至德二年（757）替独孤峻写了一篇《为独孤中丞天长节进镜表》，天长节亦为玄宗生日，在天宝七年（748）由千秋节改称。该表交代铸镜之始正值兵荒马乱玄宗逃难之时，其镜无由上献，只得等到玄宗被迎接回长安，同时又添一"金龙饰镜"献给即位不久的肃宗。当时二京刚刚收回，叛军气焰稍挫，就说"今宸极正而乾坤贞观，惊尘收而日月开朗，当白露盛序之秋，正黄河澄清之日"②，显然为时太早。而且除了皇帝诞辰节，五月五日端午节也是一个与镜有关的热闹节日。传说著名的扬州水心镜就必须在端午节于扬子江心铸造，才能够通灵于水中真龙，独孤峻所献之镜即此类。另外，还有太原铁镜也是重要的贡品。唐肃宗在位期间，诞辰节虽然还在举行，但由于安史之乱并未完全平息，其规模与热闹程度和开元、天宝年间已不可同日而语。到了唐代宗即位时，就不再举行了。

尽管作为实物的献镜赐镜活动没有持续下去，但是以镜为题的科举律赋命题却一直在进行。现存的以镜为题的唐赋几乎都是限韵的律赋，而且大多为八韵，如韦模当《金镜赋》以"圣人握之，以临天下"③为韵，王棨《握金镜赋》以"圣人执持，照临寰宇"④为韵，纥干俞《至人用心若镜赋》以"方寸虚地，有来斯应"⑤为韵，于可封《至人心镜赋》以"人心融道，清鉴应物"⑥为韵等等，从所限之韵的意思来看，就能揣测出赋的大致内容。所言"圣人""至人"者皆指皇帝，"至人心镜"之说来源于《庄子》，形容冲虚无为、虚怀广大，"金镜"喻指皇帝的权柄与统治术。这些律赋的主题都是颂美，鲜少规箴之意，基本是形式大于内容之作。其他还有史翽《仁寿镜赋》言祥瑞，皇甫湜《山鸡舞镜赋》言谢恩等等，大抵如此。另有以月镜、水镜为题的，歌颂对象不再局限于帝王，而

① 王维撰，赵殿成笺注：《王右丞集笺注》卷一八，上海：上海古籍出版社，1961 年，第 322 页。

② 独孤及撰，梁肃编：《毘陵集》卷五，《景印文渊阁四库全书》第 1072 册，台北：台湾商务印书馆，1986 年，第 194 页。

③ 李昉等编：《文苑英华》卷六一，第 279 页。

④ 董浩等编：《全唐文》卷七六九，第 8012 页。

⑤ 李昉等编：《文苑英华》卷九四，第 427 页。

⑥ 李昉等编：《文苑英华》卷九四，第 427 页。

是扩大到君子的层面。此外，尚有赵自励并非科场之作的《八月五日花萼楼赐百官明镜赋》，内容是对千秋节玄宗赐镜与群臣承恩的颂美，其功能与献镜祝寿、应制唱和无二。

不过值得一提的是白居易所作《人镜赋》，虽然也是八韵律赋，却摆脱了金镜之类的形式主义，而带有鲜明的人镜规箴精神。这当然与所限之韵即“主圣臣忠，道光贞观”的主题有关，目的就是呼吁回归到贞观之治的政治理性上去。其中“惟贤任贤，自圣传圣”“以是为臣，则献可替否；以是为镜，则进思尽忠”“贞明而翘楚角逐，皎洁而群邪冰泮。兹镜也，克念则正，罔念则荒”诸语皆振聋发聩，指出任贤臣、去奸邪、重人镜是治国之本，不可或缺，并对形式主义的以镜献赐、感恩行为表示否定，曰“验成败之原，知荣辱之主。我镜在德，曾无盘龙之雕；我镜在心，自有山鸡之舞”①。最后鼓励君主将人镜精神真正贯彻之后，就能够赶得上太宗的丰功伟绩，“则皇唐迈德于陶唐，吾君齐圣于文祖”。白居易另一首新乐府诗《百炼镜》，用更为明白酣畅的手法，对消耗民力铸造金镜献纳的行为进行讽喻，直呼应该学习太宗、以人为镜，曰：

> 百炼镜，镕范非常规。日辰处所灵且祇。江心波上舟中铸，五月五日日午时。琼粉金膏磨莹已，化为一片秋潭水。镜成将献蓬莱宫，扬州长吏手自封。人间臣妾不合照，背有九五飞天龙。人人呼为天子镜，我有一言闻太宗。太宗常以人为镜，鉴古鉴今不鉴容。四海安危居掌内，百王治乱悬心中。乃知天子别有镜，不是扬州百炼铜。②

诗人要纠正一个最大的误解，即百般锻造、磨拭、雕刻用以献纳的水心镜，并不是“天子镜”，真正的“天子镜”是唐太宗奉为圭臬的“三镜”，尤其是其中的人镜。白居易之所以能够顺利发出这种呼声，是因为当时唐宪宗举贤任能、励精图治，开创了“元和中兴”的局面，如此才可使“三镜”精神的回归成为可能。后来到了唐宣宗那里，又掀起一场学习贞观之治的热潮，这才有了前述令狐绹深夜被召入宫探讨太宗《金镜述》的事情。

唐代以后，人们不断对太宗“三镜”说进行追忆、阐发、仿效，而且并不完全局限于治国理政、君君臣臣的范畴。如明末学者朱之瑜以“三镜”自扁其堂，曰：“以铜为镜，可以鉴容貌、肃衣冠；以古为镜，可以辨几微、慎思永；以人为镜，可以审从违、征失得。彻内彻外，有初有终，镜惟三，则德惟一。自古圣贤，未有不于此朝夕孳孳焉者。余小子瑜，髫年失怙，未闲家训，昧昧而行，荒忽耋老，一跌之蹉，丧厥终身，可不惧哉?”③ 对“三镜”稍加改装，奉为自古以来不可更改的人生准则，若差之毫厘，便谬以千里。明末清初黎景义撰《镜铭》六首，以“应、称、证、则、警”与“正、定、净、井、炳”十字来归纳镜的品格，最后慨叹：“呜呼，古人亦有言，以铜为之可正冠衣，以

---

① 李昉等编：《文苑英华》卷九四，第426页。

② 白居易著，朱金城笺校：《白居易集笺校》卷四，第1册，第204—205页。

③ 朱之瑜：《舜水先生文集》卷二一，《续修四库全书》集部第1385册，上海：上海古籍出版社，2002年，第75页。

古为之可鉴兴衰，以人为之可知是非。人乎古乎？吾拜昌言曰俞。”① 将“三镜”看作不可分割的整体，表示服膺。清代李绂《刘别驾白镜图赞》曰：“太史公有言：‘居今之世，志古之道，所以自镜也。’铜为鉴，不若古为鉴之胜也。然古为鉴，又不若心为鉴之随念而应也。致良知，求放心，乃自镜之正也。闻君尝事斯语，见必早定也。”② 引用司马迁之语，并将“三镜”说中的“人”改为“心”，通过层层推演的方法，得出阳明心学才是镜喻正道的结论。在清代，“三镜”说也被纳入试贴诗赋的命题当中，如陈昌图有《保三鉴赋》、成书有《赋得保三鉴》等等，能够看出当时统治者对唐太宗重史重贤思想的推重。

《金镜述》历来也不乏仿拟之作。早在中唐时期，就有刘轲撰《唐帝王镜略》一卷，“自开辟迄唐初帝王世次，缀为四言，以训童蒙。蜀冯鉴续之，至唐末”。③ 金末元初的元好问著有体例类似的童蒙读物《帝王镜略》，“所谓立片言而得要者也，其驰骋上下数千载之间，综理繁会数百万言之内，骈以四言，叶以音韵，世数代谢如指诸掌，历代之能事毕矣”。④ 明代毛文素著有《镜古录》，也是一本概要性的史书，“其书自羲、轩迄昭代，人品事迹，悉胪列其梗概焉。标心于万古之上，而送怀于千载之下”。鲍应鳌认为该书具有鲜明的史镜功能，“令虚心稽古，妍媸好丑，一一如镜现形，谁肯以妍与丑自甘耶”，并祝愿道“毛先生以此自镜，又以此镜当世，则异日用为朝家千秋金镜”⑤，希望日后能够为朝廷所赏识，成为当代版的《千秋金镜录》。明代汪昌朝著有《人镜阳秋》一书，“汇辑坟典所载古忠孝节义者为四科，胪列其目……首陈图，次立传，次系之赞”⑥。张凤翼序言认为该书所取法者乃唐太宗“三镜”，曰：“天下之语镜万者，莫大于日月，故立成器者象形而铸之镜。是镜也，岂惟器有之？人亦有焉。故曰：‘以铜为镜，则知妍媸；以人为镜，则知善恶。’镜有古今，人亦有古今。古镜可以镜物，今镜亦可以镜物；古人可以镜人，今人亦可以镜人。若《千秋金镜录》，盖取诸此也。”⑦ 将镜之形象与品格奉为一种自然、社会与历史范畴中最具认知与反观意义的典型参照，从而大大提升了“三镜”说的功用。

---

① 黎景义：《二丸居集选》卷一〇，《四库禁毁书丛刊》集部第16册，北京：北京出版社，1997年，第718页。

② 李绂：《穆堂别稿》卷一〇，《续修四库全书》集部第1422册，上海：上海古籍出版社，2002年，第275页。

③ 王应麟：《玉海》卷五五，《景印文渊阁四库全书》第944册，第475页。

④ 王恽：《秋涧集》卷四一，《景印文渊阁四库全书》第1200册，台北：台湾商务印书馆，1986年，第526页。

⑤ 鲍应鳌：《瑞芝山房集》卷二，《四库禁毁书丛刊》集部第141册，北京：北京出版社，1997年，第75页。

⑥ 沈懋孝：《长水先生文钞·长水先生石林蕢草》，《四库禁毁书丛刊》集部第159册，北京：北京出版社，1997年，第481页。

⑦ 张凤翼：《处实堂集》后集卷四，《续修四库全书》集部第1353册，上海：上海古籍出版社，2002年，第641页。

作者打破古今束缚，认为人镜无古今之别，只要是“忠孝节义者”皆可卓然称之。

作为《金镜述》影响下诞生的重要著作，张九龄的《千秋金镜录》也频频得到后人的追忆及仿效。如元世祖时布衣赵天麟献《太平金镜策》以论谗佞，列举了历朝历代形形色色的谗臣佞臣。元末诗人杨维桢作有《千秋金镜录赋》以骚赋的形式揭露了唐玄宗千秋节群臣献镜的形式主义假面具，高度赞扬了张九龄以镜鉴大义献书的耿耿忠心。杨维桢弟子贝琼亦作有《金鉴录赋》，模仿张九龄上《千秋镜录》时的口吻，历数昏暴之君以为镜鉴，并斥责玄宗后来宠杨贵妃、安禄山造成大乱，认为是失去人鉴所致，申明历史金镜的重要性，大声疾呼“金鉴岂一时之可珍兮，历万古而为程”。[①] 明代陈懿典在明神宗诞节献《千秋金镜箴》，自言“敢效古人摭拾见闻，自附九龄之谊，具陈法戒，希声蕴古之箴，伏祈以古为鉴”[②] 云云，以古代圣君昏君的例子提供借鉴，请求皇帝要学习圣君兢兢业业的精神，重用贤良，远离酒色，信任边将等。此外，清代蒋士铨《杨太真双鱼镜七首》其四曰“千秋金鉴录何轻，鼙鼓渔阳动地惊。争似阿房星数点，婵娟小胆太分明”[③]，讽刺玄宗不以张九龄《千秋金镜录》为意，肆意宠爱杨贵妃，从而导致安史之乱的下场，由此体现人镜与史镜对国之兴衰的重要性。

结　　语

唐太宗以卓越的文治武功与开阔的胸襟眼界开创了史无前例的大唐盛世，他闻过则喜、从谏如流的精神也决定了大唐的开放品格。他的“三镜”说并不是高深曲折的理论，《金镜述》无论是就文学性还是思想性来看，都是比较平常的作品。但是他之所以能以“三镜”为理论与经验而成为千古明君，离不开他对人性普遍欲望与弱点的洞察，并没有多少道德的高调，这种“卑之勿高论”的特点是比较重要的。在《金镜述》中，他多次提到最起码的人性，如曰“夫人有宽躁强柔之志，愁乐贪欲之心，性有善不善者也”，强调个体心性欲望的不同；“大鲸出水，必废游波之功，鸿鹄沉泥，定无凌空之效。若各令遂志，并不失其能”，强调畅通而多元的人才渠道的重要性；“夫人刚柔之情各异，曲直之性不同，不可不察也”[④]，强调对人们性情差异的理解和尊重。无论是君王、大臣还是普通百姓，都在这个大写的“人”当中，遵循着同样的人事与物理规则。本着人的局限性、多样性和互补性，他提出必须要有铜镜、人镜、史镜这三面镜子，不然就看不到自己的缺

① 贝琼：《清江诗集》卷一，《景印文渊阁四库全书》第1228册，台北：台湾商务印书馆，1986年，第195页。

② 陈懿典：《陈学士先生初集》卷二七，《四库禁毁书丛刊》集部第79册，北京：北京出版社，1997年，第511页。

③ 蒋士铨：《忠雅堂文集》卷二，《续修四库全书》集部第1436册，上海：上海古籍出版社，2002年，第563页。

④ 李世民撰，吴云、冀宇编辑校注：《唐太宗集》，第122页。

点，更遑论改正与完善。元代戈直在《贞观政要》唐太宗赐予高季辅药物一事后议论道："药石所以愈膏肓之疾，金镜可以别媸妍之形，太宗嘉人臣之进言，比之为药石，望人臣之清鉴，比之于金镜，可为君臣相与之盛事也。"① 唐太宗用各种象征物来表彰敢说真话的大臣，便赋予群臣担负国家兴亡的主体精神。后来宋代之所以能以半壁江山而取得经济文化的全面繁荣，也正得益于与士大夫共治天下的祖宗遗训，这是中国古代政治智慧的宝贵财富，也成为文化、文学领域一道亮丽的风景线。

On the Theory of "Three Mirrors" of Emperor Taizong of Tang Dynasty and Its Origin and Influence

PANG Mingqi
(College of Chinese Language and Culture,
Sichuan International Studies University, Chongqing 400031)

Abstract: The most celebrated aspect of Emperor Tang Taizong's political theory is undoubtedly the "Three Mirrors" theory, which can be summarized as bronze mirror, historical mirror, and sage mirror, with the emphasis placed on the latter two. The sage Mirror focuses on the critics who can point out the emperor's mistakes and make up for the emperor's shortcomings, Wei Zheng is a model. The historical mirror focuses on the systematic study of historical facts of the past dynasties, which is embodied in Tang Taizong's article "*Golden Mirror Narration*", which believes that being close to sage and staying away from villain determines the rise and fall of the dynasty. The "Three Mirrors" theory can be traced back to *Shangshu*, *Shijing* and other classics, other Qin and Han history books and philosophy books have related expressions. All in all, Xun Yue's "San Jian" theory in the Eastern Han Dynasty is its direct source. The "Three Mirrors" theory has far-reaching influence and has entered the field of multiple cultures. First of all, mirror metaphors frequently appear in the political theories of emperors and literati, and "*Golden Mirror Narration*" has also been followed and imitated over and over again. Secondly, since the symbolism of the mirror in the rise and fall of the dynasty and the authority of the emperor was fixed and enlarged, it was a ritual phenomenon that the minister presented the mirror and the emperor gave the mirror. Again, the "Three Mirrors" metaphor has

① 吴兢：《贞观政要》卷二，第78页。

been widely permeated into everyday literary creations, and the mirror, especially the golden mirror, has become one of the propositions of imperial examination poetry.

Keywords: three mirror theory; sage mirror; history mirror; golden mirror

作者简介：庞明启，文学博士，四川外国语大学中国语言文化学院副教授，著有《宋神宗朝洛阳诗坛及其历代影响研究》等。

清代辞赋中的闽海书写及其空间意涵*

郭　薇

（闽南师范大学文学院，福建漳州　363000）

摘　要：海赋是传统赋作的一个重要门类，海洋为历代赋家提供了驰骋才情与才学的空间。清代之前，闽海在辞赋中鲜见书写。有清一代，闽海广泛地进入赋家的观照视野。清代的闽海赋展现出“自然地理空间”“历史文化空间”“政治文化空间”等多重空间意涵。清代赋家站在闽海的“空间”上观看与思考，将这一空间与个人命运置身于家国的文化情境之中，并记录胜景、讴歌盛世。体量丰富的辞赋书写负载了诸多民族记忆与情感，不仅使后世得以透过这些赋作窥见清代闽海的繁华景象，也客观上强化了家国认同之感。

关键词：清代辞赋；闽海书写；空间意涵

引　言

海洋很早就进入古人的观察视野，① 但先秦典籍对海的论述还相对简略，海洋亦只是作为“背景板”而存在，尚未真正进入文学审美的情境。“古人登高有作、临水必观”（隋杜台卿《淮赋》序），在赋的领域中，海才真正成为文学的体裁，班彪《览海赋》是文学史上的第一篇海赋，此后海洋赋层出不穷，② 《文选》“江海赋”类收录木华《海赋》，不仅使海洋赋正式成为赋作的重要门类，也使木华《海赋》成为海洋类赋作的经典。

尽管《山海经·海内南经》有云：“闽在海中，其西北有山。一曰闽中山在海中。”但在历代众多的海赋中，从地理位置而言，在清代之前，书写闽海的赋作并不多见。清代以康熙二十二年（1683）统一台湾为标志，闽海以其独具美学特质的自然地理空间、历史文

* 本文为福建省社会科学西部扶持项目“清代辞赋中的福建书写及其文献整理与研究”（FJ2023X004）的阶段性成果。

① 先秦多部典籍提到了海，如《尚书·禹贡》“江、汉朝宗于海”，《论语·公冶长》“道不行，乘桴浮于海”，《庄子·秋水》“天下之水，莫大于海”，《孟子·尽心》“观于沧海者难为水”。

② 如三国时期曹丕《沧海赋》、王粲《游海赋》，西晋时期潘岳《观海赋》，东晋时期孙绰《望海赋》、庾阐《海赋》，唐朝卢肇《海潮赋》，宋代吴淑《海赋》，明代王亮《观海赋》、肖崇生《航海赋》、郑怀魁《海赋》都是与海相关的著名赋篇。

化空间与政治文化空间而成为清代赋家钟情的对象，得以被多次书写。清代作为大一统王朝，赋家有了更多足履闽海的机会，赋家从阅读经典到实地感知，其赋作兼具真实与想象。就自然地理空间而言，闽海有着令人惊奇的殊方异景，给予赋家诸多神话想象；就历史文化空间而言，闽海从蛮海荒陬转变为尘寰清境；就政治文化空间而言，闽海是宣上德与抒下情的场域，是海晏河清的政治比拟。当然，多重空间意涵的书写并非泾渭分明，而是有机融合。重复而体量丰富的清代闽海赋，负载了诸多民族记忆与情感，不仅使得后世得以透过这些赋作窥见清代闽海的繁华景象，也在客观上强化了家国认同之感。闽海作为一个独特空间，为清代赋家提供了驰骋才情才学与宣上德、抒下情的优越场域，同时也使得闽海从理性而客观的“空间”转化为掺有情感色彩的“地方”。

一、经典阅读与实地感知

木华《海赋》因被《文选》收录而奠定其经典地位，刘宋时期张融以“浮海至交州”的实地经历于海中作《海赋》，得到顾恺之“卿此赋实超玄虚，但恨不道盐耳”（《南齐书·张融传》）的大力称赞。尽管后世对顾恺之“实超玄虚”之评论持保留意见，但木华与张融的赋作成为后世读者想象海洋的重要文本。至清代，在足践闽地之前，对海洋的印象，仍是以木、张二人赋篇作为想象的蓝图，如李拔①言明其先已读木华之赋，其《海赋》（以“江汉朝宗”为韵）序云：

> 拔，生长西南，壮游东北，长江之大，黄河之广，实所亲见。维兹海也，望洋向若，耳虽习闻，目未曾睹。乾隆己卯春，奉命来守福宁，旋调福州，皆滨海也。公余同僚属登海山之巅，穷远览之胜，始知元虚之所赋，文通之所形，未足以写其大观也。②

四川人李拔因官福建而得以亲眼得见真正的海洋，在与同僚登高览山海之胜，才知木华《海赋》难以描摹闽海之大观。

同样是先阅读经典文本再到实地感知的江苏人陆求可③与李拔同是因官之故来到福建而得以观海，并作《观海赋》，从其赋序可知其先读过张融《海赋》：

> 予少读张融《海赋》，未尝不惊其言之河汉而无极也。兹以陬月晦前，出闽安镇，抵琅琦，历断屿山诸澳。闻白岩有白云寺，为群峰巀嶭之绝顶。游人往往观曦输藻渊，隆藻逸骇，因蹑跻而上。是日氛雾冥冥，回烟四塞，已心疑朏朏灵曜，未必获观扶桑浴鸦，朝瞰飞凫。既至，果玄液丰注，坐而高檐修霤矣。襆被山中三日，惟积流委输，渤澥浮天，即未穷溟洲伊连，已泱泱然大也。因作此赋。④

① 李拔（1713—1775），字清翘，号峨峰，四川犍为人，清乾隆十六年（1751）进士，曾官福州知府。

② 福州地方志编纂委员会编：乾隆《福州府志艺文志续编》，福州：海风出版社，2007年，第213—214页。

③ 陆求可（1617—1679），字咸一，号密庵，江苏山阳人，清顺治十二年（1655）进士，曾官福建参议。

④ 陆求可：《陆密庵文集》卷一，《清代诗文集汇编》第59册，上海：上海古籍出版社，2011年，第11页。

从惊讶纸上大海的“河汉而无极”到亲眼看见闽海的“积流委输，渤澥浮天”的“泱泱然大”，陆求可也因为实地经历而对闽海有了切身的体会与感知。

“生长西南”的周于仁[①]所作《观海赋》，虽未明言其是否阅读木、张二赋，但从其赋中“读书而周知万汇，穷居而悉备九寰”，以及赋后叙述其观海的感受所云“量可有容兮，吾观其大；虚乃能受兮，吾观其深”[②]来看，这与木华《海赋》结尾将海的广阔与人的气量可以放在一起来思考相似，客观上也都具备了观海则意溢于海的抒情言志之感，周氏极有可能读过木华的《海赋》。

大多数赋家并非出身福建本地，如前引李拔、陆求可、周于仁等人皆以宦游来闽。尽管前代不少赋家以其自身经历创作海赋，如前引张融因贬交州作《海赋》，又如班彪《览海赋》“余有事于淮浦，览沧海之茫茫”[③]，班彪当是沿着淮河看到了今黄海，但清代之前足履闽海的赋家并不多见，相关赋作亦难以得观。而到了清代，随着足履闽海的赋家人数日多，相关赋作也随之日益增加，并汇聚成辞赋之“海”。

清代赋家从纸上阅读到实地感知，这种切身经历触发了其兴致，为闽海赋的创作提供了条件。闽海的壮阔赋予诗人开阔的视野和心胸，如林谦光[④]《台湾赋》：“不观沧海者，夸沟壑之弘；不睹王会者，诧都邑之钜。”[⑤]又如周于仁作《观海赋》时年已五十有五，虽然宦游多地，但在出任澎湖通判真正见到闽海后，“觉畴昔之言海，不啻乎管窥而蠡测，炯炯然合五十载之睹记传闻，不觉于斯而有得”。闽海的苍茫壮阔与迥异中原的特殊风景以及其在清代独特的政治地位，都为赋家提供了丰富的写作空间。而个人的才情才学、观察重点、思维方式，都会影响其具体文辞的安排，因此闽海在不同赋家的笔下自然呈现出不同的空间面貌。尽管“赋家之心，包括宇宙，总览人物”[⑥]，落笔自可汗漫九天，但总体而言，清代闽海赋的书写围绕着闽海这一特定的自然地理空间、历史文化空间与政治文化空间展开铺陈。

二、殊方异景与神话想象

闽海赋在清代之前书写之所以不多见，与其相对遐远的地理空间位置相关，这在客观意义上成就了“殊方异景”的存在。清代闽海赋中赋家惊叹于闽海的异样海景及其奇特多

---

① 周于仁，字纯哉，号仙山，又号龙溪，四川安岳人，清康熙四十七年（1708）举人。

② 周于仁、胡格纂修：乾隆《澎湖志略》，福建省地方志编纂委员会整理：《闽台历代方志集成·台湾志书辑》第31册，北京：社会科学文献出版社，2021年，第769页。

③ 欧阳询编，汪绍楹校：《艺文类聚》卷八，上海：上海古籍出版社，2007年，第152页。

④ 林谦光，字道牧，号芝楣，别署谏亭，福建长乐人。清康熙十一年（1672年）副贡生，曾任福建政和县教谕、福建延平府学教授、福建台湾府学首任教授。

⑤ 鲁鼎梅修，王必昌纂：乾隆《重修台湾县志》卷十三《艺文志》，福建省地方志编纂委员会整理：《闽台历代方志集成·台湾志书辑》第15册，北京：社会科学文献出版社，2021年，第1095页。

⑥ 葛洪：《西京杂记》，北京：中华书局，1985年，第12页。

样的海产。

周于仁《观海赋》写其寓目之红水沟与黑水沟：

> 非山而浪拥千峰，无花而波开万朵。不雨而风激如霖，摇星而眼迷似火。时起雾而腾烟，间堆垠而列垛。正子午于《星经》，防风帆之相左。中有二沟，尤称奇特。红沟兮如丹，黑沟兮似墨。形稍窳而不平，势横流而若仄。傍绿水之清泓，亘万古而不忒。潮既往而旋来，日应时而合刻。①

赋中的红沟与黑沟，即红水沟与黑水沟："台湾海道，惟黑水沟最险；自北流南，不知源出何所。海水正碧，沟水独黑如墨，势又稍洼，故谓之沟……红水沟不甚险，人颇泄视之。然二沟在大洋中，风涛鼓浪，与绿水终古不淆，理亦难明。"② 在碧蓝的海水之中，红沟与黑沟各自保持自己的颜色，这种奇特的景象引起周氏的诧异。

胡宗绪③《观海赋》为主客问答体，"太素先生"请"混沌子"为其《观海图》作赋，讲述其十七八岁之际随父辈赴任台湾见到的台风之景，对台风的始作、发展、高潮、结束都有细致的讲述：

> 岛人告我曰：断霓饮矣，赤云睒矣。海若变貌，秽如浮糠。灵蛇蚴蟉，游淫腾翔。兽毛立矣，鳝穴溢矣，此台将作之候也。而飓母兽不足以比数，虽有圣哲，盖莫得究而观缕飑。
>
> 夫其方至也，皓昊荡飔，黖黮闇漠，嘘呵砏汃，窍孔叱喀。洎其众至，僬侥桑野，大窍反户，六幕惨淡，同歒咽欧。于是阳侯冯怒，河精獹虤，丰隆连鼓，电姥施鞭。驰蜩象，走马衔，与飞廉战于墟之野，軯軯輷輷，如撞輡棚；涍涍剨剨，如摐戈戟；騀騀洒洒，如奔万马；飑飑纷纷，如行三军。其推锋咆勃而至也，如祖龙之驱群碣。其四分五裂正北也，如巨灵之踏，灵岳摇瀛，炎荡溟渤……如此之广也，如此之猛也。④

胡赋中运用了大量联边字，"联边者，半字同文也。状貌山川，古今咸用"⑤，联边字的运用令台风之广之猛喷薄于字里行间，令人应接不暇，在视觉上造成台风声势浩大的震撼效果，使读者仿佛身处台风之中，油然而生惶怖之感。

张湄于乾隆六年（1741）任巡台御史，兼理提督学政，"环台皆海也，自夏徂秋，飓风屡作"，飓风激起的海吼声在其"索居海滨，形只影寡"素心境下引发了"惝然惘然"之感。作为"域外孤臣，天涯羁客"，相比于梦魂中仿佛依稀的故园，海吼于张湄是真切

---

① 周于仁、胡格纂修：乾隆《澎湖志略》，《闽台历代方志集成·台湾志书辑》第31册，第769页。

② 郁永河：《稗海纪游》，《台湾文献丛刊》第44册，台北：台湾银行经济研究室，1957年，第5—6页。

③ 胡宗绪（1670—1740），字袭参，安徽桐城人。清雍正八年（1730）进士。

④ 马积高主编：《历代辞赋总汇》第12册，长沙：湖南文艺出版社，2014年，第10873页。

⑤ 刘勰著，范文澜注：《文心雕龙注》，北京：人民文学出版社，2017年，第624—625页。

的“殊方异景”。赋中对海吼的初兴、狂肆、雄壮、悠长都有所描绘，试读其对海吼狂肆与雄壮的描写：

尔乃炎蒸絺葛，润逼筑础。海若频惊，石尤顿阻。狞飚飒飒以回凉，怪雨淫淫淫而去暑。萧梢林木，耸万壑之秋声；破碎虚空，竞千村之社鼓。

其为壮也，輷輷四起，荡潏八垠。冰崖崩裂，铁骑群奔。摐金镛于山谷，摆雷硠于乾坤。其为骇也，鼋鼍駊騀，赑屃连屯。天吴奋以叫号，蝄像诡以游巡。斗馋蛟而水立，哮虤虎而林昏。[①]

台风、海吼、地震是闽海一带较为常见的异于他方的自然现象，清人王必昌[②]《台湾赋》概括为：“顾其地时震，而海常吼。论者佥曰惊涛之溢涌，几视斯壤若等于浮沤。不知地广而厚，海深而幽。”

除自然现象外，闽海的特产也吸引了赋家的注意。王必昌《台湾赋》：

乃其海物惟错，独为充斥。难悉厥名，略辨其色。则鳐乌鲤红，鲚紫鲳白。赤海金精，乌类黄翼。青鲩投火，乌鲗喷墨。锦魴花鲶，金梭如织。又有香螺花蛤，鬼蝌虎鲨。白蛏涂魠，麻虱龙虾。台澎所产，厥味多嘉。既渔于水，亦樵于山。楠笋始生而合抱，萧朗高大而团圆。[③]

曹敬《海月赋》（以“挂席拾海月”为韵）也感叹“海之异产，亦多矣哉”：

海扇摇光，海童留迹。风恬而海马跃波，浪静而海梭穿碧。不但鲎帆峭发，泛海窟以游巡；而且蛟室高耸，任海涛以惊拍。不但蛎奴粘石，傍海市以安；而且鱼婢奔波，出海门而行役。[④]

海中有海扇、海童、海马、海梭、海涛、海市、海门等诸多奇异之产。当然，曹敬赋中所谓的“海产”，与王必昌《台湾赋》中具体可感可见可触的海产有所不同，曹赋已经带有了神话色彩。

与殊方异景伴随而生的是各种神话想象。海洋、海岛是古代思想家与传统诗文中常见的神话想象场域。“古代思想家们对海洋多是些简单的神奇想象，海上有仙岛、有神仙、有不死之药。另一方面，在普通的海岛上，有十分落后的岛夷。”[⑤] 传统海赋的写作也常常充满了神异色彩，如班彪《览海赋》“乘虚风而体景，超太清以增逝。麾天阊以启路，

---

① 鲁鼎梅修，王必昌纂：乾隆《重修台湾县志》卷十三《艺文志》，《闽台历代方志集成·台湾志书辑》第 15 册，第 1125 页。

② 王必昌（1704—1788），字乔岳，号后山，福建德化人，清乾隆十年（1745）进士，曾应台湾知县鲁鼎梅之聘，赴台湾主纂《台湾县志》。

③ 鲁鼎梅修，王必昌纂：乾隆《重修台湾县志》卷十三《艺文志》，《闽台历代方志集成·台湾志书辑》第 15 册，第 1108 页。

④ 简宗梧、许俊雅主编：《全台赋校订》，台北：台湾文学馆，2014 年，第 206 页。

⑤ 唐晓峰：《从混沌到秩序：中国上古地理思想史论述》，北京：中华书局，2010 年，第 129 页。

辟闾阖而望余”，并具体写到其在海上的方瀛与壶梁仙山上会见了赤松子、王子乔、王母、韩象、岐伯等仙人，故而谭家健认为班彪《览海赋》“名为览海，实则求仙”。[①] 闽海的奇异风物使得清代赋家感慨此地之荒，同时也惊讶其地之神，所谓“翳台湾之荒裔，实海国之神区”。[②]（李钦文《红毛城赋》）对于清代闽海赋作家来说，闽海具有“遐裔”的地理空间特点，也具备“神区”的历史文化空间特点。

在清代赋家的闽海神话想象中，海中有金碧辉煌的龙宫，龙宫有着无数奇珍异宝，是令人向往的彼岸。曹敬《海月赋》描绘在海月的照耀下，海底琼宫明明可见，“映螺房而耀采，鱼妾相窥；穿蟹舍而生凉，蛟师伫立”。又如施琼芳[③]《海旁蜃气象楼台赋》（以题为韵）：“原夫海也者，望洋浩渺，向若渺茫。宫处河伯，国安海王。涉本无涯，孰买珠于蛟室；观难为水，谁鞭石于龟梁。何来金碧交辉，千人共见；竟尔波涛变相，万象在旁……吐云气于海上，玉叶金枝；藏蓬岛于壶中，绮栏雕楯。”[④]

当然，海上依旧有着诸多仙人，如胡宗绪《观海赋》：“于是阳侯冯怒，河精虓虓，丰隆连鼓，电姥施鞭。驰蜩象，走马衔，与飞廉战于墟之野，軿軿軥軥，如撞橦棚……于是天地大絯，百灵咸震。日君月妃，蓬首闚眩。”[⑤] 又如林谦光《台湾赋》：“飞廉戒途，屏翳先路；巨浸回澜，狂涛息怒。”[⑥] 二人赋作短短的几行文字提到的阳侯、丰隆、河精（即河伯）、蜩象（即罔象）、马衔、电姥、飞廉、屏翳皆是传统神话传说中的人物，且多与水相关。这些神话想象或许是人世间的赋家的某种书写策略，即依靠原有的神话形象与海洋传说将无形的迥异中原的海洋自然力量变得可知可感。而对闽海龙宫、仙人的传统想象也激发了作家的游仙之情，胡宗绪《观海赋》在赋作结尾直接点明要作“游仙之歌”：

> 混沌子于是逡巡避席，喟然而叹，曰：“有是哉。”乃作游仙之歌，援琴而鼓之。风雨徐来，傥荡彷徉，大同乎溟涬。而不知其所终。歌曰：“风波轧，二仪圂。澒洞崩折兮山宵昏，长风飂飂兮吹我人，九老之仙来如云。叹崔隗，授妙言，携手上青天。排阊阖，骇雷鼓。蕿驱虎豹，閤重阍，于胥乐兮。”[⑦]

游仙使得赋家可以在海洋这片充满神话色彩的空间里“于胥乐兮”，尽管海上的龙宫、鲛珠、仙人甚至游仙的物象前代赋中已然出现。但闽海在客观上激发了清代赋家的想象，所

---

① 谭家健：《汉魏六朝时期的海赋》，《聊城师范学院学报》2000年第2期。

② 简宗梧、许俊雅主编：《全台赋校订》，第61页。

③ 施琼芳（1815—1868），一名龙文，字见田，一字星阶，号珠垣，福建晋江人，清道光二十五年（1845）进士。

④ 施琼芳：《石兰山馆遗稿》（上），王国璠总辑，高志彬主编：《台湾先贤诗文集汇刊》第1辑，台北：台湾龙文出版社股份有限公司，1992年，第192页。

⑤ 马积高主编：《历代辞赋总汇》第12册，第10874页。

⑥ 鲁鼎梅修，王必昌纂：乾隆《重修台湾县志》卷十三《艺文志》，《闽台历代方志集成·台湾志书辑》第15册，第1091页。

⑦ 马积高主编：《历代辞赋总汇》第12册，第10874页。

谓“物色之动，心亦摇焉”[①]，并提供了别样的神话想象空间。清代闽海的书写使得闽海在继承、巩固传统海洋神话历史文化的基础上，最终成为海洋神话历史文化空间的重要一环。

三、从蛮海荒陬到尘寰清境

大海作为一个苍茫广阔渺无人烟的客观空间，不仅“给了我们茫茫无定、浩浩无际和渺渺无限的观念”[②]，也容易使人产生蛮荒之感及无法掌控的恐惧之感，例如《世说新语·雅量》记载谢安与诸人泛舟出海：“谢太傅盘桓东山，时与孙兴公诸人泛海戏。风起浪涌，孙、王诸人色并遽，便唱使还。太傅神情方王，吟啸不言。舟人以公貌闲意说，犹去不止。既风转急，浪猛，诸人皆喧动不坐。公徐云：‘如此将无归？’众人即承响而回。于是审其量，足以镇安朝野。”[③] 谢安在海上这片苍茫可怖的空间中展现出来的雅量，则预示其足以镇安朝野的勇气与智慧。而在儒家礼乐的观照背景下，大海更是蛮荒之地，“所谓四海，与《尚书》《礼记》《尔雅》《博物志》甚至《山海经》的叙事息息相关，是一种关于礼仪与文明的想象。它隐藏着蛮荒、诡怪诸如此类的预设”[④]。

因此，在历代海赋中都不难见到赋家以乖蛮、蛮荒等近义词诉说大海的这一特点。如木华《海赋》：“乖蛮隔夷，回互万里。”张融《海赋》：“吾远职荒官，将海得地。”闽海在清代之前鲜少书写，对于大多数人而言，闽海是其未曾踏足之地，清代作家在赋中常称此地为荒裔、遐裔、荒墟、绝岛，这既是对前代海赋的递写，也是对闽海地理空间的客观说明。裘琏[⑤]《彭湖奏捷赋》开篇即称：“闽海三山，彭湖其一。突兀纡回，三十六屿。红夷故壤，沦于荒裔。”[⑥] 王必昌《台湾赋》言台海一带是“天造草昧，遐裔荒墟”。林谦光《台湾赋》中的汗漫先生虽见到壮阔的闽海之景，却生发出“介在绝岛”的感叹。陈辉[⑦]《台海赋》感慨其与中原之阻隔，“既地势之偏倾，叹神州之辽隔。盖禹功所未及，章亥所弗能核”[⑧]。甚至到了晚清时期，丘逢甲《澎湖赋》（以“洗尽甲兵长不用”为韵）中的谈瀛客认为澎湖不过是“云贴水而瘴生，风扬沙而目眯……染蜑户同居之习，腥风尚觉难亲；读裸人从笑之编，陋俗未能尽洗”[⑨] 的蛮荒之地。洪繻同题赋亦是认为“其地为禹迹所不及，中原人罕得至者，至隋始略其地”，此地是“洪荒之世界……不接中华之畛”[⑩]。

---

① 刘勰著，范文澜注：《文心雕龙注》，第693页。

② ［德］黑格尔：《历史哲学》，上海：上海书店出版社，2001年，第92页。

③ 徐震堮：《世说新语校笺》，北京：中华书局，2012年，第206页。

④ 潘静如：《论历代海赋的海洋书写及其知识、观念图景》，《文学评论》2021年第5期。

⑤ 裘琏（1644—1729），字殷玉，浙江慈溪人。清康熙五十四年（1715）进士。

⑥ 马积高主编：《历代辞赋总汇》第10册，第9412页。

⑦ 陈辉，生卒不详，字旭初，号明之，台湾县人。清乾隆三年（1738）举人。

⑧ 鲁鼎梅修，王必昌纂：乾隆《重修台湾县志》卷十三《艺文志》，《闽台历代方志集成·台湾志书辑》第15册，第1120页。

⑨ 简宗梧、许俊雅主编：《全台赋校订》，第241页。

⑩ 简宗梧、许俊雅主编：《全台赋校订》，第266页。

随着康熙前期台湾的统一，清代闽海的进一步开发以及与内陆联系的加强，闽海由传统蛮海荒陬的地域想象一变为可以云烟供养的尘寰清境。清代佚名《天风海涛赋》以其实际经历写成，直言闽海为尘寰清境，"骋大观于闽峤，稽胜迹于名山。耸危峰于霄际，拓清境于尘寰"，试观其对闽海"清境"之描述：

当夫天风之倏起也，岩高喝水，飞瀑布而有声；寺敞涌泉，飐塔铃而不定。送九天之箫管，宛尔可寻；吹五夜之笙钟，泠然入听。洵足以涤尘虑之烦，而据上方之胜。若其抉海水而横飞，挟涛声以俱骋。如观鱼龙曼衍，巨鳌能移；如逢樯楫掀腾，孤舟自警。云垂海立，踞绝顶于千寻；岳动山摇，纵奇观于万顷。披襟清快，山中之天籁齐鸣；观水为难，海外之神山可识。①

作者看到的海水、海云、海涛、海风等海景不是谢安诸人遇见的惊怖的狂涛骇浪，而是舒缓怡悦的情景，足以使人披襟清快、泠然入听。"九天之箫管、五夜之笙钟"的比喻更使得闽海充满了神话世界的安宁与优游。

陈辉《台海赋》也描绘出一幅从容优美、清净绝尘的海景图：

别有洿汊断港，葭苇苍深。轻鸥忘机而翔集，振鹭修仪而来临。游戏乎广渊之浦，栖宿于浮屿之岑。物色兮生意，徙倚兮行吟。

若夫玉宇方澄，冰轮乍陟。石尤敛声，冯夷屏息。飞白银兮波光万里，濯素练兮水天一色。泛轻舠于镜中，发清歌于弦侧。觉宇宙之甚宽，恣遨游于八极。②

这两段以鸥鹭、蒹葭、明月、素波等景象描绘营造的海洋之景呈现出澄澈和乐之境，通过这些"物象"的展现，诗人不仅可以泛轻舠、发清歌，更可以"乘物以游心"，大海的浩瀚与广阔的苍穹营造出的尘寰清境给予作者开阔的胸襟，作者与读者皆能从此感受到精神愉悦意义上的"清乐"③。

将闽海刻画为尘寰清境的赋家，又如王必昌《澎湖赋》："沧溟万里，极浩淼以无垠。洒浪花于涯石，含天影于岫云……至若嘉名异像，尽态极妍。几千万年而永在，三十六岛以并传。"④ 周于仁《观海赋》则直言其入闽海如入桃源，"崎岖历尽，乃至桃源"。

闽海要成为人间清境需得风平浪静，因此"镇海"必不可少。赵柏存《镇海楼赋》："经营有术，安骇浪之汪洋；制造如神，靖怒潮之激越……海不扬波，封建厥福。"⑤ 杨浚《镇海楼赋》："厥后此邦人士以闽疆环海，处于极边。苍苍海山，茫茫海天。海云北起，

① 马积高主编：《历代辞赋总汇》第 21 册，第 21716 页。

② 鲁鼎梅修，王必昌纂：乾隆《重修台湾县志》卷十三《艺文志》，《闽台历代方志集成·台湾志书辑》第 15 册，第 1122—1123 页。

③ "清乐"是一种非功利性的精神愉悦，是心灵不为物欲所累时的自由情感，是中国古代对美感或审美愉悦的称谓。详参刘旭光：《清乐：中国古代审美愉悦的标志》，《中国社会科学》2023 年第 9 期。

④ 鲁鼎梅修，王必昌纂：乾隆《重修台湾县志》卷十三《艺文志》，《闽台历代方志集成·台湾志书辑》第 15 册，第 1127—1128 页。

⑤ 卢美松、谢其铨主编：《越王山志》，福州：海峡文艺出版社，2018 年，第 380 页。

海日东悬。海波溟渺，能纳百川。海市浮嚣，能开百廛。遂改此楼为镇海，锡嘉名于亿万年。”① 都表明赋家对大海平静的重视，这与形塑闽海为清境是一体两面、相辅相成的。

绝岛、荒裔与清境、桃源不仅是对闽海客观地理空间的描述，名称的变化同时也暗含着赋家对国家太平清宁的期待与赞颂，闽海的自然地理空间与政治文化空间在这一维度上得以交错书写。

四、海晏河清的政治比拟

康熙二十二年（1683），施琅统一台湾。次年，清政府设立台湾府，隶属于福建省。施琅因功被封靖海侯。“靖海”之名，一是与台海的地理空间相关，更重要的是与传统中国文化中海晏河清、朝宗归海、海不扬波所象征的国家强盛、天下太平的政治愿景相契。《尚书·禹贡》：“江、汉朝宗于海。”孔颖达疏：“朝宗是人事之名，水无性识，非有此义。以海水大而江、汉小，以小就大，似诸侯归于天子，假人事而言之也。”②《韩诗外传》：“果有越裳氏重九译而至，献白雉于周公……周公曰：‘吾何以见赐也？’译曰：‘吾受命国之黄发曰：“久矣天之不迅风疾雨也，海不波溢也，三年于兹矣，意者中国殆有圣人，盍往朝之。”于是来也。’”③ 强盛太平的政治愿景作为文化记忆，深刻地影响着清代闽海赋的创作。如果说其他的海赋或表达游仙之意，或以想象夸耀海产之盛、海景之奇，书写时事的闽海赋以海晏河清作为政治比拟，构建出闽海独特的政治文化空间意义。

以水表现政治文化空间渊源有自，如郭璞《江赋》意图以长江壮阔景象展现对东晋中兴的期望。《文选》卷十二郭璞《江赋》李善注引《晋中兴书》曰：“璞以中兴，三宅江外，乃著《江赋》，述江渎之美。”④ 有学者注意到《江赋》中有不尽其实的夸饰，如赋中长江流域范围“兼包淮湘”，“郭璞的表现，无外乎意欲扩大长江水域的经流范围，尽可能地让长江水域作为华夏主体部分存在，以便为东晋的立国江南，提供地域上的文化支持”⑤。

在清朝二百多年（1683—1894）对台湾的统治中，仕宦、军旅、商贩、移垦之人频繁来往于台湾海峡与周边海域。相关赋作随之应运而出，周澎摭取施琅《平南奏疏》写成的《平南赋》，虽非闽海的专题之作，然闽海是其赋作无法避开的重要空间。在康熙命施琅统一之前，闽海是“鲸蛟出没，陆梁逋诛。依鼋鼍以窟宅，聚蜃蛤而为徒。乘风涛以鼓鬣，播毒焰于萑苻。长使海滨黔黎，毁家破室；云屯士旅，抱戈枕杈……莫不含酸茹慼，恻怆嗟吁”的悲凉之状况；统一后，则是“固绝徼荒陬，尽变为乐土；何殊方异类，共识乎尊亲”的欢欣之场景。赋结尾“嗟沧海兮喷狂涛，蛟龙斗兮虎豹嗥……淬龙泉兮鹘鹈膏，入

① 杨浚：《冠悔堂赋钞》卷四，《清代诗文集汇编》第712册，上海：上海古籍出版社，2010年，第695页。

② 孔安国传，孔颖达疏，黄怀信整理：《尚书正义》，上海：上海古籍出版社，2007年，第211页。

③ 韩婴撰，许维遹校释：《韩诗外传集释》卷五，北京：中华书局，1980年，第180—181页。

④ 萧统编，李善注：《文选》，上海：上海古籍出版社，2010年，第557页。

⑤ 王德华：《述长江之美，寄中心之望——郭璞〈江赋〉解读》，《古典文学知识》2010年第6期。

蛟宫兮斩毒鳌。斩毒鳌兮奠沧海，吁嗟伟烈兮斗汉争高”① 之句，更是一首以海为媒的政治颂歌。

裘琏《彭湖奏捷赋》写于康熙二十四年（1685），为赞颂统一台湾立下卓越战功的“破肚总兵”蓝理而作。统一之前的闽海情景，他如是写：“日晶晶而常雨，天黯暗以疑昏。怪礁错刃。利石劘镞。撞艟艟而齑粉，罥樯帆于鱼腹。阳侯啸而妖兴，天吴怒而鲸戮。”统一后，则如是写：“郡县治兮生灵恢，海不扬波兮将军威。彭湖彭湖，昔惟鱼龟之相见兮，今玉帛而车书。元龟象齿，琛贝琼湖。重译贡而梯航兮，于斯万年；譬长生者之导嘘，吸于尾闾。”②

陈辉《台海赋》作于台湾纳入清朝政治版图后，所谓“昔在版图以外，今归邦域之中”，在这样的背景下，“如或海若奋威，天吴作祟。驱罔象、舞赑屃。雪涛四起兮，莽纵横以纷飞；浊浪千层兮，拍长空而恣肆。声裂百丈之冰崖，势奔万匹之铁骑。蹙岛屿兮若崩。势掀楼船兮将坠”也无须恐惧，反而可以在国家统一的时刻冒险前来。人人踊跃为朝廷尽忠尽力，此时端居无为便显得可耻。“冒巨险以往来，仗忠心而无伪。值鲸波之不作兮，识放勋之广被。庆安澜之若兹兮，念端居之可耻。告飞廉以先驱兮，吾将展宗悫之素志。果舟楫之具备兮，若济巨川，自今以始。”③

王必昌《澎湖赋》（以“云岛接连风潮无极”为韵）更是一首直截了当的政治颂歌：

> 尔乃开混沌，凿鸿蒙。歌渐被，颂会同。凌浩荡，骋艨艟。浮南溯，达西东。万顷安澜兮波不扬，千村野静兮莽无戎。湛恩广沛而莫外，恺泽旁流于何穷。品物蕃滋，竞称海峤；人民乐利，咸沐王风……喜际熙朝，欣沾圣德。光四表而被九州，恢八埏而朝万国。辰居星拱，戴高履厚者莫不尊亲；海澨山陬，践土食毛者群安作息。台澎既接乎中邦，岛屿讵垺于异域。文明瑞应，鱼跃三千而烧尾；海宇风同，鹏培九万而抟翼。飏帝治之光华兮，忘知识于帝力；庆享王之偕来兮，胥会归其有极。④

洪繻《澎湖赋》（以“洗净甲兵长不用”为韵）以王朝一统为喜：“祸水无涨，海波不扬”、“访边域之风，献河清之诵。隶中夏以广九州，欣我王之大一统。”施琼芳《海旁蜃气象楼台赋》（以题为韵）更是在结尾卒章显志：“与其吟楼台气色之诗，何如颂寰海澄清之赋。”⑤

---

① 余文仪修，黄佾纂：乾隆《续修台湾府志》（二）卷二十三《艺文志》，《闽台历代方志集成·台湾志书辑》第12册，第1535—1536页。

② 马积高主编：《历代辞赋总汇》第10册，第9413页。

③ 鲁鼎梅修，王必昌纂：乾隆《重修台湾县志》卷十三《艺文志》，《闽台历代方志集成·台湾志书辑》第15册，第1123页。

④ 鲁鼎梅修，王必昌纂：乾隆《重修台湾县志》卷十三《艺文志》，《闽台历代方志集成·台湾志书辑》第15册，第1129—1131页。

⑤ 施琼芳：《石兰山馆遗稿》（上），第198页。

因此，具备政治空间意义的闽海自然不容有失。曹永和《中华民族的扩展与台湾的开发》认为，清廷“消灭台湾之抗清复明的势力，本无领有台湾之意图，故施琅攻克台湾，把郑氏势力尽迁大陆，安插于各地之后，就发生迁民弃地之议论。”① 施琅即曾上书力陈台湾重要的战略意义。到光绪十年（1884），法军将领孤拔率领远东舰队先后占领基隆、澎湖，丘逢甲《澎湖赋》（以“洗净甲兵长不用”为韵）中的“谈瀛客”认为，澎湖这样的不毛之地与化外之地无足轻重，并大放厥词：“而何以地且视若雄藩，而何以官且设乎二尹。而何以运艘不惜其遥通，而何以设科亦动其汲引？”“谈瀛客”代表了当时一部分人的观点。“湖山主人”从澎湖地形、历史、人才、物产等多个角度予以驳斥：“入秦者何为先据函关？破蜀者何以先争巫峡？”强调：“台为七省之襟带，澎实两郡之津梁。则当分区建省之初，规模大备；而为设镇增兵之举，计画诚长。”简明扼要地指出澎湖的战略地位。对教化一段的铺写，则是展现出政治清明下澎湖一地的人文教化之兴盛：“圣化遥敷，皇灵远迄。山川已贡其灵珍，人材亦昭其奇崫。或振文章于海外，笔喜宗苏；或撷兰芷于沙边，词擒吊屈……所望官斯土者，为一路之福星；尹斯民者，实万家之生佛。则本无为而布化，风过萧兮泠然；乐得所而安居，日鼓琴兮何不。”② 最终使“谈瀛客”“帖然心降，侈然神纵”。此赋以杜诗“洗净甲兵长不用”为韵，用韵即揭示了赋作的主旨，寄托了对台海宁静、国家安宁的期待。

辞赋的重要功能按班固《两都赋序》所言，即“抒下情而通讽谕”“宣上德而尽忠孝”，但在实际的写作过程中，赋往往偏于赞颂而疏于讽谏，尤其是遇到国家事件显示出典礼、威仪则更需要赋家扮演“对扬休命”的角色。“赋对于帝王功德的颂扬是层出不穷、无以复加的。它的涉及面几乎笼罩了历代帝王的一切重要的政治活动，起到了美化和维护以帝王为代表的整个封建制度的重要作用。因此，作为一种宣传形式，赋的颂扬圣德不能不为历代帝王所大力提倡，从而成为赋在政治方面所起作用中最引人注目的部分。”③ 清代大量热烈赞颂国家海晏河清辞赋的叠加，赋予闽海独特的政治文化空间意涵。

结　语

清代赋家的创作观念与前代作家或并无太大差异，因为“任何一个对象对我的意义恰好都以我的感觉所及的限度为限……五官感觉的形成，往往是以往全部世界历史的产物”④。清代书写闽海赋的赋家在位体、置辞、事义等方面对前代经典海赋亦多有继承之处，某种程度而言，清代闽海赋接续了传统赋作中的广泛意义上的海洋意涵。

此外，闽海作为一个独特空间，清代闽海赋书写的频繁与精彩纷呈，可谓是得闽海江

---

① 曹永和：《台湾早期历史研究》，台北：联经出版社，1979 年，第 18 页。

② 简宗梧、许俊雅主编：《全台赋校订》，第 242—243 页。

③ 曹明纲：《赋学概论》，上海：上海古籍出版社，1998 年，第 278 页。

④ ［德］马克思：《1844 年经济学手稿》，北京：人民出版社，1985 年版，第 82—83 页。

山之助。“山林膏壤，实文思之奥府；略语则阙，详说则繁，然屈平所以能洞鉴风骚之情者，抑亦江山之助乎？”① 闽海为清代赋家提供了驰骋才学与宣上德、抒下情的优越场域。清代闽海赋体量丰富、历时不衰，包含了自然地理空间、历史文化空间、政治文化空间等多重书写，不仅与传统的水赋写作方式相契，同时也使得闽海从理性而客观的“空间”转化为掺有情感色彩的“地方”。而反过来，重复多样的书写所形成的文本空间本身也具备丰富的社会意涵，“后之览者，亦将有感于斯文”，闽海赋中所负载的民族记忆与情感，成为建构民族认同的重要一环。

Minhai Writing and Spatial Meaning of Cifu in Qing Dynasty

GUO Wei
(School of Liberal Arts，Minnan Normal University，Zhangzhou，Fujian 363000)

Abstract：As an important category of traditional fu，the ocean has provided a space for generations of fu writers to gallop their talents and talents. Before the Qing Dynasty，Minhai was rarely seen in the cifu. In Qing dynasty，Minhai widely entered the fu writers field of vision. The Minhaifu of the Qing Dynasty shows multiple spatial meanings such as “natural geographical space”，“historical and cultural space”，and “political and cultural space”. Fu writers of the Qing Dynasty stood on the “space” of the Minhai to watch and think，put this space and personal destiny in the cultural context of the family and country，and recorded the scenic scenery and eulogized the prosperous times. Rich volume of the fu writing carried a lot of national memories and emotions，which not only enabled later generations to get a glimpse of the prosperous scene of the Minhai in the Qing Dynasty through these fu，but also objectively strengthened the sense of identity of the family and the country.

Keywords：Qing Dynasty；cifu；minhai writing；spatial meaning

作者简介：郭薇，文学博士，闽南师范大学文学院讲师，发表论文《清代辞赋中的江南书写与审美观照——以〈江南春赋〉〈杏花春雨江南赋〉为中心》等。

① 刘勰著，范文澜注：《文心雕龙注》，第695页。

以笔行气

——郑孝胥七律诗创作刍议

凌　丽

（复旦大学中国古代文学研究中心，上海　200433）

摘　要： 郑孝胥的七律诗创作颇具特色，主要表现为以下三个方面：一是兴象和才思意趣的结合，二是矛盾之情与峭折之笔的交汇，三是锻炼刻削与深抱旨趣的协作。郑孝胥的七律诗创作在晚清民国的福建诗坛以及全国诗坛都具有相当大的影响力，并对当时文人产生颇为深远的影响。

关键词： 郑孝胥；七律诗；闽派诗人；诗学评论

郑孝胥的诗歌创作，始于光绪十五年（1889），终于民国二十四年（1935），共计一千余首。其中，五七古500余首，七律近300首，五律、七绝、五绝等次之。从这些诗歌体裁的数量分布中不难看出，郑氏主要肆力于七律和五七古，故三者数量最丰，且诗歌造诣亦为其最。综合而言，郑氏的七律诗艺术尤为高超，故本文专门进行探讨。

郑氏之诗，屡经变化。其诗导源六朝，泛滥三唐，蕴蓄北宋，始慕于陶、谢，旁及王、孟、韦、柳，后又追随东坡、宛陵、后山、荆公、白石、遗山等人，取径广博。陈衍指出："苏戡三十以前，专攻五古，规模大谢，浸淫柳州，又洗炼于东野。沉挚之思，廉悍之笔，一时殆无与抗手。"① 三十岁以后，"乃肆力于七言，自谓为吴融、韩偓、唐彦谦、梅圣俞、王荆公，而多与荆公为近，亦怀抱使然"②。在跌宕起伏的身世经历以及多变的诗风背后，其自如地呈现出融化创新，自成一家的面目。晚年，郑氏的诗歌愈发苍浑精切，虽"专作高腔，然有顿挫亦佳，而少变化"③，但在艺术技巧上更为圆熟，笔法愈发老辣，风格也更苍劲雄厚。

关于郑诗的风格特点，沈曾植认为"近人言同光派闽才独盛，假有张为图者，太夷为清奇僻苦主"④，道出了郑诗的清奇苦涩。陈衍在《石遗室诗话》中将道光以来的诗学风貌分为两种，一为清苍幽峭，一为生涩奥衍，并指出清苍幽峭之风以郑氏为魁首："洗炼

① 陈衍：《石遗室诗话》卷一，北京：人民文学出版社，2004年，第8页。

② 陈衍：《石遗室诗话》卷一，第8页。

③ 钱钟书：《石语》，北京：中国社会科学出版社，1996年，第40页。

④ 沈曾植撰，钱仲联编校：《海日楼文集》，广州：广东教育出版社，2018年，第70页。

而熔铸之，体会渊微，出以精思健笔。以陈沆为标志，魏源为羽翼……近日以郑海藏为魁垒。”[①] 汪辟疆在《论诗绝句十一首》中称郑诗“简澹神清”[②]，钱仲联则谓之“精洁”[③]，杨钟羲将陈宝琛、郑孝胥二人做一对比，得出“沧趣典远，其绪密；海藏清刚，其气爽”[④] 的结论。由云龙在《定庵诗话》中也称：“海藏、听水清苍峭秀，嘉构极多，并可师法”，“海藏、听水皆善学宋者，其佳处不仅在槎牙生涯，而松秀浑脱之句，亦复见长，但能意境生新，笔力健举，即宋人之妙境，唐人亦不外是也”[⑤]。从这些零散的点评中可以得出，郑诗主要表现出清刚、幽峭、简洁、苦涩等特征。但张之洞在读郑氏《游彭杨祠》等诗时，则敏锐地指出其诗“外清而内厚，气力雄浑”[⑥]、沉雄宕逸的特征。

目前学界对郑孝胥诗歌的研究，主要集中在诗学理论和具体诗篇上。杨晓波认为，郑孝胥在博采众家之长后自成个性风格，其诗“平澹高远，清寂幽深”“语质而韵远，外枯而中膏”[⑦]；官剑丰认为郑氏之诗是以真性情和诗中有事为本，其诗风源自唐宋诸贤，在创作上熔铸了“唐宋诗的清隽意趣与峭折筋节”[⑧]；贺国强则认为郑诗“缺乏唐音的圆融浑朴，而多存宋人之法度、才气，是唐音与宋调的渗合调和”[⑨]；郭前孔还在《论同光体代表诗人郑孝胥的诗学宗趣》[⑩] 中从诗论和创作两方面论述郑孝胥宗宋而不废唐的诗学宗趣，他们都不约而同地指出郑氏之诗“出入唐宋”的特征；刘洋则认为郑孝胥之诗表现出对“艰险”诗学的审美追求，主要体现为：“以激急抗烈的性情直逼人心，但其作诗之法却并不平易直显，而是纡折出之。具体而言，便是锤炼参差对照的笔法，追求用字平常而山高水深的艺术效果。”[⑪] 林晓筠指出郑氏以文为诗的特征：“好用散文句法入诗，亡国后律诗对仗往往灵活，加上音韵运用奇险跌宕，造成了‘以文为诗’的风格……偏好运用白、绿、黄、红等色彩，以及愁、苦、哀、恨、惊等情绪辞汇，还有寒、残、孤、绝、清等特定字眼，造成了他与众不同的个人风格。”[⑫] 此外，张煜在《同光体诗人研究》当中，

---

① 陈衍：《石遗室诗话》卷三，第 42 页。

② 汪辟疆：《汪辟疆说近代诗》，上海：上海古籍出版社，2001 年，第 288 页。

③ 钱仲联：《梦苕庵诗话》，济南：齐鲁书社，1986 年，第 209 页。

④ 杨钟羲：《硕果亭诗序》，沈云龙主编：《近代史料丛刊续编》，台湾：文海出版社，1977 年，第 3 页。

⑤ 由云龙：《定庵诗话》，张寅彭主编：《民国诗话丛编》第 3 册，上海：上海书店出版社，2002 年，第 576—577 页。

⑥ 郑孝胥撰，劳祖德整理：《郑孝胥日记》，北京：中华书局，1993 年，第 546 页。

⑦ 杨晓波：《郑孝胥诗歌研究》，华东师范大学 2004 年博士论文，第 1 页。

⑧ 官剑丰：《郑孝胥诗学研究》，华东师范大学 2019 年博士论文，第 1 页。

⑨ 贺国强：《近代宋诗派研究》，苏州大学 2006 年博士论文，第 237 页。

⑩ 郭前孔：《论同光体代表诗人郑孝胥的诗学宗趣》，《济南大学学报》（社会科学版）2009 年第 1 期。

⑪ 刘洋：《在民国：逊清遗民的文化心态与诗歌书写》，吉林大学 2012 年博士论文，第 123 页。

⑫ 林晓筠：《郑孝胥诗研究》，台湾师范大学 2019 年博士论文，第 1 页。

还专门拈出重九和夜起这两种题材的诗作来探讨郑氏“其人其诗之真面目”[①]。

综上来看，笔者认为，郑孝胥的诗作不仅取径广博，且其诗在出唐入宋之际更偏向于学宋，不仅体现了闽派诗人的诗学蕲向，也说明郑氏在学习古人的基础上对诗歌进行熔炼和改造，使之融化创新，故而能在晚清民国的背景下，“把诗开出了新局面”[②]。作为闽派诗人的集大成者，郑孝胥的诗歌不仅能求新变求雅，且于多变中蕴含着深厚的内在特质，这不仅表现为随着生平经历的变换，其诗灌注着彼时彼地诗人的思想意旨和情思怀抱，也在艺术上表现出他对意象、才思、情感、理致、筋骨、锤炼、意旨等方面的融化创新。郑诗独特的创作风貌，对晚清民国闽地和全国诗坛都产生了不可小觑的影响。

一、兴象与才思的结合

张之洞曾提出以“宋意入唐格”[③] 的诗学主张。郑孝胥的诗歌，也在崇尚宋诗的同时，融入唐人的诗格和诗法。[④] 他在《广雅留饭谈诗》中说：“寝唐馈宋各有取，挹杜拍韩定谁主。”[⑤] 正因他对唐宋诗进行融合创新，最终能自成面目，“诗虽出宋人，然竟是苏龛之诗也”[⑥]。通读郑孝胥的诗歌，可以明显地感知出他对唐宋诗的融合和再创造，尤其是对兴象与意趣、才思的结合运用，可清晰地看出他在这方面的努力和成效。郑氏曾在日记中谈道：“初学诗者必以句法格律为主。久之渐熟，则意趣当先，使辞藻笔仗皆退伏而不可见。有诣其至，惟有兴象，如风之送凉，雨之洒点，有灵气往来，斯其圣矣。”[⑦] 郑孝胥认为，诗歌创作中有灵气的兴象可以造就出自然高妙的意境；作诗应以意趣当先，故如辞藻、文笔、对仗等皆可次之。郑氏对兴象、才思、意趣的重视，也如实地反映在他的诗作当中，故其诗“兴象、才思两相凑泊，有惘惘不甘之情，不自觉其动魄惊心、回肠荡气也；有自然高妙之旨，乃使人三日思百回读也”[⑧]。

所谓“兴象”，指的便是“兴”的形象。兴发端于《诗》六义，起于情，即“兴之托喻，婉而成章”[⑨]，指诗歌的意蕴别有寄托，陈子昂提出的“兴寄”说即为此意。殷璠在《河岳英灵集》中提到：“至如‘众山遥对酒，孤屿共题诗’，无论兴象，兼复故实。”[⑩] 作为诗歌品评的标准，兴象重在情感丰盈，寓意深婉，耐人寻味。正因如此，殷璠认为好诗

---

① 张煜：《同光体诗人研究》，上海：中西书局，2015 年，第 220 页。
② 刘梦溪：《国学与诗学》，《人民政协报》2011 年 3 月 6 日。
③ 张之洞：《张之洞诗文集》卷二，上海：上海古籍出版社，2008 年，第 44 页。
④ 郑孝胥著，黄坤、杨晓波校点：《海藏楼诗集》，上海：上海古籍出版社，2003 年，第 3 页。
⑤ 郑孝胥著，黄坤、杨晓波校点：《海藏楼诗集》，第 102 页。
⑥ 郑孝胥撰，劳祖德整理：《郑孝胥日记》，第 581 页。
⑦ 郑孝胥撰，劳祖德整理：《郑孝胥日记》，第 560—561 页。
⑧ 钱仲联编校：《陈衍诗论合集》（下），福州：福建人民出版社，1999 年，第 1051 页。
⑨ 刘勰：《文心雕龙译注》，上海：上海古籍出版社，2010 年，第 172 页。
⑩ 殷璠编，傅璇琮校点：《河岳英灵集》，南京：凤凰出版社，2020 年，第 12 页。

不仅要有“兴象”，还要兼具“风骨”、“故实”。寻常所谓的“意象”，主要强调“意”与“象”的统一，凸显出主观与客观的统一；而兴象则突出情感的统摄地位，发展了“意象”说，与前者相比，“兴象”重情，重隐，重暗喻寄托，也重视象征性意义。例如“兴象精微之妙，在人神契”①，又如纪昀的“寄托既远，兴象弥深”② 等语，都强调“兴象”在诗歌情感、精神上的隐喻暗示功能。

郑孝胥诗歌中所涉及的事物，大多潜藏深意，“往往有在怅惘不甘者”③，可以说其诗中的兴象要比意象更为出彩。且郑诗中的兴象，往往通过与诗人的才思意趣相结合，从而最大程度地发挥出诗歌的审美艺术特性。如《春归》：“正是春归却送归，斜街长日见花飞。茶能破睡人终倦，诗与排愁事已微。三十不官宁有道，一生负气恐全非。昨宵索共红裙醉，洒泪无端欲满衣。”④ 此诗写于1889年暮春，是年郑氏考取内阁中书，为翁同龢得意门生，以经济文才，扬名一时。从全诗整体架构来看，诗人触景生情，以“春归”作为线索，并通过“斜街”“长日”“飞花”等意象刻画暮春之景，颇具情调。颔联处，诗人镜头一转，由景叙事，通过借助茶、诗等物来排遣倦意和愁烦，并自然而然地引出颈联的感慨。郑氏由眼前之景引发悠长的思考，他想到自身年岁渐长却无一官半职，故“负气”之心未消，字里行间透露不甘之意。尾联以回忆与情景相结，由于前文所引发的心结并未开释，故而诗末结语予人以未曾放下之感。通读全诗不难看出，首联所刻画的兴象场景“花飞”奠定诗歌的整体基调，诗人所摄取的“斜街”“花飞”等都带有特定的寄托之意。春日的长街和飞花，作为触发诗人情感的关节点，引发后来的感慨与思考。随后的“茶”“诗”“红裙”等事物，作为兴象“花飞”的辅助，成为诗人表达才思感慨的参照物。诗中的兴象以飞花为主，为全诗营造了玲珑的情韵诗氛。尾联的以景结情，也与首联相互呼应，呈现出唐人般的情致格调。该诗中的兴象以首联、颔联为主要场地，诗人的才思与感慨则多集中于颈联、尾联。末二联的叙事，语调委婉，含蓄深刻，透露出宋诗式的理致。总之，此诗思深韵远，典型地呈现出兴象与才思、意趣相结合的特征。

郑诗中的兴象寄托与才思意趣的结合，有时理性之思更占上风，表明郑氏之诗虽“出唐入宋”，其实向宋诗愈发靠拢。如《九日独登清凉山》：“科头直上翠微亭，吴甸诸峰向我青。新霁云归江浦暗，晓风浪入石头腥。忍饥方朔非真隐，避地梁鸿自客星。意气频年收拾尽，登高何事叩苍冥。”⑤ 此诗作于1890年，时诗人30岁，独登南京清凉山，感慨青

① 朱庭珍：《筱园诗话》卷一，郭绍虞编：《清诗话续编》（四），上海：上海古籍出版社，1983年，第2336—2337页。

② 纪昀：《鹤街诗稿序》，纪昀著，孙致中等校点：《纪晓岚文集》第1册，石家庄：河北教育出版社，1995年，第206页。

③ 郑孝胥著，黄坤、杨晓波校点：《海藏楼诗集・附录三》，第550页。

④ 郑孝胥著，黄坤、杨晓波校点：《海藏楼诗集》，第1页。

⑤ 郑孝胥著，黄坤、杨晓波校点：《海藏楼诗集》，第2页。

年壮志未酬，前途未卜，怅惘之情，可想而知。此诗的写作思路与上诗有所不同，其在兴象寄托和才思意趣的结合上也透露出理意强盛的意味。首联的翠微、诸峰之景暗自渗透着才思的痕迹，一句“向我青”，在借鉴辛弃疾的“我见青山多妩媚，料青山见我应如是”①的基础上，委婉地阐释出“科头”与“我”的联系：科头意味着不带官帽，裸露发髻，意即诗人身无官职。首联虽以写景为主，却不单纯为之，在设置“翠微亭”“吴甸诸峰”等有意味的兴象时也加入人为的思考。颔联的景象在首联的基础上舒展开来，“江浦暗”“石头腥”等语描绘出江上浩荡的风云波涛，然而尾字的“暗”“腥”等语却在浩大的气势之中挟带晦暗不明之气，尽管该联主于写景，也竭力体现出兴象寄托之状，但诗人的情绪却颇耐人寻味。在颔联的基础上，颈联的思考不会太过突兀，诗人用上东方朔和梁鸿归隐的典故来表明他不甘真隐作客星的态度。此联的典事，一定程度上呈现出宋诗的理性特点，且其与颔联、尾联都有所钩粘：既承接上联写景时诗人内蕴的情绪，又在发表议论后顺势回应尾联的感慨。尽管尾联直抒胸臆，慨叹意气不复，所谓登高叩问苍天，亦不过是诗人追求无门的托词罢了，但它妙在起承转合之间，衔接得当。因此，就全诗的艺术表现来看，首联、颔联皆是景中带情，通过特定意象的阐发暗含着诗人的主观感受，彰显出兴象寄托之感；颈联、尾联则以议论、感慨为主，显示出才学思考的痕迹。表面上看，兴象与才思的比重似乎旗鼓相当，但从首联的“向我青”以及颈联、尾联的表现来看，诗人感慨议论的成分要胜过展现兴象寄托的部分。所以，即便是融合唐与宋的优点做到了兴象与才思的结合，但郑诗在不同情况下所显示出的细节效果也是不同的。

随着时间的推移以及想法的改观，郑诗中兴象寄托与才思意趣虽然仍具有关联，但理性之思、才力学识却处处融化在兴象的表现当中，鲜明地显示出郑氏虽出于唐，却终入于宋的艺术追求和审美旨趣。如《人日雨中》：“人日梅花空满枝，闲愁细雨总如丝。临江官阁昼欲暝，隔岸楚山阴更宜。逋客偶来能自放，翔鸥已下又何之？凭阑可奈伤春目，不似江湖独往时。”② 此诗写于1899年，时郑氏入张之洞幕府，不仅得到张之洞的倚重，成为他的核心幕僚，还在湖北汉口铁路局任职，主办京汉铁路南段总办，兼办汉口铁路学堂。由诗题可知，诗人于是年人日雨中有感而作。诗歌处处写景，兴象表现跃居眼帘，然深入探索后不难发现，诗人的思考与感悟始终贯穿于全诗当中，并透过多处细节来呈现。诗歌首联以梅花起笔，诗人谓其“空满枝”，一个“空”字寄情于景，暗自贴合诗人的隐秘情事。据传闻，诗人与女伶金月梅有过一段恋情，终不了了之，故凡诗中有梅花者，大多指金月梅。钱仲联在《梦苕庵诗话》中指出：“《海藏楼诗》，时有涉及梅花者，大半感金月梅而发。”③ 在诗中，诗人睹梅花而思旧人“月梅”，巧妙地通过“空”“满”等字来呈现

① 辛弃疾：《辛弃疾集》，南京：凤凰出版社，2020年，第130页。

② 郑孝胥著，黄坤、杨晓波校点：《海藏楼诗集》，第93页。

③ 钱仲联：《梦苕庵诗话》，第43页。

出复杂的思想感受。从哲学的角度来考察，一“空”一“满”相互对立，是一对典型的矛盾体，但它们放在一起又颇为谐合，具有辩证的统一性。因为“空”字意味着徒劳，近似于“无”；“满”字则表现出当下花开之多，寓意着“有”。“空”与“满”作为矛盾体，既对立又统一，从而鲜明地传达出诗人在当下的矛盾处境。在首句中，诗人以景提笔，所表现的寄托意味明显，在深入研究后，又凸显出诗人的才思、学识和用心。此外，首联中的细雨、闲愁等意象皆灌注着诗人的心绪，故发为兴象而尽为人情。有人认为，兴象是一种刚健之外而又不流于轻艳文风的诗歌内在质素，它的形成与对景即兴有关。所以人日梅花意象所引发的感受与思索，也正作用于其内容之中。在颔联中，官阁、楚山等意象也都带有特殊的含义，所谓的“昼欲暝”“阴更宜”皆意有所指，蕴蓄着诗人内倾性的感受。由于首联的情景表现比较外放，故而颔联的情绪显得颇为收敛，且此联承接上联，又转而发散于江、阁、岸、山等山水风物之中，内蕴之中复蓄积着风力，诗人的才思、感想也就与兴象寄托紧密相连了。颈联的“逋客”“翔鸥”等意象，或指的是诗人本身，而“偶来”“自放”“已下”“何之”等词则撑起诗歌的高潮部分，诗人的感慨和不甘联结着兴象寄托之语，并借此宣泄出来。至于尾联的书写有顺势而下之势，诗人将今日凭栏伤春的无奈之举与此前傲然独往江湖之态绾成双股，形成鲜明的对比，使诗歌于景情之间增加了思想深度。纵观全诗，凡写景处尽含才思意趣，如首联、颔联、颈联等处皆包含思考的成分，尾联读来虽无奈感伤，但也承接了颈联的叙述，故而在全诗的构设上形成兴象与才思相互融通的关系，呈现出旗鼓相当的局面，此诗“风骨高绝，一篇之中，往往无精语可见，而气韵自尔不凡，此最难到”①。然而更重要的是，郑氏之诗能融化兴象，横贯才思、意趣，使其诗独出机杼，自成新意。

诗集中相似的还有《秋分》《五月十五日神户月下》《小廊》《送柽弟入都》《濠堂落成》《汉口春尽日北望有怀》等诗，大都能做到兴象寄托与才思意趣的结合，显示郑氏融化创新，自成一家的实力。林庚白曾赞之：“或谓同光诗人，如郑珍、江湜、范当世、郑孝胥、陈三立皆不尽雕琢，能屹然自成其一家，固矣。”② 从郑氏的诗作可以看出，他在出唐入宋之际，兼容兴象、意趣与才思，在创作上扬长避短，兼收并蓄，继承创新，并最终做到独开生面，显示出强大的创作力。

二、矛盾之情与峭折之笔的交汇

郑孝胥常谓“半生作诗多苦语”“袖中短笔太清哀”，其诗作中的情感大多哀婉感伤又矛盾复杂。世人常言郑氏之诗情感多伪，具有前后不一、心口不一的缺点。然深入探索后

① 夫须：《夫须诗话》，王培军、庄际虹校辑：《校辑民权素诗话21种》，南京：江苏古籍出版社，2016年，第129页。

② 林庚白：《孑楼随笔·庚甲散记》，杭州：浙江大学出版社，2018年，第183页。

可以发现，郑诗中的情感颇为诡谲，既跌宕起伏，又娓娓道来，与之相对应的笔法手段，更是依靠于诗情而峭折多变。所谓峭折，形容表达技巧的诡谲变化，如牛运震在《史记评注》中称张仪："语凡数转，峭折生动。"① 此语说明张仪口才了得，在论辩中能抑扬起伏，引人入彀。沈德潜在论古诗篇法时也曾指出："一往峭折者，防其气促，不妨作悠扬摇曳语以送之，不可以一格论。"② 诗歌笔法的峭折，就在于能以曲折有效的方式使诗歌达到"文似看山不喜平"的效果。在郑氏的诗作中，伴随着情感的复杂变化，跌宕起伏，诗歌的笔法也时常交错地表现出峭折的特点。所谓"以峭折之笔达幽缈之思，刻意求新不作一甜俗语"③，正反映出郑诗的此类特点。

首先，郑氏喜好以事件、议论、典故等入诗，通过如实呈现曲折矛盾之情，来反映诗歌笔法的峭折多变。如《官学雨中与陈笙陔夜坐》："宣南五月翻阶雨，二客虚堂坐渺然。聊喜素心共今夕，忽惊浪迹近中年。清谈忍刺当时事，归梦贪寻自在眠。来日闭门同索句，便从正字证诗禅。"④ 此诗写于 1890 年，时郑氏入北京，充镶红旗官学堂教习，同事陈笙陔夜访，故作此诗。诗歌首联以叙事开头，交代了时间（五月）、地点（宣南、虚堂）、人物（二客）、环境（翻阶雨）以及诗人情绪，其中"虚堂坐渺然"之语不仅呈现特定环境下的人物状态，也显示了主人公的心境。由于这份"渺然"的心情，从而引发颔联的所思所想。颔联以叙事为主，以娓娓道来的方式如实呈现诗人的心境。诗人所谓的一"喜"一"惊"，是由雨夜会友到蓦然怀想三十年来的萍踪浪迹，于今昔对照间体现无限唏嘘之感，同时照应了前文的"渺然"之态。颔联展示诗人因忧心国事而显得魂梦难安的外形与内在。特别是其中的一"忍"一"贪"，以对比的方式传达出忧心无奈的情感，并在尾联处收束。因叙述事件的频频发起，使情感的表达也历经多次变化，从"渺然"→"喜"→"惊"→"忍"→"贪"→"索"，情感的变化可谓跌宕起伏，颇具层次。伴随着每一次叙述事件的推动，情感的变化逐渐在颈联处形成临界值，但诗人并没有能力解决这种感情困境，故而选择在尾联中以"索"字作结，并适当利用宋人的典故来缓解情感的胶着状态。元好问曾在《论诗绝句》中论道："传语闭门陈正字，可怜无补费精神。"⑤ 郑氏反前人之意而用之，来表明他的情感态度。综观全诗，不难看出，诗歌四联皆通过叙事来连贯情感流脉，所谓"诗之状未有不依情而出也"⑥。此诗因事而传情，又因情而晓事，

① 牛运震撰，魏耕原、张亚玲整理点校：《史记评注》，西安：三秦出版社，2011 年，第 178 页。

② 沈德潜：《说诗晬语》卷上，丁福保辑：《清诗话》（下册），上海：上海古籍出版社，1978 年，第 538 页。

③ 赵增铭：《小隐山房遗稿·跋》，清同治八年刻本，卷末。

④ 郑孝胥著，黄坤、杨晓波校点：《海藏楼诗集》，第 4 页。

⑤ 元好问著，狄宝心校注：《元好问诗编年校注》，北京：中华书局，2011 年，第 46 页。

⑥ 杨维桢：《东维子文集》卷七《剡韶诗序》，《影印文渊阁四库全书》第 1221 册，台北：台湾商务印书馆，1986 年，第 438 页。

通过叙述事件的腾挪变化，展现情感的跌宕起伏，并在这一波三折中使二者得以结合，从而表现出笔法的委曲峭折。

其次，郑氏通过情、景、事三者的联系来写出曲折矛盾之情，并以峭折之笔连贯之。如《七月七日官舍风雨中作》：“四围山海一身藏，历落嵚崎自笑狂。天际云涛秋益壮，楼头风雨昼初凉。操心稍悟安心诀，更事翻思忍事方。独有韦郎言可念，俸钱虚愧对流亡。”① 此诗写于1892年，时郑氏随李鸿章之子李经方赴日，接连担任书记、筑地领事、神户理事等职。七月七日在日官舍，诗人感风雨而有作。该诗能“练萧憀憤悢之气，以平淡语纡折出之”②，故而表现出深隽自然的特征。诗歌情感颇为旷朗，且其跌宕变化在每一联中都能探察出来。首联处，“一身藏”与“自笑狂”、“山海”与“嵚崎”等处的逻辑关系较为紧密，文笔在合乎情理外，为情感的变化做好铺垫。若说首联中的“藏”字隐藏不住诗人的“笑狂”之举，那么颔联的表现则是顺水推舟之举。诗人分别以“秋益壮”“昼初凉”等语来展现出壮快之情，他借助“天际云涛”与“楼头风雨”等意象来烘托渲染情绪，然而“壮”与“凉”的词性对照使情感的变化有了冷热高低之分，而颈联的“操心”“安心”“更事”“忍事”，则在一正一反的对比中揭示诗人内在心绪的矛盾。尾联处，郑氏还借用韦郎典故，来自嘲自己徒领俸禄却无所作为，由此表现自己的虚愧之情。就综合情况来看，全诗的情感变化走向鲜明，从首联的“笑狂”到颔联的“壮凉”，再到颈联的“安忍”，最后到尾联的“虚愧”，每一处的改变虽幅度不大，但汇聚到最后，却有如过山车般表现出断崖式的停跌。而该诗情感的跌宕，也从另一个侧面反映出笔法的峭折。从首联开始，诗歌的情感叙事开始变得复杂，颔联对仗中意象的属性差异和对照之法，反衬情感的惊变与走势，随着颈联“心”“事”的同向与异向的对比输出，诗歌笔势开始偏离，随着尾联的“虚愧”之情的发抒，笔势从中间开始断裂，在前（首联、颔联）后（颈联、尾联）形成鲜明的反差。总之，诗歌情感的跌宕起伏、曲折变化，一方面来自于诗人本身的心绪特点，另一方面则得力于诗人峭折之笔的施展。郑孝胥善于在诗作中运用峭折委曲之笔，使其诗跌宕有力，成就其独特的艺术特征。

再者，郑氏善于通过对照、矛盾、辩证等方式来表现笔法的峭折，从而更好地呈现情感的跌宕变化。如《枕上》：“迷魂飘荡触鸡鸣，枕上惊回已四更。往恨新愁纷入梦，雨声虫语骤难明。才华负汝休论命，忧患磨人转畏名。百倍近来情绪恶，欲从底处换无情。”③ 诗歌以叙事开端，传达出诗人半夜梦醒的惊讶与无措。颔联以叙事与写景作为对照，凸显情感的变化源头：一方面是诗人内心充斥愁恨，纷杂难以入眠；另一方面是屋外的虫声和雨声，不仅教人难以入睡，也更衬着白昼迟迟未至的难耐与躁动。在诗人的叙述中，可以

① 郑孝胥著，黄坤、杨晓波校点：《海藏楼诗集》，第28页。

② 《名流诗话》，选自雷鸣著，叶参、陈邦直、党庠周合编：《民国丛书》第1编（历史·地理类）第88册《郑孝胥传》，上海：上海书店，1989年，第138页。

③ 郑孝胥著，黄坤、杨晓波校点：《海藏楼诗集》，第136页。

清晰感知所蕴含的逻辑和思考，而在描写屋外的虫声与雨声时，则偏重的是吐露当下的心情，此情此景，诚如古人所言："诗发乎情者也。情之适者，其声和以平；情之激者，其声愤以怨；情之郁者，其声惨以幽。故诗之作，多出于不得志之人。"① 可以看到，诗歌中所吐露的感情颇为郁结难安，而这一点也在尾联中得到证实。梳理全诗的脉络可知，诗人先以写景来触发情感按钮，随后借助叙事凸显出情感之"惊"，然情感"惊回"的出发点来自于梦境的反复和叠加。诗人面对过去和现在的时间点，立足于当下的空间点，先以梦境作为载体，后又以雨声和虫鸣来打破现实与梦境的交汇，在历经一系列的时空变化后，他的情感表现更是由愁、恨过渡到晦暗莫明。在这之后，郑氏选择以感慨发声，直接披露出情感的变化在于才华与忧患、自身与社会、出世与入世之间的矛盾关系。结合郑氏的生平遭际可知，他的情感变化不论在外界环境下如何跌宕起伏，最终都会在内心诉求中趋于一种矛盾的辩证的真实。从该诗的颈联、颔联等处可以发现，诗人利用对照之法来凸显情感之变，又在情感之变中呈现出矛盾的真实，即便在最后他呼吁"换无情"，然而诗歌处处都在表现情感变化轨迹，这种文本与现实的矛盾，心与口的不一致性在他的许多诗作中都可以被清晰地感知出来。此外，笔法的峭折也在此表现得颇为明显。例如，诗人以叙事、写景为辅，以凸显情感变化为主，在这过程中使用了映衬、对比、矛盾、辩证等手段来全方位阐释情感变化缘由，所谓"文似看山不喜平"，郑氏在诗作中善用峭折之笔来写情、达情、抒情，这无疑是其诗歌创作中的一个重要表征。

三、锻炼刻削与深抱旨趣的协作

郑孝胥的诗歌，造语天然，清言峭立，在融合诸多前人诗句的基础上，提炼出新意，这一点其实跟陈宝琛有点相似。陈氏的诗歌语言，也是在前人的基础上化古为新，但在语辞的锻炼功夫上，郑诗显然要比陈诗更加洗练隽深。郑氏将精力投注于对语辞的锻炼刻削上，故而他的诗歌最终能融化创新，自成面目，彰显"直融入唐宋之界而自成一家言"②的新雅之貌。陈衍在《海藏楼诗序》中指出："君每言作诗无深抱远趣，所谓不可适独坐者固已；若处处不忘是作家，而不敢极其才思，诚作家矣，然终于此而已，安有深造自得之境？其《题晚翠集》云云，余固以为至言，非君莫能道者。君又言律诗要能做高调，不常作可也。老杜'风急天高'一首，全首高调。"③ 石遗老人赞扬郑氏诗作中所蕴含的远趣和自得之境，指出其诗歌主旨中的深刻意味。语言艺术的长处之一，是在于它可以表现思想的深刻性，即"语言是思想的直接现实"④。诗歌语言在注重音韵声律和描形摹象的基础上，通过锤炼等方式将其艺术性发挥到极致，凸显诗意的思想以及思想的诗意。在郑

① 王鏊：《携李屠东湖太和堂集序》，屠勋：《太和堂集》，南京图书馆藏抄本，卷首。

② 狄宝贤：《平等阁诗话》，南京：凤凰出版社，2015 年，第 6 页。

③ 郑孝胥著，黄坤、杨晓波校点：《海藏楼诗集》，第 3 页。

④ ［德］马克思、［德］恩格斯著：《马克思恩格斯全集》，北京：人民出版社，1979 年，第 525 页。

氏的诗作中，诗歌语言大多清楚明晰、精炼得当，这往往是通过“揽意而取精，选言而取盛”① 的方式来实现的，换句话说，就是对诗歌语言展开有效的锤炼。郑孝胥的诗歌语言精练、清隽、生新，所表现的思想内容也足够丰富、深邃，这可归功于他对诗歌语辞的锻炼刻削。

郑氏对语辞的锻炼刻削，主要表现在以下几点：其一，专炼篇中句中某个字眼，乃至改变其词性，在诗中起画龙点睛的关键作用，这一字一词即为“句眼”。杨载尝言：“诗要炼字，字者眼也。”② “诗眼”的存在可以令诗作焕发光彩，并且也有助于诗歌主旨的表达和升华。在郑孝胥的诗作中，有不少锻炼“句眼”的漂亮诗句，例如“对眠清榻冷，立语暮钟疏”（《雨中宿子朋斋临乌龙潭》），“沧海归人瘦，孤峰向我青”（《伯潜约游鼓山》），“江光月尽空含影，入语宵分渐坠烟”（《游栖霞泊舟下关寻三宿岩题字不得》），“不觉肺肝生白露，空怜河汉失流晖”（《望月怀沈子培》），“天半飞楼收雪色，坐中明镜对云烟”（《雪后第一楼晓坐》）等等。可以看到的是，诗中“句眼”大多为形容词作谓语，如“冷”“疏”“瘦”“青”，以及谓语动词“空含”“渐坠”“生”“失”“收”“对”等等。它们在连缀周遭的语词成分时，往往以比较亮眼的姿态居于句中，使诗作的旨意得到阐释、豁通，甚至有画龙点睛之妙。

譬如《花市》诗：“秋后闲行不厌频，爱过花市逐闲人。买来小树连盆活，缩得孤峰入座新。坐想须弥藏芥子，何如沧海著吟身。把茅盖顶他年办，真与松篁作主宾。”③ 此诗写于 1891 年，时郑氏在日供职。诗人借从日本花市中所购的小树盆栽来引发大的慨叹，其中不仅有耐人寻味之旨，也有炼字用词之功。郑孝胥借小事物来作大文章，阐发出深刻的诗意。首联以平淡的口吻交代诗人入花市的缘由，上下句中两个“闲”字强调其闲适之态，同时为下文埋下伏笔。颔联中，“买来小树怜盆活”展示盆栽小树的意态和蓬勃生机，“缩得孤峰入座新”则以简练之笔渲染小小盆栽所蕴含的大的境界和气象。在他看来，小树本可独木成林，奈何入了盆栽之后形貌受限，但周遭的独座假山却因这小小盆栽反而焕发新的生机。一个“活”字和“新”字将盆栽小树和孤峰假山巧妙地串联在一起，使得原先再平凡不过的微末事物蕴蓄着蓬勃强大的生命力，也使得诗歌的意境和旨趣有所拔高。《诗格》有云：“用事不如用字也。古诗‘秋草萋已绿’，郭景纯诗‘潜波涣鳞起’，‘萋’‘涣’二字，用字也。”④ 郑孝胥善于锤炼字眼，谙熟用字技巧，“缩得”“连盆活”“入座新”等语将诗意提炼到一定高度，如“活”字形象地展现出盆栽小树的动态活力，“缩得”则使用拟人手法，将假山形象化生动化，使之与盆栽相对辉映；至于“入座新”与“连盆

① 陆时雍：《诗镜总论》，周维德集校：《全明诗话》，济南：齐鲁书社，2005 年，第 5118 页。

② 杨载：《诗法家数》，何文焕辑：《历代诗话》，北京：中华书局，1981 年，第 737 页。

③ 郑孝胥著，黄坤、杨晓波校点：《海藏楼诗集》，第 14 页。

④ 张伯伟：《全唐五代诗格汇考》，南京：江苏古籍出版社，2002 年，第 189 页。

活”相对，一“活”一“新”，呈现出山与树的灵性与生机。这些语词不仅使诗歌意趣显得活泼生动，富有神理，同时也推动了诗歌主旨的深化。由此可见，郑氏是懂得在百炼为字，千炼成句的艺术中展现出深抱旨趣。由此可见，“诗眼”的存在不仅仅是为了验证某字工，某句警，而与全诗的情思意蕴都有内在联系，即神光之所聚，“故有通体之眼，有数句之眼，前前后后无不待眼光照应”①。

从诗意的深度来看，此诗颇有以小见大之能。《淮南子·说山训》尝言：“见一叶落而知岁之将暮。”②《韩非子·说林上》则说得更为具体：“圣人见微以知萌，见端以知末。”③这种见微知著，不仅得力于诗人观察的细致入微，更重要的是透过寻常事物来生发出深刻的道理。例如，颈联的议论是诗人据眼前之景联想世间共通之理，所谓“须弥藏芥子”，对个体而言，不过是沧海一粟。“须弥藏芥子”一语来源于佛经中的“须弥藏芥子，芥子纳须弥”，是唐江州刺史李渤在一次与智常禅师的对答中流传而来，意为世间一切诸法事理皆可说得通，不论是须弥藏芥子，还是芥子纳须弥，都在情理之中。诗人不仅借盆栽与假山共存的例子来阐明此理，也结合自身遭际，感叹个体如沧海一粟，颇有现身说法的意味，在阐发意旨的同时也提高了诗歌的思想。尾联延续颈联的感慨，对从花市买来的小树盆栽寄寓了深切的期望，将之与松、竹等相提并论，可以窥探诗人内心不甘蛰伏，愿求鹏图大展的志向。结合全诗来看，诗歌的意旨通过以小见大的方式层层推进，诗中语句如“活”“新”“缩”“须弥藏芥子”“沧海著吟身”等等都展现郑氏的锻炼刻削之力。

其二，选取最精练的语言来展现足够丰富的内容。薛雪《一瓢诗话》有言：“篇中炼句，句中炼字，炼得篇中之意工到，则气韵清高深渺，格律雅健雄豪，无所不有，能事毕矣。”④ 在郑孝胥的诗作中，有不少诗句语言在精炼中包含丰富的意蕴，如“入山计就真忘世，招隐诗成更问天”（《三月三十日顾子朋招集薜庐》），“日气含云迷远岫，风头带雨过高城”（《六月三日大雨后诣局》），“廿年诗卷收江水，一角危楼待夕阳”（《海藏楼试笔》），“客里春光生怅望，鸥边山色易黄昏”（《江汉》），“楼居每觉诗为祟，腹疾翻愁酒见侵”（《重九雨中作》）等等。在这些诗句中，主体意象处于关键地位，而围绕在意象周遭的修饰语却丰富了其所在诗句乃至全诗的意蕴。例如，“入山”“忘世”“招隐”等语表面上指的是出世、入世的矛盾关系，然通过“真”“更”二词的调配，却可暗喻郑孝胥在朝野的窘迫处境；“日气”“风头”“危楼”“黄昏”“楼居”“诗”“酒”等语似在描述寻常风物，然透过意象本体所在的修饰语（如动词“迷”“过”“带”“含”“收”“待”“易”“为”“见”，名词“廿年”“江水”“一角”“夕阳”“春光”“山色”“怅望”等等），也不难推敲出郑氏的迷惘、惶惑、忧虑、多疑等情绪。当然，我们可以说诗歌描述的风物景色为

① 刘熙载：《艺概》卷四《词曲概》，上海：上海古籍出版社，1978年，第116页。
② 刘安：《淮南子》，开封：河南大学出版社，2010年，第529页。
③ 韩非著，周勋初校注：《韩非子校注》，南京：凤凰出版社，2009年，第190页。
④ 薛雪：《一瓢诗话》，丁福保辑：《清诗话》，上海：上海古籍出版社，第708页。

自然状态，但结合郑氏的生平遭际可以发现，眼前的山川风物无疑是对诗人内心处境的投射及其纷繁情绪的反映。这种一语暗含多义的特性，也能借用能指与所指的关系来进行深入探索。在语言学上，能指与所指可以构成任何语言符号。因为“能指和所指之间具有任意性的关系”①，故而同一个能指可以指代多个所指，即符号相似，意义却大不相同，也称作一词多义。在郑孝胥的诗作中，常常通过一词多义的方式来暗示出作者的思想意旨。

如《泰安道中》诗：“陇上清晨得纵眸，停车聊自释幽忧。乱峰出没争初日，残雪高低带数州。回首会成沉陆叹，收身行作入山谋。渡河登岱增萧瑟，莫信时人说壮游。”②此诗写于1896年，时郑氏出京，路经泰安而作。郑氏在日记中详载，是日山路崎岖，雪融泥泞，马力穷困。全诗虽笼罩以幽忧、悲慨之情，却置放于雄阔、壮丽的意境当中，故在鲜明的情景反差中形成巨大的冲击力。首联写晨光熹微，诗人停车休沐。颔联的取景比较出彩，令人拍案叫绝，所用意象如“乱峰”“残雪”“初日”“数州”等不仅有高瞻远瞩之感，且修饰性词语如“出没”“高低”以及动词“争”“带”都使该联所勾勒的意境庞大繁盛。但以“乱”修饰峰，以“残”修饰雪，以“初”形容日，以“数”形容州，诗人的用意似乎颇为微妙。晨日初升，无疑加速了残雪的消融；乱峰层叠，也映衬出数目众多的水州景况。诗人以“争”“带”二字将四者联系起来，不仅勾勒出一幅群峰夺日图，也绘刻出残雪江山图。“争”字将乱峰拟人化，表现出峰群为一轮旭日大打出手的场景，气概雄浑；“带”字也将残雪拟人化，意欲表现出残存之雪反客为主，效劳于江山河岳。此联不仅使静态的风物具有动态的美感，也使得诗歌的意境雄浑壮大，并为随后的感慨、议论埋下伏笔。颈联叙议结合，含带深沉之意。诗人目见壮丽之景，竟有陆沉之叹，甚至还有入山归隐的打算。诗中的“沉陆”即为“陆沉”，所谓陆沉，有隐逸、埋没、国土沦陷、愚昧迂腐等含义。结合颈联下一句“入山谋”之语，可知诗人所谓的“陆沉”之意比较复杂，既可以指他对中原国土落入敌手的担忧和不安，也可以指他不甘埋没沉沦的心思，而不论哪一种解释，都与“入山谋”之句有所贴合。从此联中也可以看出，诗人语意幽微，意旨深邃，善用一词多义，使其诗的思想意旨含蕴深度。尾联承接颈联的慨叹，事景相连。诗人道登山渡河“增萧瑟”，又以“莫信”一语作结，其内心想法的复杂可见一斑。诗人否认时人所谓的“壮游”一说，认为自己“渡河登岱”，是在谋求入山归隐的打算。然而，结合郑氏的经历及其思想的复杂性、不一致性，其诗中所言颇有些真假难辨。但不可否认的是，诗人谙于炼字，不仅将诗歌意境锤炼得雄壮高阔，而且在意旨的表现上，通过一词多义的方式，增加了诗歌理解的难度和意旨的高度。其不仅通过用字艺术来凸显诗歌意境，也能借助能指与所指的关系来体现深抱旨趣。这种语辞与旨趣的分工协作，分别从表层艺术和深层意蕴入手，通过由点到面的渗透，将诗歌的艺术推向制高点，同时也引

① 姚杰：《艺术概论》（第2版），北京：中国传媒大学出版社，2019年，第230页。

② 郑孝胥著，黄坤、杨晓波校点：《海藏楼诗集》，第58页。

发了读者的共鸣。

总而言之，郑孝胥的诗歌，在兴象、才思、意趣、情感、峭笔、语辞、旨趣、风格等方面的共同作用下，形成融化生新的艺术魅力，彰显出新雅的艺术追求。兴象在才思、意趣的烘托下形成新雅的艺术张力；曲折多变之情与峭折之笔的互动，则勾勒出郑诗复杂的情感轨迹；语辞的锻炼刻削与思想旨趣的分工协作，则呈现出清新健雅的艺术张力。尽管时人多道郑氏思想复杂，情感多伪，诗风也历经多变，而呈现出前后不一致性，然“郑诗境界尤狭，无复雄博气象，则亦时代为之”①，是故笔者以为，正是受到了时移世易以及心态、处境等多方面的影响，郑孝胥的诗歌既兼采唐宋，又超唐轶宋，扬长避短，融化创新，自成面目，使其诗具有复合的艺术特征，并在经风沐雨之后，展现丰富多样的艺术风貌。

郑孝胥及其诗歌在晚清民国的诗歌史上具有重要的地位和影响。陈声聪曾说：“海藏尚为其诗集自沈阳来书乞为序，此是最难着笔之文字。记序中有数语云：‘所行皆负气之事，所作皆负气之诗。负气之事之果为是非，将付之难齐之物论，而诗则当世固无异辞矣。’颇微妙得体。”② 尽管郑氏在生前身后，背负着争议和骂名，但不可否认的是，他的诗歌在晚近诗坛上享有很高的名气。首先，作为同光体闽派诗人，郑孝胥的诗作极大地发挥了“清苍幽峭”的诗美特色，或者换个更合适的说法，是“清苍峭涩”的诗美风貌。金梁曾言：“久闻诸葛大名垂，笔法乃同兵法奇。偶见卧龙一鳞爪，苏龛墨宝海藏诗。”③ 金氏指出了郑氏的书法和诗歌堪称当时一绝。张之洞也高度评价之“沉雄宕逸，簿书旁午中而不损其高雅之趣，此为无匹也”④。汪辟疆目郑氏为“天罡星玉麒麟卢俊义”，并称就诗论诗，郑氏自是光宣朝作手，其诗“语不必惊人，字不避习见，及积句成篇，又皆无前人已言之意、已写之景，且皆为人人意中所欲出。近代陈太初《简学斋诗》为弁冕，魏默深羽翼之。至闽县郑海藏则集此派大成者也”⑤。郑诗的艺术造诣，可见一斑。胡迎建也指出，以“郑孝胥为首的闽派诗，清刚峭秀，与正宗相辅而行”⑥，其言下之意，即指闽派是同光体诗派之正宗，而郑氏乃闽派之翘首，郑氏在同光体诗派中的重要性可想而知。

其次，郑孝胥的诗歌也对晚近文人产生了重要的影响。陈衍曾于诗中道：“闽社诗人光绪初，海藏诗派满江湖。”⑦ “海藏”指的便是郑孝胥，此语表明郑孝胥的诗作对时人影

---

① 惨佛：《醉余随笔》，钱仲联主编：《清诗纪事·光宣朝卷》，南京：江苏古籍出版社，1989 年，第 12937 页。

② 陈声聪：《兼于阁诗话全编》，上海：上海交通大学出版社，2018 年，第 102 页。

③ 王学斌：《最好与最坏的时代》第 1 部《局中人》，北京：东方出版社，2013 年，第 215 页。

④ 郑孝胥撰，劳祖德整理：《郑孝胥日记》第 2 册，第 735 页。

⑤ 汪辟疆：《汪辟疆说近代诗》，第 48 页。

⑥ 胡迎建：《同光体诗派研究》，北京：学苑出版社，2013 年，第 23 页。

⑦ 陈衍撰，陈步编：《陈石遗集》，福州：福建人民出版社，2001 年，第 178 页。

响很大，可成一“海藏诗派”。陈衍所谓的“海藏诗派满江湖”，指的便是一群因仰慕郑氏诗风而极力追随、效仿者，如闽人李宣龚、高赞鼎、周景涛、林旭、黄濬、梁鸿志，闽外人士周达、吴孟复、姚鹓雏、李详等等，他们虽非直接师承郑孝胥，但他们的诗作在取径、语言、风格等方面都比较接近海藏诗风。例如，钱仲联在《梦苕庵诗话》中评价李宣龚：“近代为海藏一派诗者最多，号称闽派，然惟李拔可为最工，《石遗室诗话》以为‘最早为海藏楼者，大抵精思健笔，深刻简炼’。”① 又言：“其诗得海藏楼法乳，闽士无出其上者。”（《近百年诗坛点将录》）闽人高赞鼎虽为何振岱的诗弟子，“诗乃是海藏派，而不甚如梅生，殆近与海藏倡和故也”②。安徽人周达、吴孟复的诗学取径和创作皆与海藏一脉相承。江苏籍学者李详在指导后学作诗时也曾说过：“锻章炼句，语必超奇，则学伯严；议论闳深，洞胸达腋，务尽其致，则学苏戡。”③ 他认为郑诗长于议论，深刻尽意，值得后人去学习效仿。除此以外，晚近时期，在全国范围内还兴起“海藏体”的写作热潮，一时影响颇巨。李宣龚在《挽太夷年丈》中就称郑氏之诗在诗坛上有开风气之功：“海藏诗能言，此秘发几道。同时变风气，健者各倾倒。”④ 海藏诗体的流行在当时可称一绝，学者胡先骕、陈寅恪等人也都高度评价郑诗。胡先骕有“一代闽诗此初祖，海藏楼下拜先生”（《论诗绝句》），“海藏岂易学，元气何淋漓”（《楼居杂诗》）等句。陈寅恪也说过：“偏爱郑苏戡之诗，以其意思明显，句句可译成英文或其他外文也。”⑤ 如此种种，皆不难看出郑孝胥及其诗歌在全国范围内的影响力。总之，笔者以为，对晚清民国的闽地诗坛以及全国诗坛而言，郑孝胥无疑是一根鼎立的旗帜和标杆。他不仅仅是同光体诗派抑或是闽派中的领军人物，其也在晚近闽地诗坛和全国诗坛上占据着举足轻重的地位。

Operating the Spirit of Poetry with the Pen

—My Modest Proposal on Zheng Xiaoxu's Creation of Seven Characters Regulated Verses

LING Li

(Chinese Classic Research Institute, Fudan University, Shanghai 200433)

Abstract: Zheng Xiaoxu's seven characters regulated verses are characterized by the

① 张寅彭主编：《民国诗话丛编》第6册，第178页。

② 钱仲联编校：《陈衍诗论合集》（上），福州：福建人民出版社，1999年，第458页。

③ 李详：《药裹慵谈》，陈三立著，李开军校点：《散原精舍诗文集》（下），上海：上海古籍出版社，2003年，第1250页。

④ 李宣龚著，黄曙辉点校：《李宣龚诗文集》，上海：华东师范大学出版社，2009年，第159页。

⑤ 吴宓：《吴宓诗话》，北京：商务印书馆，2005年，第302页。

following three aspects: one is the combination of xingxiang and imaginative power, the other is the intersection of contradictory feelings and craggy style of writing , and the third is the collaboration between the engraving of language and profound purports. Zheng Xiaoxu's seven characters regulated verses had a great influence on the Fujian poetry circle and the national poetry circle in the late Qing Dynasty and the Republic of China, and had a profound influence on the literati at that time.

Keywords: Zheng Xiaoxu; seven characters regulated verses; Fujian Poetic School; poetic criticism

作者简介：凌丽，复旦大学中国古代文学研究中心博士研究生，发表论文《杜甫字法艺术探微》等。

文献学研究

金门蔡献臣年表*

陈庆元

（福建师范大学文学院，福建福州　350007）

摘　要： 蔡献臣（1563—1641），浯洲平林（今福建省金门县琼林村）人。明万历十六年（1588）乡试第二人，连捷进士，廷试二甲第六名，官至光禄少卿。著有《清白堂稿》等。前期理学"务在专朱"，宦浙后转向王阳明"致良知"学说；其制义"与正合"，"以意胜"。诗唐崇李杜，宋推邵雍、苏轼。歌行"抑扬纵送"，近体"明净简远"。海防方面，主张澎湖、金门、厦门及同安县城一体防御，坚决反对遗弃澎湖。年表以谱主行迹、著述为主轴，兼及其家族、姻亲及交游；分年分条记叙，条条有据；限于篇幅，不作引证和考证。

关键词： 明代；蔡献臣；闽海；金门县；年表

蔡献臣（1563—1641），字体国，号虚台，又号直心居士，浯洲平林（今金门县琼林村）人。世本盐籍。幼随父移居同安。筑室城南。

其先五季自河南固始迁福建同安县浯洲；十七郎赘于平林陈，十七郎为平林蔡之始祖。十三世蔡绩，献臣曾祖。

十四世蔡标，献臣祖。标，字宗德，又字懋修，号兼峰。明嘉靖十年（1531）举人。先后出任广州、台州、梧州通判。殁于京，归葬金门戴洋山。蔡标配吕氏、洪氏，妾杨氏。杨氏，朝廷为造贞节坊。居所曰"官衙"。

十五世蔡贵易，献臣父。贵易，字尔通，又字道生，号肖兼。明嘉靖四十三年（1564）举乡试，隆庆二年（1568）成进士，授江都令。母丧，隆庆五年（1571）服除，补崇德知县。调南京户部陕西司主事。出知宁波府，迁贵州按察司副使、督学。万历二十一年（1593），晋浙江按察使。二十三年（1595）中察，罢归。二十五年（1597）卒。墓在同安董水狮山。墓道前建有望洋庵，与金门戴洋山（蔡标葬地）隔海相望。贵易配叶氏；继室黄氏，献臣生母，浯洲文水人。黄氏祖黄江，拔贡，乐会教谕，即献臣外曾祖；黄氏父国枢，献臣外祖。

* 本文为福建省社科基金重大项目"闽海作家群谱"（FJ2022JDZ028）的阶段性成果。

贵易姐，适同安南亭王三锡，献臣称其为王氏姑。

贵易子一，即献臣。家有堂名“仰紫”。

献臣配池浴德女。浴德（1539—1617），字仕爵，号明洲，同安中左所（今福建厦门本岛）人。明嘉靖四十三年（1564），与献臣父贵易同举乡试。嘉靖四十四年（1565），成进士，授浙江处州遂昌知县，官至奉常。著有《空臆录》《怀绰集》《居室集》，多理学及经国济世语。诗深厚如初、盛唐。浴德有四子：显京，举人，怀庆府同知；显方，举人；显章，庠生；显广。

献臣理学“务在专朱”，仕浙后转习阳明“致良知”说。制义“与正合”，“以意胜”。歌行“抑扬纵送”，近体“明净简远”。

与蔡复一（1576—1625）并称“同安两蔡先生”，又与蔡清（1453—1508）、蔡复一并称理学“温陵三蔡先生”。

性善饮，耽弈。

一生著述甚富，可考者有：《诗经制义》《解颐草》《仕学全稿》《仕学续稿》《诗经仕学稿》《仰紫堂问业》《同安县志》《癸卯勘楚纪事》《妖书纪事》《仪曹二难存稿》《四书合单讲义》《浙学道钦条演义》《致良知四书摘》《四书肤证》《清白堂稿》《笔记》《八十章》《潜学》等。卒，葬墓同安县（今厦门市同安区）前街后山。

献臣有四子：伯子谦光（1585—1636），字裒卿，号六吉。国子生。筑室南郊，斋名“干云”，攻诗书画，有《干云斋诗初集》。诗清灵冲秀。谦光妇，漳浦林士章孙女，汝韶女。仲子甘光，字稼卿，一字雨卿，号雨人；原名定光，字静卿，号岂夫。明天启元年（1621）岁贡士。永历间授监纪推官。斋名“恢”。诗有微云疏雨、晓风残月之致，有《恢斋近草》。甘光妇为同年陈氏女。献臣叔子学光（1597—?），字敬卿，号壮如。生员，起北京监生。季子龢光，原名孚光，字中卿，号诤虎，贡士，有《蔡诤虎诗集》。龢光妇，同安大嶝张廷拱女。族子国光，崇祯七年（1634）进士，李自成陷京城，拷掠极楚，国光不屈，幸释。

献臣二女：长适晋江丁启濬弟启汴（1584—1628），晋江人；次适浯洲陈基虞（1565—1642）子元錞，同安大嶝人。

献臣七孙：有则、蔡龄、大壮、大有、大复、蔡店、士蟠。大壮，崇祯十五年（1642）壬午科副榜。士蟠后迁往台湾。

明世宗朱厚熜嘉靖三十八年己未（1559）　出生前四年

是岁，倭犯浯洲，掳获士民。

嘉靖三十九年庚申（1560）　出生前三年

四月，倭犯浯洲，平林蔡氏推献臣伯父希旦（1511—1560）为首御倭，希旦死于倭。

明嘉靖四十二年癸亥（1563）　一岁

二月，十一日生。

三月，弥月，母携以归宁。外曾祖黄江喜蔡家有儿。

八月七日，外曾祖黄江卒，年七十五。

是岁，王氏姑（1525—1597）三十九岁。王世贞（1526—1590）三十八岁。父蔡贵易（1538—1597）二十六岁。池浴德（1539—1617）二十五岁。母黄氏（1541—1628）二十三岁。苏濬（1541—1599）二十三岁。柯凤翔（1542—1619）二十三岁。郭日烜（1545—1592）十九岁。李维桢（1547—1626）十七岁。李光缙（1549—1623）十五岁。蔡懋贤（1550—1591）十四岁。汤显祖（1550—1616）十四岁。王道显（1550—1616）十四岁。蔡守愚（1552—1621）十二岁。何乔远（1558—1631）六岁。蒋孟育（1558—1619）六岁。叶向高（1559—1627）四岁。王道照（1562—1598）二岁。潘洙（1562—1620）二岁。蔡鼎臣（1563—1625）生。池显京（1563—?）生。

嘉靖四十三年甲子（1564）　二岁

是岁，父蔡贵易、岳丈池浴德乡试中式。

是岁，长侄蔡绍芳（1564—?）生。

嘉靖四十四年乙丑（1565）　三岁

是岁，池浴德成进士，授浙江遂昌知县。

是岁，陈基虞生。

嘉靖四十五年丙寅（1566）　四岁

是岁，次侄蔡绍彭（1566—1611）生。

明穆宗朱载垕隆庆元年丁卯（1567）　五岁

是岁，张廷拱（1567—1633）生。

隆庆二年戊辰（1568）　六岁

是岁，蔡贵易成进士，授江都知县。贵易母卒，抚榇归葬，故未之任。

隆庆三年己巳（1569）　七岁

是岁及前后，父兄称同邑风俗淳厚。

是岁，丁启濬生。

隆庆四年庚午（1570）　八岁

是岁前后，随父在南都。父命节窥诸经，《诗》《书》则习其全书。

是岁，贵易服阕，补崇德知县。

是岁，许獬（1570—1606）生。

隆庆五年辛未（1571）　九岁

是岁，父贵易往崇德。

隆庆四年壬申（1572）　十岁

是岁前后，与槜李薛祈元结为笔砚友。

明神宗朱翊钧万历元年癸酉（1573） 十一岁

是岁，贵易为崇德知县，随侍。

是岁，张燮（1573—1640）生。

万历二年甲戌（1574） 十二岁

是岁，随父居崇德。与吴大光（1564—?）结为文友。

是岁，王志道生（1574—1646）。

万历三年乙亥（1575） 十三岁

是岁，随父居崇德县。

万历四年丙子（1576） 十四岁

是岁，随父居崇德县。郭日烜等上春官，公车过之，献臣以童子侍坐。

是岁，父分校浙闱，得林祖述于场屋，献臣因得相识。贵易离崇德任。

是岁，蔡复一（1576—1625）生。

万历五年丁丑（1577） 十五岁

是岁，父晋南户部陕西司主事。随父居金陵。父在南都历浙江司员外郎，又晋郎中祠部。

是岁前后，与浯洲阳翟陈志华游，获交志华父陈廷佐，为忘年。

是岁或稍晚，结识同乡许獬。

万历六年戊寅（1578） 十六岁

是岁，随父居金陵。父延海宁陈愈嘉授经。同时受业者，有韩城忽子春、子秋及兰州段钦、段鍠兄弟。先生颇刮目献臣。

万历七年己卯（1579） 十七岁

是岁，从兄蔡守愚为诸生，父贵易奇之，延至金陵，与献臣相切劘。

是岁前后，从晋江苏濬学。

万历八年庚辰（1580） 十八岁

是岁，随父在南都，得侍同邑前辈李文简先生。

是岁，俞大猷（1504—1580）卒。

万历九年辛巳（1581） 十九岁

是岁，于京城成婚，妇为中左所池浴德女。弃《易经》制义，参诸家之义为《诗经》制义文。

万历十年壬午（1582） 二十岁

是岁，归自金陵。道试首拔，乡试不利。

是岁，结识同邑陈基虞。

是岁，父为宁波知府。

万历十一年癸未（1583） 二十一岁

是岁，随父居宁波。父为购诸大家训诂制义，延王朝英（1562—1632）与献臣切劘

《诗经》制义文。

万历十二年甲申（1584）　二十二岁

是岁，随父居宁波。南归。

是岁，庶祖母杨氏（1506—1584）卒。

万历十三年乙酉（1585）　二十三岁

秋，乡试再屈。自福州南归，趁便游九鲤湖。抵舍，病疟几一月。

是岁，结识晋江林学曾，因知其为文。

是岁，长子蔡谦光生。

万历十四年丙戌（1586）　二十四岁

是岁，袁茂英成进士，授行人。时寄书献臣。

是岁，父督迁贵州臬副。

是岁前后，筑室东山。

是岁，族兄守愚成进士，谒选为南仪制司主事。林汝韶成进士。

是岁，叔祖蔡乔年八十，奉觞上寿。

万历十五年丁亥（1587）　二十五岁

是岁前后，父命献臣学《诗》于同里惠潮参将邵应魁（1522—1597）。

万历十六年戊子（1588）　二十六岁

秋，戊子科乡试第二人，出杨起元门下。

冬，辞叔祖蔡乔，北上春官，经浙江萧山西兴。

是岁，题同安县西山岩。

是岁及之后，屡与同年张维枢（？—1632）会面。

是岁，结识王世贞长子王士骐。

是岁，池显方（1588—？）生。

万历十七年己丑（1589）　二十七岁

春，献臣主于林祖述侍御史署，因得结识祖述子栋隆。

三月，廷对二甲第六名。冯琦（1588—1603）倾身下交之。观政秩宗，继尔选南京刑部主事。尽读王鏊《诗经文粹》。

春夏间，入南都，何乔远有诗送之。随族兄守愚与汤显祖、蔡时鼎（1550—1592）等唱酬。

是岁，有诗谢李维桢（1547—1626）。

是岁，神宗多年不上朝。上疏，言辞激烈。

是岁，受知于太仓王世贞凤洲先生。

是岁，长子谦光五岁，甚颖异，蔡贵易携之入浙署。

是岁，叔祖蔡乔卒，年八十三。

万历十八年庚寅（1590） 二十八岁

春，设南都会例，撰《会例》。

五月五日，在南都与同年泛舟。

七月，集何湛之家园。得父来自贵州及来自闽地家书。

九月九日，游牛首山。

是岁，有诗王世贞予告。

是岁，整理《诗经制义》六十八首，撰《自叙》。

是岁，族兄守愚母卒，奉其讳以归浯洲。

是岁，王世贞卒。

万历十九年辛卯（1591） 二十九岁

春，上巳，集陈文烛廷尉衙。

是岁前后，代陈文烛撰《表贤祠配享记》。

是岁，汤显祖因谏遣贬，有诗送之。

是岁，合刻薛瑄（1389—1464）《要语》、蔡清（1453—1508）《密箴》，序之。

是岁，为《南都掾史同试录》撰后序。论岁贡、例贡、掾例之异同。

是岁，有书上杨起元老师，以为南中之学非道学。

是岁，致书李光缙（乙酉科解元），盛称其制义。

是岁，二致书祝世禄，倡导“先明诸心而后知所往之说”。有书答副使汪道亨，叙两世交谊。

是岁，有文祭大司寇王世贞。

是岁，同乡同年蔡懋贤卒，年四十二。

万历二十年壬辰（1592） 三十岁

是岁，转南兵部车驾职方郎中。致书同年周家栋，言数月以来有细人构隙，第当剖破藩篱，铲去芥蒂。致书佤的山，称赞其船政。归家途中，转南吏文选郎。

冬，父贵易以黔藩入贺，献臣以南铨思亲告归。抵京口，登焦山之顶，过镇丹阳，舟发钱塘，于浙江崇德不期而遇父贵易。贵易于金陵题辞诫蔡谦光。

是岁，交结嵊县周汝登。

是岁，又有书上杨起元老师，言初秋报满，拟告归。

是岁，漳浦蔡时鼎卒，同乡合祭之。

是岁，伯母许氏（蔡希旦妇，1515—1592）卒于金陵，祭之。

是岁，同乡同年郭日烜卒。

万历二十一年癸巳（1593） 三十一岁

是岁，父晋浙江按察使。父延同邑苏震亨入署，朝夕议论，献臣裨益良多。

是岁，北行。

是岁，外祖黄江卒，为撰墓志铭。

是岁，代父蔡贵易为伯父蔡希旦及伯母撰墓志铭。

是岁，同邑陈道基（1519—1593）卒，代父蔡贵易作祭文。

是岁，表兄王道照之妇陈氏（1554—1593）卒，祭之。

万历二十二年甲午（1594）　三十二岁

二、三月间，送表兄王道显入滇。

秋，东山邀集林计部等。

是岁，姑父王三锡年七十四，举曾孙，贺之。

是岁，为叔祖蔡乔撰墓志铭。

是岁，同邑洪邦光（？—1594）卒，祭之。

万历二十三年乙未（1595）　三十三岁

秋，谒补吏部文选司郎中。北上，表侄王鸣环操卮酒饯之。

冬，须次都下，待选五十余日。致书遂昌知县汤显祖，言父贵易在浙时十分赏识显祖，又称赞显祖文为当今天下第一。

是岁，王华明抱所作制义至延津（今南平市延平区）求序。

是岁，大计，父贵易中谗，飘然归家。致书邹元标，言邹氏赠《纪善新编》。为父贵易在浙被陷辩诬。

是岁，族兄守愚除工部屯田。

是岁或之后，为吴达一妇林氏（林希元孙女，1546—1593）撰墓志铭。

万历二十四年丙申（1596）　三十四岁

春，任吏部文选司郎中。时长子谦光年十二，从宦。

秋，同苏茂相等集何乔远宅。

是岁，题《竹梧交翠图》赠崇德胡凤宾。在南京，饮聚宝山，晚望报恩寺塔灯。

是岁，祭同乡同年傅宾凤。撰文纪南都之游，称与宾凤如兄弟。

是岁，题松陵殳质甫诗。

是岁，在金陵南吏部时，邓文光为画像。

万历二十五年丁酉（1597）　三十五岁

正月二十六日，父卒于浙，年六十。献臣奔讣，

春，因奔父丧，献臣见姑父三锡弟三聘（1540—1597）神气消索。

十二月初九日，卜葬父贵易，黄凤翔为撰墓志铭。

是岁，致书蔡复一，请其留意心性之学。

是岁，为姑父王三锡弟三聘作墓志铭。

是岁，王氏姑卒，年七十三。王氏姑生前犹疼爱献臣。

是岁，邵应魁将军卒，年七十六。

是岁，三子蔡学光（1597—?）生。

是岁，蔡复一撰举《蔡贵易乡贤呈文》。

万历二十六年戊戌（1598）　三十六岁

春，卜葬父贵易。

是岁，与苏弘家等集何乔远宅。

是岁，表侄王鸣环卒，挽之。李材高足卢贞甫卒，挽之。

是岁，致书同安知县洪世俊，讨论民间嫁娶律令。

是岁，有《戊子同年上座师刘如野祠部启》。

是岁，表兄王道照卒。道照临化，以子王晃属托献臣。晃，太学生。

是岁，族兄守愚擢虞衡员外郎，又擢郎中屯田。秋，擢副蜀臬。

是岁，同乡同年黄华秀（？—1598）卒，祭之。

万历二十七年己亥（1599）　三十七岁

十二月初九日，合葬父与叶安人。

是岁，题张廷拱《就正草》。

是岁，致书骆日升。以为明之经生言，犹唐之诗。论时艺与老庄，骆谓经家恶其意非恶其言，献臣谓非恶其文，恶其字也，要之，学在于本领。

是岁，同邑林丛槐（1530—1599）卒。为撰祭文，叙及贵易与之交谊不浅，且引己为忘年交。

是岁，同邑苏震亨卒，为作祭文。

万历二十八年庚子（1600）　三十八岁

春夏间，营造狮山先茔。

夏，服阕，补北京礼部主客清吏司郎中。携长子谦光入都，途中剧病，幸得愈。

是岁，同安县教谕姚全获院奖，有赠序。

是岁，长子谦光成婚，妇翁为漳浦林汝韶。

是岁，上疏陈情，为父复副使参政职。

是岁，答铨选官吏问。

是岁，金陵坊间刊行蔡献臣《解颐草》，凡六十八首，皆诸生时作。

是岁，以皇太子选淑女未册立事，引发廷杖事，纪之。

是岁，卢若腾（1600—1664）生。

万历二十九年辛丑（1601）　三十九岁

秋冬间，送龙文明还郡。

是岁，以主客清吏司郎中身份上疏，禁利玛窦入宫，且不得潜住两京。利玛窦病，献臣上疏宜合理安置，以示柔远之仁。

是岁，与林学曾称异姓兄弟并相知爱。题其《史评警语》。

是岁，为族兄蔡守愚《百一斋制义》撰序。

是岁，致书邹元标，以为税珰四出，可为隐忧，又言闽科第近颇有人。有书答叶向高，论皇子婚及册立事。有书答杨叔明，论制义平与奇。

是岁，会奠赵志皋（1523—1601）首辅。

是岁，同年王士骐来谒，相见甚欢。

是岁，姻翁林士章卒，会祭。

是岁，族兄守愚参蜀藩政。

是岁，许獬为辛丑科会元，殿试二甲第一名。

万历三十年壬寅（1602）　四十岁

春，蔡守愚由南仪部入都接受新命，汤显祖有诗送之。疑蔡献臣亦有诗送之。

秋，蔡献臣转仪制郎。在京城，与蔡复一夜饮。与同年殷廷枢集辇毂下。

是岁，上疏，以为天象警示人事，请罢矿税。

是岁，议河工钱粮，以为“司空竭于两宫，闾阎竭于矿税”。

是岁，论朝班礼仪。

是岁，皇太子婚礼成，书《仪制司题名》后。

是岁，致书晋安江黄克缵（1543—1628），论朝廷班次。

是岁，与同年马经纶（1562—1605）论李贽（1527—1602）被执，欲救无门。

是岁，致书陈用宾（1550—1617），赞其拓地开疆之功。

是岁，族兄守愚晋四川按察使。

万历三十一年癸卯（1603）　四十一岁

秋，飙风大作，潮涌数丈，通济桥石梁飘折者三十余。

是岁，作《执奏崇世子顶补额妾疏癸卯》等疏文多篇。

是岁，处理楚藩案，上三疏。勘楚案，始终认为处理无不当，由此卷入郭正域与沈一贯党争漩涡。

是岁，以礼部名义下令烧毁禁绝《四书删正》《书经删正》等凡与朱注、蔡传不符等书。

是岁，以礼部名义撰写有关宗室文件。

是岁，疏请岁贡士试期以初夏之望著为令。

是岁，致书郑汝璧（1546—1607），言执掌宗藩之事不易。致书毕锵，论存文四六文之繁简。有书答同年吴正志，以为士风之坏，其根源在提学官岁考不严。

是岁，因堪楚案牵连，上书李廷机，言任职已四载，久有去志。

是岁，父蔡贵易师浙江山阴方恒荫（1513—1603）卒。

是岁，姑父王三锡卒。是岁夏，三锡曾贻书献臣。

万历三十二年甲辰（1604）　四十二岁

是岁，任湖广布政司右参政。过湖北麻城，怀李贽，以为李氏著作必定可传。

是岁，本拟推南昌，更常镇兵备大参，汤显祖有书致之。发滋州。过江西铅山，饮黄汝贞（1558—1626）。过泉州，晤何乔远。

十一、十二月间，由闽赴常镇道任。蔡复一有诗送之。

是岁，试侄国光，以为大自不凡。

是岁，撰查拟宗正等疏。

是岁，乞养老母，云职出都。出都前，有疏旌表庶祖母杨氏。作《醉歌寄徐耀玉职方》，蔡复一亟称之。

是岁，上书沈一贯（1531—1615），论何栋如、冯应京为不畏强御之臣，不当论罪。

是岁，有书答陈玉海，言己之迂直，而迂直在于“求其是而已”。有书答李焘（1544—1625）。李焘为蔡贵易莫逆，献臣总角蒙其教泽。言勘楚案幸有郭正域护持。

是岁，祭姑父王三锡，云蔡氏两世成立，三锡力也。

万历三十三年乙巳（1605）　四十三岁

正月，赴常镇兵备，过浙江崇德，谒父四知祠。父入崇德名宦祠，而四知祠则加新一过。

是岁，常镇兵备任上，江阴赵与治见问。同年殷廷枢来访，称交谊最深。

是岁，常镇道任上作《驳人命首抵从徙议》。

是岁，与民约法，以振纪纲、厚风俗为根本。

是岁，有书答王肯堂（1552—1639），以为《义府》一书为圣经之羽翼、后学之指南。三上周孔教（1548—1613）书，一叹知人，二论撤奔牛税，三论靖江盗船。

是岁或稍晚，常镇任上，常听到夸奖同乡武进训导洪居正言论。

是岁，族兄守愚晋四川右布政使。

万历三十四年丙午（1606）　四十四岁

秋，观兵杨舍，谒赵与治于石桥里。

是岁，为苏濬（1541—1599）《易经生生篇》撰序。

是岁，为王鏊《诗经文粹》撰序，以为其诗文亦一代之巨丽。

是岁，为顾宪成（1550—1612）《选义》撰序，以为万历间制举义宪成为第一，文体为之一变。

是岁，江阴疏浚九里青旸，作记。

是岁，致书陈仁锡（1581—1636），议赎祠事。

是岁，祖蔡标、父贵易貤赠嘉义大夫，诸友人赠诗，汇为《貤恩册》，黄居中（1562—1644）题之。

万历三十五年丁未（1607）　四十五岁

是岁，以常镇兵备道大参加衔湖广按察使。邹迪光有赠诗，黄居中有赠序。下令武进、丹徒等八县尼姑还俗，尼庵可毁者毁，或改作社学义仓，以正风化。又作公文两篇。

是岁，为杨侍御《得英录》撰后序，论当今制义文之弊。

是岁，欲辞归，次丹阳。有书上周孔教抚台，以为常镇道务虽简，人情难调。

是岁，致杨按院，开具人才孝节册。

是岁，邹迪光赠方册长条，有书答之，以为近来吴与会稽书画，以邹迪光、董其昌为宗匠。

是岁，为方恒荫撰墓志铭。

万历三十六年戊申（1608）　四十六岁

秋，方移书王继明，而继明数月前已卒。

是岁，常镇任上，下令改杂木船为楠木船。长远看，造楠木船费用反比杂木省，且船坚牢。

是岁，为《合刻范文正公忠宣公集》撰序，以为范仲淹光明俊伟，奏状论事之文如贾谊；范纯仁正直而刚毅，则如刘向。为顾宪成《小心斋札记》撰序，以为其书大抵发性命心知之奥旨，文体为之一变。

是岁，读方学渐（1539—1629）《心学宗》，以为救世之书，顾宪成为其翻刻，献臣序。

是岁，致陈心抑书，言闸桥由洞桥改为板桥之得失利弊。上王锡爵（1534—1616）书，盛称锡爵文。

是岁，有文祭亲翁林汝詔。林汝詔女，献臣长子谦光妇。

万历三十七年己酉（1609）　四十七岁

冬，以意见议论与时相左，由常镇兵备按察使降调。献臣罢归，民众追至江浒，又追随者至吴门。至槜李，同年张维枢一再慰藉。民众由槜李再追至武林，献臣已飘然过钱塘。民众为立生祠于澄江南关，顾宪成撰《记》。咏涧中松以言志。过浙江草常山坪怀孙燧（1460—1519），和其韵；又和王阳明韵。奉母归家。

是岁，常镇道任上，倡孝道治县。

是岁，致书蒋时銮，邀请到东林讲学。致书王汝训，为楚事陷入党祸辩白。

是岁，有书答秦锺震，议减税事；以所刻四册赠秦锺震。于武林致书姜养冲，言己性情直行，仪司职掌所涉“班次”、“科场”、“楚事”诸案引起非议，其中楚案稍详。

是岁，与池显京相遇于镇江。

是岁，为江阴赵与治（1520—1607）撰墓志铭。

是岁，王继明子弘度请为其父撰墓志铭。

万历三十八年庚戌（1610）　四十八岁

正月元日，归家。潘洙（己丑科解元）过访。

九月，同从弟鼎臣，三儿学光、四儿孚光等谒董水先人茔墓，侄蔡绍芳等从浯洲至，同往。庶祖母杨氏讳日，有诗纪之。

冬，走鹭门，谒岳父池奉常。结识署浯铜游兵事呼鹤鸣。

是岁，池显京罢公交车。坊贾行献臣《诗义》，显京持示之。

是岁，寿同安知县李春开。春开出其《正俗编》，序之。又序春开屯课奖励。

是岁，夏子阳为册封琉球使，纪叙其始末。

是岁，有书答李光缙，叙及万历三十一年（1603）楚案事异同而遭落井下石。

是岁，为漳浦朱天球（1528—1609）作传。

是岁，为同乡前辈邵应魁将军撰墓志铭。

万历三十九年辛亥（1611）　四十九岁

二月八日，长子谦光有别业干云斋在城南，题之；诫其“无昵于损友”。

春，潘洙过同安城南，献臣出近稿，与之论制义之奇正、以题就文与以文就题。

九月，与同安知县李春开游西山。

十一月初二日，为父蔡贵易造墓，并题记。

是岁，为浯洲许獬《许锺斗太史遗集》撰序，当科许獬南宫第一。

是岁，为内弟池显京《迈征堂诗义》撰序，以为显京制义以醲艳胜，中无遗思，外无遗境。

是岁，有书答薛三才（1555—1619），言癸卯楚案。

是岁，侄孙绍英（1566—1611）卒，年四十六，撰祭文。

是岁，族兄守愚擢云南左布政使，遂缴札致仕归。

万历四十年壬子（1612）　五十岁

正月，编选《仕学全稿》，序之，遍论海内名家制义。二十九日，长孙有则生。

二月，孙有则母陈氏卒。此时有四男二女一孙。谦光、定光（即甘光）已入泮。十一日，五十初度，丁启濬有诗贺之。

五月，校选《林次崖先生集》，同安县知县李春开刻之，献臣序。

七月，陪同安知县李春开宴喜雨亭。

九月，宿同安观音阁。

是岁，游西山岩。

是岁，阅同安知县李春开试诸生卷，心异张炜，独赏其人。邀同安知县李春开游梵天寺。是岁，同邑张炜举乡试，为其近艺撰序。

是岁，应知县李春开之邀，主纂《同安县志》。

是岁，同安大轮驿重建，有记。

是岁，为呼鹤鸣把总修船撰记。

是岁，按台陆梦祖蠲同安溪南税珰额外所加之税，为撰碑文。

是岁，致书徐兆魁　以为降调出于金坛于玉立毒手。致书钟懋功，云谦光、定光已游泮。定光生子，举一孙。

是岁，致书张玮，论立志必自入官始。玮为新科解元。

是岁，长女卒，祭之。献臣长女适晋江丁启汴。年仅三十，有三女，无子。

万历四十一年癸丑（1613）　五十一岁

春，又题《仕学全稿》。

九月，连续三月不雨，同安晚禾多枯，米价日踊。祷雨邑天马山，霡霂三日。

是岁，有诗训次儿。三儿学光年十七，加冠，亦有诗训之。

是岁，同安铜鱼亭落成，邀林应翔、陈基虞、张廷拱夜坐。

是岁，侄蔡绍芳年五十。

是岁，署同安篆唐龙冈撰《四书破愚录》，为之序。

是岁，合常镇、同邑课艺诸生文，为《仰紫堂问业》，并序之。

是岁，表兄王道显年六十四，有寿诗、寿序。

是岁，浯屿把总翁元辅归，立去思碑，为撰碑记。

是岁，有书答陈道亨，提及楚案之无奈。寄书高攀龙，与之论东林，以为东林之名，几与朱子争高，而名虽赫，而道未大行。

是岁，论东林名甚赫，道未大行，又出一于玉立，启天下之疑畏。蔡献臣曾赠高攀龙（1562—1626）僧衣，高有诗纪其事。

是岁，林希元配祀同安朱子祠，代撰《告文》。

万历四十二年甲寅（1614）　五十二岁

正月上元，守愚赴邑宾之招。备兵常镇时之修业潘文学自丹徒来访。

四月，读邵雍诗集。

五月五日，与陈基虞、洪纤若等游同安梵天寺。

八月六日，同安巨风暴雨，学舍坏，知县黄文星倡修。献臣为《兴学广义》撰引。

九月，长婿丁启汴远来。

冬，与池显方登嘉禾屿洪济山绝顶。

是岁，游同安小嶝岛，寻访宋遗民丘葵遗迹。

是岁，为同安知县黄文星《南岳社稿》撰序。

是岁，议清理宗室设官。

是岁，撰《仪曹二难存稿》并自序。

是岁，回顾万历三十一年（1603）癸卯所处理的三个案子：北场案、妖书案和勘楚案，作纪事文四篇。

是岁，民为同安前知县李春开建祠，记之。

是岁，同安县丞欧阳祐有政声，为撰政碑。

是岁，张燮致书并新集，献臣答之。

是岁，为同邑苏商霖（1519—1576）撰墓志铭。商霖尝请督学乞立蔡守愚传于邑志。

万历四十三年乙卯（1615）　五十三岁

正月，春祭，与子侄过访望洋庵。

三月，后店祭扫伯父墓。归，游同安端云岩。

春，从弟蔡鼎臣肄业戎均，送之。

秋，修筑海丰岸堤。

冬，补浙江按察司宁绍巡视海道右参议，奉母与俱。出古田嵛峡，越武夷分水关，过江西铅山鹅湖书院，和朱熹、陆九龄、陆九渊三先生韵。过草萍，再和王阳明先生韵。

十二月，蒋孟育致书，贺任参藩。

是岁，燕都时期旧友吴道长过访。

是岁，致书董应举，回顾降调之事。赠董应举仪曹时所作《存稿》。致书李邦华，言补宁绍巡视海道当在冬底。献臣起巡海道，蒋颂平有力焉，寄书致谢。致书同年李景颢，云楚事公论终不泯灭。

是岁，陈基虞父陈廷佐（1546—1621）年七十一，寿之。廷佐能诗，铿锵典丽，与唐人相上下。

是岁，致书黄汝良（1562—1647）并所刻书一部。汝良答书称献臣“品格精莹”“节操劲挺”。至浙，黄居中等有迎候文。

万历四十四年丙辰（1616）　五十四岁

春，为浙江按察司，夜过严陵滩。过曹娥江。

四、五月间，巡视海道右参议任上闻警，蛟关海上视师。浙东官军在浙东洋面击退倭船。

五月，张燮下第，便道游浙东，献臣为其东道主。

六月，张燮游天台，献臣遣使者为前导。

秋，与林祖述等游四明阿育王寺。寺中苏东坡碑为献臣父蔡贵易重勒。谒父贵易四明平政祠，有祀文。蒋孟育致书。

十二月，访虞淳熙（1553—1621）不遇，遂入越州。在明州过除夕。

是岁，江阴张育蕙与弟来四明相访。

是岁，巡海道任上作《申严保甲以清盗源行宁波府》等文。

是岁，为《陈文定公年谱纲目》撰序。

是岁，为同年王士骐诗作题后，以为其诗结构不如其父世贞，而超逸过之。

是岁，为林祖述《生圹记》题后，赞祖述忘生死、忘富贵，自记以见其志。

是岁，以巡海道身份祭沈一贯，对沈相以黄老治天下似有微词。

是岁，姑父王三锡子道显卒，祭之。

万历四十五年丁巳（1617）　五十五岁

正月元日，在四明。

春夏间，游普陀山盘陀石、潮音洞。

春夏间，致书苏茂相，论海防。

夏，升任浙江按察司提学副使。行前，谒父贵易四明报恩新祠。作《浙学道钦条演义行十一府》。试浙东六郡士子。

是岁，以为镇下关，议兵必先议将。又论温台游添将分兵。

是岁，游兰亭，有诗。

是岁，往嘉兴科试，谒崇德四知祠。

是岁，岁贡八十七人。为《岁荐齿》撰序。

是岁，初悟“致良知”之说，编纂《致良知四书摘》并撰序。

是岁，王应乾视海，为撰序，论巡海道之责不外御将、治兵、清饷三项。

是岁，致书邵浦忠，以为处理军役当以公心，以天下为己任。致书丁宾，讨论嘉善争田之事。致书郭子章，言衡文浙东之事，并慰其鼓盆之戚。

是岁，有书致董应举（书佚）言东沙大捷事，应举有答书。

万历四十六年戊午（1618）　五十六岁

夏，定科宁波，谒父贵易报恩祠，有祀文。科试台州府，适献臣祖蔡标为郡佐六十年，请邓文光为其绘图。

夏秋间，科试四明。

秋，训示新科举人，倡节俭，反对请客送礼。檄嘉、湖、绍、吉之士就试焉，共得士十有二人。连续十五个月，历十一郡，遴简与试者多达两千八百余人。为《戊午同年齿录》撰后序，《丁戊浙英录》撰序，《两浙观风校士录》撰后序，以为天下举业家，以吴越为先。

十月，吏部题奉钦依蔡献臣升光禄寺少卿。

冬，督浙学，勉竭心目，告病。奉母自浙江归家。

是岁，祭岳翁池浴德。

万历四十七年己未（1619）　五十七岁

春，奉母归家。时黄太夫人年七十九。归家后，无旬日不与蔡复一、林应翔会，无会不醉，无事不谈，无谈不尽。游嘉禾屿玉屏山。

冬，有书致张燮，称赞《东西洋考》，激励其继续参加会试。

是岁，赋《哀风操》伤李开藻。

是岁，《致良知四书摘》定稿，作书后，以为天地间至理在“致良知”三字。又于节摘之下加注释和解说，成《四书肤证》一书，序之。

是岁，为福清《郑氏家训》撰引。二十三年前在南吏部有画像，今已近六十，题像以自警。

是岁，重修同安梵天寺宝藏殿钟楼，撰募疏。

是岁，为同邑郭梦得曾祖郭榜撰墓志铭。

是岁，同邑同年柯凤翔卒，祭之。

万历四十八年、明光宗朱常洛泰昌元年庚申（1620）　五十八岁

正月初七日，到望洋庵，有诗。

二月，赴光禄少卿任，行至福州，病眩，归家。

三月，上乞归疏，叙履历较详。

夏，同年潘洙卒。有挽诗、祭文。

秋，与池显京、显方兄弟游泉州清源山。丁启濬邀游泉州巢云、弥陀二岩，所作诗有大厦将倾之忧。

秋冬间，同年蒋杰自黔到闽访其兄宁洋知县蒋棐。与张燮、蔡复一饮同安梵天寺。

冬，予告。

是岁，有诗哀辽阳。读李杜诗，以为后继者邵雍和苏轼。

是岁，为同安陈尚宾《十三经通考》撰序，以为此书以类相纂，方便举业者。

是岁，革除同安文崎澳海税，记之。

是岁，上叶向高书。叶有坚卧意，献臣以为当为苍生计，不为一己计。向高有答书。

是岁，为洪居正暨配王氏作《墓志铭》。

是岁，为同乡同年柯凤翔撰墓志铭。

是岁，倡修海丰朱埭堤。

明熹宗朱由校天启元年辛酉（1621）　五十九岁

春，送蔡复一赴易州任。

三月，表侄王轩（1590—1628）游学南雍。

四月六日，族兄守愚卒，年七十。

十二月十八日，守愚下葬，渡海哭之，并作祭文和墓志铭。

是岁，为郭良翰《理学宗旨》撰序。

是岁，为南通州曹大同《玉芝楼》撰序。

是岁，同安知县李灿然选邑士制义为《轮山课士录》，为之序。

是岁，为父贵易嘉靖辛卯科同年莆田唐时雍撰像赞。

是岁或稍后，张维枢上疏推毂及献臣。

是岁，次子甘光为岁贡士。

是岁，为同邑林牧撰墓志铭。为甥王铬、王辙兄弟撰墓志铭。

是岁，陈基虞父廷佐卒，年七十七。

是岁，王志远卒，年六十，祭之。

是岁，谦光倡修同安同山五显庙，适会荒年而止。

天启二年壬戌（1622）　六十岁

正月，与客游梵天寺。初七，于望洋庵有作。十四日，以天启改元故，有遭遇明主立功之盼。

秋，时海氛稍戢。

冬，起光禄寺添注少卿。

十二月朔日，有六十写怀诗。

是岁，有诗咏经略熊廷弼（1569—1625）、辽抚王化贞。

是岁，致书张问达，以为广宁之事，言战而不求所以战，言守而不求所以守。

是岁，为同郡同年潘洙《中奉集》撰序，称赞洙有经世之才之志。

是岁，为王志远集撰序，以为其诗文率抒胸情，合古人之法。

是岁，为林祖述暨袁孺人作寿文，蔡林二家交谊三世五十年。祖述子、漳州司理林栋隆奏最，赠言。论泉、漳二府气习之同异，于漳有微词，于泉有回护。

是岁，岳母傅宜人年八十，寿之。

是岁，致书陈玉辉，论当前朝政病根。致书徐心霍论海防，以为中左、古（鼓）浪屿、浯屿、大担应构建一体防御体系。攻夷法，惟火与铳。池显方致书论泉州沿海诸岛防御，请献臣转达当道。

是岁，为同安隐君周震吾撰墓志铭。

天启三年癸亥（1623）　六十一岁

正、二月间，朝命再临，母氏趣之，勉强就道北上赴光禄少卿任。临行，展先人坟茔。月杪，与池显方北行，显方拟往历阳访其兄显京。

二月间，与内弟池显方同行。十日，游武夷山，九曲溪仅至六曲而止。过车盘驿，过三衢，访同邑林应翔。过浙江崇德，谒崇德四知祠。经富春江钓台，过项王乌江庙。和州访池显京并别池显方。

五月，过山东，谒邹县孟庙。

十、十一月间，就任光禄少卿五阅月，两上疏乞赐休。

闰十一月，准给假，十四日辞朝南归。行至芦沟桥，何乔远使人馈食。

十二月，过浙江常山草萍驿，再和王守仁咏孙忠烈公韵。过分水关，过大横驿和黄克缵大司马韵。

是岁，为晋江李叔元《近稿》撰序。

是岁，与何乔远、王命璿（1576—1646）、陈一元（1573—1635）等饮同安检玉亭。

是岁，作《癸亥山海兵饷议》，以为山海兵不必十四万，月饷不必二十七万，精兵数万，制奴酋，威西虏有余。

是岁，纪叙再出山至请乞休始末。献臣任光禄少卿，为胡良机谬语所中，其姻家章允儒又下石之。

是岁，两上书叶向高，一书言刑罚之轻重，一书申辨楚案。

是岁，红夷复入浯屿求互市，致书南居益。又答南居益（1572—1643）书，以为市宜往而不宜来，备宜修而不宜弛；又论浯屿、中左、海澄之防守及浯屿、澎湖游之不可裁。又致书赵南星（1550—1627），言楚案之后又经几许风波，事关名节，不能不辩。

是岁，为同乡同年陈基虞父廷佐（1545—1621）撰墓志铭。

是岁，蔡复一致书董谊台司马，论献臣直肠快口，请宽其罪。

是岁，李光缙卒，年七十五。

天启四年甲子（1624）　六十二岁

春，蔡复一致书丁启濬言蔡献臣三十五年未脱五品。

春夏间，张燮携子于垒（1610—1627）往苏南，献臣有诗送于垒。

夏，在浯州官澳相度建铳台。

六月，张燮过同安，有诗简献臣。得知何乔远予告，有诗。

九月八日，董水桥头泛小艇出海。

是岁，同安知县李灿然《吏牍》撰序。李入觐，有诗送之。

是岁，为吴敦贞兄弟《二吴唾草》撰序。

是岁，同安知县李灿然防红夷建铳城、修坛庙，记之。

是岁，致书京城诸“正人君子”（胡良机、章允儒等），揭露其阴骘、恣暴贪险。

是岁，为同邑周尔发膳部配黄氏（1574—1612）撰墓志铭。

是岁，为同邑张凤征暨蔡孺人撰墓志铭。凤征先人五代时自固始入同安，居于浯洲之青屿，数传迁东园。

天启五年乙丑（1625）　六十三岁

是岁，筑室同安城西。

是岁，献臣表兄王道显长子王轴赠菊，有诗予之。

是岁，南居益中丞平红夷，有诗纪之。

是岁，为晋江田岩作所编族谱撰后序。

是岁，林汝韶母刘氏七十，为撰寿序。汝韶女适献长子谦光。

是岁，为泉州同知何舜龄（1566—1632）撰寿序。舜龄职守海防，平红夷，其功为多。

是岁，蔡复一卒于贵州军中。送复一弟复心往迎其榇。

是岁，致书邹元标子，言受教于元标三十年如一日。

是岁，致书李任明侍御，陈勘楚案、癸亥乞休曲折。

是岁前后，为户部主事周天佐（1511—1541）立传。

是岁，为同邑刘梦龙（1537—1615）撰墓志铭。

是岁，为林丛槐及孺人撰墓志铭。

是岁，同祖弟鼎臣卒，年六十三。为作祭文及墓志铭。鼎臣生前有“四喜”：喜书、喜治生、喜客、喜园居。鼎臣与献臣同祖。祖兼峰四子，次为鼎臣父贵守（琼浯），再次即献臣父贵易（肖兼）。

天启六年丙寅（1626）　六十四岁

夏，张燮母卒，走使吊。

九月八日，同张廷拱过僧舍。九日，作望洋诗。推南奉常，闲住。作《门户叹》四首、《原党四绝》。

冬，海贼活跃于铜山及广东南澳，献臣主剿。送陈元镳入南雍。元镳，陈基虞子元錞兄，同安大嶝人。

是岁，有《贞松篇》赠林学曾大司空。

是岁，复一弟复心扶复一榇归里。献臣以为已愧对“同安二蔡”之名。

是岁，为同安知县曹履泰《德政颂言》撰序；又为其《近稿》撰序，以为根极理趣，脱落浮华。

是岁，万历四十六年（1618）邓文光所绘《天台试士图》，令张诸堂而题之以纪。

是岁前后，作《书金台纪闻后二条》《书李卓吾党籍碑后》《题清查蔡户授受产米簿》等。

是岁，议建料罗城及二铳城以捍卫浯洲。致书杨鹤，以为中珰为政，与汉党锢、宋元祐碑、南宋江之伪学不异。作《下四场增课议代何二守》等文，论浯洲等下四场盐税。

是岁，与陈基虞、蔡复心倡修浯洲太武山海印寺，未竣事而海氛乘之。有书致杨鹤，以为中珰当政，窃惧崩坠。致书朱钦祖，自叙祖居浯洲，家世盐籍，建议除浯洲盐场官，建料罗铳城，为百世之利。致书冯元飙，以为漳泉仰粟东粤，同安犹仰揭阳，两地相济而非相病。

是岁，堂兄蔡献鲁妇许孺人卒，祭之。

是岁，海丰朱埭堤修竣。

是岁，池显方题献巨次子甘光书楼。

天启七年丁卯（1627）　六十五岁

二月，采民言为歌称公颂同安知县曹履泰。

春，访同安朱子祠。张燮致书并《七十二家集》中的若干种。致费佐其剞劂，提及为蔡复一私祠、乡祠已得请，周起元祠尚须大费力。

是岁，乡人立《蔡光禄筑海丰埭碑》，何乔远撰碑文。

九月八日、九日，董水桥头泛舟出海；又于望子洋庵有作。

秋冬间，蒋元实北上应举南雍。元实父孟育曾任职南雍。

是岁，侄蔡国光乡试第六名。

是岁，题侄蔡国光《恢奇斋新艺》。

是岁，题漳浦林混中《兵书》。

是岁，为同邑吴达光（1545—1613）撰墓志铭。

是岁，叶向高卒，与张廷拱、蔡复心遣使往福清合祭。

是岁，张于垒卒，年十八。

是岁，表兄王道显妇黄氏卒，年四十，祭之。道显遵其家法，不续弦。

明毅宗朱由检崇祯元年戊辰（1628）　六十六岁

正月，元日试笔。

春，复推南京太常寺少卿，再受珰阻。池显方赠诗。

夏、秋，病疽发疮，母黄氏病亟，谦光兄弟衣不解带者匝月。

九月，母黄太淑人卒，年八十八。

是岁或稍晚，为漳浦林梓（1586—1664）立神道碑。

是岁，为同邑武昌府推官李霖慰撰墓志铭。

是岁，蔡复一下葬，哀之。

是岁，同邑胡明佐参政卒，祭之；谥之以“古直”。

是岁，患背疽，启汴欲过同探视，止之。启汴疡发，卒，年四十五。祭之。

是岁，亲姆恭人卒，祭之。恭人，陈基虞妇，献臣姑父王三锡女。献臣次女适陈恭人子元錞。

崇祯二年己巳（1629）　六十七岁

春，送婿陈元錞往虾城省父基虞。元錞，献臣次婿。

秋，送张廷拱起大理寺丞。

是岁，张燮赠张于垒《凯甫集》。

是岁，为蔡复一《全集》撰序，以为复一尤工四六，文披吐肝胆，诗出入汉唐，居然一代名家。

是岁，为池显方编《东山法言》撰序。

是岁，为同邑刘梦驺（1553—1603）遗集撰序。

是岁，丁启濬年六十一，为撰寿序；称丁启濬与林学曾、张维枢并称为“温陵三公”。

是岁，修造同安苎溪石桥，撰募疏。

是岁，致书熊文灿（？—1640），以为中左所（厦门岛）为泉、漳之要冲；中左不保，则泉州、莆田、福州忧乃大矣。致书林正亨，与林未曾谋面，而林推毂之。

是岁，致书少宗伯周延儒（1593—1644），言遭逆珰摧折以来，万念俱灰。

是岁，为东涪吕城源撰墓志铭。

是岁，长孙有则（1612—1629）卒，年十八，二七之日，祭之。

是岁或稍晚，与叶成章等登池显方晃岩。

崇祯三年庚午（1630）　六十八岁

正月，展墓董水。

三月，同安豪山祈雨。

夏，送同安知县曹履泰入觐，献臣为其《功德碑亭》撰引。

秋，同安豪雨，溪水瀑涨，桥尽圮。送侄国光北上会试。

十一月，重修同安万安五显庙并第二桥，撰募疏。

是岁，助同安龙归岩寺重修，撰《募疏》。

是岁，龙溪乡人为张于垒建幼清祠于芝山之半，献臣为题。

是岁，忧患东西二虏逼京畿，作《北望》。

是岁，为海澄黄一龙（？—1591）《延露编》撰序，以为一龙文有“三长”。为同邑林应翔《林止岩存稿》撰序。

是岁，为内弟池显方《澹远诗》撰序，以为冲澹闲远，乃枯槁遗世者所为，显方妙龄，当怀壮志，黼藻明盛。

是岁，有感于三十年来新仓房科第寥寥，重修平林蔡六世乐圃公蔡一莲祠，为撰簿序。

是岁，葺新同安同山五显灵宫，撰募缘疏。

是岁，致书陈麟定，感谢荐疏，并叙及与江西士人因缘恩怨。致书刘宗周，言刘牵涉东林事。致书曾樱道府，以为诸生当坊长、为庖丁，衣冠扫地，请革送迎之弊。

是岁，苏茂相卒，年六十七，挽之。

是岁，师陈愈嘉（1545—1630）卒。愈嘉，浙江海宁人。万历二十九年（1601）明经。

是岁，为苏思义及配张氏作墓志铭。

是岁，为同邑先辈南京户部郎中李文简撰墓志铭。

是岁，为同乡同年刑部山西司主事蔡懋贤撰墓志铭。

崇祯四年辛未（1631）　六十九岁

秋冬间，何乔远自南京归。屡致书乔远，乔远答之。

十月，居海丰庄（今厦门市集美区后溪镇）。

十二月，何乔远卒。

是岁，登浯洲南庵石亭，忆俞大猷、何乔远。石亭，即俞大猷啸卧亭。

是岁，内弟池显京中察，归闽，眼疾，寓居建州，献臣劝其归家。

是岁，为同安知县熊汝霖撰《新义》序，叹嘉靖末季场屋文屡变。

是岁，为邑人陈廉塑像，记之。

是岁，损助修浯洲太武岩门堂僧舍，撰募缘疏。

是岁，为堂侄绍英撰墓志铭。

崇祯五年壬申（1632）　七十岁

正月，有诗哭何乔远。

二月，七十诞辰，寄语晚辈。往安溪县。

夏，连续海警，村坞半空虚。有诗纪其事。

秋，在安溪，宿龙门龟窑。

是岁，为同安安福岩重兴作募疏。

是岁，致书晋江黄汝良（1554—1647），以为今举子文敝极，意不遵经传；盛称郑芝龙、芝虎兄弟将才。致书同邑叶成章，论衡文，又言海贼不靖。

是岁，为同邑康尔韫等重修《豪山康氏族谱》撰序。

是岁，为许獬次子许钺《制义》撰序，以为今时去许獬已三纪，文风大变，钺或有出于蓝之意。

是岁，为同安知县熊汝霖撰寿序，以为同安习尚大变，夷贼出没，号为难治。

是岁，为同安安福岩重修募疏文。

是岁，为同邑刘梦骆撰墓志铭。

是岁，同年张维枢卒，祭之。

是岁或稍后，池显方题甥蔡国光恢奇斋、蔡氏四甥夹樾斋、蔡氏五甥点石斋。

崇祯六年癸酉（1633） 七十一岁

正月二十六，父贵易讳日，有诗纪之。

十月，作《书苏氏嗣嫡公议》，言苏濬三子，长焕中，次燮中，三煌中，燮中为嫡。燮中、煌中早卒，无子。公议以嫡宜有嗣，遂以焕中次子伯墀为燮中之后。莆田画家黄章甫为献臣写真。

是岁，反对撤澎湖兵，以为撤澎湖兵，即弃澎湖。今日撤澎湖兵，弃澎湖，明日则撤浯洲兵，弃浯洲。作《论彭湖戍兵不可撤》。

是岁，题晋江李叔元《近稿》。

是岁，为同邑林凤仪《静观斋制义》撰序。

是岁，题浯洲陈观泰《四稽斋稿》，观泰之祖陈荣祖与蔡贵易同科举人。

是岁，同安知县熊汝霖重建城西和尚桥，记之。

是岁，重修同安马巷通利庙，撰募疏。

是岁，为父执苏震亨撰墓志铭。

是岁，为蔡守愚配许氏撰墓志铭。

是岁，亲翁张廷拱卒，祭之。

是岁，林祖述卒，祭之，以为两人交谊鲜有。致书祖述子林栋隆，叙与其父五十年交谊。

是岁，长子谦光落榜，遂弗屑经生业。

崇祯七年甲戌（1634） 七十二岁

正月初七日、初八日，同安雪。

五月，下葬母黄太淑人，同时移葬父易贵、叶淑人。学光岳丈丁启濬为黄氏作《墓志铭》，蔡献臣立石、孙龢光书。

是岁，有诗论制义与诗赋相通。

是岁，陈基虞年七十，为作寿诗寿文，称蔡陈友情已经五十年，己不如基虞者有四：历官所著声颂德，不及者一；精神筋力外貌，不及者二；内外儿女诸孙，不及者三；时艺典籍，不及者四。

是岁，同安知县熊汝霖重修西安桥；汝霖报满，有诗赠之。

是岁，同安香山岩新佛像建僧舍，为撰募疏。

是岁，致书祈彪佳（1602—1645），以为三吴难治，其风易动难安。

是岁，为署漳州知府曹惟才撰寿文，称莆田人文甲天下，漳州商贩财货繁华。

是岁，为表兄王道照撰墓志铭。

是岁，为同乡同年郭日烜撰墓志铭。

是岁，戊子科同年林学曾卒，祭之。

是岁，袁茂英卒于崇祯五年（1632）冬，年七十一。追祭之。

是岁，林伯母卒，年九十一，祭之。蔡鼎臣母，信卿大母。

按是岁，族侄蔡国光成进士。

崇祯八年乙亥（1635）　七十三岁

五月，有写怀诗，以为少小能诗，此业久谢，更专注于时艺及子史。

是岁，侄蔡国光赴京谒选，授江西瑞州府高安县知县。

是岁，题张燮龙溪万石山房。

是岁，为蔡复一妻之祖父李春芳（1527—1568）《白鹤山存稿》撰序。

是岁，致书沈胤培（1599—1656），以为法官在于守法。

是岁，为师陈愈嘉撰墓志铭。

崇祯九年丙子（1636）　七十四岁

秋，过福州，黄非骊孝廉出其制义相示，序之。

冬，郭德周将之楚，示其《松风轩草》，题之。

是岁，为德化知县姚迟赋《瑞树篇》。

是岁，为同安知县熊汝霖《政录》撰序，送其入觐，叙及同安童生且万，诸生且千，为壮邑岩邑。又叙汝霖为御红夷舟涉烈屿、金门诸岛以固围视师，卒令夷舟遁，而贼魁歼。

是岁，亲翁丁启濬六月初三日卒，祭之。联襟陈配伟卒，年七十，祭之。

崇祯十年丁丑（1637）　七十五岁

七月，同山寺中元普度，为黄其晟撰募疏。

是岁，为浯洲黄伟（1488—1538）《海眼存集》撰序。

是岁，为同年区大伦（？—1628）《四书翼》撰序。

是岁，与陈基虞商重修太武海印寺。

是岁，修补同安董水通济桥，撰募疏。

是岁，有书答晋江刘鳞长（1598—1661），以为泉州一地制义文体弊甚，大抵风起江右，戊子、己丑之前尚淳。致书会稽章正宸（？—1646），以为今海宇多故。

是岁，为同邑王道蒸（1552—1585）撰墓志铭。

是岁，为伯父贵毅、贵恒撰墓志铭。

是岁，为同邑陈文许氏、叶氏（1568—1629）撰墓志铭。

是岁，孙蔡龄卒，二七之日，哭之。

崇祯十一年戊寅（1638）　七十六岁

是岁，送叶国文学御入都。

是岁，前同安知县熊汝霖去邑五载，民为立生祠，献臣记之，以为海防诸功，只懂读书作文的县令不能办。题次婿陈元錞古庄书室。

是岁，为杨氏家藏师杨起元《宦稿》撰序。

是岁，为蒋孟育子蒋升《伐檀草》撰序，论弘治、正德以来制义文三变。

是岁，致书同安新令吴应恂，请其严处“平斛”之说。致书周芮公，以为作性、记性大不如前。

是岁，父执林玉材（1562—1611）暨叶安人下葬，献臣为撰墓志铭。

是岁，为同邑李霖悫撰墓志铭。

是岁前后，次子甘光读书石淙洞，池显方题之。

崇祯十二年己卯（1639）　七十七岁

是岁，为卢若腾《制义》撰序，以为卢氏为浯洲蔡复一、许獬之后又一奇秀。

是岁，姻亲张廷拱达宜人年七十，寿之。

是岁，为小盈岭观音庵亭撰募缘疏。

是岁，致书黄景昉，盛称其诗。

是岁，致书福建巡海参道关引之，以为闽南海禁，民无生路。

是岁，有启答郑芝龙（1604—1661）。

是岁，为岳翁池浴德弟浴沂（1542—1634）撰墓志铭。

崇祯十三年庚辰（1640）　七十八岁

三月，张燮卒。

是岁，答泉州推官姜应龙，以为闽南生计必藉于贩洋；漳贩开海海澄，泉贩宜开同安。

是岁前后，次子甘光新筑瞻楼，池显方题之。

是岁，卢若腾成进士。

崇祯十四年辛巳（1641）　七十九岁

九月，卒。赐祭葬。同邑陈如松有告奠词。

崇祯十五年壬午（1642） 殁后一年

是年，赠常卿，晋赠刑部右侍郎，荫一子。钦赐祭葬，三院批允建坊，特祠学宫，春秋二祭。

是年，王志道为《清白堂稿》撰序。《清白堂稿》当刊刻于此岁。

崇祯十七年甲申、清世祖福临顺治元年（1644） 殁后三年

九月二十二日，蔡谦光与配林氏合葬。池显方为蔡谦光撰墓志铭。

康熙十一年壬子（1672） 殁后三十一年

是年，侄蔡国光重编族谱并为之序，言丧乱之后族子孙徙死逃亡过半，平林蔡氏家族元气大伤。

Chronology of Cai Xianchen in Kinmen

CHEN Qingyuan

(College of Liberal Arts, Fujian Normal University, Fuzhou, Fujian 350007)

Abstract: Cai Xianchen (1563—1641), from Pinglin, Wuzhou (now Qionglin Village in Kinmen County, Fujian), ranked second in the provincial examination in the sixteenth year of Wanli (1588), achieved the highest degree as a successful candidate in the imperial examination, and served as the Minister of Rites. He authored works such as *Qingbaitang Gao*. In his early years, he adhered to the Neo-Confucian thought of Zhu Xi, later shifting towards Wang Yangming's doctrine of knowing the good after entering officialdom; his principles of righteousness aligned with correctness, prioritizing intention. His poetry drew inspiration from Tang poets Li Bai and Du Fu, and Song figures Shao Yong and Su Shi. His lyrical style featured rising and falling rhythms, with regulated verse being clear and distant. In terms of coastal defense, he advocated for a unified defense of Penghu, Kinmen, Xiamen, and Tong'an, firmly opposing the abandonment of Penghu. The chronology focuses on his life events and writings, also including information on his family, relatives, and friends; entries are organized by year, supported by evidence. Due to space limitations, citations and further verification are not included.

Keywords: Ming Dynasty; Cai Xianchen; Fujian Coast; Kinmen County; chronology

作者简介：陈庆元，福建师范大学文学院教授、博士生导师，著有《晚明闽海文献梳理》等。

多元面向的孤传词选

——傅燮詷《词觏三编》考论*

陈昌强

（苏州大学文学院，江苏苏州　215123）

摘　要：《词觏三编》是傅燮詷为官福建汀州以后编纂的一部词选，是《词觏》系列的又一个孤本，其体式延续了《词觏》《词觏续编》的基本特征，但因为客观原因，仅录成十六卷，未能完全终篇。《词觏三编》未能如《词觏》《词觏续编》那样全面辑录词坛词人词作，而是以《百名家词钞》《亦园词选》《梁溪词选》等当世词选为底本编选辑录，并增益傅燮詷所"觏"的部分词人词作而成。但《词觏三编》也保存了二百余首未载于《全清词·顺康卷》的佚词，其中有三十三家词人仅见于此选，因而同样具有重要的文献价值。《词觏三编》是《词觏》系列的终章，是傅燮詷独具个人特色的词选，既反映了康熙中期以前清词"中兴"的返照余晖，也对当时词坛的一系列现象，如无锡词人群体、倡和活动、边缘词坛词人，有较为细致的反映，体现了较为多元的词籍面向，具有重要的词学价值。

关键词：傅燮詷；《词觏三编》；词选；清词辑佚

完成《词觏续编》之后，傅燮詷在《发凡》里曾说："嗣有觏者，再辑三编。"①《词觏续编》历经三百余年沉晦，直至2017年时被笔者意外发现②。尽管如此，笔者也完全没有预料到傅燮詷偶然提及的《词觏三编》其实早已成书，且很快将展现于天壤间。2020年春夏间，张宏生师转来《李一氓捐赠四川省图书馆藏书书目》一书，命笔者查访其中是否有稀见词籍可补《全清词》诸卷遗佚。笔者校读之余，惊喜地发现：《词觏三编》仍然存世，本为李一氓旧藏，由李一氓捐藏于四川省图书馆。③ 2022年，四川省图书馆将李一

---

* 本文为国家社科基金一般项目（24B2W050）、江苏省社科基金重点项目（23ZWA003）的阶段性成果。

① 傅燮詷：《词觏续编·发凡》，《中国古籍珍本丛刊·保定市图书馆卷》第36册，北京：国家图书馆出版社，2017年，第354页。

② 陈昌强：《傅燮詷〈词觏续编〉的文献价值与词史意义》，《词学》（第四十一辑），上海：华东师范大学出版社，2019年，第329—355页。

③ 何光伦主编：《李一氓捐赠四川省图书馆藏书书目》，成都：巴蜀书社，2020年，第384页。

氓旧藏词集全彩影印刊成《李一氓旧藏词集丛刊》，分辑出版，《词觏三编》正收入第二辑。[①] 笔者亟倩友人代为访得，展读之后，深感《词觏三编》与《词觏》《词觏续编》一脉相承又别具特色，具有较为多元的词籍面向，爰为作此文。

一、承续者：《词觏三编》的文本形态

《词觏三编》原书的著录如下：

> 《词觏三编》十六卷，（清）傅燮詷辑，稿本，八册，李 0811
>
> 开本 23.7 厘米×14.4 厘米。批校题跋：聿丰题签（词觏三编/原稿未刊本/一九四九年得于北平/聿丰为一氓题）、李一氓题记。钤印：聿丰、击楫、一氓读书、一氓七十、无事楼藏书、成都李氏收藏故籍、一氓收藏词书种种/一九七七年记。[②]

李一氓是著名革命家、老干部，在革命战争年代曾因各种机缘获得大量词籍。改革开放后，李一氓担任国务院古籍整理出版规划小组组长，特别关注并大力支持大型断代分体文学总集整理工程的开展，他的部分藏书还曾提供给《全明词》《全清词》编纂使用。[③]《词觏三编》即是 1949 年北平（今北京）和平解放之后，李一氓在北平所获得的稿本词籍。聿丰则未详是何人。通观全书，除聿丰、李一氓的钤印外，并无其他钤印，该书在清代及民国时期的收藏递传因而不详。

不过，《词觏三编》文献本身仍然具有无法质疑的真实性。《词觏三编》的体制对《词觏》《词觏续编》有着非常明确的承袭。《词觏三编》书前、书后皆无序跋，以目录冠首。目录凡两种字体，其一种字体较为接近宋体，抄写至第十五卷梁士弘而止；另一种字体则是行书，自梁士弘而后，抄写至第十六卷卷末，其后附李一氓的一则题跋：

> 原目不全。一九七七年十月廿五日晨补录，依十六卷原选钞。徐电发第二首只录一行，转第二面即无一字，谅仍属未钞完或未选成之本。一氓记。

该题跋后亦钤盖“一氓七十”印章。由是可知，目录第二种字体当为李一氓手书，而第一种字体则为原稿成编时傅燮詷本人或其所请钞工的原笔。对照《词觏续编》的字体，可以发现二书主要内容钞写者应是同一人。

《词觏三编》现存十六卷，其基本形制如下：

---

① 王龙主编：《李一氓旧藏词集丛刊 · 第二辑》，成都：巴蜀书社，2022 年，第 142—143 册。本文所论《词觏三编》，皆据此书，后不再详注。

② 何光伦主编：《李一氓捐赠四川省图书馆藏书书目》，第 384 页。

③ 顾圣琴：《风义平生：程千帆的师友交谊与〈全清词〉编纂》，《光明日报》2022 年 1 月 24 日（第 11 版）。

表 1 《词觏三编》分卷统计表

	首见	再见	三见	分卷小计
卷一	1 人 2 阕	7 人 86 阕	1 人 12 阕	9 人 100 阕
卷二	5 人 28 阕	7 人 61 阕	1 人 12 阕	13 人 101 阕
卷三	7 人 16 阕	1 人 20 阕	2 人 64 阕	10 人 100 阕
卷四	6 人 37 阕	3 人 48 阕	1 人 15 阕	10 人 100 阕
卷五	8 人 52 阕	3 人 34 阕	1 人 14 阕	12 人 100 阕
卷六	5 人 32 阕	5 人 39 阕	3 人 29 阕	13 人 100 阕
卷七	8 人 88 阕	1 人 12 阕	无	9 人 100 阕
卷八	9 人 44 阕	3 人 56 阕	无	12 人 100 阕
卷九	7 人 67 阕	3 人 11 阕	1 人 22 阕	11 人 100 阕
卷十	6 人 27 阕	3 人 17 阕	3 人 56 阕	12 人 100 阕
卷十一	8 人 76 阕	2 人 24 阕	无	10 人 100 阕
卷十二	8 人 51 阕	4 人 31 阕	2 人 18 阕	14 人 100 阕
卷十三	15 人 60 阕	2 人 10 阕	3 人 30 阕	20 人 100 阕
卷十四	21 人 59 阕	7 人 26 阕	2 人 15 阕	30 人 100 阕
卷十五	15 人 91 阕	4 人 21 阕	2 人 10 阕	21 人 122 阕
卷十六	14 人 69 阕	无	无	14 人 69 阕
总计	143 人 799 阕	55 人 496 阕	22 人 297 阕	220 人 1592 阕
占比	65％人；50％词	25％人；31％词	10％人；19％词	

傅燮詷认为："古来集词，始于《花间》。《花间》之法，以词俪人，以数分帙，其法诚善矣，兹编式之，其名见前集，则注'再见'，余悉照前集之例。"① 可知《词觏三编》中，"三见"当指该作者在《词觏》《词觏续编》《词觏三编》中皆曾被选录，"再见"则指该作者的作品被《词觏》或者《词觏续编》所选录。而且，《词觏》系列之书，每卷多为百阕，每书多为二十二卷，也是《词觏》系列的成例。从上表可知，《词觏三编》前十四卷基本遵循旧规，而卷十五、卷十六或多或少。翻阅原书内容，第十五卷黎士弘之后明显使用了另一种字体抄写，而该书中自卷一至卷十五黎士弘的抄写字体，则与目录的第一种字体相同。可以推测，傅燮詷编订《词觏三编》，基本定型的是前十五卷，十五卷后续数首及十六卷则是后来抄录或者后人抄录，而且，后人抄录似乎有更大的可能性。

卷十五以后存在的低端疏误为这一推测提供了证明：一是卷十五、卷十六皆收录了李基益词 13 阕，若去除李基益及其后的黎士毅、黎士弘、梁士冲、叶舒璐的词，则该卷收

① 傅燮詷：《词觏续编·发凡》，《中国古籍珍本丛刊·保定市图书馆卷》第 36 册，第 353—354 页。

词96阕，较为接近傅燮詷“以数分帙”、每卷百阕的标准。二是卷十六重复收录孙致弥、徐釚的词。孙致弥词，已见于同书卷七；徐釚词，已见于同书卷四，且本卷于孙致弥并不清楚其姓名，只是列了字“恺似”。三是卷十六误收了明初高启词1阕，也不合《词觏》系列只收当代词的体例。

《词觏三编》重视表彰此前未关注的词坛力量。如上表所示，书中“首见”于《词觏》系列词选的词人有143人，占全书所收词人总量的65%；其词作799阕，占全书总量的一半。“再见”“三见”的词人共占所有词人的35%，而其词作则亦占了全书一半。可见傅燮詷在选定《词觏三编》时，对其更早的两种词选《词觏》《词觏续编》有着明确的参照。

除了上述的文本形态，《词觏三编》还存在着一些有意味的“副文本”，即大量的圈点和批语。

《词觏三编》存在至少三套圈点和批语：一套朱笔书写，行楷抄录，圈、点非常规整；另一套则是紫笔书写，字大而潦草，其圈点则常用竖线代替，且通常与“删”字同用，意即词作水平堪忧，可删去。这两种圈点、批语，与《词觏续编》如出一辙。那么他们的作者是谁？傅燮詷曾说：“凡清新婉丽者，则连点之，超逸高古者，则连圈之，余亦明其句读。”[①] 朱笔、紫笔中必有一种是傅燮詷自己的圈批。有趣的是，朱笔、紫笔批语有时还在文本中形成对话。比如卷九郭士璟《醉桃源·送别》有句“单车快竹篷”，紫批：“不解。”朱批：“似是说单车比竹篷更快。”正是一问一答。又如卷十四徐喈凤《一丛花·杨梅》末句谓：“火枣争妍，冰桃竞宠，幻出圣僧身。”紫批：“结句‘圣僧身’，必有典故，然不大雅。”朱批：“扬州人呼杨梅为圣僧，□□□□，公岂偶合耶？”

紫笔在删存词作时，往往也有迟疑，表现在《词觏三编》文本中，即是用“〇”圈去“删”字。紫笔有时还涉及对词人的评价，比如卷四郑元庆条下，紫笔旁批：“所辑《三百词谱》极简便，但惜未备耳。”紫批对书中所录词作的字词、格调问题，也常作批语，如卷九彭桂词《瑞龙吟·赠别王云晓》，其中有句“唾壶击碎潸然泪”，紫笔于“泪”前添一“下”字，又作旁批：“脱落一字。”又如卷十一汪森《莺啼序》词，紫批：“此首当和吴梦窗韵，而中间颇多脱落，删之。”又于“更是鹿门栖隐”句“更”字上添一“又”字，且批：“又少三字句。”检核汪森别集，此句正作：“又更是、鹿门栖隐。”[②] 紫笔偶尔还会对作者人品或一些不好的句子进行不留情面的揶揄和讽刺，比如卷十二华侗条下，紫笔批语：“此君富而不通，无锡人尤□鄙薄，恐词亦是倩人为之。”紫笔批点的大量存在无疑使得《词觏三编》文本的准确性、趣味性和评议性都得到较大提升。

最后一套则是墨笔批语。这一类批语，往往标在词作边上，内容多是“初集有”“二

① 傅燮詷：《词觏·发凡》，傅燮詷：《词觏》卷首，清道光间金天福抄本。

② 南京大学中国语言文学系全清词编纂研究室编：《全清词·顺康卷》，北京：中华书局，2002年，第9262页。

集已收”“已见二集”之类，标明此词已收在《词觏》或《词觏续编》中。这种批语比较明确地点明《词觏三编》仓促成书，不耐检核。比如卷三彭孙遹条下，录词47阕，其中16阕有墨笔旁批：“初集有。”

可见《词觏三编》的编纂是非常仓促的，那么它大概是什么时候编纂成书的呢？《词觏续编》编成于清康熙三十一年（1692）十一月，有序为证。因此，《词觏三编》的编撰，只能是在康熙三十二年以后。考察这些年傅爕詷的仕履，康熙三十二年二月，被任命为福建汀州知府；康熙三十四年，被浙闽总督挟旧嫌报复，落职归里。[①] 归里后，傅爕詷不幸又缠上官司，至死前方解：

> 及父汀州解任归家，复遭表亲南康王守捏开陕西商南县捐米欠项一千四百余石，公赴九卿班具呈，蒙户部以陕省案件给咨令赴陕省析理。公随至陕申辨，羁留长安五六载，惟籍笔墨及镌刻图章以供资斧。迨辨释旋里，而父亦已弃世。[②]

揆诸情理，康熙三十二年至三十四年任汀州知府是傅爕詷晚年较为安定的时光，适合其整理词籍，辑录成选。特别是康熙三十二年时，徐釚远游福建，因与傅爕詷定交。徐釚于康熙三十三年十二月为《词觏》撰有一篇长序。[③]《词觏三编》中的紫笔批评，有没有可能是徐釚的手笔？若没有其他佐证，这可能是一个无法解开的悬念。

二、影武士：当世词选与《词觏三编》的辑选

如前所说，《词觏三编》的编纂既非如《词觏》那样，积数十年之功最终成书；也非如《词觏续编》那样，因为编者接近词坛中心，选家名声在外，从而“投我者坌集”[④]，短短数年间即已编成。那么，几乎可与《词觏》《词觏续编》等量齐观的《词觏三编》，是如何在傅爕詷远官福建之后迅速成编的呢？这个答案，可能要通过考察当时词集的刊刻流通，以及傅爕詷的词籍阅读来寻找。

康熙三十年（1691）以后，随着陈维崧、朱彝尊、纳兰性德等词坛主要力量因为各种原因的相继退场，清初词学的“中兴”局面呈现出明显的盛极而衰的状态，词人和词作的量和质都迅速出现了断崖式的下滑。远在福建汀州的傅爕詷，其实并不具备客观条件在《词觏三编》中对当时词坛的实际状态进行全面、有效地反映，特别是无法对当时的词人的创作进行密切、全面、及时地选辑。他的选辑，更多依赖于对当时词籍资源的抉择和借鉴。

---

① 侯静彩：《傅爕詷〈绳庵词〉及其词学》，河北师范大学2014年硕士学位论文，第48—50页。

② 《傅氏家乘·家传》傅斯琮条，转引自侯静彩《傅爕詷〈绳庵词〉及其词学》，第50页。

③ 此序原载《词觏》二十二卷本卷首，转引自赵尊岳：《词总集提要》，陈水云等编：《赵尊岳集》，南京：凤凰出版社，2016年，第1151—1152页。此序亦载徐釚：《南州草堂集》卷二一，清康熙三十四年刻本，第二页a—第三页b。惟后者未署年月日期。

④ 傅爕詷：《词觏续编·发凡》，《中国古籍珍本丛刊·保定市图书馆卷》第36册，第354页。

顺治、康熙前期词坛的不断积累，为后世留下非常丰富的词籍资源。这些以刻本、稿本、抄本形式存在的各种词集、词选、唱和集等文献在国内流布较广，自然会被傅燮詷这样的选家留意，从而促进其词选的快速编成。

从词选文本追溯其渊源往往是很不容易的，但《词觏三编》恰好是个例外。清初词选通常不单单是词的选本，而往往兼具词谱、创作示范集、酬唱评论集等不同角色，选家在选录词作时，往往会基于格律、藻采、雅俗等原因，对词作本身进行改动。这类“词选改词”现象，一方面大量增加了词作的异文，另一方面也增加了词选文本溯源的难度。不过，傅燮詷选词时，秉承着“作词已无定评，而选词更乏确见”① 的意旨，随见随录，反对运己意以改词。因此，通过异文的核查校理，可以较为明确地溯源《词觏三编》的文献渊源。

例如《词觏三编》所收何采的词，与何采《南涧词选》所录存在较多异文。试看《南涧词选》所录：

貂裘换酒　雨夜，追悼清河君。武林寓中

秋雨多情者。却从人、耳边心上，萧萧齐洒。一片吴山烟中树，攒簇眉峰难画。听入夜、银河欲泻。乱滴啼螀冲哀雁，似捣砧、抛织凄凉话。愁欲卖，几多价。　布帆每向明湖挂。笑丁宁、南屏压酒，西陵系马。昔日戏言今朝泪，和雨一时同下。双袖湿、龙钟谁把。败壁幢幢残灯影，更疏棂、谡谡酸风射。吾欲唤，奈何也。②

《词觏三编》所录，则作：

貂裘换酒　闻雨，追悼清河君

秋雨多情者。却从人、耳边心上，萧萧齐洒。一片吴山烟中树，攒簇眉峰难画。听入夜、银河如泻。乱滴啼螀冲哀雁，似捣砧、抛织凄凉话。愁欲买，几多价。　布帆数向西湖挂。每丁宁、秦楼压酒，苏堤系马。昔日戏言今朝泪，和雨一时同下。龙钟泪、有谁重把。无焰残灯幢幢影，更湿云、暗度酸风射。荀奉倩，神伤也。

异文已用点号下标标出。何采词集的传世版本相对简单，经过比对可以明确：《词觏三编》所录，正是出自《百名家词钞》本何采《南磵词》。

《词觏三编》在抄选词作时，往往因袭所据底本的调、题，给我们追索其渊源留下线索。如卷八选顾起佐、华坡二人词《酒泉子·和前》各一阕，其前却是吴启思《双调望江南·惊秋》，调、题皆不符合，则顾起佐、华坡二词的调、题，明显当是承袭自所渊源的词选而未加改动。查顾、华二词之调、韵，与《词觏三编》卷六所选马龙藻《酒泉子·采莲》一致，又检《全清词》，三词皆据《亦园词选》。③ 此外，一些词家的别集，别无传本，往往因某种丛刻类词选得到保存，比如马学调、华侗等人词集，皆仅见于《梁溪词

① 傅燮詷：《词觏续编·发凡》，《中国古籍珍本丛刊·保定市图书馆卷》第 36 册，第 355 页。

② 南京大学中国语言文学系全清词编纂研究室编：《全清词·顺康卷》，第 4696—4697 页。

③ 张宏生：《全清词·顺康卷补编》，南京：南京大学出版社，2008 年，第 1597、1600—1601 页。

选》中。由是而知，《亦园词选》《梁溪词选》同样也是《词觏三编》的一个重要选源。

经过更进一步的查核可知，《百名家词钞》《亦园词选》《梁园词选》在《词觏三编》成书的过程中充当了“影武士”的角色，使得后者能够迅速辑成。不过，三书对于《词觏三编》的意义和价值并不尽相同，后者对三书的抉择钞选也有较大差异。试分析之：

其一，《词觏三编》的选词基础：《百名家词钞》。

《百名家词钞》是聂先、曾王孙于康熙二十六年（1687）前后陆续刊行成书的一部丛刻类词选，以人为纲，人各一集，各有集名，偶尔存在一位作者有两部词集的情况。此书传世版本较为复杂，各版本所收词目也不尽相同。① 通过对比《词觏三编》与《百名家词钞》每一位词人的选词异文情况及其次序情况②，可以发现《词觏三编》对《百名家词钞》的钞选是非常全面而细致的：

表 2 《词觏三编》钞选《百名家词钞》对照表

序次	词人	《词觏三编》		《百名家词钞》		选录比例	备注
		入选词数	入选性质	集名	词数		
1	李天馥	10	再见	容斋诗余	48	20.8%	《词觏三编》卷一 自《百名家词钞》所录词作占卷一词作总量的 58%
2	李元鼎	7	再见	文江酬唱	34	20.6%	
3	王士禛	6	再见	衍波词	56	10.7%	
4	毛奇龄	13	再见	当楼词	55	23.6%	
5	王项龄	10	再见	螺舟绮语	49	20.4%	
6	董俞	12	三见	玉凫词	42	28.6%	
7	曹尔堪	11	再见	南溪词	51	21.6%	《词觏三编》卷二 自《百名家词钞》所录词作占卷二词作总量的 87%
8	吴兴祚	9	再见	留村词	25	36%	
9	王九龄	10	首见	松溪词	26	38.5%	
10	高层云	8	再见	改虫斋词	42	19.05%	
11	高士奇	14	再见	蔬香词	53	26.4%	
12	何采	11	首见	南磵词	44	25%	
13	宋荦	11	再见	枫香词	45	24.4%	
14	徐惺	4	首见	横江词	24	16.7%	
15	唐梦赉	6	再见	志壑堂词	22	27.3%	
16	汪懋麟	3	三见	锦瑟词	39	7.7%	

① 闵丰：《〈百名家词钞〉版本源流探考》，《古典文献研究》（第十辑），南京：凤凰出版社，2007年，第 194—214 页。

② 《词觏三编》选录《百名家词钞》的各家词作，其次序亦与后者基本保持一致。

续表

序次	词人	《词觏三编》		《百名家词钞》		选录比例	备注
		入选词数	入选性质	集名	词数		
17	余怀	17	三见	秋雪词	51	33.3%	《词觏三编》卷三 自《百名家词钞》所录词作占卷三词作总量的37%
18	魏学渠	20	再见	青城词	62	32.3%	
19	曹溶	30	再见	寓言集	102	29.4%	《词觏三编》卷四 自《百名家词钞》所录词作占卷四词作总量的80%。 《词觏三遍》卷十六收录徐釚词二首，未见于《百名家词钞》
20	徐釚	15	三见	菊庄词	37	40.5%	
21	赵吉士	2	首见	万青词	10	20%	
22	毛际可	15	再见	映竹轩词	37	40.5%	
23	郑侠如	18	首见	休园诗余	38	47.4%	
24	吴秉仁	21	首见	慎庵词	41	51.2%	《词觏三编》卷五 自《百名家词钞》所录词作占卷五词作总量的71%。 吴秉仁词，《词觏三编》自《慎庵词》选录
				摄闲词	38		
25	沈雄	15	再见	柳塘词	69	21.7%	
26	曹贞吉	14	三见	珂雪词	85	16.5%	
27	林云铭	5	首见	吴山鷇音	30	16.7%	
28	王庭	9	再见	秋闲词	37	24.3%	
29	龚胜玉	10	再见	仿橘词	46	21.7%	
30	叶寻源	13	首见	玉壶词	42	30.95%	
31	邵锡荣	5	首见	探酉词	27	18.5%	
32	蒋景祁	15	再见	罨画溪词	79	18.99%	《词觏三编》卷六 自《百名家词钞》所录词作占卷六词作总量的93%
33	赵维烈	10	首见	兰舫词	34	29.4%	
34	郑熙绩	9	首见	蕊栖词	34	26.4%	
35	王晫	13	三见	峡流词	34	38.2%	
36	陈玉璂	8	三见	耕烟词钞	51	15.7%	
37	陆次云	11	再见	玉山词	47	23.4%	
38	周稚廉	10	首见	容居堂词	38	26.3%	
39	汪鹤孙	8	三见	蔗阁诗余	32	25%	
40	冯端	9	再见	棣华堂词	24	37.5%	
41	徐瑶	11	首见	双溪泛月词	43	25.6%	《词觏三编》卷七 自《百名家词钞》所录词作占卷七词作总量的66%。 《词觏三编》卷十六另录孙致弥词一阕，非出自《百名家词钞》
42	吴秉钧	12	首见	课鹉词	30	40%	
43	王允持	22	首见	陶村词	58	37.9%	
44	孙致弥	12	再见	梅汧词	36	33.3%	
45	徐玑	9	首见	湖山词	44	20.5%	

续表

序次	词人	《词觏三编》		《百名家词钞》		选录比例	备注
		入选词数	入选性质	集名	词数		
46	吴棠祯	23	再见	风车词	142	16.2%	《词觏续编》卷八 自《百名家词钞》所录词作占卷八词作总量的88%。 吴棠祯词，《词觏三编》自《风车词》本选录；万树末阕《贺新凉》非源自《百名家词钞》
				吹香词	52		
47	杨通佺	16	首见	竹西词	50	32%	
48	万树	16+1	再见	香胆词	41	39%	
49	曹亮武	16	再见	南耕词	54	29.6%	
50	何思	17	首见	玉艳词	83	20.5%	
51	陈维崧	22	三见	迦陵词	78	28.2%	《词觏续编》卷九 自《百名家词钞》所录词作占卷九词作总量的46%
52	顾景星	6	首见	白茅堂词	28	21.4%	
53	汪士式	3	首见	梦花窗词	24	12.5%	
54	沈永令	6	首见	噀霞阁词	34	17.6%	
55	郭士璟	9	再见	句云堂词	39	23.1%	
56	狄亿	15	再见	绮霞词	45	33.3%	《词觏续编》卷十 自《百名家词钞》所录词作占卷十词作总量的31%
57	吕师濂	4	首见	守斋词	15	26.7%	
58	余兰硕	12	首见	团扇词	49	24.5%	
59	何鼎	29	首见	香草词	102	28.4%	《词觏续编》卷十一 自《百名家词钞》所录词作占卷十一词作总量的90%
60	汪森	15	再见	碧巢词	30	50%	
61	徐来	10	首见	一曲滩词	44	22.7%	
62	陈大成	9	再见	影树楼词	26	34.6%	
63	王铬	7	首见	万卷山房词	37	18.9%	
64	路传经	9	首见	旷观楼词	35	25.7%	
65	华胥	11	首见	画余谱	24	45.8%	
66	佟世南	20	首见	棣华堂词	24	83.3%	《词觏续编》卷十二 自《百名家词钞》所录词作占卷十二词作总量的48%
67	丁澎	17	三见	扶荔词	53	32.1%	
68	沈尔燝	8	再见	月团词	35	22.9%	
69	吴之登	3	首见	粤游词	9	33.3%	
70	陈见鑨	8	首见	藕花词	26	30.8%	《词觏续编》卷十三 自《百名家词钞》所录词作占卷十三词作总量的68%
71	曹垂璨	6	首见	竹香亭诗余	30	20%	
72	张锡怿	10	首见	啸阁余声	33	30.3%	
73	孙枝蔚	8	三见	溉堂词	29	27.6%	

续表

序次	词人	《词觏三编》		《百名家词钞》		选录比例	备注
		入选词数	入选性质	集名	词数		
74	周纶	9	再见	柯斋诗余	33	27.3%	
75	徐允哲	10	首见	响泉词	31	32.3%	
76	张渊懿	10	三见	月听轩诗余	30	33.3%	
77	吕洪烈	4	首见	药庵词	14	28.6%	
78	江尚质	3	首见	澄晖词	40	7.5%	
79	曹寅	8	再见	荔轩词	33	24.2%	《词觏续编》卷十四 自《百名家词钞》所录词作占卷十四词作总量的34%。 陈鲁得后改名陈聂恒
80	徐喈凤	9	三见	荫绿轩词	33	27.3%	
81	何五云	8	再见	红桥词	26	30.8%	
82	陈鲁得	9	首见	栩园词	26	34.6%	

《词觏三编》共录词人 210 家，其中重复三家（李基益、孙致弥、徐釚），实录词人 207 家。共收词作 1582 阕，其中 13 阕重复，实收词 1569 阕。上表中已查明的录自《百名家词钞》的词人凡 82 家，占全书词人总数的 39.6%；词作 918 阕，占《词觏三编》选词总数的 58.51%。尤其在第十四卷以前，来源自《百名家词钞》的词作往往占据绝大部分。毫无疑问，《百名家词钞》是《词觏三编》的选词基础。

但尚有一些情况需要说明，《词觏三编》卷一选录梁清标 20 阕、卷三选录彭孙遹 47 阕、卷十选录吴绮 54 阕，三家在《百名家词钞》中皆各有集，但《词觏三编》并未依据《百名家词钞》本选录，而是选录自其独立刊行的词别集，很重要的原因应该是三家词别集在康熙早期已经刊行并流通于全国。

此外，根据现存各种《百名家词钞》合计，其收录，但未选入《词觏三编》者至少有十八种：吴伟业《梅村词》、龚鼎孳《香岩词》、宋琬《二乡亭词》、尤侗《百末词》、朱彝尊《江湖载酒集》、严绳孙《秋水词》、顾贞观《弹指词》、纳兰性德《饮水词》、姜垚《柯亭词》、龚翔麟《红藕庄词》、丁炜《紫云词》、顾岱《澹雪词》、江皋《染香词》、冯云骧《寒山诗余》、鲁超《谦庵词》、张潮《花影词》、张纯修《语石轩词》、邹弘志《邀月词》。这些词人词集，多已被《词觏》或《词觏续编》收录，考虑到现存各别集往往并不同时存在于同一套《百名家词钞》中，也可推测，上列部分词人，有些可能尚无机缘进入傅燮詷的视野中。

其二，《词觏三编》的有趣“添头”：《亦园词选》。

《亦园词选》是侯文灿于康熙二十八年（1689）二月编成的同人词选。全书八卷，依词调排列，前七卷选词 301 调 808 阕；第八卷为集句词，共 52 调 115 阕。全书总计 923 阕。①

① 侯文灿：《亦园词选》，清康熙二十八年刻本。曹明升师兄惠示《亦园词选》刻本照片及整理电子稿，特此感谢！

经仔细查核，《词觏三编》选自《亦园词选》的词人包括：张凤池（2阕，以上卷一）、张光纬（2阕）、董儒龙（1阕，以上卷二）、郑廷钧（2阕）、顾起安（2阕）、侯文熺（2阕）、瞿大发（4阕）、张允钦（2阕）、黄蛟起（3阕，以上卷三）、华韶（3阕，以上卷四）、侯桂（3阕）、周清原（1阕，以上卷五）、潘眉（3阕）、钱曾（1阕）、马龙藻（1阕）、陆大成（2阕，以上卷六）、陈益信（1阕）、黄宗（2阕）、侯文照（1阕，以上卷七）、华文炳（4阕）、吴启思（1阕）、顾起佐（1阕）、华坡（1阕）、华宋时（2阕，以上卷八）、王畿（1阕）、汪焕（1阕，以上卷九）、华邵曾（4阕）、万锦雯（1阕）、董元恺（1阕）、黄柼龄（1阕）、侯杲（5阕）、俞士彪（1阕）、陈孝逸（1阕）、黄点（1阕，以上卷十）、诸栋（1阕，以上卷十一）、张䰄（1阕）、路有声（1阕）、朱襄（1阕）、罗坤（1阕）、黄传祖（1阕）、冯源济（1阕，以上卷十二）、华长发（6阕）、金鼎（1阕）、顾起文（1阕）、朱涛（1阕）、杜诗（1阕）、郭都（1阕）、邵延龄（1阕）、邹祥兰（6阕）、蔡灿（1阕）、范纳（1阕，以上卷十三）、侯旭（1阕）、朱昆田（1阕）、邹武贞（2阕）、黄鸿（1阕）、沈永禋（1阕）、查容（1阕）、韩云（1阕）、周金然（1阕）、侯承基（1阕）、侯承垕（1阕）、王宗蔚（1阕）、沈叔培（1阕）、马翀（1阕）、严泓曾（1阕）、路锦程（1阕）、姜世（1阕）、徐元琜（1阕，以上卷十四）、高曜（1阕）、秦松龄（1阕）、王鐕（1阕，以上卷十五）。[①] 合计70家112阕，占《词觏三编》全书词量总数的7.14%，占其作者总量的33.8%；占《亦园词选》词作总量的12.1%。

来自《亦园词选》的词作，往往是《词觏三编》诸卷凑成整数的“添头”，且多出现在各卷卷末。但《亦园词选》中的词人，多是词坛上影响不大、声光未远，且具有较强地域性的小词人，这些词人绝大多数没有别集传世，收录在《亦园词选》中的作品往往亦只有寥寥数首，甚至有较多的词人仅有一阕作品传世。他们在《词觏三编》中的作用，除了“添头”凑数之外，也丰富了该选作者群阵的多元性。

其三，《词觏三编》的突出词人群阵：《梁溪词选》。

无锡地区词人一直是傅燮詗关注的焦点，他曾说：“近日词家，莫盛于嘉善、无锡。”[②] 傅燮詗不惮于在其词选中大量选录无锡词人，《亦园词选》是一例，《梁溪词选》则是另一例。

《梁溪词选》与《百名家词钞》相似，也是一部丛刻类词选，选刻于康熙三十一年（1692），以人为纲，人各一集，集各有名，间附同人唱和词集。《梁溪词选》也存在随到随刻（钞）、渐次增刻（钞）的问题，使得现存《梁溪词选》的版本状态同样较为复杂。[③]

---

① 因当时主客观条件的限制，《亦园词选》中部分词作未能辑入《全清词·顺康卷》及其补编，如黄蛟起、汪焕、朱襄等人及其词作。

② 傅燮詗：《词觏续编·发凡》，《中国古籍珍本丛刊·保定市图书馆卷》第36册，第365页。

③ 林玫仪：《试论〈梁溪词选〉的版本》，《中国文哲研究通讯》第十三卷第二期，第209—216页。林文中提及《梁溪词选》版本三种：一种为浙江图书馆藏康熙间醉书关刻本二十一卷，一种为上海图书馆藏刻本八卷，一种为上海图书馆藏云轮阁抄本十九卷。上海图书馆仍藏有玉鉴堂旧藏佚名抄本一种，题名《梁溪十八家词选》，录词十八卷，实即是《梁溪词选》。因此，目前存世的《梁溪词选》版本，至少有四种。

据比对，《词觏三编》录自《梁溪词选》的有 9 家 74 阕。其具体情况及分布如次：

马学调《转篷词》（6 阕）

王仁灏《我静轩词》（3 阕，以上《词觏三编》卷十一）

张振《香叶词》（16 阕）

华侗《春水词》（8 阕）

邹溶（一作邹瑢）《香梅亭词》（9 阕）

侯晰《惜轩词》（13 阕，以上《词觏三编》卷十二）

邹祥兰《问石词》（6 阕，《词觏三编》卷十三）

张夏《袖拂词》（7 阕）

钱肃润《十峰草堂词》[①]（6 阕，以上《词觏三编》卷十四）

钞辑自《梁溪词选》的词人词作，主要分布在《词觏三编》的后半部分。至于傅燮詷在《词觏三编》未完成的部分（卷十六以后）是否有继续钞辑《梁溪词选》剩余诸家的想法，现在也不得而知了。但有一点可以肯定，《梁溪词选》中未被钞辑的词人如蔡灿、华文炳、华长发、朱襄等人，《词觏三编》已据《亦园词选》钞选。傅燮詷当时如要继续钞辑这些词人词作，肯定要对《词觏三编》的卷帙格局进行重大调整。在其困顿的晚年，这可能也是既劳心劳力，又无补于事的工作了。

综上所论，《词觏三编》中钞自《百名家词钞》《亦园词选》《梁溪词选》的词人占全书的 77.78%，词作占全书的 70.36%。《词觏三编》之所以能迅速成书，与该选背后存在的三种“影武士”词选是分不开的。《词觏三编》也因对这三种词选的极强依赖性，而在一定程度上降低其保存词学文献的价值。

三、记录者：仅见于《词觏三编》的词人与词作

尽管对当世词选有着极强的依赖性，但《词觏三编》仍然基于“不事征求，有见则录”[②] 的原则，保存了清初的一些词人词作，因而具有重要的文献价值。

首先来看《词觏三编》保存的《全清词·顺康卷》待补词人：

1. 万世俊 1 阕。（卷二[③]）

万世俊，字左君，号愚庵，江苏宜兴人。谦子。《宜兴万氏宗谱》卷二十载其父万谦的行状，述及子孙时称“生男五，长世俊，丁酉科举人，娶万历己丑进士、尚宝司丞张纳陛子庠生元翼女”。同书卷十四《选举录》载：“世俊，号愚庵，邑廪生。习《书》经。顺

---

① 此处别集名，指词人在《梁溪词选》中的集名。比对现存《梁溪词选》，傅燮詷所见之本，与今存四种版本皆有差异。

② 傅燮詷：《词觏续编·发凡》，《中国古籍珍本丛刊·保定市图书馆卷》第 36 册，第 360 页。

③ 此为该词人所在《词觏三编》的卷分，下同。

治十四年丁酉科中式第五十二名举人，覆试第五十一名。”① 万世俊中举时，发生了清初赫赫有名的“科场案”。万世俊成功地通过了覆试，“顺治十六年奉上谕：此次覆试之江南丁酉科举人，……万世俊……前经罚科，今俱免罚，准其会试”②，可见其心理素质，较之吴兆骞，是要好很多的。

2. 季麒光 1 阕。（卷三）

季麒光，字圣昭，号蓉洲，江苏无锡人。明崇祯九年（1636）生。清顺治十七年（1660）顺天乡试解元。六上公车，康熙十五年（1676）进士及第。授内阁中书。二十二年外任福建闽清知县。二十三年，以荐调任台湾府诸罗县首任知县。到任首课儒童，拔优而礼之。博涉群书，诗文清丽整赡。创修《台湾府志》，未及终编，二十五年以丁外忧去官。四十一年卒。著有《蓉洲诗文稿》《东宁政事集》。③

3. 吴树臣 3 阕。

吴树臣，字鹤亭，号大冯，江苏吴江（今属苏州市）人。兆宽子，兆骞侄。生年未详。康熙十一年（1673）拔贡，入国子监，教习正白旗。选授广东四会知县。擢四川汉州知府，改潼川知州。以事为上官所扼，十三年不调。后迁顺天治中，转刑部员外郎，进郎中。在刑部二年，以劳瘁卒官，年六十一。著有《一砚斋集》《涉江草》。④

4. 黄日贯 1 阕。

《词觏三编》：“字黄中。”生平未详。

5. 范廷铨 1 阕。（以上卷四）

《词觏三编》：“字朝衡。”生平未详。

6. 郑元庆 3 阕。

郑元庆，字子余，号芷畦，浙江归安（今属湖州市）人。顺治十七年（1660）生。幼从父学《易》《礼》，穷研经籍，通史传、金石文字。诸生，贡入太学。贫而奔走四方，混迹幕府。曾应湖州知府陈一夔请，著《湖录》120 卷。受知于朱彝尊、毛奇龄等。卒于雍正中。著有《周礼集说》等，多散佚。⑤ 另有《三百词谱》，学者称便。

7. 刘襄 1 阕。（以上卷五）

《词觏三编》：“字赞可。”生平未详。

---

① 《宜兴万氏宗谱》，清光绪八年重修活字印本，卷一四，第二页 b；卷二〇，第二十二页 b。

② 奎润纂修：《钦定科场条例》，长沙：岳麓书社，2020 年，第 852 页。

③ 李祖基：《季麒光与台湾》，《台湾研究集刊》2020 年 4 期，第 16—30 页。

④ 李兴盛：《吴兆骞年谱》，哈尔滨：黑龙江大学出版社，2014 年，第 10 页。倪师孟等纂：《乾隆震泽县志》卷一六，清光绪间重刊本，第十六页 a。

⑤ 卢文弨：《抱经堂文集》卷一一《书郑芷畦先生传记后》，清乾隆六十年刻本，第十一页 a—第十二页 b；浙江省社会科学院编：《浙江人物志》，杭州：浙江人民出版社，1986 年，中册，第 285 页。

8. 王廷栋30阕。(卷七)

王廷栋，号遯庵，生平未详。[①]

9. 徐飏廷1阕。(卷八)

徐飏廷，字起庵，江苏武进（今属常州市）人。贡生。康熙四十二年（1703），任山西长子知县，曾续修《长子县志》。[②]

10. 任璿4阕。

任璿，字政七，号具茨，一号在庵，河南新乡人。文晔子。顺治七年（1650）生。康熙十八年（1679）进士。授翰林院庶吉士，散馆，改户部主事。三十一年，任山东登州知府，爱士恤民，有政声。丁艰归，卒于康熙三十七（1698）年。著有《似舫词》。[③]

11. 谈九乾9阕。

谈九乾，字震方，浙江德清（今属湖州市）人。康熙十五年（1676）进士。以中书选授直隶沙河知县。擢礼部主事，升文选司郎中。被劾罢，随征厄鲁特，复原官。河道总督于成龙委以监理河务，会成龙卒，遂归。[④]

12. 梁允洁2阕。

梁允洁，号月叟，一号�庵，直隶正定（今河北正定）人。吏部侍郎清宽子。恩荫生。康熙四十一年（1702），官福建泉州知府。[⑤]

13. 沈一揆1阕。

沈一揆，字子方，号存田，浙江归安（今属湖州市）人，奉天宁远（今辽宁兴城市）籍。康熙十一年（1672）举人，十五年进士。官通政司参议。[⑥]

14. 王玶1阕。

《词觏三编》："字瑶全，正定人。"生平未详。

15. 邹武贞2阕。

邹武贞，生平未详。

16. 姜世1阕。(以上卷十四)

姜世，生平未详。

---

① 苏州大学图书馆藏王廷栋《声远堂稿》（清嘉庆十八年刻本）一种，实为四书类窗塾课稿，又题名《小试金针二集》，其作者号养吾，江苏仪征人。该书卷首有嘉庆元年（1796）张铨序，称王廷栋"年逾六十"，揆其年齿，当生于雍正、乾隆间，则与此号遯庵者无涉。

② 黄立世纂：《乾隆长子县志》卷七，清乾隆四十三年刻本，第九页b。

③ 畅俊纂：《乾隆新乡县志》，清乾隆十二年印本，卷二三，第十五—十六页；卷三一，第十页。方汝翼等纂：《增修登州府志》卷二五，清光绪七年刻本，第十二页b。

④ 周学浚纂：《同治湖州府志》卷七三，清同治十三年刻本，第八页。

⑤ 贾孝彰纂：《光绪正定县志》卷二六，清光绪元年刻本，第二页a。黄任等纂：《乾隆泉州府志》卷二六，清光绪八年补刻本，第三十八页b。

⑥ 杭世骏纂：《乾隆乌程县志》卷四，清乾隆十一年刻本，第二十三页b。

17. 邵嗣尧 2 阕。

邵嗣尧，字子昆，号九緘，山西猗氏（今临猗县）人。康熙二年（1663）举人，九年进士。官山东临淄知县。丁艰归，补柏乡县。为忌者所中，落职久之。以荐，授清苑知县。入为江西道监察御史，调直隶守道，提督江南学政，卒于官，时为康熙三十三年（1694）。①

18. 王鐕 1 阕。

王鐕，生平未详。

19. 李升 2 阕。

《词觏三编》："字尧亶。"生平未详。

20. 赵继朴 5 阕。

《词觏三编》："字思曰，绍兴人。"生平未详。

21. 张坊 6 阕。

《词觏三编》："字谯源，山阳人。"生平未详。案山阳为江苏淮安府附郭县。

22. 黄澋 6 阕。

黄澋，字觐怀，江苏无锡人。康熙十二年（1673）拔贡。后任蔚州同知。②

23. 曹奕显 3 阕。

《词觏三编》："号昭庵，嘉兴人。"生平未详。

24. 吴穆 4 阕。

《词觏三编》："字林蓭，宛平人。"生平未详。案宛平今属北京市。

25. 岳纶 1 阕。

《词觏三编》："字公岂，江南人。"生平未详。

26. 李基益 13 阕。

李基益，字时行，一字弗损，福建海澄（今属漳州市）人。康熙二十三年（1684）举人。屡试不第，改教职，任福建永定教谕。后弃官归，以著述为事。卒年七十七。著有《雪爪诗余》。③

27. 黎士毅 2 阕。

黎士毅，字道存，号宣岩，一号雪崖，福建长汀人。士弘弟。顺治五年（1648）拔贡。除江西南昌县令。迁安徽寿州知州。归田后卒，年七十七。著有《宝穑堂诗集》。④

28. 黎士弘 1 阕。

黎士弘，字媿曾，福建长汀人。士毅兄。明万历四十六年（1618）生。清顺治十一年

① 储大文等纂：《山西通志》卷一二五，清《文渊阁四库全书》本，第五十一页。钱实甫：《清代职官年表》，北京：中华书局，1980 年，第 2626 页。

② 秦缃业纂：《光绪无锡金匮县志》卷一七，清光绪七年刊本，第五页 a。

③ 叶廷推纂：《乾隆海澄县志》卷一三，清乾隆二十七年刻本，第五页。

④ 陈朝义纂修：《乾隆长汀县志》卷一八，清内府本，第二十页 b—第二十一页 a。

(1654)举人。康熙元年(1662)任江西广信府推官,在任六年,调永新县令。十年,升巩昌府同知。历仕至布政司参政。十八年,辞官归。卒于康熙三十六年(1697)。著有《托素斋文集》。①

29. 梁士冲1阕。(以上卷十五)

梁士冲,字若水,直隶正定(今河北正定)人。康熙八年(1669)举人。官翰林院典籍。②

30. 倪鹏1阕。

倪鹏,字号、爵里、生平皆未详。

31. 于灏4阕。

《词觏三编》:"字素臣,苏州人。"生平未详。

32. 阎守典8阕。

《词觏三编》:"字子常。"生平未详。

33. 郭锋3阕。(以上卷十六)

《词觏三编》:"字华锋。"生平未详。

以上共词人33家,词作125阕,占《词觏三编》词作总量的7.97%。

其次来看《词觏三编》保存的《全清词·顺康卷》待补词作:

1. 陈廷敬20阕:《水调歌头·中秋寄素心》《满庭芳》(紫府苍茫)、《八声甘州》(问东风何)、《南浦·别太原王尉》《解连环》(晓春深院)、《满江红·丰台看花》《西江月·摩诃庵,荔裳读书处》、《点绛唇》(唱罢阳关)、《桂枝香》(藤阴深处)、《唐多令·晋祠》《朝中措》二阕(野棠残颗、吴歌白苎)、《南歌子》(凤凰弦中)、《浣溪纱》四阕(谁放高楼、银蜡光寒、草屋三间、春水西流)、《千秋岁引》(笛里关山)、《好事近》(谁为系斜)、《太常引》(桐阴庭院)。(以上卷一)

2. 侯文耀1阕:《贺新凉》(别绪芙蓉)。(以上卷四)

案《全清词·顺康卷》及补编未详侯文耀生平、卒年③。今考:侯文耀,字为章,号夏若,江苏无锡人。杲次子,文灿弟。顺治五年(1648)生。贡生。选授内阁中书,候补主事。雍正六年(1728)卒。著有《鹤闲词》《丁丑川游纪程词》各一卷。④

3. 万树1阕:《贺新凉》(月淡胭脂)。

4. 吕庄颐1阕:《贺新凉》(载酒浮骞)。(以上卷八)

---

① 黎士弘:《托素斋文集》附《媿曾府君行述》,清刻本。

② 贾孝彰:《光绪正定县志》卷二八,第八页b。

③ 南京大学中国语言文学系全清词编纂研究室编:《全清词·顺康卷》,第8902页。《全清词·顺康卷补编》,第1316页。

④ 侯学愈:《锡山东里侯氏八修宗谱》卷一七,民国八年木活字印本,第十二页b。侯晰:《梁溪十八家词选》,上海图书馆藏清玉鉴堂旧藏抄本。

案《全清词·顺康卷补编》未详吕庄颐生平[①]。今考：吕庄颐，字恂令，江苏无锡人。贡生。康熙时同邑人朱襄（字赞皇）、鲍景先等为诗会，名“续碧山吟”。[②]

5. 段仔文 1 阕。（以上卷九）

案《词觏续编》卷二十一亦载段仔文词 2 阕。今考：段仔文，字东溪，四川简州（今简阳市）人。相明子。康熙二十三年（1684）举人。二十五年，任忠州学正。三十五年，以原职补授眉州。四十一年，以卓异引见，特授江苏睢宁知县。四十四年南巡，获赐诗，旋升太仓州知州，未及赴任卒，时为康熙四十四年（1705）。[③]

6. 王辂 2 阕：《捣练子》（风峭冷）、《南乡子·和张澹翁画美人图二阕》。案后者当有二首，《全清词·顺康卷》收其一[④]，此选收其一，且此选题即标明“二阕”，恰好合璧。（以上卷十一）

案《全清词》未详王辂生平。今考：王辂，字大席，号苍霞，江苏句容人。自新子。贡生。康熙十六年（1677）任吴县训导，二十七年，升歙县教谕。三十七年，升陕西汧阳知县，在任有声。丁继母艰归，卒。[⑤] 又据《乾隆句容县志》附廖腾奎撰《汧阳令王辂传》，王辂归乡时，“春秋已逾七十矣”，归乡后“寝疾，瞑然欲逝……阅月余乃终”。考王辂于康熙三十七年（1698）任汧阳知县，四十一年时，汧阳知县则为黄士魁。[⑥] 则王辂解组归乡当在康熙四十一年（1702），若以此年其年七十论，则其生年约在明崇祯六年（1633）或稍早。

7. 米汉雯 10 阕（三见）：《望江南》（清夜雨）、《浣溪纱》（密霰清宵）、《卜算子·闺情》、《菩萨鬘》（方塘咫尺）、《浣溪纱·秋闺》《满江江·铜雀台》《沁园春·答友》《临江仙·客豫章周伯衡先生拉同雪鸿堂小饮》《念娇奴·秋兴》《疏影·落照和曹实庵舍人韵》。（以上卷十三）

8. 平汉英 5 阕：《点绛唇》二阕（客思深沉、绿怨红愁）、《三台》（山色来）、《百字令·寿钱础石先生次曹顾庵韵》《满庭芳·咏清闲安乐》。

9. 顾璟芳 1 阕：《蝶恋花·冬夜》。（以上卷十四）

10. 顾衡文 24 阕：《鹧鸪天》二阕（一片梨云、春在平芜）、《采桑子·秋闺》《木兰花慢·听落叶声，怅然有作》、《点绛唇》（鬓影惊回）、《二郎神慢·清明，用卧子韵》、《浪淘沙》二阕（双袖晚寒、脱叶响萧）、《踏莎行》（丝雨飘愁）、《汉宫春》（夜雨匆匆）、《青

---

① 南京大学中国语言文学系全清词编纂研究室编：《全清词·顺康卷补编》，第 1687 页。

② 秦缃业纂：《光绪无锡金匮县志》卷二二，第二十四页 b。

③ 汪金相纂：《民国简阳县志》卷八，民国十六年铅印本，第二十六页 b—第二十八页 a。

④ 南京大学中国语言文学系全清词编纂研究室编：《全清词·顺康卷》，第 8302 页。

⑤ 曹袭先纂修：《乾隆句容县志》卷九，清乾隆修、光绪重刊本，第四页 a—第六页 a。曹允源等：《民国吴县志》卷四，民国二十二年铅印本，第五页 b。

⑥ 罗璧纂修：《道光重修汧阳县志》卷六，清道光二十一年刻本，第六页 a。

玉案》（清秋还忆）、《解连环·中秋惜别》《贺新郎·九月十七夜过华子千斋头》、《行香子》（落日平沙）、《满江红》二阕（有客相逢、可惜流光）、《浣溪纱》二阕（池馆无人、一笛临风）、《陌上花》（谁教春色）、《望江南》二阕（销魂事、人何处）、《生查子》（秋云去不）、《齐天乐·二月初八过城南灯市》、《酒泉子》（士女惊人）。

案顾衡文，字倚平，江苏无锡人。枢第七子。庠生，入太学。善诗词。[①] 著有《清琴词》。顾贞观《弹指词》后附载其词二阕，《全清词·顺康卷》即据《弹指词》所附录词[②]，而未载此24阕。又《全清词·顺康卷》称衡文为顾贞观弟[③]，据族谱，二人实当为再从兄弟，尚未详何者年齿在前。[④]

11. 胡应宸2阕：《小重山·闺夜》《惜分钗·秋怨》。

12. 孙琮2阕：《鹧鸪天·秋夜饮归》《踏莎行·枫桥晚泊》。

13. 叶舒璐8阕：《谢秋娘》（闲倚徙）、《风蝶令·燕剪》《春光好·蝶拍》《风入松·湖滨小筑》《壶中天·解嘲》《一剪梅·瓶兰》、《碧窗梦》（苦茗偏清）、《水晶帘·扬子中流，望金、焦两山》。（以上卷十五）

14. 许孙荃1阕：《满庭芳》（逸兴宜秋）。（以上卷十六）

案《全清词》未详许孙荃生平、生卒[⑤]。今考：许孙荃，字友荪，一字生洲，学者称四山先生，安徽合肥人。明崇祯十三年（1640）生。清康熙八年（1669）举人，连捷进士，选庶常。十三年，改刑部云南司主事。十五年，升四川司员外郎。十八年，升户部山东司郎中。二十三年，出为陕西提督学政。二十七年卒。[⑥]

以上共14家79阕，占《词觏三编》全书词作总量的5.04%。

合诸二项，《词觏三编》所载未收于《全清词·顺康卷》的词作有204首，占其总量的13%，虽较《词觏续编》而言为逊色，但也仍然是继《词觏续编》而作的词坛重要记录者了。

四、观照者：《词觏三编》的词学史价值与意义

清初词坛存在一个非常有趣的现象，选家在辑录词选时，往往标明“初集”，如《倚声初集》《今词初集》《荆溪词初集》之类；有些虽不标“初集”，但也信誓旦旦，“或一人而少壮屡进，或一书而首尾失传，见闻谫漏，深惧缺略，容编二集”[⑦]。不过，因为各种

① 顾宝珏等编修：《惇叙堂顾氏大统宗谱》卷二二，民国间木活字本，第十二页a。

② 顾贞观：《梁汾先生诗词集》，民国二十三年铅印本，附刊第二页a。《全清词·顺康卷》，第7128页。

③ 南京大学中国语言文学系全清词编纂研究室编：《全清词·顺康卷》，第7128页。

④ 顾宝珏：《惇叙堂顾氏大统宗谱》卷二一，第一页—第三页。

⑤ 南京大学中国语言文学系全清词编纂研究室编：《全清词·顺康卷》，第8823页。

⑥ 李因笃：《续刻受祺堂文集》卷四《陕西通省督学前太史溉水许使君墓志铭》，清道光十年刻本，第三十三页a—第三十八页a。

⑦ 蒋景祁：《瑶华集·刻瑶华集述》，北京：中华书局，1982年，卷首，第8页。

原因，这些期待中的续编都没有成书，三编自然更无从谈起。仅此一点，可知清初词坛选家中，傅燮詷应该是一位言出必践的人物。他集数十年之力，辑成《词觏》；又费数年之力，辑成《词觏续编》；并籍当时多部词选的襄助，完成《词觏三编》。初心不改，一而至再，再而至三，以一种独特的体式，完成了一个人对整个词坛、整个时代的特殊观照；用三编近六十卷、六千阕的体量①，完成了一个人的“词史”编纂。无论如何，这种坚持是非常难得的，也是应该被铭记的。

《词觏》系列词选是傅燮詷一人观照整个词坛的记录。《词觏三编》的仓促成书以及对当世词选的过多依赖，虽然在事实上对这一记录的客观性有所冲淡，但《词觏三编》基本完成了对康熙前期词学返照余晖的忠实观照。试看其入选前十五家：

表3　《词觏三编》选录最多十五家词人详表

序次	词人	入选词数	入选性质	词人生卒	籍贯	词作来历	群体派系
1	吴绮	54	三见	1619—1694	江苏江都	词别集	扬州词人群体
2	彭孙遹	47	三见	1631—1700	浙江海盐	词别集	扬州词人群体、显宦词人
3	彭桂	42	首见	?	江苏溧阳	词别集	无锡词人群体
4	曹溶	30	再见	1612—1685	浙江秀水	《百名家词钞》	贰臣词人、浙西词派先驱
5	王廷栋	30	首见	?	江苏仪征	词别集	扬州词人群体
6	何鼎	29	首见	?	浙江山阴	《百名家词钞》	浙西词人群体
7	顾衡文	24	首见	?	江苏无锡	词别集	无锡词人群体
8	吴棠祯	23	再见	1644—1692	浙江山阴	《百名家词钞》	浙西词人群体
9	陈维崧	22	三见	1625—1682	江苏宜兴	《百名家词钞》	阳羡词派
10	王允持	22	首见	1637—1693	江苏无锡	《百名家词钞》	无锡词人群体
11	吴秉仁	21	首见	1651—?	正红旗包衣；浙江山阴籍	《百名家词钞》	八旗词人
12	梁清标	20	再见	1620—1691	直隶真定	词别集	贰臣词人
13	陈廷敬	20	再见	1640—1712	山西泽州	词别集	显宦词人
14	魏学渠	20	再见	1617—1689	浙江嘉善	《百名家词钞》	柳洲词人群体
15	佟世南	20	首见	?	汉军正蓝旗	《百名家词钞》	八旗词人

从表中可见：其一，康熙三十五年（1695）之前，表中词人多已谢世，仍健在的词人如彭孙遹、陈廷敬因仕宦渐刓，亦已放弃词学。因此，《词觏三编》是对康熙中期以前词坛的又一次反映，此后的词坛，其活动、创作、唱酬的烈度、浓度、广度都较前期下降得非常

① 《词觏》原书二十二卷，存词2200阕。今存《词觏》仅六卷，存词590阕。

明显。其二，《词觏三编》所录词人中，多数仍是词坛的前辈作家如吴绮、曹溶、梁清标等，其在《词觏》系列选本中多已“再见”“三见”，排名前十五的词人中，属“首见”的词人只有七家，除佟世南编有《东白堂词选》外，其他词人的词学成就并不显明。这群词人，多随着康熙中前期词学鼎盛登上词坛，又随着词学中衰而退出，其领导力、创造性、能动性都远远不足前辈词人。其三，这群词人，大致可以分为四个主要的地域性群体，一是以江都为中心的扬州词人群体，二是以宜兴、无锡等为中心的常州词人群体，三是以嘉善、山阴为中心的浙西词人群体，四是八旗词人、显宦词人群体。在这四个群体中，傅燮詷明显对扬州、常州词人群体更为重视，其词作入选数量、词人数量也明显更多。

《词觏三编》其实还有意地体现了对无锡词坛的推重和揄扬，以及对浙西词派的抵抗与消解。《词觏三编》借重《亦园词选》《梁溪词选》只是造成无锡词人群阵在《词觏三编》中非常醒目的一个原因，还有一个更重要的原因，是傅燮詷从词学意识上更加看重无锡词家。他说：“近日词家，莫盛于嘉善、无锡。嘉善自柳洲词外，至朱竹垞而一变，大约祖白石而宗叔夏，佳者秀雅澹远，而其弊未免于平庸。梁溪至陈其年而大备，大约祧淮海而祢小山，佳者婉丽轻倩，其弊未免于纤弱。近来亦有数家，独法辛、刘，皆尚其气而逸其神，其弊未免于粗率。予意以为，兴会所至，政不必拘于一家，故兹集各体并载，不敢以己意为是非，览者勿讥其杂而不纯，则幸甚矣。”① 傅燮詷所谓的嘉善，其实包括嘉兴、杭州等浙西地区；而其所谓的无锡，也包括宜兴、溧阳在内的常州地区。在这段话中，傅燮詷点明了浙西、常州两地词学各有弱点，但常州词学有轻倩、尚气二宗，他对常州词学事实上更加倾心。在《词觏续编》中表现得不偏不倚，到了《词觏三编》中已然明显地呈现左右袒。在《词觏三编》中，傅燮詷将词坛宗师之一的陈维崧又一次选入，且其词量排名第九；但是却忽略了与陈维崧齐名的浙西词派领袖，同样在《百名家词钞》中占据一席之地的朱彝尊，没有再一次选录其词。而且，傅燮詷在《词觏三编》中对陈维崧、朱彝尊的羽翼词人也作了不同的处理，对于陈维崧的羽翼，傅燮詷多加青眼，如蒋景祁（15 阕）、徐瑶（11 阕）、徐玑（9 阕）、万树（17 阕）、曹亮武（16 阕）、路传经（9 阕）、徐喈凤（9 阕），基本将阳羡词派的创作群体体现得比较显明；但对朱彝尊的羽翼，傅燮詷仅选录汪森（15 阕）一家，浙西六家无一再入选，更遑论其他。

此前的词史认知是，康熙三十年（1691）以后的词坛，随着陈维崧、纳兰性德等人的早逝，原本多元的词风逐渐被浙西词派一家所统一。但傅燮詷和他的《词觏三编》似乎向我们展现了当时词坛的较为复杂的面向，可见并非所有词人都乐意趋同于时兴词风，仍有不少词人对词坛上已然式微的词学倾向表示敬意，并积极揄扬之。其他与陈维崧等词风相近的词人，傅燮詷也大力称扬，其中最具代表性的，便是陈廷敬。

① 傅燮詷：《词觏续编·发凡》，《中国古籍珍本丛刊·保定市图书馆卷》第 36 册，第 365—366 页。

陈廷敬词，《全清词》仅据《见山亭词选》选录2阕[①]，《词觏三编》却收录20阕，这几乎可以说是《词觏三编》在保存词学文献方面的最重要贡献之一。此前因可供分析的词作太少，我们对陈廷敬的词作词风不甚了解，但现在我们基本可以明确，陈廷敬的词风，追效苏、辛，是阳羡词人的同道。试看其《八声甘州》：

问东风何处伴春归，芳草满天涯。见金台荒馆，妆楼剩迹，一闪残霞。只恁今来古往，不用羡繁华。且尽盈樽酒，也莫思家。　长记卢龙塞外，正鞭丝垂袅，帽影横斜。算平生远去，逸兴在边沙。渡滦江、东还海道，谢盲风、怪雨不相遮。吟鞍上、烟村篱外，红湿桃花。

词意开豁，不仅风格酷肖苏轼，也用了苏轼的不少语典。词的思路从怀古到思家，从边塞到伤春，举重若轻，层层递进，确实是佳作。

《词觏三编》还特地记载了康熙时期鲜为人知的一次倡和活动，这便是董儒龙（卷二）、季麒光（卷三）、侯文耀、黄日贯、范廷铨（以上卷四）、刘襄（卷五）、万树、吕庄颐、徐飏廷（以上卷八）的“渚”韵《贺新凉》倡和。如前考论，除董儒龙的该首《贺新凉》已收入《全清词》外，其余诸词俱为《全清词》所未收。董儒龙词，题作“壬子七夕，都门和万红友既同人韵”。壬子为康熙十一年（1672），此前一年，曹尔堪、周在浚等人在京师掀起“秋水轩倡和”，所用词调正是《贺新凉》。秋水轩倡和激荡起的辛派词风一时流播全国，万树等人的“渚”韵《贺新凉》唱和，应受到秋水轩倡和的影响，但韵脚却不相同，参加倡和的词人亦多是同籍的应试应选的士子。因为词题的限制，“渚”韵《贺新凉》少了秋水轩倡和慢慨沉郁的特色，而多了对牛郎织女闺帷室家之思的调侃。如万树的一阕：

月淡胭脂渚。去高擎、红螺劝饮，试呼河鼓。闻道逋钱三十万，谪向东西别住。转不及、凭肩私语。我有新词堪代赎，好为君、谱作长门赋。何用隔，鹊桥渡。　天孙笑领催妆句。尽今宵、鸳机剩巧，都将分与。乞巧愚溪终未巧，愚或翻为巧误。把两字、总消除去。惟有醉乡豪放好，问巧归何处愚何处。相枕藉，不知曙。

《贺新凉》调对于无锡词人群体，其实具有非常重要的意义。陈维崧曾屡和此调达一百二十余次。康熙二十六年中秋，一群无锡词人用《贺新凉》调，押“月”韵，以独木桥体倡和，作词28阕，并编成《中秋倡和词》一卷。[②] 从这个角度看，“渚”韵倡和词，正是从秋水轩倡和到“中秋倡和”的中间，体现了无锡词人群体一贯的创作喜好。只是很可惜，傅燮詷所见的《梁溪词选》，似乎并没有《中秋倡和词》这一卷，否则以他对无锡词的体

---

① 南京大学中国语言文学系全清词编纂研究室编：《全清词·顺康卷》，第7965—7966页。

② 《中秋倡和词》，载侯晰辑《梁溪词选》，清康熙间醉书关刻二十一卷本，浙江省图书馆藏。凡词人28家：黄稼、张凤池、秦澜、吴晋趾、吕庄颐、黄裕、陈组、黄枟龄、汪琪、黄桢桂、陈元庆、王达高、瞿大发、邵琛、施铨、邹奕凤、侯晰、唐淏、侯文熺、蒋溉、侯文灿、谢嵩龄、侯文爚、张五常、侯承垕、顾贞立、闺秀某、无名氏。

认，肯定会选录其词入《词觏三编》。

此外，傅燮詷也做了力所能及的补充和记录。其游宦汀州时遇到的汀州或附近地区词人如李基益、黎士毅、黎士弘等，其本籍后劲词人如梁士冲、梁允洁等，也都在《词觏三编》中各占一席之地。如果不是《词觏三编》的保存之功，这些词人的创作能否在悠悠历史长河中得到妥善保存，其实是很可怀疑的。

综上，虽然《词觏三编》存在着一系列的问题，但作为《词觏》系列词选的终章，它并非差强人意，而是具有非常重要的词学史价值和意义。

The Multi-orientational Treasure

—On *Cigou Sanbian* by Fu Xietong

CHEN Changqiang

(School of Chinese Language and Literature,
Soochow University, Suzhou, Jiangsu 215123)

Abstract: *Cigou Sanbian* is a selection of ci compiled by Fu Xietong after he became an official in Tingzhou of Fujian Province. It is another standalone version of the *Cigou* series. Its format continues the basic characteristics of *Cigou* and *Cigou Xubian*, but due to objective reasons, it was only recorded in sixteen volumes and could not be fully concluded. Instead, it was compiled based on selected contemporary ci works such as *Baimingjia Cichao*, *Yiyuan Cixuan*, and *Liangxi Cixuan*, and supplemented with some ci works collected by Fu Xietong himself. *Cigou Sanbian* also preserves more than 200 lost ci poems that were not included in the *Quanqingci*: *Shun Kang Volume*. Among them, 33 poets are only found in this selection, so it also has important literary value. *Cigou Sanbian* is the final chapter of the *Cigou* series. It reflects the afterglow of the revival of ci poetry before the mid-Kangxi period, as well as a series of phenomena in the poetry world at that time, such as the group of Wuxi poets, the promotion of harmony activities, and the marginal poets. It is a multi-orientational treasure and has important value in ci studies.

Keywords: Fu Xietong; *Cigou Sanbian*; selections of ci; collection of scattered writings of ci in the Qing Dynasty

作者简介：陈昌强，文学博士、苏州大学文学院副教授，著有《清代词籍与词学探论》等。

朱一新参订《汉书补注》刍议

——兼论《汉书管见》与《汉书补注》之关系

戴敏敏

（广陵书社，江苏扬州　225009）

摘　要：《汉书管见》是清代《汉书》研究专著中比较重要的一种，与《汉书补注》颇有渊源。同光时期，朱一新与王先谦等学人交往密切，相关学术交流促进了《汉书》研究以及“汉书学”的发展。通过梳理朱、王等人的交游，并对勘《补注》《管见》互见内容，探讨朱一新参订《补注》的细节。朱一新实际参与审订《补注》部分书稿，并将《管见》手稿交予王先谦参考。《补注》系统利用《管见》手校本，吸收了大量研究成果。

关键词：汉书管见；汉书补注；朱一新；王先谦

《汉书》是中国第一部纪传体断代史书，奠定了古代正史编纂的范式，影响巨大，“至于专门受业，遂与《五经》相亚”①，至隋唐时期，逐渐形成一门专学——“汉书学”。唐代颜师古汇集二十三家之说而撰成《汉书注》，堪称清以前“汉书学”史上的一座高峰。清代朴学兴起，《汉书》研究进入全盛时期，“著述美富，旷隆往代”②。王先谦《汉书补注》较为晚出，可谓清代“汉书学”集大成者。王先谦称得上同光间《汉书》研究的执牛耳者，朱一新是王先谦的得意门生，亦深湛斯学，著有《汉书管见》一书。朱一新曾参订《补注》，做了很多有价值的工作。《补注》中征引大量朱一新的说法，其中绝大部分与《管见》互见。可以说，《管见》与《补注》关系密切。张海峰梳理诸家参订《补注》的情况，认为朱一新不仅实际审阅过部分《补注》稿本，还将《管见》手稿交予王先谦利用③，限于其文非专门讨论，很多细节并不清晰。本文意欲比堪《管见》与《补注》征引朱说的异同，结合朱一新与王先谦的交游情况，对朱一新参订《补注》的时间、方式及贡献进行探讨，同时厘清两书之关系。

---

① 刘知几：《史通》卷一二，《四部丛刊》影印明万历间刻本，第6页b。

② 王先谦：《汉书补注》卷首《序例》，影印清光绪二十六年虚受堂刻本，北京：中华书局，2006年，第1页a。

③ 张海峰：《王先谦〈汉书补注〉研究》，山东大学2011年博士学位论文，第22、63—64页。

一、朱一新的《汉书》“学缘”

朱一新（1846—1894），字鼎甫，号蓉生，浙江义乌人，朱熹二十六代孙。肄业诂经精舍，光绪二年（1876）进士，授翰林院庶吉士。历官内阁中书、翰林编修、陕西道监察御史。光绪十二年（1886），因上疏议事劾及李莲英，降职告归。次年，娄受张之洞邀请，赴广东肇庆主掌端溪书院。光绪十五年（1889），改任广雅书院山长。光绪二十年（1894）七月染恙，遽归道山。著有《无邪堂答问》《佩弦斋诗文存》等，大部分收入《拙盦丛稿》。朱一新“博极群书，洞知两汉及宋明儒者家法”①，主张汉宋兼采、通经致用②，谓“古人致治之法存诸经，后人致治之法存诸史”，“于舆地、经济尤极究心”③。《汉书管见》是其多年研究的结晶，共四卷，十万余字，约 2700 条札记，内容包括校勘考证、疏通文义、辩驳旧注、补正他人说法等。特点是利用明汪文盛本进行校勘，创获颇多，又以本书证本书，多所发覆，论断精审。此外，《无邪堂答问》中亦有不少关于《汉书》的精辟见解。

在朱一新研治《汉书》的历程中，有两位起到重要作用的人物，分别是周寿昌（1814—1884）和王先谦（1842—1918）。《拙盦丛稿》卷末《行状》记载：“两公皆研精班氏书，知君有同嗜，招与商榷，甚器重焉。”④ “两公”即指周、王。朱一新与“两公”相识，约在同光之际。同治十三年（1874），朱一新第二次参加会试落第，王先谦为此次会试同考官。王氏《〈葵园校士录存〉序》记载：“忆甲戌分校，缪筱珊（荃孙）编修，李莼客（慈铭）、朱蓉生（一新）两侍御，赵桐孙（铭）太守卷，并出余房，力荐未售。”⑤ 光绪二年（1876），朱一新第三次参加会试，殿试二甲进士，朝考一等，授庶吉士。周寿昌为此次朝考阅卷师。

周寿昌、王先谦二人可谓同光间《汉书》研究的执牛耳者。张舜徽《清人文集别录》云：“王先谦所为《汉书补注》《后汉书集解》，皆承寿昌余续，而增众说以成之者。先谦为寿昌侄女夫，又从之问学，服膺无间。”⑥ 周寿昌邃于史学，嗜读《汉书》，是湖湘学人中的佼佼者。同治七年（1865）前后，王先谦从周氏受学，治学取向转变，有学者认为《补注》的编撰便肇端于此时。而周之《汉书注校补》成书，王先谦亦为关键人物，校订、

---

① 费行简：《近代名人小传》，沈云龙主编：《近代中国史料丛刊》第 1 辑第 78 册，台北：文海出版社，1966 年，第 184 页。

② 钱穆：《中国近三百年学术史》，北京：商务印书馆，1997 年，第 696 页。

③ 朱怀新：《拙盦丛稿跋》，朱一新：《拙盦丛稿》卷末，清光绪二十二年广州葆真堂刻本，第一页 a。

④ 廖廷相：《奉政大夫陕西道监察御史朱君行状》，朱一新：《拙盦丛稿》卷末，第二页 b。

⑤ 王先谦：《虚受堂文集》卷六，《清代诗文集汇编》第 749 册，上海：上海古籍出版社，2010 年，第 459 页下 a。

⑥ 张舜徽：《清人文集别录》，北京：中华书局，1963 年，第 49 页。

刊刻诸事，居中主持，出力甚多。

在光绪十一年（1885）前后的京城范围内，以周、王二人（特别是王先谦）为中心，形成了一个松散的学术交流圈，先后有朱一新、李慈铭、缪荃孙、瞿鸿禨、黄国瑾、沈曾植、徐树铭等人参与其中。这些学人交流切磋，分享彼此的研究成果，一定程度上促进了《汉书》的研究，特别是促成了周寿昌、王先谦、朱一新、李慈铭（《诸史札记》）等人的研究结出硕果。比如《汉书注校补》《补注》《管见》编撰时间有不少重叠，皆以汲古阁本《汉书》为底本，以明监本、武英殿本为校本，很难说不是在相互交流影响下，形成了比较一致的认识。进一步猜测，在某些研究工作中，甚至有计划地进行了分工①。

同治九年（1870），朱一新捐资为内阁中书，此后长期在京生活，直至光绪十二年（1886）降职告归。这十多年时间是朱一新编撰《管见》的主要时期。先简单交代《管见》版本：一为光绪二十二年（1896）葆真堂刻《拙盦丛稿》本（简称“葆真堂本”），其后之宣统间增刻本及影印本皆可视同葆真堂本；二为手校本，此为朱一新生前研治《汉书》的工作本，或者说是手稿，朱墨盈纸，有大量眉批、夹注、句读和校勘记号，保存了《管见》刊刻之前的原始状态。我们认为，手校本形成时间不会晚于光绪十二年，离京后，朱一新忙于书院事务及其他工作，没有精力继续编撰《管见》，直到突然去世，只留下一份未完成的遗稿（手校本），身后经由弟子整理，最终形成葆真堂本②。

朱一新的独立研究，加上以周、王为中心的学术交流，促成了《管见》文本的形成（未达到朱之预期，故不言“成书”）。首先，朱一新曾校订《汉书注校补》③，参订《补注》，从而获见周、王的《汉书》研究成果，《管见》手校本中便抄录大量周寿昌的说法。其次，得见不同版本，如《管见》手校本中一条跋语云：“光绪纪元岁在旃蒙大渊献涂月，假南监本过录。蓉生识。”时在光绪元年（1895）十二月，借得“南监本”对校④。再次，得见相关研究著作，如手校本中抄录有大量王念孙《读汉书杂志》、陈景云《汉书刊误》、钱大昕《汉书考异》、汪远孙《汉书地理志校本》的内容。最后，通过学术交流，获得

① 浙江义乌市图书馆藏有一部朱一新批校《魏书》，笔者未能亲见。据《重修金华丛书提要》云：“此批校本前有一新壬午（1882）清明后日题识，称‘光绪辛巳（1881）冬，有从厂肆购得宋监本《魏书》者，长沙王益吾先生议以毛本分校传钞，诸同人咸乐从事。余分得八十五至一百一卷。阅日而毕，复取同人所校各卷过录简端。同校者：会稽李慈铭莼客、贵安钱振常�仙、善化瞿鸿禨子玖、成都吴祖椿幼农、江阴缪荃孙筱珊、宁乡程颂藩伯翰、成都周嵩年蓉湖、恩施萧凤仪镜清、湘乡谢崧岱石生’云。”黄灵庚、陶诚华主编：《重修金华丛书提要》，上海古籍出版社，2014年，页140—142。此可作为参考，窥测这一学术交流圈的情况。

② 戴敏敏：《朱一新〈汉书管见〉研究》，南京师范大学2018年硕士学位论文，第20页。

③ 周寿昌：《汉书注校补》，《续修四库全书》史部第267册，上海：上海古籍出版社，2002年，第413页下a。

④ 朱一新批校：《汉书》卷首《颜师古汉书叙例》，翻刻明崇祯间汲古阁十七史本，义乌市图书馆藏，第1册，第四页b。

“同道”学人的研究成果，如手校本中抄有李慈铭的大量说法，彼时李慈铭尚无相关著作。

在京的这一时期，可以看作朱一新《汉书》“学缘”的主要阶段，一方面是学术交流对朱一新的影响和帮助，另一方面，亦“因缘际会”促使朱一新参订《汉书注校补》《补注》，为“汉书学”做出一定贡献。那么，就朱一新参订《补注》而言，具体情况究竟如何，朱一新做了哪些贡献？这两个问题有待进一步考索。

二、朱一新对《补注》的“耕耘”

王先谦“承寿昌余续”，穷三十余年之力，“究心班《书》，博求其义”，于光绪二十六年（1900）方刊成《补注》。《补注》较为晚出，恰逢其时，对《汉书》研究进行了全面总结，共汇集隋代萧该至清代俞樾共47家研究成果，其中引用清代学者之说33家，此外还吸收亲友门生等20人的参订意见。《补注》卷首《同时参订姓氏》列名者有：郭嵩焘、朱一新、李慈铭、缪荃孙、沈曾植、王闿运、瞿鸿禨、杜贵墀、王启原、李桢、叶德辉、皮锡瑞、苏舆、陶宪曾、王文彬、王先和、王先惠、王先恭、王先慎。

张海峰将《补注》参订工作分为三种情况：第一种，成果被采用，但其人并未参订，如王先谦的亡兄王先和、王先惠等人。第二种，实际参与审阅参订工作，王闿运、郭嵩焘、缪荃孙等大部分属此类。第三种，不仅审阅参订，个人的研究成果亦被《补注》吸收，比如李慈铭、朱一新等人①。将朱一新归为第三种，此结论可以信从。但具体情况需要详细梳理，我们将参订分成两个层面讨论：一是朱一新其人如何参订《补注》，二是王先谦如何利用《管见》其书。这里先讨论前者。

（一）参订的时间

因为没有发现相关记载，我们姑且认为朱一新参订《补注》的上限不会早于同治十三年（1874），亦即朱、王二人相识之时。光绪七年（1882）可以看作一个重要的时间点。这一年内，朱一新等人审阅了《补注》书稿。王先谦曾致函缪荃孙，提及此事：“送上《司马迁传补注》一册，敬乞审正。有不当处，尽言为盼。毕则赐还，以便送蓉生（一新）处也。”② 李和山《王先谦学术年谱》缀此事于光绪七年③。又同年七月，李慈铭“阅王益吾祭酒《汉书补注·武五子传》一卷”④。在此之前的光绪五年（1879）九月重阳，朱一新游北京西山，遇雨酿疾，回义乌养病，逾年回京。此后的光绪八年（1882）五月至十年十月，王先谦丁内艰回湘，《补注》书稿或随身携带。其间，《补注》经王闿运审阅，《湘绮楼日记》有三处记载（详下）。也就是说，光绪五年九月至光绪六年回京前，以及王先

① 张海峰：《王先谦〈汉书补注〉研究》，第22—23页。

② 缪荃孙：《艺风堂友朋书札》，上海：上海古籍出版社，1980年，第14页。

③ 李和山：《王先谦学术年谱》，苏州大学2007年博士学位论文，第69页。

④ 李慈铭：《越缦堂读书记》，上海：上海书店出版社，2000年，第228页。

谦丁忧期间，朱一新没有可能目阅《补注》书稿。

参订《补注》的时间下限，应在光绪十一年（1885）八月之前。光绪十一年秋，朱一新简放湖北乡试副考官，冬，转陕西监察御史。次年八月，上《豫防宦寺流弊疏》《明白回奏疏》劾及李莲英，慈禧下旨诘责并降职，旋以母病告归。十一年八月，王先谦奉旨出任江苏学政，十四年三月上《太监李莲英招摇请旨惩戒》折，后开缺回湘。光绪十一年以后，师生二人未再谋面，仅有书信往来。王先谦有《次韵心云寄朱一新蓉生御史义乌》，作于光绪十三年（1887）二月，朱亦覆函恳请老师为谋教席，“素蒙荫庇，未知能代一筹否”①。光绪十五年（1889）春间，朱一新已在广雅任上，致函王先谦云：“筱珊（缪荃孙）来粤小住兼旬，相去一衣带水，竟未及晤。函丈想仍里居，班书《补注》谅可暇日料理，他有撰著否？”② 朱一新在信中期盼《补注》尽快完成，说明其久未见到《补注》书稿，已不太清楚编撰进度。

（二）参订的方式

《管见》手校本以翻刻汲古阁本《汉书》为工作本，在眉批和空白处抄录大量清人说法，其中不少是与朱一新有学术交流之学人，如周寿昌、王先谦、李慈铭、缪荃孙等，特别是周寿昌和李慈铭的说法几乎散见于全书各个篇章。而王先谦、缪荃孙的说法比较特殊，仅集中于卷六二《司马迁传》、卷六三《武五子传》、卷六四《严朱吾丘主父徐严终王贾传》三篇中。

通过详细对勘《补注》与《管见》葆真堂本、手校本，发现一个耐人寻味的现象：《补注》征引朱说，有既不见于《管见》葆真堂本，又不见于手校本的情况。这种情况计有11条，其中《平帝纪》1条，《景武昭宣元成功臣表》1条，《司马迁传》2条，《武五子传》4条，《严朱吾丘主父徐严终王贾传》3条。《纪》《表》2条相对独立，其他9条的篇章分布，与《管见》手校本抄录王先谦、缪荃孙二人之说的篇章分布，若合符节。

上文提及致缪荃孙函，要将《司马迁传补注》一册送朱一新审阅，同年又请李慈铭审阅《武五子传》。很可能《补注》之《司马迁传》《武五子传》《严朱吾丘主父徐严终王贾传》三篇都曾请朱一新审订。如《吾丘寿王传》引朱一新曰：

> 《太平广记·博戏门》引《酉阳杂俎》云，小戏中于弈局，一枰各布五子角迟速，名蹙融。段成式读座右方为之蹙戎，是蹙融亦用五子，与格五相类，故《梦溪笔谈》谓蹙融即格五。颜注谓即今之簺，得诸目验，自必不误。③

此条引用《太平广记》《梦溪笔谈》二书。通观《管见》手校本内容，未见引用此二书材

① 朱一新：《佩弦斋杂存》卷上《上王益吾师》，朱一新：《拙盦丛稿》，第三十八页b。

② 朱一新：《佩弦斋杂存》卷上《又上王益吾师》，朱一新：《拙盦丛稿》，第三十九页a。

③ 王先谦：《汉书补注》卷六四上，第1260页上a。

料，此条当是审订《补注》后专门写下的意见，而非手校本上现成的批注，《司马迁传》等其他 8 条亦皆如此。

作为对比，《补注》曾经王闿运审阅，《湘绮楼日记》三处记载分别为：光绪八年（1882）八月七日“逸吾送《汉书补注》来请校检，为阅两卷，无所发明”；九月十二日“晨起，为王祭酒改定《汉书·兒宽传》注，自送往不遇”；九月廿六日“晏起，饭后登楼，为王一梧校《武五子传》毕”①。今《补注》中征引王闿运说，集中于卷五九《张汤传》、卷六一《张骞李广利传》、卷六三《武五子传》、卷六四《严朱吾丘主父徐严终王贾传》。《日记》明确提及卷五八《倪宽传》，与《张汤传》毗邻。可见，《日记》所载王闿运参订的情况，与《补注》征引情况基本相符。再举缪荃孙之例，《补注》征引其说，集中于卷五六、卷六〇、卷六一、卷六二、卷六三、卷六四，亦与朱一新、王闿运相似。

以王闿运的审订情况为对照，以及《补注》《管见》的文本对勘，我们认为朱一新实际仅审阅过《补注》卷六二至六四共三卷的书稿，此亦与《管见》抄录王先谦、缪荃孙说法的情况相一致。至于《平帝纪》《景武昭宣元成功臣表》2 条引文不见于《管见》的情况，因记载未及，是否为审稿后提出的参订意见，暂时无法确定。换句话说，综合上述参订时间的考察，朱一新仅在光绪七年（1881）前后实际审阅过《补注》书稿，其他时间段则并未参与审阅书稿的工作。

三、《管见》对《补注》的“滋养”

《补注》征引大量朱说，初步统计有 560 多条，乃参订 20 人中排名第一者，相较于王先谦回湘后交往密切的叶德辉、郭嵩焘、苏舆等人皆多出不少。朱一新审阅《补注》书稿的情况已经明晰，实际审阅的书稿并不多，算上《平帝纪》《景武昭宣元成功臣表》，亦不过五卷而已。那么，《补注》征引朱说的主要来源，就只能是朱一新的《管见》。此亦是我们要讨论的第二个层面——王先谦如何利用《管见》。

（一）直接利用《管见》手校本

在《同时参订姓氏》所列姓氏之下，皆有小字夹注，统一注明字号、籍贯、任职三项信息。唯有朱一新有些不同，三项信息外特别注明：“著《汉书管见》，参订时书尚未成。”依《补注》体例，如果征引对象已有专著，应当与周寿昌一样，列入《引用诸书姓氏》，而朱一新却被列入《同时参订姓氏》。这里透露出一个有趣的细节：《管见》刊刻时间比《补注》早四年，但王先谦却很可能没有见过《管见》葆真堂本。

详细对勘《补注》征引朱说与《管见》葆真堂本、手校本后，我们发现《补注》征引

① 王闿运：《湘绮楼日记》，国家图书馆分馆编：《中华历史人物别传集》第 59 册，北京：线装书局，2003 年，第 356、360 页。

朱说，大部分见于葆真堂本；但与此同时，又有不少仅见于手校本，而不见于葆真堂本。这种情况约有110多条，占全部征引数量的五分之一。仅此一项，便得以确定王先谦参考了《管见》手校本（即手稿），而不是刊成后的葆真堂本。

（二）系统吸收《管见》成果

《补注》征引朱说散见于前后各篇，说明王先谦全面系统地进行了利用，可以断定朱一新曾将《管见》手校本直接交予王先谦参考，充分体现了师生间的信任。根据前述，王先谦应当是在光绪十一年（1885）八月之前见到《管见》手校本。

通过对比《补注》《管见》，我们将征引吸收的情况大致分为如下数端：

第一，吸收版本校勘成果，主要是利用明汪文盛本校勘的成果，正统本、南北监本等偶见征引。《补注·序例》云："国朝诸儒讲求板本之学，致力《汉书》者多用南监本，此外如景祐本（王念孙父子校）、闽本（钱大昭校）、汪本（朱一新校，明汪文盛本）、德藩本（叶德辉校）、乾道本、北监本（以上二本先谦校），并备搜罗，间有甄采，良由文轨同途，众善咸萃。"① 依此言，王先谦没有死校汪本，《补注》中的汪本异文，主要吸收自《管见》手校本，有一小部分未注明"朱一新曰"，而是径直采用，正所谓"良由文轨同途，众善咸萃"。

第二，吸收本校、理校、他校的成果。《表》《志》部分，朱一新用功尤深，善于利用《汉书》前后相关记载以及《史记》文本进行考证。如《高惠高后文功臣表》"高景侯周成。父苛以内史从击破秦，为御史大夫"，《补注》引朱一新曰："案《周昌传》，苛以卒史从。此云内史，误。《史表》亦作内史。"② 又如《哀帝纪》"帝崩于未央宫"，臣瓒曰："帝年二十即位，即位六年，寿二十五。"颜師古曰："即位明年乃改元，寿二十六。"《补注》引朱一新曰："帝即位实十九岁，瓒云二十，盖据改元之年数之也，寿止二十五，瓒注不误。"此条以理校方式驳正颜注。

第三，征引朱一新驳正、补充他人之说。如《管见》中多有驳正或补充王念孙说之条目，见于《补注》征引的有11条，其中有一条颇具代表性，《管见》原文是对王念孙的驳正，而《补注》征引改为王说、朱说并存，王先谦未下按断。《艺文志》"及蔽者为之，见俭之利，因以非礼"，《管见》手校本："'因以非礼'下，《群书治要》引有'乐'字。王氏念孙谓《墨子》有《非乐篇》，则有'乐'字是也。今按，《志》言'见俭之利，因以非礼'，盖讥其俭不中礼也，《群书治要》误衍'乐'字，不足据，《穀梁序》疏引此无'乐'字，是也。"《补注》引王念孙曰："《群书治要》引此，'礼'下有'乐'字，是也。《墨子》有《节用》《节葬》《非乐》三篇，故曰：'见俭之利，因以非礼乐。'《穀梁序》疏引

① 王先谦：《汉书补注》卷首《序例》，第2页上b。

② 王先谦：《汉书补注》卷一六，第249页下a。

此已脱‘乐’字。”又引朱一新曰：“《志》言‘见俭之利，因以废礼’，盖讥其俭不中礼也，《治要》误衍‘乐’字，《穀梁序》疏引是也。”①

第四，转引手校本中抄录的他人说法。如《武帝纪》“三年春，河水徙，从顿丘东南流入勃海”，《补注》引朱一新曰：“阎若璩云：当读‘东南’二字截住作句，下‘流入勃海’另读。”此条朱一新无按断，仅是手校本中一条眉批。葆真堂本刊刻时，进行了条目筛选，类似抄录他人说法而无按断的条目，概未收录。《补注》中此类征引的情况尚有不少，亦证明《补注》利用了《管见》手校本，而非葆真堂本。

（三）《补注》征引《管见》讹误举隅

《补注》征引他人之说，多有剪裁、合并，部分条目甚至做了大段删节修改。如《异姓诸侯王表》：“（惠帝）七年。初置淮阳国。”《管见》有一条驳正王念孙说的条目，曰：

> 王氏念孙曰：“初置淮阳国”，当依《史表》作“复置”。《地理志》：淮阳国，高帝十一年置。《高五王传》云：赵幽王友十一年立为淮阳王，孝惠元年徙王赵。是既徙之后，国除为郡，至高后复置，以封强，不得言初置也。
>
> 新案：王氏之说非也。《史记·汉兴以来诸侯王表》乃合同姓、异姓诸王为一表，故赵幽王之封徙已见上文，至此则可言“复置”。《汉书》同姓、异姓诸王判为两表，赵幽王之封徙乃在同姓《诸侯王表》内，此处前无所承，乌得不言“初置”？两书体例既殊，文义亦因之而变，王氏徒执一以论宜，凿枘之不相入矣，博学好古如王氏，犹或不达此例。信乎，古书之难读也！②

《补注》征引朱一新说，改为：

> 《史表》合同姓、异姓为一表，故言“复置”，《汉书》分为二表，前无所承，焉得不言“初置”。③

《补注》在剪裁、合并过程中，不可避免地会出现新错误，这一点颇受后人诟病。《补注》征引朱说亦复如此，不过错误无多，大体有如下数端：一是常见的衍讹脱倒；二是甄采失察，导致误引，误引不必要的内容，或沿袭朱一新的错误；三是将《管见》手校本中抄录的他人说法误作朱一新说。各举数例。

1. 常见的衍讹脱倒：

（1）《前汉书叙例》：苏林。（《管见》卷一页一，《补注》卷首页二九 a）

> 《管见》：事迹见《三国志·刘劭》及《高堂隆传》注。又《王肃传》注引《魏略》，以董遇、贾洪、邯郸淳、薛夏、隗禧、苏林、乐祥等七人为儒宗。

---

① 王先谦：《汉书补注》卷三〇，第 887 页上 b。

② 朱一新批校：《汉书》卷十三《异姓诸侯王表》眉批，第十八页 a。

③ 王先谦：《汉书补注》卷一三，第 153 页下 a。

按："刘劭"，《补注》误作"刘助"，《三国志》但有《刘劭传》而无"刘助传"，当据《管见》改。

(2)《沟洫志》：长水校尉平陵关并。师古曰：桓谭《新论》云并字子扬。(《管见》手校本，《补注》卷二九页二〇 b)

《管见》：汪本"扬"作"阳"。

按："子扬"，中华本、补注本皆作"子阳"。《补注》引朱一新曰："注'阳'，汪本作'扬'。"误倒"阳""扬"二字，当删。

2. 甄采失察，导致误引：

(1)《平帝纪》：广川惠王曾孙伦为广德王。(《管见》卷一页一五，《补注》卷一二页五 a)

《管见》：《景十三王传》"伦"作"愈"。《诸侯王表》作"榆"。《王子侯表》作"伦"，与此同。又《景十三王传》中山靖王后有广川惠王曾孙伦，当即此一人，误系于《中山靖王传》末，刘氏敞、罗氏愿、钱氏大昕皆有辨。参考众文，盖作"伦"者为是，"愈""榆"俱以形近而讹。

按：《补注》引此条，"钱氏大昕皆有辨"下有"详靖王传后"五字。手校本则有"已录中山靖山传后"八字，后一"山"字讹。按，朱一新抄录刘敞、罗愿、钱大昕三家说于手校本《中山靖王传》页眉之上，"已录中山靖山传后"乃作提醒之用，葆真堂本已削去。《补注》未详察而误引之，"详靖王传后"五字当删。

(2)《王子侯表》：萋节侯退。厘侯婴嗣，二十二年薨。(《管见》卷一页二七，《补注》卷一五上页二三 a)

《管见》：汪本作"三十二年"，是也。

按：《补注》引此条作："汪本作'三十二年'，误。"按，汪本作"二十二年"，朱一新失检。侯婴以元封元年嗣，至征和四年薨，计二十二年。《补注》未加检核，当删。

3. 将《管见》手校本中抄录的他人说法误作朱一新说：

(1)《地理志上》：千乘郡。莽曰建信。(《管见》卷三页一七，《补注》卷二八上二页七〇 a)

《管见》：汪氏远孙曰：《后汉·崔骃传》"崔篆为建新大尹"，注云"莽改千乘为建新"，字作"新"。新案：《王莽传》云改十一公号，以"新"为"心"，后又改"新"为"信"。据此，则"建新"当是莽初改之名，后又改为"建信"，如十一公号之改"新"为"信"也。

按：《补注》引此条，误以汪远孙说为朱一新说。

(2)《霍光金日磾传》：令故昭帝侍中中臣侍守王。(《管见》手校本，《补注》卷六八页六 a)

《管见》：李氏慈铭曰："臣"字疑当作"常"。

按：此条葆真堂本无，见于手校本，乃抄录他人之说，未下按语，葆真堂本例不收。《补注》引作“臣当作常”，误将李慈铭说作朱说。

结　语

清同光间，以周寿昌、王先谦为中心的学术交流，一定程度上促进了《汉书》研究的深入。《汉书注校补》《汉书补注》《汉书管见》三部书的编撰时间有不少重叠，周、王为同乡、姻亲、师生，朱又为周、王之门生，三人在《汉书》研究上相向而行，相互影响。王先谦曾多次请亲友、门生审阅参订《补注》书稿，朱一新做了不少贡献，实际审阅了部分书稿并提出参订意见，并将《管见》手稿借予王先谦。通过《补注》《管见》的对勘，可以确定《补注》系统利用了《管见》手校本的内容，初步统计，征引数位居《补注》参订诸家之首。可以说，《管见》为《补注》的成书提供了必不可少的助力。

诸家参订《补注》的情况究竟如何？目前研究还不够深入。比如朱一新《管见》手校本系统抄录王念孙、钱大昕之说，是否为王先谦授意而有计划地分工，是否为《补注》征引王、钱之说的直接来源？这个问题，可以通过进一步的校勘来确证。《补注》征引参订诸家之说，除朱一新、王先慎等散见各篇外，其他不少都集中于部分篇章，有一定的规律性，通过梳理诸家参订的情况以及参订者与王先谦的交游情况，梳理出《补注》各篇编撰的先后次序，可以为《补注》的成书过程，提供更加内在直观的研究视角，同样值得重视。

A Discussion on Zhu Yixin's Contribution to *Hanshu Buzhu*

—Also Discuss the Relationship Between

Hanshu Guanjian and *Hanshu Buzhu*

DAI Minmin

(Guangling Book Press, Yangzhou, Jiangsu, 225009)

Abstract: *Hanshu Guanjian* is a significant work in the study of *Hanshu* during the Qing Dynasty, and it shares a profound relationship with *Hanshu Buzhu*. In the era of Tongzhi and Guangxu, Zhu Yixin and Wang Xianqian, along with other scholars, engaged in intimate academic exchanges that fostered the research on *Hanshu* and the study of *Hanshu*. By delving into the scholarly interactions between Zhu, Wang, and the others, and by comparing the intersecting content, we can investigate the specifics of Zhu's contribution to *Hanshu Buzhu*. Zhu Yixin personally reviewed certain sections of *Hanshu*

Buzhu, and provided some of his manuscript to Wang Xianqian for consultation. *Hanshu Buzhu* systematically utilized the manuscript of *Hanshu Guanjian*, and adopted many scholarly findings.

Keywords: *Hanshu Guanjian*; *Hanshu Buzhu*; Zhu Yixin; Wang Xianqian

作者简介：戴敏敏，广陵书社编辑，点校整理《昆山县城隍庙续志·续修昆山县城隍庙志》等。

语言文字研究

基于句法结构与施受关系的甲骨文祭祀动词分类研究*

贾燕子

（闽南师范大学文学院，福建漳州　36300）

摘　要： 本文对甲骨文中祭祀动词的现有分类进行重新审视，全面统计并分析106个祭祀动词的句型，提出更为系统的分类方法。文章依据动词在句法结构中的施受关系，以及祭牲、祭祀对象、祭祀原因在句法中的功能差异，对祭祀动词进行了分类：首先，按施受关系将祭祀动词句分为施事主语句和受事主语句；其次，施事主语句根据祭牲、神祇和人事充当宾语的类型细分为七个小类，受事主语句则按神祇和祭牲作为主语的语义差异分为两小类。该分类体系不仅填补了此前分类方法的不足，还为甲骨文中的词类研究和句法分析提供了新的视角和参考价值。此外，文章强调在今后研究中，结合甲骨文分组分类和组类差异进行更为深入的语法分析的重要性。

关键词： 甲骨文；祭祀动词；分类；施受关系；句法结构；语义功能

一、引　　言

《礼记·表记》："殷人尊神，率民以事神，先鬼而后礼。"殷墟遗留下来的甲骨卜辞中，大量涉及祭祀的内容，充分证明商代祭祀活动繁多、复杂且严格。王国维首先讨论了商代的特祭、专祭、合祭、内祭和外祭等不同类型的祭祀活动。① 随后，许进雄、张秉权、常玉芝等学者从不同角度深入探讨了商代祭祀的各个方面。②

自20世纪90年代以来，学术界逐渐将研究焦点转向甲骨文中的祭祀动词。既有学者通过专题研究对某个特定的祭祀动词进行深入分析，也有学者从祭祀的类别、对象、祭品、场所及诸神的权能等方面进行宏观论述。陈梦家最早对特定祭祀动词展开专题研究，

* 本文为国家社科基金一般项目"词汇类型学视域下的汉语常用词历史演变研究"（21BYY136）的阶段性成果。

① 陈梦家：《古文字中之商周祭祀》，《燕京学报》1936年第19期。

② ［加拿大］许进雄：《殷卜辞中五种祭祀的研究》，台北：台湾大学文学院文史丛刊之二十六，1968年；张秉权：《殷代的祭祀与巫术》，《"中研院"历史语言研究所集刊》第49本第3分册，1978年；常玉芝：《商代周祭制度》，北京：中国社会科学出版社，1987年。

从祭祀对象角度解释了“燎”祭的用法。[①] 岛邦男则全面分析了“禘”祀的祭神、场所、目的及仪式，是早期卜辞祭名专题研究中的典范之作。[②] 近二十年来，学者们对多个祭名（如告、御、宾、俎、祔、衣、祊、作、彡、血、福、雩、祼、取、肜等）展开深入的专题研究。在宏观讨论方面，张新俊基于甲骨卜辞分类断代的成果，系统总结71种祭名和祭法的祭祀对象、目的、时间、场所、牲畜种类及数量，并分析各类祭祀之间的关系。[③] 李立新则从卜辞辞例入手，分析两百多个祭名的主祭者、受祭者、祭祀方式、目的、时间、地点及祭品种类，并探讨这些祭名在甲骨文前后五个时期的变化和演变。[④]

随着对甲骨文祭祀动词研究的深入，学者们开始根据不同标准对这些动词进行分类。本文首先回顾已有的研究成果，随后分析当前研究中存在的不足，最后依据祭祀动词在句法结构中的施受关系，以及祭牲、祭祀对象、祭祀原因在句法中的功能差异，提出新的分类方案。

二、祭祀动词已有的分类研究及存在的问题

（一）祭祀动词已有的分类研究

关于祭祀动词的分类研究，依据不同的分类标准，大致可以分为以下三种类型：

第一种是基于词义的分类。陈梦家按照词义将37个祭祀动词分为七类，包括以祭名为记日名者、以所献祭品为名者、以祭祀方式命名者、祈告类祭祀、合祭、特殊祭祀以及无所属者。[⑤] 王国维则将卜辞中的祭祀分为内祭和外祭两类，内祭是对先王、先妣的祭祀，外祭是对自然神的祭祀；其中，内祭又细分为特祭和殷祭，前者为对先王、先妣的单独祭祀，后者为合祭。[⑥] 岛邦男同样采用内祭与外祭的区分方法，认为商代祭祀大致分为对先王、先妣的内祭，以及对自然神、高祖神、先臣神的外祭。[⑦] 文术发通过分析字形及词义，根据古人的需求层次，将祭祀分为血祭、肉祭、食祭、酒祭、歌舞祭等类别，并进一步细分为合祭、祓灾祭、请神祭、求神祭，未明祭名则归为其他类。[⑧]

第二种是基于新旧派别的分类方法。董作宾基于新旧派学说，将商代的祭祀动词分为三类：第一类是旧派特有的，如御、册、帝、烄、告、求等；第二类是新派特有的，如

① 陈梦家：《古文字中之商周祭祀》，《燕京学报》1936年第19期。

② ［日］岛邦男：《殷墟卜辞研究》，温天河、李寿林译，台北：台湾鼎文书局，1975年，第197—208页。

③ 张新俊：《殷墟卜辞祭名祭法考》，郑州大学1999年硕士论文。

④ 李立新：《甲骨文中所见祭名研究》，中国社会科学院研究生院2003年博士论文。

⑤ 陈梦家：《古文字中之商周祭祀》，《燕京学报》1936年第19期。

⑥ 王国维：《王国维全集（第五卷）》，杭州：浙江教育出版社，2009年，第47—56页。

⑦ ［日］岛邦男：《殷墟卜辞研究》，第52页。

⑧ 文术发：《商周祭祀铭文研究》，中山大学1999年博士论文。

彡、翌、荐、濩、彡夕等；第三类是新旧派共有的，如勺、福、岁。[①] 李立新基于此学说，将 211 个甲骨文祭名按时代划分为三类：旧派祭名 148 个，主要见于盘庚、小辛、小乙、武丁等时期；新派祭名 24 个，主要见于祖甲及以后时期；旧新派共有祭名 35 个，贯穿整个商代。[②]

第三种分类标准结合了语法形式与语义。周国正最早提出这一标准，依据直接宾语是否为原因宾语、表牲名的是否是受事宾语，将祭祀动词分为甲乙两类。甲类词代表主要祭祀活动，如告、御、求等；乙类词代表辅助活动，如燎、酒、祼等。[③] 沈培继承并扩展了这一分类，将甲类祭祀动词增至 8 个，乙类增至 18 个。[④] 齐航福进一步新增 5 个甲类动词，并整理出 39 个乙类动词。[⑤] 杨逢彬根据祭祀动词能否带原因宾语，将 81 个动词分为甲乙两类。其中，甲类祭祀动词共有 16 个，乙类 65 个。甲类动词进一步分为 A、B 两类：A 类包含能够带三宾语的祭祀动词，有祷、御等 5 个；B 类则是能够带原因宾语但无法带三宾语的动词，有祝、将、取等 8 个。此外，酋、彡、翌三个词很可能也属于甲类祭祀动词。乙类祭祀动词则分为典型和不典型两类。典型乙类动词能够直接带神名宾语，包含 52 个。其中，A 类有 34 个，既能带神名宾语和牲名宾语，也可以通过“于”引出神名宾语作补语，同时带有牲名宾语，如燎、登、肇、刚、埋、卯等；B 类有 6 个，能带神名宾语（或补语）和牲名宾语，但不能同时带这两种宾语，如凡、奏、弘；C 类有 12 个，能带神名宾语（或补语），但不能带牲名宾语，如宾、遘、竞、陟等。不典型乙类动词指那些不能直接带神名宾语或无法带神名宾语的动词，共有 13 个，如异、龠、史、弹、伐等。[⑥]此外，郑继娥进一步提出，“同一词类出现的语境应相同”，并基于这一原则将 74 个祭祀动词分为甲、乙、丙、丁四类：甲类动词以原因宾语为直接宾语，牲名宾语为工具宾语，如祝、御、告等 9 个；乙类动词能支配牲名宾语但不能带原因宾语，如燎、岁、施等 21 个；丙类动词只能带神名或牲名作为间接宾语，如祭、取、御等 36 个；丁类动词仅出现在特定句型“王宾＋祖某＋动词”中，如品、荐等 8 个。[⑦]

除上述三类研究外，也有学者依据其他标准进行分类。李林林根据甲骨文祭祀动词的字构层次，将其分为单层次结构字和多层次结构字，前者如盟、龠、祝等 32 个，后者如

---

① 董作宾：《为书道全集详论卜辞之区分》，《大陆杂志》1957 年第 14 卷第 9 期；又载《中国现代学术经典·董作宾卷》，石家庄：河北教育出版社，1996 年，第 535 页。

② 李立新：《甲骨文中所见祭名研究》，第 56 页。

③ 周国正：《卜辞两种祭祀动词的语法特征及有关句子的语法分析》，常宗豪主编：《古文字学论集》初编，香港：香港中文大学出版社，1983 年，第 229—307 页。

④ 沈培：《殷墟甲骨卜辞语序研究》，台北：文津出版社，1992 年，第 92 页。

⑤ 齐航福：《殷墟甲骨文宾语语序研究》，上海：中西书局，2015 年，第 125—205 页。

⑥ 杨逢彬：《殷墟甲骨刻辞词类研究》，广州：花城出版社，2003 年，第 78—93 页。

⑦ 郑继娥：《殷墟甲骨卜辞祭祀动词的语法结构及其语义结构》，四川大学 2004 年博士论文，第 18—19 页。

御、祼等 17 个。①

（二）已有分类存在的问题

从现有研究成果来看，甲骨文语法研究者大多采用语法形式和语义相结合的标准，以是否能带原因宾语为主要依据，将祭祀动词分为甲类和乙类。然而，这一分类方法存在明显的不足之处。

首先，甲类祭祀动词的数量过少，导致甲、乙两类动词的分布极不均衡。现有研究中，甲类祭祀动词的数量往往非常有限。周国正认定 3 个，沈培认定 8 个，郑继娥认定 9 个，而齐航福和杨逢彬则分别认定 13 个和 16 个。总体而言，甲类祭祀动词仅占总数的不到十分之一。

其次，不同学者因语料的限制，对同一祭祀动词的归类存在分歧。例如，对于“侑”这个动词，沈培将其归入乙类动词，而郑继娥则将其归为丙类动词。② 两者均认为“侑”不能带原因宾语，但能带神祇和祭牲宾语。区别在于，沈培认为“侑”后跟随的祭牲宾语是受事宾语，而郑继娥则认为是工具宾语。然而，语料显示，“侑”实际上可以带原因宾语，并出现在多种句型中，如：③

a. 句型“$(AV_2)+V+O_{事}+O_{神}+O_{牲}$”，辞例如：④

（1）癸巳卜：侑我父乙豕。22201

b. 句型“$V+P+O_{神}+O_{事}+O_{牲}$”，辞例如：

（2）贞：侑于母囚犬三羊三豕…卯…2585（囚：灾祸）

c. 句型“$V+P+O_{神}+O_{牲}+O_{事}$”，辞例如：

（3）贞：勿侑于父乙宰子䖵，羸。10136（子䖵：人名。比较：子䖵骨凡有疾。13874）

同样，关于动词“燎”，周国正、沈培、郑继娥、齐航福等学者均将其归入乙

---

① 李林林：《甲骨文祭祀动词专题研究》，西南大学 2012 年硕士论文，第 7—12 页。

② 沈培：《殷墟甲骨卜辞语序研究》，第 92 页；郑继娥：《殷墟甲骨卜辞祭祀动词的语法结构及其语义结构》，第 18—19 页。

③ 造成对“侑”分类分歧的另一个原因在于研究者对该祭祀动词字形界定的范围不同。如乔宇譞将“又”和“友”归为“侑”，而将“礿”另列；齐航福则将“又”视为甲类祭祀动词，将“友”解释为“醢”，并将“醢”和“礿”归为乙类动词。参乔宇譞：《花东子卜辞所见祭名祭法材料的整理与研究》，郑州大学 2015 年硕士论文，第 12 页；齐航福：《花东卜辞中的祭祀动词双宾语句试析》，《古汉语研究》2010 年第 1 期。

④ 本文引用的甲骨文辞例采用宽式释文，“…”表示残缺字或词，若残缺部分可根据文意或同片卜辞补出，则用“［］”标注。若卜辞中占辞部分仅为一句，则全句不加下划线；若占辞部分包含多个分句，则在需讨论的分句下划线标注。凡例句出自《甲骨文合集》者，直接标明片号；出自其他文献者，附上简写，如《小屯南地甲骨》简称“屯”，《英国所藏甲骨集》简称“英”，《怀特氏等收藏甲骨文集》简称“怀”，《殷墟花园庄东地甲骨》简称“花东”。

类动词，[①] 但语料显示“燎”可以带原因宾语，尽管此类用例较少。例如：

（4）庚戌卜，争贞：燎于西囚一犬一豰，燎四豕四羊豰二，卯十牛豰一。英 1250（西：西方之神。囚：灾祸）

该卜辞可释读为：“为灾祸之事用一犬一豰向西方之神举行燎祭”，属于句型“$V+P+O_{神}+O_{事}+O_{牲}$”。

此外，动词“卯”一般被视为典型的用牲动词，但卜辞中也存在“卯”带原因宾语的双宾语结构，如：

（5）癸未卜，贞：燎于凸十小牢，卯十牛年，用。14770

最后，目前已发掘的甲骨卜辞数量有限，不能保证未出现在现有卜辞中的某些祭祀动词在未来的新出土资料中不会带原因宾语。因此，仅以是否能带原因宾语为标准进行分类，存在明显局限。

杨逢彬曾在周国正和沈培的基础上，尝试提出更为全面的分类标准。他将能否带原因宾语作为一级划分标准，并在甲乙两类的二级分类中，考虑到能否带三宾语以及是否能直接带神名宾语；在乙类的三级分类中，则进一步依据能否直接或同时带神名宾语（或补语）和牲名宾语进行细分。杨文的研究启示我们，祭祀动词的分类应综合考虑句子结构、祭牲、神祇及原因（即人事）在句中的句法功能。[②]然而，杨文的不足在于，他仍然将能否带原因宾语作为主要划分标准，且讨论的祭祀动词数量有限。

三、新的分类标准、研究对象与研究方法

（一）新的分类标准

句法分析应以语义分析为基础——这一观点已成为甲骨文语法研究的共识。正如齐航福所言：“只有了解卜辞大意才能从事卜辞句法分析。对卜辞含义把握越精确，做出的句法分析才会越可靠。”[③] 虽然甲骨文中已确定的祭祀动词超过一百个，但其中相当一部分动词的确切词义尚未明确，甚至对某些动词的词义，学界仍存在较大分歧。

在动词词义无法确定的情况下，学者们通常依赖动词所在的句法结构来判断其是否为祭祀动词。例如，一般认为，甲骨卜辞中出现在先祖、先妣、自然神等神祇名之前，或出现在“于+神祇名”结构中的动词，大多为祭祀动词。例如：

---

① 周国正：《卜辞两种祭祀动词的语法特征及有关句子的语法分析》，《古文字学论集》初编，第229—307 页；沈培：《殷墟甲骨卜辞语序研究》，第 92 页；郑继娥：《殷墟甲骨卜辞祭祀动词的语法结构及其语义结构》，第 18—19 页；齐航福：《花东卜辞中的祭祀动词双宾语句试析》。

② 杨逢彬：《殷墟甲骨刻辞词类研究》，第 78—93 页。

③ 齐航福：《殷墟甲骨文宾语语序研究》，第 7 页。

（1）贞：往于夒，有从雨？14375（夒：商族先祖名）

（2）壬戌卜，［争］贞：帚好不往［于］妣庚。2643

（3）贞：往于河，有雨？8329

（4）丙卜：叀子兴往于妣丁？花东 409

（5）乙未卜：往西子啇妣庚三牢。22294

甲骨文中的“往”从止、王声，是一个形声字，本义为“往来”。于省吾认为，在以上例句中，“往”出现在“于＋先祖”或“先祖”前，并非表示“往来”之义，而应理解为一种祭祀动词，类似后世的“禳”，即一种祈求除凶去殃的祭祀。[①] 夏大兆也支持这一解释，认为例（4）中的“往”是祭名，指禳祭。[②] 齐航福则将例（5）中的“往”解释为祭祀动词，并将其训释为“禳”，即后世的禳除之祭。他还认为“西子啇”是原因宾语，将该卜辞解释为“$V+O_{事}+O_{神}+O_{牲}$”三宾语结构。[③]

然而，张玉金对这一解释提出质疑。他指出，“往”和“禳”在上古音中并不相近，不能互训。此外，“往”的句法表现也不支持其作为祭祀动词的解释。在例（1）至例（5）中，“往于”或“往”后的先祖或先妣名应理解为指示处所，如宗庙或牌位。例如，例（2）中的“妣庚”应指妣庚的牌位或宗庙，“帚好不往［于］妣庚”表示帚好不会前往妣庚的牌位或宗庙；例（4）中的“叀子兴往于妣丁”是卜问是否应由子兴前往妣丁的牌位或宗庙。因此，甲骨卜辞中的“往”并无作为祭祀动词的用法。[④] 我们支持张玉金的观点。[⑤]

这些情况表明两点：第一，目前许多祭祀动词的释义尚无定论；第二，在祭祀动词的词义尚不明确的情况下，动词所在的句法结构成为判断其性质和进行分类的重要依据。因此，我们认为，在祭祀动词的分类中，应该以句法形式为主要标准，同时参考语义标准。具体而言，应根据动词所在句法结构的施受关系，以及祭牲、祭祀对象、祭祀原因在句中的句法功能进行多角度分类，而不应仅仅依赖“直接宾语是否是原因宾语、表牲名的是否是受事宾语”进行单一分类。

（二）研究对象

祭祀动词是表示祭祀行为的动词。本文在借鉴岛邦男、[⑥] 周国正、[⑦] 郑继娥[⑧]等学者

---

① 于省吾：《甲骨文字诂林》，北京：中华书局，1979 年，第 154—156 页。

② 夏大兆：《甲骨文字用研究》，安徽大学 2014 年博士论文，第 507 页。

③ 齐航福：《殷墟甲骨文宾语语序研究》，第 209 页。

④ 张玉金：《关于甲骨文中的“往”是否用作祭名的考察》，《古汉语研究》2019 年第 4 期。

⑤ 除词义和释读外，学者们对卜辞标点也存在较大分歧。

⑥ ［日］岛邦男：《殷墟卜辞研究》，第 52 页。

⑦ 周国正：《卜辞两种祭祀动词的语法特征及有关句子的语法分析》，《古文字学论集》初编，第 229—307 页。

⑧ 郑继娥：《殷墟甲骨卜辞祭祀动词的语法结构及其语义结构》，第 12—14 页。

研究成果的基础上，主要依据以下标准判断某词是否为祭祀动词：

（1）句法功能：该动词主要在句中充当谓语。

（2）句法位置：动词前后常出现表示祭牲、祭祀对象或祭祀原因的名词、名词性词组或介宾结构。

（3）词义：动词应表达祭祀行为的含义。

（4）系联原则：能够与其他祭祀动词连用的动词也可视为祭祀动词。

关于甲骨文中祭祀动词的数量，不同学者的认定有所不同。早期学者如陈梦家、王国维、董作宾、周国正等讨论的祭祀动词数量较少，仅十几个或几十个。随后，齐航福、杨逢彬、郑继娥等通过语法结构分析祭祀动词，讨论的动词数量少则四五十个，多则七八十个。而从事甲骨文字典编撰或词汇研究的学者，所收录的祭祀动词数量更多，通常在一百到两百个之间。例如，赵诚在《甲骨文简明词典——卜辞分类读本》中列出 134 个祭祀动词，[①] 陈年福在《甲骨文动词词汇研究》中列举了 108 个祭祀动词，并在《甲骨文词义研究》中增至 146 个。[②] 少数学者认为祭祀动词的数量超过两百，如徐中舒在《甲骨文字典》中收录约 260 个祭祀动词（包括 95 个“疑为祭名”的动词）。[③]

根据上述判断标准，本文对陈年福《甲骨文动词词汇研究》所列举的 108 个祭祀动词逐一考察，确定下列 106 个祭祀动词作为研究对象[④]：

企　競　舞　祝　即　飨　御　取　告　侖　品　正　侑　祭
共　荐　蒸　寻　将　奏　彝　示　福　褅　日　畴　烄　陟
燎　奏　沉　埋　淮　祀　米　翌　宾　丁　宿　延　肇　伐
岁　弘　血　宁　酉　奠　尊　鼎　鬲　爵　鼓　亯　鬯　刚
凡　兴　遘　方　幼　升　宜　彡　勺　用　卯　桒　皀　彫
舌　甗　芏　攺　餀　舀　翻　蓺　嗀　㱿　𢧀　弢　𢏚　𩰫
餗　𣪕　𥨊　𥂀　㳄　𠕋　鬻　豊　戠　叔　卩　祐　祊　智
匄　束　雩　箙　称　若冋　翌日　彡日[⑤]

需要说明的是，以上所列 106 个祭祀动词中有些词的释读仍存在争议。例如，“蒸”或释为“登”，“升”或释为“必”“祔”，“皀”或释为“敦”，“桒”或释为“祷”“求”，“福”或释为“祼”，“彡”或释为“彡”，“劦”或释为“舀”，“宜”或释为“俎”，“彫”或释为“酒”，“侑”或释为“㞢”“有”“又”，“𠕋”或释为“册”，“𥂀”或释为“饑”，“舌”或释为“𢆶”“乇”，“叔”或释为“柰”，“蓺”或释为“执”，“鬻”或释为“鼎”。

---

① 赵诚：《甲骨文简明词典——卜辞分类读本》，北京：中华书局，1988 年。

② 陈年福：《甲骨文动词词汇研究》，成都：巴蜀书社，2001 年，第 28—29 页；陈年福：《甲骨文词义研究》，郑州大学 2004 年博士学位论文，第 66—68 页。

③ 徐中舒主编：《甲骨文字典》，成都：四川辞书出版社，1989 年。

④ 其中“皀”“劦日”仅发现少量残辞，难以确定为祭祀动词，故除去。

⑤ 有学者将“翌日”“彡日”看作“翌”“彡”单用时的另一形式。

（三）研究方法

祭祀动词句的表层结构虽然复杂多样，但其深层语义模式相对简单，即因何事、用何祭牲（包括其他祭品）向哪位神祇进行祭祀。例如：壬子卜：桒禾示壬牢。（33333）这条卜辞的意思是：为庄稼用牢向示壬进行桒祭。这就是典型的甲骨文祭祀动词三宾语句型。①我们将三宾语依次称为“人事宾语”“神祇宾语”和“祭牲宾语”。若仅带两个或一个宾语，或不带宾语，则分别形成双宾句、单宾句和无宾句。

本文的研究对象是殷墟甲骨文中的106个祭祀动词，收集材料以《殷墟甲骨刻辞类纂》为主，辅以《甲骨文合集》《小屯南地甲骨》《英国所藏甲骨集》《怀特氏等所藏甲骨文集》等文献。本文仅探讨由单个祭祀动词充当谓语的“单祭祀动词句”，排除两个或两个以上祭祀动词共同作为谓语的多动词句，以及由“呼”“令”“使”等词与祭祀动词构成的兼语句。

具体操作步骤如下：首先对《殷墟甲骨刻辞类纂》中祭祀动词单独作为谓语的辞例进行全面研究，排除兼作非祭祀动词的例子，并对祭祀动词句型进行分类。随后，我们对这些分类与《甲骨文合集》《小屯南地甲骨》《英国所藏甲骨集》《怀特氏等收藏甲骨文集》等文献进行复检和补充修正。最后，根据甲骨文的五期分期，对各类句型的出现频次和相关祭祀动词进行统计。鉴于笔者此前已详细讨论了单祭祀动词句的结构分布及其与甲骨文分期的关系，② 本文中将不再详细讨论分期问题。

对于各祭祀动词在不同句型中的表现，本文首先根据主语和谓语的施受关系，将其划分为“施事主语句”和“受事主语句”两大类，然后根据动词所带宾语的数量，分为无宾句、单宾句、双宾句和三宾句四类。③ 此外，还根据宾语类型、介词的有无、表示“神祇”“祭牲”“人事”意义的名词或名词性词组的句法位置和功能，对句型结构进行进一步划分。施事主语和状语的出现与否，句首状语、谓语前状语或介宾结构状语的使用，以及谓语后是否出现处所名词或时间名词，均为句型结构中的可选项，但不影响句型的基本分类。在进行句法功能分析时，本文将祭祀动词后的祭牲、人事和神祇名词视为宾语，将位于动词前的名词视为受事主语，而将位于焦点标记“叀/勿唯”之后、祭祀动词之前的视为前置宾语，带介词的神祇名词位于动词后时视为补语，位于动词前时视为状语。

---

① 陈初生：《论上古汉语动词多对象语的表示法》，《中国语文》1991年第2期。

② 贾燕子：《甲骨文单祭祀动词句型断代研究——单祭祀动词句结构分布与甲骨文分期的关系》，《怀化学院学报》2006年第9期。

③ 喻遂生师首先按无宾句、单宾句、双宾句和三宾句及其变式对祭祀动词的句型演变进行分析。本文排除了无宾句中不带祭牲、人事或神祇宾语的句子，及单宾句中仅带地点宾语或补语的句子。参喻遂生：《甲骨文单个祭祀动词句的转换和衍生》，《语言研究》2002年第2期；又载喻遂生：《甲金语言文字研究论集》，成都：巴蜀书社，2002年，第110—131页。

四、祭祀动词的新分类

根据主语和谓语的施受关系，甲骨文中的祭祀动词句可分为两大类：施事主语句和受事主语句。其中，施事主语句按照祭牲、神祇或人事充当宾语类型的不同（即单宾句、双宾句或三宾句）可进一步细分为七个小类；受事主语句则根据受事主语的语义不同分为神祇受事主语句和祭牲受事主语句两类。本节在对殷墟甲骨卜辞进行全面统计和分析基础上，主要基于句法形式，辅以语义标准，对 106 个祭祀动词进行重新分类。鉴于篇幅所限，下文每类句型仅举一例说明。

（一）施事主语句

表 1　施事主语句中带不同类型宾语的祭祀动词

句型类型			祭祀动词	数量
单宾组	神祇	动宾	舞、祝、即、酓、智、御、蒸、取、告、将、酓日、舌、祭、祐、福、禘、畴、燎、桒、翌、奏、祀、改、宾、肇、戠、弘、爵、兴、翌日、雩、𠕋、翻、凡、卯、遘、方、宜、彤日、侑、用、宁、彰、正、延、𢦏、竞、示、祭、彤、叔、烄、𣪘、翌、伐、刚、方、称、勺、品、岁、䵼、熹、豊、叙	65
		介宾	祝、即、酓日、御、舌、祭、蒸、福、陟、燎、埋、𣪘、告、禘、日、桒、米、戠、𢦏、匄、弘、刚、盠、岁、彤日、侑、宁、用、彰、酓、示、禘、奏、祀、淮、翌、宾、伐、祊、翻、凡、岁、遘、餗、盠、彤、勺、卯、延、沈、尊、鼓、若冋、鬯、祀、祊	56
	祭牲	动宾	舞、告、舌、侑、蒸、福、烄、燎、桒、戠、祝、御、将、禘、沈、埋、祀、改、伐、𢦏、匄、簸、束、弘、岁、尊、翻、毁、𠕋、鬳、餗、升、盠、卯、彰、用、勺、𡧊、汣、𣪘、改、祭、日、奏、刚、宜、奠、品、称、祐	50
		介宾	燎、侑	4
	人事	动宾	汣、御、告、寻、福、旦、燎、桒、奏、改、宾、肇、匄、束、宁、尊、凡、侑、彰、延、将、用、若冋、祝、蓺、取、叔、𣪘、伐、斫、𢀛、𠕋、称、遘、勺、舞、延、鬯、奠、禘、戠、蒸、延、祐、佐	45
		介宾	御、燎、侑	7
双宾组	神祇＋祭牲		舌、祝、鬯、御、祐、燎、肇、𢦏、凡、鼓、岁、𠕋、方、宜、卯、告、侑、彰、改、餗、彰、祊、蒸、翌、酉、勺、用、祭、宾、𡧊	30
	神祇＋人事		御、桒、福、告、宁	5
	祭牲＋人事		御、宁、告、桒、彰、祝、侑、燎、卯、寻	10
三宾组	人事＋神祇＋祭牲		御、宁、侑、桒、告、彰、祝	7

甲骨文记录了王室及其成员的占卜活动，内容以卜问祸福和祭祀为主，因此性质较为特殊。在祭祀动词句中，施事者通常是王室或其成员，然而由于这一点往往已为人所知，祭祀记录中常省略施事者。因此，甲骨文中施事主语句的施事主语多不出现。据统计，施事主语句共有37种句型，共出现3340次，其中施事主语明确出现的句型仅10种，共72次，占比仅为2.2%。

1. 能单独带神祇宾语的祭祀动词及其句型①

在甲骨文祭祀卜辞中，祭祀的对象即神祇名词出现的频次最高。卜辞中能单独带神祇宾语的祭祀动词数量也最多，共65个（详见表1），其出现在以下四种句型中，共674例：

① “$(AV_1)+(S_{施})+(AV_2)+V+O_{神}$”：共623例，动词包括福、禘、祝等59个；

② “叀/勿唯②$+O_{神}+(AV_2)+V$”：共43例，动词包括彭、兴、舌、品等16个；

③ “$(S_{施})+(AV_2)+V+O_{神}+P+O_{地}$”：共5例，动词包括取、将、叔、伐、彭；

④ “叀$+O_{牲}+V+O_{神}$”：共3例，动词为彭和御。

具体例证如下：

（1）癸丑卜：桒祖丁祖乙父己。22184（祖丁祖乙父己：为联合词组作宾语）

（2）戊戌卜，𣪊贞：叀成先彭。1351甲正（叀：焦点标记。成：商汤的庙号）

（3）贞：王其彭戝于右宗，有大雨。30319（戝：殷先公名。比较：其即于右宗，有大雨30320）

（4）庚子子卜：叀小宰御龙母。21805（小宰：为专门圈养用于祭祀的小牛③）

以上卜辞记录了不同形式的祭祀活动，例（1）为“合祭”，例（2）—（4）为“单祭”。“合祭”指同时祭祀多位祖先，“单祭”则是对某一先王或先妣的单独祭祀，亦称“散祭”。

此外，在无宾句“$(AV_1)+(S_{施})+(AV_2)+V+P+O_{神}$”中，神祇名词通过介词引导作为补语出现，共767例，动词有禘、奏、淮、翌、伐等56个（详见表1）。例如：

---

① 本文使用的符号定义如下：“AV_1”表示句首状语，“AV_2”表示祭祀动词前的状语，“AV_3”表示介词或名词前的状语，状语顺序调整后符号不变。“P”代表介词，“S”代表主语，“O”代表宾语（包括动词和介词宾语），“V”代表祭祀动词。施事主语、神祇主语、祭牲主语、人事主语分别标注为“$S_{施}$”“$S_{神}$”“$S_{牲}$”“$S_{事}$”，神祇宾语、祭牲宾语、人事宾语、地点宾语分别标注为“$O_{神}$”“$O_{牲}$”“$O_{事}$”“$O_{地}$”。

② 对于甲骨文中“叀/唯”的性质，学界意见不一。管燮初、唐钰明等认为它是宾语前置的标记，而张玉金、沈培、齐航福则将其视为焦点标记。由于“叀/唯”不仅出现在前置宾语之前，也可出现在施事主语之前，故本文倾向于将其视为焦点标记。参管燮初：《殷虚甲骨刻辞的语法研究》，北京：中国科学院，1953年，第17页；唐钰明：《甲骨文“唯宾动”式及其蜕变》，《中山大学学报》1990年3期；张玉金：《甲骨卜辞中“惠”和“唯”的研究》，《古汉语研究》1988年1期；沈培：《殷墟甲骨卜辞语序研究》，第30—31页；齐航福：《殷墟甲骨文宾语语序研究》，第12页。

③ 张秉权：《祭祀卜辞中的牺牲》，《“中研院”历史语言研究所集刊》第38本，1968年；姚孝遂：《牢宰考辨》，中国古文字研究会：《古文字研究》第9辑，北京：中华书局，1984年。

（5）庚戌卜：叀王自桒于岳。32301（岳：商人崇拜的远世高祖神之一①）

甲骨文中的卜辞习惯通过介词引介神祇宾语，但较少使用介词引导人事宾语和祭牲宾语。整体来看，神祇名词作为介词宾语出现的频次远高于其作为动词直接宾语的情况。这表明，神祇名词通过介词引导的句型结构较为常见。

2. 能单独带祭牲宾语的祭祀动词及其句型

甲骨文卜辞中能单独带祭牲宾语的祭祀动词共有 50 个（详见表 1），出现在以下 9 种句型中，共计 1234 例：

① “$(S_{施})+(AV_{2})+V+(AV_{3})+O_{牲}$”：共 863 例，动词包括蒸、燎、祝、称等 49 个；

② “$叀/勿唯+O_{牲}+V$”：共 51 例，动词包括次、蒸、禘、烄等 8 个；

③ “$(AV_{2})+V+O_{牲}+P+O_{地}$”：共 11 例，动词包括烄、箙、勺等 7 个；

④ “$(AV_{2})+V+P+O_{地}+O_{牲}$”：共 9 例，动词为酈、宜、侑、燎；

⑤ “$(AV_{2})+V+P+O_{神}+O_{牲}$”：共 211 例，动词包括福、禘、埋、岁等 17 个；

⑥ “$(S_{施})+(AV_{2})+V+O_{牲}+P+O_{神}$”：共 70 例，动词包括蒸、沈、刚等 15 个；

⑦ “$(AV_{2})+P+O_{神}+V+O_{牲}$”：共 15 例，动词包括告、祐、尊、月等 10 个；

⑧ “$V+O_{牲}+P+O_{神}+数词$”：共 2 例，动词为侑；

⑨ “$叀+O_{牲}+V+P+O_{神}$”：共 2 例，动词为侑和用。

具体例证如下：

（1）己巳贞：王其蒸南冏米，叀乙亥。32024（南冏：地名。米：粟米，祭品）

（2）叀五牢𠬝，王受佑。屯 817（参看同片：𠬝十牢，王受佑。屯 817）

（3）𢼄豕于洱。9774（洱：地名。比较：于洱，…妇㜏子。14122）

（4）贞：翌辛未其侑于盟室三大牢，九月。13562

（5）贞：燎于上甲于河十牛。1186（于上甲于河：介词词组的连用。“于…于…”在甲骨文中常连接同类的人名或地名，其性质是介词词组的连用，其意义为某动作施于 A，也施于 B②）

（6）壬申贞：蒸多宁以鬯于大乙。屯 2567（多宁：人名。鬯：是用秬［黑黍］酿成的一种香酒，商代时多将其用于祭祀中。多宁以鬯：多宁致送的鬯酒）

（7）贞：勿𢀛于母丙侑小牢。2524（勿𢀛：表示否定意义）

（8）贞：侑伐于上甲十又五，卯十小牢豭，二告。900 正（句中的祭祀对象“上甲”嵌在祭牲与祭牲的数量“伐十又五”之中③）

---

① 陈梦家：《殷虚卜辞综述》，北京：中华书局，1988 年，第 337—345 页。

② 喻遂生：《甲金语法札记三则·于 A 于 B》，《甲金语言文字研究论集》，第 44—47 页。

③ 对于该类句式结构的分析也存在分歧。例如，沈培认为“$O_{牲}$”与数词是被拆开的同位成分，而时兵称此类格式为“割裂式”，认为“伐十又五”应作为整体，是动词“侑”的近宾语。参沈培：《殷墟甲骨卜辞语序研究》，第 110 页；时兵：《上古汉语双及物结构研究》，合肥：安徽大学出版社，2007 年，第 27—28 页。

（9）丙申卜：叀兹𠂤用于河。怀 1461（𠂤：形似兵器，此处作祭品）

卜辞中，祭牲名词或词组在无宾句中充当介词宾语的句型仅有一种，即"（AV_2）＋V＋P＋$O_{牲}$"，共 4 例，动词为燎和侑。例如：贞：燎于小牢九牛。15605

3. 能单独带人事宾语的祭祀动词及其句型

卜辞中能单独带人事宾语的祭祀动词有 45 个，包括次、御、告、寻、福、燎等（详见表 1），它们出现在以下 5 种句型中，共计 391 例：①告、寻、福、宾、肇等 38 个动词在句型"（AV_1）＋（$S_{施}$）＋（AV_2）＋V＋$O_{事}$"中出现 201 例；②褅、宁、蒸、勺、延等 14 个动词在句型"（$S_{施}$）＋（AV_2）＋V＋$O_{事}$＋P＋$O_{神}$"中出现 129 例；③告、蒸、匄、宁、佐等 10 个动词在句型"（$S_{施}$）＋（AV_3）＋P＋$O_{神}$＋V＋$O_{事}$"中出现 57 例；④桒、告、燎 3 个动词在句型"V＋P＋$O_{神}$＋$O_{事}$"中出现 3 例；⑤句型"叀＋$O_{事}$＋V＋P＋$O_{神}$"仅 1 例，动词为桒。卜辞用例如：

（1）乙亥贞：其彭王，御于父丁，告。屯 1104（参看同片：癸酉贞：甲申其彭，大御自上甲。屯 1104）

（2）弜告秋于上甲。33230（弜：否定副词）

（3）甲申卜：王于妣己御占娘，十月。19886（娘：人名）

（4）…戊卜：燎于兇雨。34275（兇：神祇名，为商人崇拜的主要远世高祖神之一。[①] 参看同片：于兇父燎雨。34275）

（5）戊申贞：叀雨桒于兇。34271

在人事宾语由介词引介并充当补语的句型中，只有一种句型，即"（AV_2）＋V＋P＋$O_{事}$"，共 7 例，动词为御、燎和侑。例如：御于雨。22758

4. 能同时带神祇宾语与祭牲宾语的祭祀动词及其句型

卜辞中能同时带神祇宾语与祭牲宾语的祭祀动词共有 30 个，如祝、飨、燎、肇等（详见表 1）。这些动词可用于"神祇＋祭牲"与"祭牲＋神祇"两类结构，共 6 种句型，出现 173 例。

用于"神祇＋祭牲"结构的句型 2 种，共 151 例：

①"（$S_{施}$）＋（AV_2）－V＋$O_{神}$＋$O_{牲}$"：共 148 例，动词为舌、祝、飨、御、祛、燎、肇、𢦏、凡、𩜁、岁、𦉪、方、宜、卯、告、侑、彭、改、𩞁、彭、祊；

②"P＋$O_{事}$＋V＋$O_{神}$＋$O_{牲}$"：共 3 例，动词为御。例如：

（1）贞：来乙亥彭祖乙十伐又五，卯十牢。892 正

（2）庚申卜：至妇御母庚牢，束小牢。22226

用于"祭牲＋神祇"结构的句型 4 种，共 42 例：

①"（AV_2）＋V＋$O_{牲}$＋$O_{神}$"：共 32 例，动词为彭、御、蒸、燎、翌、岁、酉、勺、

① 陈梦家：《殷虚卜辞综述》，第 337—345 页。

卯、用、祭、侑、宾、酉；

② “$(AV_2)+V+O_{牲}+O_{神}+$数词”：共 6 例，动词为侑；

③ “叀$+O_{牲}+V+O_{神}$”：共 3 例，动词为彡与御；

④ “$AV_2+V+O_{牲}+O_{神}+P+O_{地}$”：仅 1 例，动词为勺。

卜辞用例如：

(1) 丁亥卜：于翌戊子彡三豭祖乙，庚寅用，四月。1526

(2) 来甲午侑伐上甲十。904 正

(3) 叀十牢又五彡大甲。1445

(4) 其勺执父甲于必，大吉。26976（必：藏祖先神主的处所。执：人牲。比较：…子卜：执其用，吉。26982）

5. 能同时带人事宾语与神祇宾语的祭祀动词及其句型

卜辞中能同时带人事宾语和神祇宾语的祭祀动词共有 5 个，分别为御、𠬝、福、告、宁。这类动词仅出现于“人事＋神祇”结构的句型“$(AV_2)+V+O_{事}+O_{神}$”中，共 17 例。尚未发现“神祇＋人事”结构的双宾语句型。例如：

壬戌卜，古贞：御疾身妣癸。13675 正（疾身：身体生病。参看同片：御疾身于妣癸。13675 正）

6. 能同时带祭牲宾语与人事宾语的祭祀动词及其句型

卜辞中能同时带人事宾语和祭牲宾语的祭祀动词共有 10 个，分别为御、宁、告、𠬝、彡、祝、侑、燎、卯、寻。其中用于“人事＋祭牲”结构的 5 种句型，共 37 例：

① “$(AV_2)+V+O_{事}+P+O_{神}+O_{牲}$”：共 23 例，动词为𠬝、告、御、宁、彡；

② “$(AV_2)+V+O_{事}+O_{牲}$”：共 7 例，动词为御、侑、宁、彡、寻；

③ “$P+O_{神}+V+O_{事}+O_{牲}$”：共 3 例，动词为御与宁；

④ “$V+O_{事}+O_{牲}+P+O_{神}$”：共 2 例，动词为御与𠬝；

⑤ “$V+P+O_{神}+O_{事}+O_{牲}$”：共 2 例，动词为燎与侑。

卜辞用例如：

(1) 壬辰卜：其宁疾于四方三羌，侑九犬。屯 1059（羌：人牲①）

(2) 其宁风伊。30259（伊：伊尹，殷旧臣。比较：侑于伊尹。32786）

(3) 于祖戊御余羊豕艮。22047（艮：人牲）

(4) 𠬝王生牢于妣庚于妣丙。2400（生：生育之事。于妣庚于妣丙：介词词组的连用）

(5) 庚戌卜，争贞：燎于西囗一犬一㲋，燎四豕四羊㲋二，卯十牛㲋一。英 1250

① 除了动物牺牲，商代祭祀还大量使用人牲，卜辞中常见的人牲种类包括羌、艮、伐、奚等，其中“羌”是出现频率最高的人牲。

（西：西方之神。囚：灾祸。㲋：祭牲）

用于“祭牲＋人事”结构的 3 种句型各仅见 1 例，分别为“$V+O_{\text{牲}}+O_{\text{事}}$”“$V+P+O_{\text{神}}+O_{\text{牲}}+O_{\text{事}}$”和“叀$+O_{\text{牲}}+V+O_{\text{事}}+P+O_{\text{神}}$”。卜辞用例如下：

（1）癸未卜，贞：燎于凵十小牢，卯十牛年，用。14770（年：收成）

（2）贞：勿侑于父乙牢子𣪊，赢。10136

（3）叀豭御量于天庚，允皿。22097（豭：祭牲。量：人名。天庚：即大庚）

7. 能同时带人事宾语、神祇宾语与祭牲宾语的祭祀动词及其句型

卜辞中能同时带人事宾语、神祇宾语与祭牲宾语的祭祀动词共有 7 个，分别为御、宁、侑、桒、告、彭、祝，这些动词仅见于句型“$(AV_2)+V+O_{\text{事}}+O_{\text{神}}+O_{\text{牲}}$”中，共 13 例。例如：甲申卜：御妇鼠妣己二牝牡，十二月。19987

（2）受事主语句

在受事主语句中，神祇名词作为主语的例子远多于祭牲名词，而人事名词通常不会作为受事主语，因为与施事主语容易混淆。卜辞中能带神祇作受事主语的祭祀动词共有 45 个，能带祭牲作受事主语的动词共有 17 个（详见表 2）。

表 2 带不同类型受事主语的祭祀动词

神祇受事主语	祭牲受事主语
祝、御、燎、舌、祭、福、㪔、宾、祊、伐、束、鼎、𩚬、岁、豊、𡆥、刚、遘、升、彡、卯、丁、桒、彭、用、次、畲、蒸、示、飨、勺、侑、卩、肇、宁、取、爵、攺、祊、戠、𠴲、必、宜、𩟧、延	用、祝、蒸、示、燎、束、岁、飨、束、福、卩、奠、御、侑、延、卯、禘

受事主语句共出现 10 种句型，计 444 例。其中，神祇主语的句型有 5 种，共 377 例；祭牲主语的句型也有 5 种，共 67 例。祭祀动词受事主语句的详细句型、数量及动词分布情况见表 3。

表 3 受事主语句的类别、句型、数量及其中的祭祀动词

类别	句型	数量	祭祀动词
神祇受事主语句	①$(AV_1)+S_{\text{神}}+(AV_2)+V$	257	祝、御、燎、舌、祭、福、㪔、宾、祊、伐、束、鼎、𩚬、岁、豊、𡆥、刚、遘、升、彡、卯、丁、桒、彭、用、次、畲、蒸、示、飨、勺、侑、卩
	②$(AV_1)+S_{\text{神}}+(AV_2)+V+O_{\text{事}}$	15	御、肇、宁、岁、卯、取、伐、爵
	③$(AV_1)+S_{\text{神}}+(AV_2)+V+O_{\text{牲}}$	103	御、舌、燎、攺、祊、伐、戠、岁、𡆥、𠴲、刚、必、宜、𩟧、卯、用
	④$S_{\text{神}}+$叀$+O_{\text{牲}}-V$	1	用
	⑤$S_{\text{神}}+S_{\text{牲}}+V+P+O_{\text{地}}$	1	延

续表

类别	句型	数量	祭祀动词
祭牲受事主语句	①$(AV_1)+S_{牲}+(AV_2)+V$	38	用、祝、蒸、示、燎、束、岁、飨、束、福、卩、莫
	②$S_{牲}+(AV_2)+V+O_{神}$	8	御、侑、用、蒸、延
	③$(AV_1)+S_{牲}+S_{神}+V$	4	卯、用、岁
	④$S_{牲}+(AV_2)+V+P+O_{神}$	15	禘、用
	⑤$S_{牲}+V+O_{事}+O_{神}$	2	御

神衹作受事主语的句型用例如下：

（1）勿父乙御。500 正（御：祈福于神灵以求祓除疾患不祥之祭）

（2）癸酉卜：巫宁风。33077（巫：神衹名）

（3）丙申卜，即贞：父丁岁鬯一卣。23227（鬯：一种香酒）

（4）上甲叀牢用。924 正

（5）庚午卜：兄辛鬯延于宗，兹用。屯 657（宗：卜辞泛指安放祖宗牌位之处。参看同片：甲寅卜：其蒸鬯于祖乙小乙暨，大吉。屯 657）

上述 5 例均为神衹名词作主语的受事主语句。其中例（1）至例（3）为常规受事句，例（4）和例（5）则为主谓谓语句。例（4）通过“叀”标记将“O 牲”置于动词“用”之前，“叀牢用”作为整个句子的谓语，对神衹主语“上甲”进行说明。例（5）中，“兄辛”是神衹主语，“鬯延于宗”是一个受事主语句，充当谓语，前置的祭牲“鬯”无任何标记。

祭牲作受事主语的句型用例如下：

（1）牢又二牛用，王受佑。屯 4122

（2）辛丑卜：奚御祖乙。32524（奚：奴隶，为祭祀用的人牲）

（3）丁丑卜：其十牢大甲岁。32476

（4）壬寅卜，𣪊贞：兴方以羌用自上甲至下乙。270 正（兴方：方国名。以：致送。羌：人牲。兴方以羌：兴方致送的人牲“羌”）

（5）一牛一羊御妇鼠妣己。19987

以上 5 例均为祭牲名词或词组作主语的受事主语句。例（3）为主谓谓语句，“十牢”为大主语，“大甲岁”为受事主语句充当谓语，“其”为句首状语。在卜辞中，“其＋$S_{牲}$＋$S_{神}$＋V”的结构较少见，仅有此例。例（4）中“自上甲至下乙”表示从上甲到下乙的一系列先王，反映出商代常见的“选祭”模式，即在一次祭祀中选择若干先祖进行合祭，多为直系或五世以内的先祖（包括旁系）。“自…至…”是表示范围的介词连用，常见于选祭卜辞中。

五、结　　语

早期学者对甲骨文中的祭祀动词，多从文字考释的角度进行研究，主要通过字形分析、音韵训诂和文献比勘等方法确定字形，解释词义，并借助卜辞辞例进行验证。① 然而，由于时间久远和资料缺乏，甲骨文中仍有相当一部分祭祀词语的确切词义尚不明确，或存在较大争议。在这种情况下，参照动词所出现的句法结构来判断其是否为祭祀动词是一种有效的途径。同样，动词的句法结构也可作为分类的重要依据。

与以往学者以是否能带原因宾语为主要依据的单一分类标准不同，本文在对祭祀动词句型进行全面统计和分析的基础上，提出了基于句法结构和施受关系的分类方法。我们根据祭祀动词句中的施受关系，将其分为施事主语句和受事主语句两大类；施事主语句则根据祭牲、神祇或人事作为宾语的类型（单宾句、双宾句或三宾句）细分为七个小类；受事主语句则依据受事主语的语义分为神祇受事主语句和祭牲受事主语句两小类。本文详细列举了每个小类的句型结构、数量及其所包含的祭祀动词。祭祀动词在甲骨文中占有较大比重，句型复杂多样，具有代表性，本研究对甲骨文词类和句法的进一步研究具有参考价值。②

不可否认，甲骨文祭祀动词的研究仍有很大拓展空间。随着甲骨文的整理工作、文字考释以及分期断代研究的不断深入，未来对祭祀动词的研究需更加全面。除了借鉴甲骨学在文字考释、标点断句、缀合辨伪等方面的研究成果，还需充分利用学术界在甲骨文分组分类方面的成果，进一步总结祭祀动词句式使用的组类差异。③ 已有研究表明，不同组类的卜辞（如师组卜辞、历组卜辞、典宾类卜辞）在字体、书体、用字习惯等方面存在差异，句式的使用亦有所不同。④未来，开展更全面的组类研究将为甲骨文语法和祭祀动词的深入研究提供更为细致的视角。

① 李立新：《甲骨文中所见祭名研究》，第 7 页。

② 由于对卜辞的标点、释读、分类和句意理解的不同，某些句式在本文中未呈现，如张玉金提到的“祭名＋（于）＋神名，王宾”和“王宾＋祭祀动词＋祭名”等“王宾卜辞”的句型。参张玉金：《论宾字句的句法结构》，《古汉语研究》1993 年第 2 期。

③ 张玉金：《21 世纪以来甲骨文语法研究的回顾与展望》，《出土文献》2021 年第 2 期。

④ 参齐航福：《殷墟甲骨文中句式使用的组类差异考察——以“岁”字句为例》，《中国语文》2014 年第 2 期；齐航福：《三论殷墟甲骨文中句式使用的组类差异考察——以“祷”字句为例》，《古汉语研究》2020 年第 1 期。

附表 1　施事主语句的类别、句型、数量及其中的祭祀动词

类别		句型	数量	祭祀动词
单独带 $O_{神}$	动宾	①$(AV_1)+(S_{施})+(AV_2)+V+O_{神}$	623	舞、祝、即、沓、晵、御、蒸、取、告、将、沓日、𠯑、祭、祐、福、禘、畤、燎、桒、翌、奏、祀、攺、宾、肇、戠、弘、爵、兴、翌日、雩、𠭰、𩁹、凡、卯、遘、方、宜、彤日、侑、用、宁、彭、正、延、𣪊、競、示、祭、彤、𠬪、烄、𣪕、翌、伐、刚、方、称、勺
		②叀/勿唯$+O_{神}+(AV_2)+V$	43	兴、𠯑、品、示、岁、𩰫、熹、豊、彭、正、祝、御、取、告、用、侑
		③$(S_{施})+(AV_2)+V+O_{神}+P+O_{地}$	5	取、将、𠬪、伐、彭
		④叀$+O_{牲}+V+O_{神}$	3	彭、御
	介宾	$(AV_1)+(S_{施})+(AV_2)+V+P+O_{神}$	767	祝、即、沓日、御、𠯑、祭、蒸、福、陟、燎、埋、𣪕、告、禘、日、桒、米、戠、𣪊、勻、弘、刚、𧇍、岁、彤日、侑、宁、用、彭、沓、示、禘、奏、祀、淮、翌、宾、伐、祊、𩁹、凡、岁、遘、餗、𧇍、彤、勺、卯、延、沈、尊、鼓、若冈、𦈏、祀、祊
单独带 $O_{事}$	动宾	①$(S_{施})+(AV_2)+V+(AV_3)+O_{牲}$	863	舞、告、𠯑、侑、蒸、福、烄、燎、桒、戠、祝、御、将、禘、沈、埋、祀、攺、伐、𣪊、勻、箙、束、弘、岁、尊、𩁹、𣪘、𠭰、𩁹、餗、升、宜、𧇍、卯、彭、用、勺、𡆥、㳄、𣪕、攺、祭、日、奏、刚、莫、品、称
		②叀/勿唯$+O_{牲}+V$	51	㳄、舞、蒸、禘、烄、燎、𠭰、用
		③$(AV_2)+V+O_{牲}+P+O_{地}$	11	烄、攺、箙、勺、卯、用、蒸
		④$(AV_2)+V+P+O_{地}+O_{牲}$	9	𩁹、宜、侑、燎
		⑤$(AV_2)+V+P+O_{神}+O_{牲}$	211	祝、告、御、福、侑、禘、燎、埋、岁、刚、日、卯、桒、彭、𠯑、攺、宜

续表

类别		句型	数量	祭祀动词
		⑥($S_{施}$)+(AV_2)+V+$O_{牲}$+P+$O_{神}$	70	御、蒸、沈、𣪊、攺、刚、𦉪、卯、侑、彡、用、祭、宜、刚、称
		⑦(AV_2)+P+$O_{神}$+V+$O_{牲}$	15	告、祐、勺、攺、岁、尊、卯、侑、𡆥、用
		⑧V+$O_{牲}$+P+$O_{神}$+数词	2	侑
		⑨叀+$O_{牲}$-V+P+$O_{神}$	2	侑、用
	介宾	(AV_2)+V+P+$O_{牲}$	4	燎、侑
单独带$O_{事}$	动宾	①(AV_1)+($S_{施}$)+(AV_2)+V+$O_{事}$	201	次、御、告、寻、福、旦、燎、𠦪、奏、攺、宾、肇、匄、束、宁、尊、凡、侑、彡、延、将、用、若冈、祝、䎽、取、𠬝、𣪊、伐、斫、𢀛、𦉪、称、遘、勺、舞、𦫰、奠
		②($S_{施}$)+(AV_2)+V+$O_{事}$+P+$O_{神}$	129	御、䎽、告、禘、𠦪、宁、侑、𢦏、匄、蒸、勺、彡、寻、延
		③($S_{施}$)+(AV_3)+P+$O_{神}$+V+$O_{事}$	57	𠦪、御、告、蒸、祐、福、匄、宁、彡、佐
		④V+P+$O_{神}$+$O_{事}$	3	𠦪、告，燎
		⑤叀+$O_{事}$-V+P+$O_{神}$	1	𠦪
	介宾	(AV_2)+V+P+$O_{事}$	7	御、燎、侑
$O_{神}$+$O_{牲}$		①($S_{施}$)+(AV_2)+V+$O_{神}$+$O_{牲}$	148	𠮷、祝、𦫰、御、祐、燎、肇、𠬝、凡、𢦔、岁、𦉪、方、宜、卯、告、侑、彡、攺、𩛥、彡、祊
		②P+$O_{事}$+V+$O_{神}$+$O_{牲}$	3	御
$O_{牲}$+$O_{神}$		①(AV_2)+V+$O_{牲}$+$O_{神}$	32	彡、御、蒸、燎、翌、岁、酉、勺、卯、用、祭、侑、宾、𡆥
		②(AV_2)+V+$O_{牲}$+$O_{神}$+数词	6	侑
		③叀+$O_{牲}$-V+$O_{神}$	3	彡、御
		④AV_2+V+$O_{牲}$+$O_{神}$+P+$O_{地}$	1	勺
$O_{事}$+$O_{神}$		(AV_2)+V+$O_{事}$+$O_{神}$	17	御、𠦪、福、告、宁

续表

类别	句型	数量	祭祀动词
$O_{事}+O_{牲}$	①$(AV_2)+V+O_{事}+P+O_{神}+O_{牲}$	23	桒、告、御、宁、彭
	②$(AV_2)+V+O_{事}+O_{牲}$	7	御、侑、宁、彭、寻
	③$P+O_{神}+V+O_{事}+O_{牲}$	3	御、宁
	④$V+O_{事}+O_{牲}+P+O_{神}$	2	御、桒
	⑤$V+P+O_{神}+O_{事}+O_{牲}$	2	燎、侑
$O_{牲}+O_{事}$	①$V+O_{牲}+O_{事}$	1	卯
	②$V+P+O_{神}+O_{牲}+O_{事}$	1	侑
	③叀$+O_{牲}+V+O_{事}+P+O_{神}$	1	御
$O_{事}+O_{神}+O_{牲}$	$(AV_2)+V+O_{事}+O_{神}+O_{牲}$	13	御、宁、侑、桒、告、彭、祝

A Study on the Classification of Sacrificial Verbs in Oracle Bone Inscriptions

—Based on Syntactic Structure and Thematic Relations

JIA Yanzi

(School of Liberal Arts, Minnan Normal University, Zhangzhou Fujian 363000)

Abstract: This paper re-examines the existing classifications of sacrificial verbs in oracle bone inscriptions and proposes a more systematic classification method based on a comprehensive statistical and syntactic analysis of 106 sacrificial verbs. The study classifies these verbs according to their thematic roles within syntactic structures and the functional roles of sacrificial offerings, deities, and sacrificial causes. Firstly, sacrificial verb sentences are divided into agent-subject and patient-subject constructions based on thematic relations. Secondly, agent-subject sentences are further categorized into seven subtypes depending on whether the verb takes sacrificial offerings, deities, or human agents as objects, in single, double, or triple-object structures. Patient-subject sentences are divided into two subtypes, depending on whether the subject is a deity or a sacrificial offering. This classification not only addresses the limitations of previous methods but also provides new insights into lexical and syntactic studies of oracle bone inscriptions. Furthermore, the paper emphasizes the importance of incorporating group classifications and distinctions in future studies to deepen grammatical analysis.

Keywords: oracle bone inscriptions; sacrificial verbs; classification; thematic relations; syntactic structure; semantic functions

作者简介：贾燕子，文学博士，闽南师范大学文学院教授、博士生导师，著有《上位化：概念域的历时演变与强势上位词的产生》等。

民间文书整理方法再论

——以《天海斋藏福建家族契约文书（第一辑）》为例*

杨继光　陈　琳

（闽南师范大学文学院，福建漳州　363000）

摘　要：《天海斋藏福建家族契约文书（第一辑）》共四册，收录三户合计892件福建省宁德市屏南县契约文书，具有时间跨度长、材料真实、数量较大、种类丰富、归户性强、系统关联等特点，对于研究明清以来的福建社会、经济、农业、档案、法制具有珍贵的史料价值。运用识文字、明词义、审方音、懂句读等方法，可为包括《天海斋藏福建家族契约文书（第一辑）》在内的民间文书的整理和研究提供有益的借鉴和参考。

关键词：民间文书；整理；俗字；方音；句读

引　言

青年学者王涛以一人之力，积十余年寻访之功，搜集整理出计127户11811件福建家族契约文书。已整理出版的《天海斋藏福建家族契约文书（第一辑）》①共四册，收录了三户福建省宁德市屏南县契约文书，合计892件。该批文书上起清雍正三年（1725），下至民国三十二年（1943），具有时间跨度长、材料真实、数量较大、种类丰富、归户性强、系统关联等特点，对于研究明清以来福建社会史、经济史、农史、档案史、法制史具有珍贵的史料价值，同时文书中出现的方俗字词对于汉语史、俗字学、方言学等领域的研究也有较大的语料价值。编校者对文书以图文对照方式进行编辑，录文原则上一依原契，并进行点校和注释，嘉惠学林，功德无量。但由于文书出于众手，书体不一，且含有大量俗字、讹字、方言字、特殊符号和方言词、俗语词，识读不易。智者千虑，难免有失，导致该书在录文、标点、校勘和注释方面还存在一些问题。研读一过，笔者不揣谫陋，对该书编校中存在的主要问题加以归纳，并在此基础上提出民间文书整理方法，以期对该书的利用和研究有所助益，对民间文书的整理工作提供参考和建议，敬请编者和方家批评指正。例句后的页码指录文所在页码。

* 本文为国家社科基金一般项目“闽台契约文书方俗字词汇释”（23BYY021）的阶段性成果。

① 王涛编校：《天海斋藏福建家族契约文书（第一辑）》，贵阳：贵州人民出版社，2022年。

一、识文字

笔者曾在多篇文章中指出因不识或误识文字而导致契约文书整理出错的情况，① 储小昆则明确提出将“识文字”作为民间文书整理的主要方法之一。② 识文字包括识俗字、识形讹字、识异体字、识方言字、识草书行书等各种不同书体的文字。现举例说明如下：

（1）《光绪元年十月张钦□同张传现等立公议祭品祭田等事约据》：“经房长公议，租利钱四百文，每间的钱一百文，世廪无讯，其骨殓随父永丰公进葬。”（册 1，327 页）

按：录文所谓“世廪无讯”之“讯”，原契作“詷”。据文义，该字当为“嗣”之讹字。“无嗣”即无后，没有子嗣。又，原契“骨殓”不辞，据上下文语境，知当为“骨殖”，义为“尸骨”。“殓”“殖”二字形近，书手误书。

（2）《光绪元年十月张钦□同张传现等立公议祭品祭田等事约据》：“更有现门首右边里一间，开有成田，又有奂池同果园一坵，亦随永丰公祭田照次予轮流。”（册 1，327 页）

按：“奂池”不辞。录文所谓“奂”字，原契作“奐”，为“鱼”字的异写。③ “鱼池”怡然理顺。相同的错误还见于该书《光绪二十七年二月张某某立典民田贴断契（稿）》：“立贴断契张 ΔΔ，今因无钱使用，即将伯父钦振手有民田一号，坐址本处，土名俗叫奂池同。”（册 3，107 页）录文中所谓地名“奂池同”之“奂”，原契实作“奐”，为“鱼”字的异写，而非“奂”字。

（3）《光绪十八年闰六月十四日张传铿立当祭田批》：“若是欠少，其田至光绪十九年剝秆，二十年收冬，照凭牯价，任转耕作，收割一冬。”（册 2，487 页）

按：本文书内容未涉及猪、牛、羊等牲畜，“牯价”扞格难通。据文义，“牯”字当为“估”字之误。估价，指物品大抵估计的价格。参该书《光绪二十四年五月二十日张传铿立当课祭田批》：“言约利息长年照月加二算还，不敢欠少。若是欠少，其田至光绪廿五年剝秆，廿六年收冬，任转耕作收割一冬，照凭牯（估）价。”（册 3，61 页）《光绪二十五年十二月三十日张传铿立当课祭田批》：“言约利息长年照月加二算还，不敢欠少。若是欠

---

① 参见杨继光：《〈石仓契约〉第三辑校读释例》，《伊犁师范学院学报》（社会科学版）2016 年第 4 期；《〈石仓契约〉第三辑校读札记》，《中国农史》2017 年第 2 期；《〈太姥民间文书〉文字校理》，《江海学刊》2022 年第 1 期；《〈福建洋坑许氏文书〉校读释例》，《闽台文化研究》2022 年第 3 期；《〈福建洋坑许氏文书〉文字校理》，《江海学刊》2022 年第 5 期；《〈土地契约文书校释〉校读札记》，《闽南师范大学学报》（哲学社会科学版）2023 年第 1 期。

② 储小昆：《论民间文书整理的主要原则和方法——以〈闽东家族文书〉为例》，《阜阳师范大学学报》（社会科学版）2024 年第 3 期。

③ 参王政白编：《篆隶楷行草五体字典》，合肥：黄山书社，1985 年，第 935 页；毛远明：《汉魏六朝碑刻异体字典》，北京：中华书局，2014 年，第 1123 页。

少，其田至光绪二十八年剔秆，二十九年收冬，照凭牯（估）价，任转耕作收割一冬。”（册 3，83 页）此二处编者将“牯”字校改为“估”，甚是。

（4）《民国五年二月十六日高文狮立卖山契》：“立卖山契溪里厂高文狮，阄分山场一所，坐止（址）土名俗叫子坪溪竹兰。二阄上至全山，下至尾山，左至园中，右至塆，四至各白。”（册 3，251 页）

按：录文“四至各白”文义不通，原契实作“四至名白”，当校作“四至明白”。明、名二字音同，书手误书；名、各二字形似，编者误录。

（5）《回复张阿兑字条》：“又案钱五十六文，买猪油用。”（册 3，427 页）

按：录文“案钱五十六文”文义不通。录文所谓“案”字，原契实作“”，为“寄”字的草书。“寄钱五十六文”怡然理顺。

（6）《文书残件（今夫）（甲）》：“吾乡界内种其田稻，地爪园疏。”（册 3，435 页）

按：原契“地爪园疏”文义不通，当校录为“地瓜园蔬”。“瓜”“爪”形近易混，“蔬”“疏”音同形近，书手误书。

（7）《光绪三年十二月张禄得退赎民田契（赤）》：“立退赎契张禄得，今因前年间祖手有民田一号，坐址村头地方，土名西墘头，该田一石二斗正，应粮三亩，共粮亩、四至俱载明原契，不用重载。”（册 4，67 页）

按：原契“共粮亩、四至俱载明原契”文义不通，当校录为“其粮亩、四至俱载明原契”。“其”“共”二字形近，书手误书。参该书《光绪三年十二月张世维立卖民田贴断契》：“立贴断契张世维，今因前年间卖民田一号，坐址清墘村地方，土名俗叫后垄，该田四斗正，其钱粮、四至俱再（载）原契，不用重载。”（册 4，69 页）该书中还有多处“其”讹作“共”的情况，如《民国三年十月叶清润立卖民田契（赤、残）》：“又号土名俗叫蒲头坮田，该田（下缺）共田上至周家田，下至路，左至石世森田（下缺）。”（册 4，209 页）录文“共田上至周家田”文意不通，原契实作“其田上至周家田”，怡然理顺，当从。“共”“其”形近，编者误认误录。《六十年十一月叶应福立卖田契（残）》：“其田五斗正，与使家□□□动耕作，共应福兄弟不敢前来（下缺）。”（册 4，299 页）录文“共应福兄弟”扞格难通，复核原契，实作“其应福兄弟”，与契中“其田”之“其”字形相同。“其应福兄弟”怡然理顺。

（8）《光绪十七年十二月三十日郑兰使立当厝屋契》：“其钱言约利息长年加二送还，其钱限至十八年十二月廿日期，备本利一足送还。倘若过期无钱敢赎，其屋任进起业，且兰使母子不敢刁留。”（册 4，113 页）

按：原契“敢赎”不辞，据上下文，当校录为“取赎”，意为“赎回”。“敢”“取”二字形近，书手误书。参该书《同治七年二月五日张钦振立当田契》：“面约同治七年十二月无钱取赎，其田任通召佃起业。”（册 1，213 页）《光绪三十二年六月二十一日张传祖同张传庸等立典厝契》：“若无银取赎，任滤子孙永远管业。”（册 3，177 页）《光绪二十三年十

二月张传址立当课祭田批》：“其田面约九年满足，任寅兄弟备价取赎，且光不得刁留。”（册 4，25 页）

(9)《同治二年八月张清力立收借字当批字》：“立收字张清力，今收得张宗余手内借字、当稻龙虫坪洋田批，更少钱理还清白，不敢欠少。嗣（俟）后收出借字、当批数张，不敢欠少。”（册 4，137 页）

按：录文“稻龙”不辞，所谓“龙”字原契实作“”，为“尾”的行草字体。稻尾，黍的一种。[①] 原契作“稻尾”怡然理顺，当从。该书还有“稻尾”的用例，如《咸丰元年二月二十日张钦积同张忠镜立当稻批》：“立当稻尾批张钦积同男忠镜，因为急用，托中将溪角上洋南钟田一石四斗，当在张宗余、永四、永烟、钦松、钦拔、忠式处。定约本年下八月初二日，即将此田稻尾收割，青谷五石五斗，送宗余称下交收，不敢为误。”（册 1，99 页）

(10)《光绪十一年一月张忠敌立卖断民田契》：“（其田）四至明白，应粮一分九厘二毛正。”（册 4，353 页）

按：原契确实作“二毛”，但此处“毛”不应视作本字，而是“毫”的俗写。[②] 参该书《光绪十四年十二月张世温立典屯田契》：“该田四斗正，应粮七分六厘八毫正。”（册 4，357 页）《光绪二十四年十二月张世温立卖断民田七联契之一联（赤）》：“该田四斗正，应粮七分六厘八毫正。”（册 4，375 页）

(11)《光绪二十九年十一月张世照立卖民田契》：“言约递年冬成理纳青早租各四石八斗正。”（册 4，425 页）

按：录文“青早租各”文义不通，原契实作“租谷”。“租谷”一词，义为“租米”[③]，置于上文，怡然理顺。“谷”“各”形近，编者误认误录。

二、明词义

笔者亦曾多次撰文指出过因不明词义而整理文书出错的情况，包括因不明词义而阙录、失校、误校、误改、误读等情况。现结合该书，举例说明如下[④]：

(1)《乾隆二十年□月一日张宗拔立承牛牳约字》：“此系两家甘允，各无反悔。倘有此情□出约字，甘当□罪。”（册 1，3 页）

按：录文“甘当□罪”之“□”，原契并无阙文，明作“情”字，与句中“倘有此情”之“情”写法基本相同。“情罪”义为“罪情”，施于上揭例中怡然理顺。“情”字可补。

① 罗竹风主编：《汉语大词典》（第八卷），上海：汉语大词典出版社，1991 年，第 125 页。
② 杨小平：《清代手写文献之俗字研究》，北京：北京师范大学出版社，2019 年，第 356 页。
③ 罗竹风主编：《汉语大词典》（第八卷），第 69 页。
④ 因不明词义而误读的情况本节暂不讨论，将在第四节举例说明。

（2）《咸丰元年二月张进中立卖断菜园契》："或有来历不明，是中出头抵挡，不涉叶之事。"（册1，101页）

按：录文所谓"抵挡"，原契实作"抵当"。其实，"抵当"自成一词，有"承当"义，于本契中表义比"抵挡"更恰当，不烦改字。该书编校者因不明词义，将几乎所有"抵当"误改为"抵挡"，如《咸丰二年十二月彭奶邻立卖断厝屋契》："恐有来历不明，是奶邻出头抵挡，不涉叶之事。"（册1，105页）《同治八年十二月周奕江立卖断民田契》："倘有来历不明，是江出头抵挡，不累业主之事。"（册1，241页）《光绪八年十一月张清济立课祭田批》："其年份不明，是济出头抵挡，不涉转事。"（册2，169页）以上三例，原契皆作"抵当"，不误，编者误改。

（3）《同治五年八月张传宿立支青早谷凭票》："凭票支青早谷一石正，言约冬诚（成）理还，票到即交，不敢为误。"（册1，189页）

按：原契多写同音别字，如"冬成"作"冬诚"，编者已校改。录文所谓"为误"，原契实作"为悟"。编者径改"悟"作"误"，尚属正确。然"不敢为误"文义仍不通，当进一步校改为"违误"。"违误"一词，义为"耽误，失误"[①]。该书所收文书亦有"违误"用例，如《同治八年十月二十九日谢振儒立支钱凭票》："凭票支钱五千四百七十文，票到即将，不敢违误。"（册1，233页）《同治十年九月郑登阜立支生早谷凭票》："凭票支生早谷九石正，票到即交，不得违误。"（册1，253页）

（4）《光绪十三年下四月二十日梁陈梓同梁陈根立支银番凭票》："其钱以后无本利理还，其黄牛牯是转自己发买，是根不敢是言。"（册2，339页）

按："发买"不辞，原契"发买"，当为"发卖"之讹。"发卖"，义为"出售"，怡然理顺。

（5）《光绪十七年九月陈应谋立课田批》："立课田批陈应谋，今因无钱使用，即将祖上漈田一号……托中送课上漈头村张永转边，课青早谷本利七石五斗正。"（册2，473页）

按：原契"漈田"不辞，当校录为"祭田"。参该书《光绪十七年十二月二十九日张懋开立当祭田批》："立当祭田批张懋开，今因无钱使用，即将祖上祭田一号……托中向在张永转边，当出本番五元八角正。"（册2，481页）祭田指收获物用于祭祀所需的田地，亦称祀田、香火田，多用以祭祀祖先。[②] 盖因该地有漈头村、漈下村等地名，而"漈""祭"二字又形近，书手无意中误书"祭田"作"漈田"。实际上该书也有编校正确的情况，如《光绪十八年闰六月十四日张传铿立当祭田批》："立当课批张传銮，今因无钱使用，即将祖上漈（祭）田一号……托中送当本村张永转边，当出本钱一千二百文。"（册2，

① 罗竹风主编：《汉语大词典》（第十卷），上海：汉语大词典出版社，1992年，第1117页。

② 何九盈等主编：《辞源》（第三版），北京：商务印书馆，2015年，第3016页。

487页）该件文书中“祭品”原作“漈品”，编校者也作了正确的校录，如该书《光绪二十四年五月二十日张传铿立当课祭田批》：“其粮、漈（祭）品是铿自备，不累转之事。”（册3，61页）

(6)《民国五年二月十六日高文狮立卖山契》：“狮今因无钱，送卖漈头村张传虎处，承卖为业。”（册3，251页）

按：原契“承卖为业”与上下文义不合，此句系对买主张传虎而言，当校作“承买为业”。“承买”即承受购买，施之上文，怡然理顺。买、卖二字音形皆近，书手常误书。如本契：“其山既买［卖］之后，内有及种永远叶，与卖伯叔兄弟无干。”（册3，251页）不过，原契此句“卖”后脱“主”字，即当为“与卖主伯叔兄弟无干”。该书《雍正三年十一月叶应视立卖民田帖契》：“立贴契人叶应视，今因户门浩重，无银理纳粮差，自心甘愿将祖上置有民田一号，土名坐落后门仓后坵，受种三斗……托中引□送买（卖）房内叔文使边为业。”（册4，3页）以上二例，编者均作了正确校改。

(7)《光绪二十二年十二月石世耀立出典民田贴断契（赤）》：“中间明断明受，并无相贪车算揖勒等情。”（册4，133页）

按：原契“揖勒”不辞，编者失校，当校录为“抑勒”，意为“勒索，克扣”[①]。“揖”“抑”音近，“揖”又较“抑”常用，故书手误书。参《光绪十四年一月陆大宝立典民田契》：“其田明典明受，并无相贪作算抑勒等情。”（册4，99页）《光绪二十三年六月陆丰城立出典民田贴断契》：“中间明贴明断，并无相贪作算抑勒等情。”（册4，137页）

(8)《光绪二十五年十二月叶启随立卖民田契》：“其田面约随年取赎，不敢召留。”（册4，157页）

按：原契“召留”不辞，当校录为“刁留”。“刁”“召”二字音形皆近，书手误书。编者失校的原因则是不明“刁留”的词义。“刁留”一词，未见辞书收录，但民间文书中所见甚夥，义为“通过刁难对方而强行扣留”。例如该书《光绪七年十二月郑文诗同郑文朋立卖民田契》：“其田言约有赎无尽，其年限或原主不论年限，备价赎回，且转不得刁留。”（册2，143页）《光绪十七年十二月三十日郑兰使立当厝屋契》：“其钱言约利息长年加二送还，其钱限至十八年十二月廿日期，备本利一足送还。倘若过期无钱敢赎，其屋任进起业，且兰使母子不敢刁留。”（册4，113页）《光绪二十三年十二月陈添概立卖民田契》：“其田面约随年任慨备办，原价取赎，森不敢刁留。”（册4，141页）

三、审方音

“时有古今，地有南北，字有更革，音有转移。”[②] 不同时代有不同的语音系统，同一

① 罗竹风主编：《汉语大词典》（第六卷），上海：汉语大词典出版社，1990年，第393页。

② 陈第撰，康瑞琮点校：《毛诗古音考·屈宋古音义》（第二版），北京：中华书局，2011年，第7页。

时代不同地域的语音系统也不相同，同一地域不同时代语音系统也有区别。在整理包括契约文书在内的民间文献时，必须考虑方音的因素，否则极易出错。在前述文章中，笔者已多次指出整理民间文书因不审方音而出错的情况，另有多位学者也指出过同类问题。① 现结合该书，举例说明如下：

(1)《同治五年十二月三十日张永向立当猪批》："立当猪批张永向，今因无钱应用，家养糠猪牳一口，片身乌色，托中送当本村张钦梓边，当出本钱番七圆正。"（册1，199页）

按："片身乌色"文义不通，"片"当校改为"遍"，"遍身"即全身。参该书《光绪六年十一月张清雄立当猪批》："立当猪批凤溪村张清雄，今因无谷食用，即将家养糠猪一口，遍身乌色，牳猪，托中送当上滐头村张永转边。"（册2，77页）闽东方言"片""遍"二字声、韵、调相同，调值稍有不同，书手误书方言同音（或音近）字。

(2)《光绪元年十二月二十八日张传备立当祭田批》："言约利息长年照月加二算还，不敢欠少。欲是欠少，其田任转课价收清。"（册1，339页）

按：原契"欲是欠少"扞格难通，当校为"如是欠少"。闽东地区方言"欲""如"音近，皆为零声母字，且韵腹皆为[y]，只有声调不同。书手误书方言音近字。

(3)《光绪五年十二月陆如鉴立当山批》："其当以后，无钱此熟（赎），将山纳租，无租理还，将山与永转起业别庚（耕）。"（册1，499页）

按：原契作"此熟"不辞，编者校改"熟"为"赎"，甚是；唯"此"字亦为别字，当校改为"取"。此，《广韵》上声清母止韵；取，《广韵》上声清母麌韵；闽东方言二字皆读[ts^hy^{31}]，语音相同，书手误书。"取赎"义为赎回，参该书《同治七年二月五日张钦振立当田契》："面约同治七年十二月无钱取赎，其田任通召佃起业。"（册1，213页）《光绪三十二年六月二十一日张传祖同张传庸等立典厝契》："若无银取赎，任浌子孙永远管业。"（册3，177页）同类的音借字现象还见于《光绪十四年九月张传受立支青早谷凭票》："面结十三年止，谷票此出无用。"（册2，375页）原契"此出"当校录为"取出"。《光绪二十二年三月张奕盛立课祭田批》："言约利息加二算，面约本年备本利赎回。若是无钱此赎，任转耕作一冬。"（册3，31页）《光绪二十六年十二月黄秀枝同叶明妹立卖民田契（甲）》："其田言约随年此赎，且学不得兜留。"（册4，161页）以上二契原契中"此赎"文义不通，当校录为"取赎"。

(4)《光绪七年十二月郑文诗同郑文朋立卖民田契》："其粮照契肆助大造之年，推入转户内完纳，不得多推少收。（册2，143页）

① 详参郭敬一：《〈石仓契约〉与清代石仓方音研究》，陕西师范大学2016年硕士论文；郭敬一：《〈石仓契约〉方音俗字考释二则》，《方言》2019年第3期；张荣荣：《清代以来浙江契约文书字词校勘札记》，《安庆师范大学学报》（社会科学版）2020年第5期；龚泽军：《方音与民间契约文书的整理—读〈道真契约文书汇编〉札记》，《安庆师范大学学报》（社会科学版）2021年第2期。

按："肆助"不辞，"肆助大造之年"，文义不通。原契"肆助"，当为"俟至"之讹。"俟""肆"音同，"至""助"音近，书手误书同音近音字。"俟至"义为"等到"。参《咸丰二年十二月吴凤言立典民田契》："其粮递年照契完纳，俟至大造之年推入学户。"（册 1，107 页）《同治三年十二月吴立矩同择观等立典民田契》："其粮俟至大造之年推入学户，不敢多推少收。"（册 1，163 页）《光绪八年八月包前山立当稻尾批》："其俗（谷）俟至冬成八月，备办本利一足交清，不敢过期。"（册 2，161 页）《光绪十三年十二月吴映雪立典民田契》："其粮历年照完亩完纳，俟至大造之年，推入祐户。"（册 2，361 页）

(5)《光绪十年三月二十八日张忠冬立当祭田批》："其田至光绪十一年收冬，是冬但（值）年正分，任转收甲一冬，且冬不敢异言。"（册 2，241 页）

按："收甲"不辞，"收甲一冬"，文义不通。原契"收甲"，当为"收割"之讹。甲，咸摄开口二等入声狎韵见母；割，山摄开口一等入声曷韵见母；二字音近，书手误书。参该书《光绪九年十二月二十六日张传岁立当课祭田批》："其田至光绪十一年收冬，是岁值年正份，任转收割一冬，且岁不敢异言。"（册 2，237 页）《光绪十年六月张奕址立当课祭田批》："其田本年剔秆，十一年收冬，任转耕作收割一冬。"（册 2，245 页）该书又有"过割"误作"过甲"，编者亦失校。如《民国九年十二月周洋波立卖断民田契（赤、残）》："其粮存在二十八都一册周□□户内完纳，随即推收过甲。"（册 4，241 页）"过甲"不辞，"推收过甲"，文意不通。"过甲"，当校为"过割"，指旧时田宅买卖、典当或赠予时办理过户或转移产权手续。

(6)《光绪十九年十二月张传址立卖断地坪契》："立卖断契张传址，今因无钱使用，即将祖手置有地坪一所，造止（址）本处地方，土名下厝坪一片，上至路，下至滴水沟，左至传昌为界，右至传祖为界，四至明白，托中送卖断本村张奕绵边。"（册 2，527 页）

按：原契"造止"之"止"确实当校改作"址"，但"造址"仍不辞，当进一步校作"坐址"。造，《广韵》效摄开口一等上声皓韵从母；坐，《广韵》果摄合口一等上声果韵从母。二字声母、声调相同，读音相近，书手误书。"坐址"一词，义同"坐落"，辞书未收"坐址"，不过该词在屏南县契约文书中所见甚夥，例如该书《道光九年一月张钦得立承佃契》："承出太高祖容郎公楼屋一座，坐址本村，土名钟堂下，是得承去住居。面约递年冬成理还生谷五斗。"（册 1，69 页）《光绪十三年十二月吴映雪立典民田契》："立典契吴映雪，今因无钱使用，自心甘愿即将父份阄内有民田一号，坐址本处，土名俗叫七宝带，该田十坮正，合粮四分八厘……托中送典本村张纯祐处承典为业。"（册 2，361 页）《光绪十八年十二月吴映临同吴映吕等立承佃契》："立承佃吴映临同弟，今因无田耕种，就在本村张守润处承出民田一号。坐址本处，土名俗叫潦洋，该田三十坮正，承去耕种。"（册 2，499 页）同样的错误还见于该书《光绪三十一年一月二十五日张世雾立卖断地坪契》："立卖断契张世雾，今因无钱使用，即将祖手置有地坪一所，造址本处地方，土名下厝坪一片，上至路，下至坪，左至传盛厝坪，右至传祖园为界，四至明白，托中送卖断本村张传虎边。”（册3，165页）《光绪三十三年六月十二日张传祖立卖断地坪契》：“立卖断契张传祖，今因无钱使用，即将祖上置有地坪一所，造址本处地方，土各下厝坪一片，上至路，下至水井同，左至传虎己业，右至奕富园坪，四至明白，托中送卖断本村张传虎边。”（册3，189页）以上二处原契作“造址”，皆当校改为“坐址”。

(7)《嘉庆元年一月叶升海同叶升任立送卖民田贴断契》：“（秧地）受田一斗正，上年间送卖叶德润为业。纪经钱粮未情推收，央托公人登门理论，叶德润边贴断出价钱三千正。立契之日，笔下亲收一完，不挂只文。”（册4，13页）

按：“纪经”一词，现有辞书中唯见《汉语大词典》收录，释为“纲常”[①]。此义施之本文书甚为不合。实则文书中“纪经”乃“迄今”之方音误书字，正如该句“未情”亦不辞，乃“未曾”之方音误书字。

(8)《光绪三年十二月陆丰存立典民田契》：“以后言约谁年取赎，备价赎回，且任理不敢兜留。”（册4，71页）

按：原契“谁年”不辞，当校录为“随年”，意为“任意年份”。“谁”“随”二字音近，书手误书。参《张某某立典祭田契（稿）》：“其田面约任钟随年赎回，且〇〇不得兜留。”（册3，311页）《乾隆五十七年二月叶世祈立卖秧地契（残）》：“自卖以后，言约七年满足，以后与祈随年赎回，□秧地与润随手起业召重（种）。其粮合载二分，□正与祈随年收纳，不累润之事。”（册4，7页）《光绪九年十二月陆叶氏立卖民田契》：“言约随年取赎，限至十一月廿九日为止，过期不准取赎。”（册4，79页）同类的方言借音字失校问题还见于《光绪六年十二月黄成治立典民田契》：“本田是治自典，以后言约谁年□□备价赎回，且任欲不敢兜留。”（册4，77页）“谁年”不辞，当校改为“随年”。

(9)《民国元年十二月叶后接立典民田契》：“番价赎田之日，尾元一千一二算。”（册4，201页）

按：原契“尾元一千一二算”文义难明，当校录作“每元一千一二算”。闽东方言保留“古无轻唇音”的现象，[②]故“每”“尾”同音，书手误书。“每元一千一二算”，意为每个银元折合铜钱一千一百二十文。参该书《民国三年十二月叶清润立卖民田契（赤）》：“赎田之日，每元小洋一千一百四十算。”（册4，211页）《民国十一年一月叶后接立卖断民田二联契之一联（赤）》：“赎田之日，每小洋十角一千一百四十文算。”（册4，255页）同样的错误又见于《民国二年十二月石善同立典田契（赤、残）》：“其田赎契之日，小洋尾元一千一百二十文算。两家甘愿，各无异言。”（册4，205页）“尾元”亦当校作“每元”。《民国九年十二月黄仕女立送典田贴契（赤）》：“赎田之日尾，小洋十角，的钱一千

---

① 罗竹风主编：《汉语大词典》（第九卷），上海：汉语大词典出版社，1992年，第728页。

② 钟逢帮：《宁德方言常用词典》，福州：福建人民出版社，2021年，第14页。

一百四十文算。”（册4，243页）“尾”字亦当校作“每”，且录文标点不当，应读为：“赎田之日，每小洋十角的钱一千一百四十文算。”其中“的钱”义为“折钱”。

（10）《民国八年十二月叶后接立卖断民田契（赤）》：“其田上、左、右俱至山，下至彭家田，零身挂角田在内。”（册4，229页）

按：原契“零身”不辞，当校为“零星”。“星”“身”二字方言音近，书手误书。“零星挂角田”，即零零星星类似边角料的小面积田地。参该书《同治二年十二月张忠极立卖民田贴断契》：“其田自贴断之后，田界内所有零星挂角之田、粪寮、土记、茶柿一并俱任宗子孙永远管业。”（册4，319页）《同治五年十二月张久江立典民田五联契之一联（赤）》：“又土名丹坵田．五升，上至张永桥原田，下至张久涵田，左、右至山，及零星挂角之田在内。”（册4，323页）同样的错误又见于《光绪五年十二月梁传盛立卖断民田二联契之一联（正面、赤）》：“其田上至梁添孝田，下至张清增耕田，左至山并至清增耕田，右至山又及下位田，二坵零身挂角具各在内。”（册4，341页）

（11）《三年十一月叶应视立卖田契（残）》：“代造之年，推与本房叶文使□□，不得多推小收。”（册4，293页）

按：“代造”不辞，“代造之年”，文意不通。代、大同音，如“大王”“大夫”之“大”，音同“代”。“代造之年”当校为“大造之年”，指明清时期编造黄册的年份。明清时期，将为征收赋税而编造的户籍册称为黄册，规定每十年编制一册，工作浩大，故称编制黄册的年份为“大造之年”。大造之年交易双方履行推收过割手续。见《大明会典》卷二十《户部》七：“国初因赋定役，每十年大造黄册，户分上、中、下三等，差役照册佥定。”① 参该书《光绪十八年十二月吴映临同吴映吕等立典民田契（正面）》：“其粮津助完纳，俟至大造之年，推入润户完纳。”（册2，501页）《光绪二十七年二月张某某立典民田贴断契（稿）》：“其粮在廿六都左册Δ户完纳，俟至大造年推入Δ完纳。”（册3，107页）《光绪十三年一月叶吉千立卖断民田契》：“其粮系二十七都叶忠庄户顶纳，大造之年推入案内己户完官。”（册4，93页）

四、懂句读

因为不明词义、不明句义、不明语境义、不明文书体例、不明特殊符号、不明人物身份等原因，民间文书整理常见标点出错的情况。现结合该书，举例说明如下：

（1）《嘉庆十六年三月张宗余立典民田契》：“光绪廿九年十二月十五日，经熙岭吴荣全取，和向后后山笼及石壁仔之田，任俦滤伍耕作。”（册1，35页）

按：“经熙岭吴荣全取，和向后后山笼及石壁仔之田”两小句费解，原因在于编校者

① 申时行：《大明会典》，上海：上海古籍出版社，2002年，第341页。

割裂词语，“和”字当属上而误属下。“取和”一词，义为“和解，采取和好姿态”。[①] 此义施于上揭文书，若合符契。即本句当作：“经熙岭吴荣全取和，向后后山笼及石壁仔之田，任侍滤伍耕作。”

(2)《道光九年一月张钦得立典楼屋契》：“立典契张钦得，今因无银使用，愿将己分楼屋一座……托中送在张宗圣、宗贵、宗蒲、赠发、宗余、宗朝等处承典，以为太高公、容郎公祭典轮流为业。”(册1，71页)

按：“太高公、容郎公”中间的顿号不当，当去掉。“太高公容郎公”是同位短语，“太高公”是其辈分，“容郎公”是其名讳。

(3)《光绪三年四月张忠代立当课祭田批》：“立当课批 张忠代，在见堂弟 传居，同见堂弟 传备，同见堂弟 忠枝，同见代字堂侄 孙世滑。”(册1，385页)

按：“同见代字堂侄 孙世滑”点断不当，当作“同见代字堂侄孙 世滑”“堂侄孙”义为“堂兄弟的孙子，堂侄的儿子”。“世滑”此人姓张不姓孙，参《光绪三年一月十七日张传思同张奕可立支神戏钱凭票》：“立票人张传思，同票张奕可，代笔张世滑。”(册1，375页)《光绪九年二月张传铿立当祭田批》：“立当批张传铿，在见胞弟传思，在见堂兄传知，代字中张世滑。”(册2，207页)

(4)《宣统二年十月陈光现同陈光府立卖断山契》：“立卖断山契人凤林村陈光现等，缘因祖上历管有山场一所，坐落宝莲寺下山。今因长坋村陆维赠，现年四十余，扦掘吉地安葬祖妣现等，托中送卖断长坋村陆维赠处，安葬祖妣，以妥先灵。”(册3，219页)

按：据上下文意，上文第二处“现等”当属下而误属上。即当作“现等托中送卖断长坋村陆维赠处”。

(5)《光绪十三年十一月陆叶氏立送典民田贴断契》：“其田四至、钱粮具载原契内，不用重［叙］，俟前年间送典石世海边为业。今因乏用，托中向在世海处贴断出价银一十一两正。”(册4，97页)

按：上文标点不当，导致文意难明。其实“俟”字当属上，为“叙”的方言讹误字，所以编校时录文应作：“其田四至、钱粮具载原契内，不用重俟（叙），前年间送典石世海边为业。”参《同治七年十二月张忠丹同张仁熊等立卖民田贴断契（赤）》：“其田、钱粮、四至俱载原契，不用重叙。”（册4，51页）不过，该处录文中“田”字后面的顿号应删除，“田”与“钱粮”“四至”为定中关系。又参《光绪四年一月周清杨同周传寿立送卖田贴断契》：“（其田）五合正，钱粮、四至具再（载）原契内明白，不用重叙。”（册4，73页）类似的错误又见《光绪二十二年十二月石世耀立出典民田贴断契（赤）》：“其粮、四

① 参李荣主编：《现代汉语方言大词典》，南京：江苏教育出版社，2002年，第2097页；许少峰主编：《近代汉语大词典》，北京：中华书局，2008年，第1554—1555页。

至俱载原契内，不用重［叙］，俟是耀托中向在本村叶大敬边贴断出价银一十六两正，每两折钱八百算。”（册 4，133 页）编校时录文应作：“其粮、四至俱载原契内，不用重俟（叙），是耀托中向在本村叶大敬边贴断出价银一十六两正。”在该书所录文书中，“叙”又可讹作“事”，与讹作“俟”原因相同，都是方音相近，书手误书。如《光绪二十年十二月陆丰潭立卖民田契（甲）》：“其田四至具载原契，不用重事。”（册 4，123 页）

（6）《光绪□□年石世森立缴出田契等约据（残）》：“以上共契五纸，是公亲叶清锋、陆席书、世存三人。今手撤（缴）出田契，与光绪三十二年二月交付，存在世森家内。”（册 4，193 页）

按：原契“今手”，当校录为“经手”，义为“过手；亲手经办”。方言音近而误。“与光绪三十二年二月交付”之“与”，当校录为“于”，音近而误。如此，则原录文标点亦失当，当改作：“以上共契五纸，是公亲叶清锋、陆席书、世存三人今（经）手撤（缴）出田契，与（于）光绪三十二年二月交付，存在世森家内。”

（7）《咸丰十年三月张忠极立典民田契》：“亲立典契张忠极，今因无银使用，愿将阉分己份民田一号，坐址大章地方，土名俗叫后坪垄田，五斗正，其田上至良梁明芭耕作田，下至张阿孟田，左至山，右至山。”（册 4，317 页）

按：“田”与“五斗王”为主谓关系，故“田五斗正”当连读。且地名（即原契所谓“土名”）叫“后坪垄”，不叫“后坪垄田”。

（8）《光绪二十六年十一月张奕棉立卖断寮契》：“言约辛丑年十一月此赎，若是无银，此赎随退与达管业。”（册 4，409 页）

按：如上文所述，原契“此赎”不辞，当校录为“取赎”。同时上揭句子还存在标点不当的问题，导致句义难明，正确的文字和标点应为：“言约辛丑年十一月此（取）赎，若是无银此（取）赎，随退与达管业。”

Re-discussion on the Arrangement Method of Folk Documents

—Take *Fujian Family Contract Documents Collected in Tianhaizhai* (*First Series*) as an Example

YANG Jiguang, CHEN Lin

(School of Liberal Arts, Minnan Normal University, Zhangzhou, Fujian 363000)

Abstract: There are four volumes of *Fujian Family Contract Documents Collected in Tianhaizhai* (*the first series*), which contains 892 contract documents from three households in Ningde City, Fujian Province. It has the characteristics of long time span, authentic materials, large quantity, rich types, strong household affiliation and systematic correlation, and is of precious historical value for studying Fujian's society, economy, agriculture, archives and legal system since the Ming and Qing dynasties. Using the methods of recognizing characters, understanding the meaning of words, examining local sounds and mastering judou can provide useful reference for the collation and research of folk documents including the *Fujian Family Contract Documents Collected in Tianhaizhai* (*the first series*).

Keywords: folk documents; collation; vulgar character; dialect pronunciation; judou

作者简介：杨继光，文学博士，闽南师范大学文学院教授，著有《〈万历野获编〉词汇研究》等；陈琳，闽南师范大学文学院2023级硕士研究生，曾发表论文《晋江侨批方言词浅析》。

东晋、南朝宋诗人用韵的数理统计分析*

魏鸿钧

（闽南师范大学文学院，福建漳州　363000）

摘　要： 文章以“数理统计法”研究东晋、南朝宋时期各韵部的历时演变以及分合情况。除检视“之支脂微”“咍皆”的合韵关系及“萧宵、肴豪”“歌戈、麻”二分的问题，也对“祭泰”的语音内涵，“蒸部耕韵”的归属，“东冬钟江”的合韵、拟音，“青韵”“锡韵”是否独立，“真文元”混押，“屋沃”合并，“药铎”演变，“质没”拟音等韵类交涉及演变情况提出看法。

关键词： 上古韵；中古韵；音韵层次；数理统计

引　言

公元317年，晋愍帝遇害，士族王导、王敦等扶植琅琊王司马睿在建康登基，改元建武，史称东晋。是时北方异族侵寇，衣冠、流人分数条路线南徙，抵达荆州、扬州、梁州、益州等地，一方面造成南渡北语与江东口语融合，另一方面河、淮以北也间杂夷言，自此论音者大率以江南为南音，江北为北音。郭璞为《方言》作注已提及南北方言差异，颜之推更在《颜氏家训·音辞篇》中具体分析南北朝时期方言的区域差异，故深入这一时期的语音研究，无疑有助于弄清楚汉语方言的形成与发展脉络。

本文旨在以“数理统计法”研究东晋、南朝宋时期的诗人用韵，具体的研究时限从公元317年到479年，计163年。在材料上，以逯钦立《先秦汉魏晋南北朝诗》第849至1374页的作品为主，① 计有诗人175位，诗作982首。② 这期间的韵类研究，较早见于王越《三国六朝支脂之三部东中二部演变总说》③ 及于安澜《汉魏六朝韵谱》④。这两家著作对韵部演变的看法颇多值得商榷之处，结论也多为后人所修订，不再征引。这时期重要的

* 本文为国家社会科学基金一般项目“周秦至隋韵类演变研究”（21BYY128）的阶段性成果。

① 逯钦立：《先秦汉魏晋南北朝诗》，台北：学海出版社，1991年。

② 我们参考前人研究删补了部分作品，由于该部分并非本文重点，所以不一一列出。

③ 王越：《三国六朝支指之三部东中二部演变总说》，《国立中山大学文史学研究所月刊》1933年第1卷第2期。

④ 于安澜：《汉魏六朝韵谱》，郑州：河南大学出版社，1936/2015年。

研究分见于：王力《南北朝诗人用韵考》、[①] 林炯阳《魏晋诗韵考》、[②] 丁邦新《魏晋音韵研究》（1975）、[③] 何大安《南北朝韵部演变研究》（1981）[④] 以及周祖谟《魏晋南北朝韵部之演变》（1996）。[⑤] 这几篇著作对韵部分合的看法多有差异，本文仅节录东晋、南朝宋的研究成果，其中分部有别者共 24 处，分列如下：[⑥]

1. 两汉宵部：何大安晋宋分“宵、豪”；王力、林炯阳、周祖谟不分。

2. 两汉真文：林炯阳魏晋分“真、魂”；何大安晋宋以及王力宋分“真、文、魂（元）”；周祖谟东晋分“真、文”，宋分“真、文、魂”。

3. 两汉谈部：林炯阳、何大安、周祖谟东晋、宋分“谈、盐”；王力宋分“谈、盐、（严）”。

4. 两汉侵部：周祖谟东晋、王力宋分“侵、覃”；林炯阳晋不分；何大安晋不分，宋分。

5. 两汉盍部：林炯阳晋分“叶（叶业［怗乏］）、盍（盍）、狎（狎）”；周祖谟东晋、宋分“叶（叶怗洽［业］）、盍（盍狎）”；王力宋分“叶（叶怗乏［乏泛］）、业（业乏［法］）、盍（盍）”；何大安晋宋分“叶（狎洽叶业乏怗）、盍（盍）”。

6. 庚耕清青：王力宋分“庚、青”；何大安、周祖谟不分。

7. 陌麦昔锡：王力宋分“陌、锡”；何大安、周祖谟不分。

8. 之部脂韵：林炯阳晋、王力宋入“脂部”；何大安、周祖谟晋、宋兼入“之、脂”。

9. 之部皆韵：林炯阳晋、王力宋入“皆部”；周祖谟晋、宋入“咍部”；何大安晋“平声入皆部、上去入咍部”，宋“上去声也入皆部”。

10. 之部灰咍韵：王力、周祖谟宋独立一部；何大安并入“皆部”。

11. 支部齐韵：林炯阳晋、王力宋入“皆部”；周祖谟东晋入“支部”，宋入“皆部”；何大安晋入“支部”，宋同“脂部齐”独立一部。

12. 脂部齐韵：林炯阳晋、王力宋入“皆部”；周祖谟东晋、宋入“皆部”；何大安晋入“皆部”，宋同“支部齐”独立一部。

13. 脂部灰咍韵：林炯阳、何大安、周祖谟晋、宋入“皆部”；王力宋入“灰部”。

14. 祭部废韵：林炯阳晋入“泰部”；周祖谟东晋、宋入“泰部”；何大安晋入“祭部”，宋入“皆部”；王力不详。

15. 祭部怪韵：林炯阳晋入“泰部”；周祖谟东晋、宋兼入“祭、泰”；何大安晋入“祭部”，宋入“皆部”；王力未见。

16. 祭部霁韵：何大安、周祖谟宋入“祭部”；王力宋入“屑部”。

---

① 王力：《南北朝诗人用韵考》，《王力语言学论文集》，北京：商务印书馆，2000 年，第 1—58 页。

② 林炯阳：《魏晋诗韵考》，《台湾师范大学国文研究所集刊》1972 年第 16 期，第 1105—1302 页。

③ 丁邦新：《魏晋音韵研究》，台北：“中研院”历史语言研究所，1975 年。

④ 何大安：《南北朝韵部演变研究》，台湾大学 1981 年博士学位论文。

⑤ 周祖谟：《魏晋南北朝韵部之演变》，台北：东大图书，1996 年。

⑥ 何大安（1981）虽然在丁邦新（1975）的基础上作了部分修正（如：何晋代分“谈、盐”；丁不分），不过大体上仍承继丁氏对晋代的分部看法。本文为求精简不列丁先生的分部。

17. 祭部泰韵：何大安、周祖谟宋入“泰部”；王力入“曷部”。

18. 祭部夬韵：何大安、周祖谟宋入“泰部”；王力韵窄不见。

19. 职部屋韵：林炯阳晋、王力宋入“沃部”；何大安晋、宋入“沃部”；周祖谟东晋入“职部”，宋入“屋沃部”。

20. 职部麦韵：王力宋入“陌部”，何大安宋入“锡部”；周祖谟未提及“麦韵”归属。

21. 沃部烛韵：林炯阳晋入“沃部”；何大安晋入“屋部”，宋入“沃部”；周祖谟东晋入“沃部”，宋“屋沃合并”；王力宋入“屋沃部”。

22. 沃部觉韵：林炯阳晋入“屋部”；何大安晋、宋入“沃部”；周祖谟东晋入“沃部”，宋“屋沃合并”；王力宋入“屋沃部”。

23. 月部黠韵［察滑］：王力宋入“月（没）部”；何大安、周祖谟入“屑部”。

24. 蒸部耕韵：林炯阳、何大安、王力晋、宋入“耕部”；周祖谟东晋、宋入“登部”。

上面各家所用的材料相当，但对于韵部分合未有统一标准，① 导致出现这么多的差异。我们先以上古韵部框架对东晋、南朝宋诗人用韵作“辙离合指数”分析，再于各辙内以中古16摄、206韵的架构进行“韵离合指数”以及“卡方检验”。检验的结果除可归纳出东晋、南朝宋的韵类关系，也可细致观察周秦到南朝宋的韵类演变情况。以“数理统计法”研究诗歌押韵至今成果不在少数，② 限于篇幅，详细作法见朱晓农（1989/2006）、③ 麦耘（1999、2002）。④

一、东晋、南朝宋诗人用韵的“辙离合指数”分析

以上古韵部框架，检视东晋、南朝宋的押韵结果：辙离合指数＞2、韵次≥3者共28

---

① 朱晓农曾批评：“至民初高本汉带来历史语言学，音韵学的广度和深度都拓展了不少，但利用韵文来划分韵部依然是一项重要工作。如陆志韦、王力依《诗经》韵划分上古韵部，罗常培、周祖谟、丁邦新、李荣、张世禄等进而编撰汉魏晋隋唐宋韵谱以探讨历代韵母系统。但问题在于，尽管历经上千年，尽管有无数杰出音韵学家的努力，探讨这一‘千古难题’的方法依然停留在乾嘉水平：一方面，凭经验估计来分合韵辙（韵部），缺乏一个客观标准；另一方面，对韵辙（韵部）内部的韵母区别无能为力。”见朱晓农：《北宋中原韵辙考——一项数理统计研究》，朱晓农：《音韵研究》，北京：商务印书馆，2006年，第188—189页。

② 运用“数理统计法”研究诗歌押韵，较早的是20世纪80年代朱晓农《证北宋豫鲁地区十八辙三十四组》（1982），至今成果已不在少数，如白一平《汉语上古音的 *-u 和 *-iw 在〈诗经〉中的反映》（1985/1997）、麦耘《隋代押韵材料的数理分析》（1999）、金恩柱《唐代墓志铭的押韵及其研究方法》（1999）、刘修海《元散曲用韵研究》（2001）、张建坤《清车王府抄藏曲本子弟书用韵研究》（2002）、戴军平《魏晋押韵材料的数理分析》（2003）、李书娴《用聚类方法研究古代押韵材料》（2003）、魏慧斌和李红《宋词阳声韵的数理统计分析》（2005）、张建坤《北魏墓志铭用韵研究》（2007）、李书娴《用数理统计方法研究韵文材料的验证与个案分析（稿）》（2008）、张建坤《齐梁陈隋押韵材料的数理分析》（2008）、王冲《前四史韵语研究》（2015）。这些著作除白一平研究《诗经》幽部内的押韵问题外，其余集中在魏晋以下。

③ 朱晓农：《北宋中原韵辙考——一项数理统计研究》。

④ 麦耘：《隋代押韵材料的数理分析》，《语言研究》1999年第2期；麦耘：《用卡方计算分析隋代押韵材料》，《语言文字学论坛》2002年第1辑。

	14114	之	幽	宵	侯	鱼	支	脂	微	歌	职	觉	药	屋	铎	锡	质	物	月	叶	缉	蒸	冬	东	阳	耕	真	文	元	谈	侵
之	1046	408	1.6		1	0.1	1.2	1.9	0.5	0.2	1.1	0.2					0.2	0.1													
幽	741	87	240	4.6	4.1	0.2		0.4	0.1			1	0.9																		0.1
宵	355		86	130	0.1							0.6	2.7																		
侯	267	20	57	1	30	6.6									1.5																
鱼	925	5	9		116	334			0.1	2.1					1.5			0.1													
支	143	13					19	12.4	2.4	8.2									0.2												
脂	239	33	5				30	38	6.5	1.1	0.2						1	2.1	0.5		1						0.1				
微	628	25	4			3	15	69	242	0.6							0.3	0.6										0.2			
歌	553	9				75	46	10	15	193	0.1				0.3	0.5	0.2														
职	329	26						1		1	134	6.1		1.4	0.2	0.3	1.3														
觉	134	2	7	2							19	38	4.8	14.1	0.7	2.6															
药	87		4	6								4	11	8.9	15.1	1															
屋	127										4	17	7	47	0.5	2.1															
铎	461				13	45				5	2	3	43	2	149	8.9	0.1				0.5										
锡	159									3	1	4	1	3	46	47	1.5		0.2										0.1		
质	237	4						4	3	2	7				1	4	64	15.5	6.6		2										
物	115	1				1		4	3								30	26	6		2										
月	470					1	1	4								1	52	23	192	2.9	0.5										
叶	21																		2	9	11										
缉	61							1							1		2	1	1	1	27										
蒸	98																					34	5.5	2.8	0.2	0.6			0.1		1.2
冬	209																					8	41	11.3	0.4						4
东	456																					9	76	164	0.4						1.4
阳	1341					2																2	8	16	561	1.6	0.1				0.1
耕	1174	4													2							5			175	477	0.4				
真	959							1																	6	32	246	3.9	2.4		
文	742	1							6	1																1	198	220	1.2	1	0.1
元	1427							1	1							2			1			1			4	1	228	92	548		
谈	19																											1		5	10.1
侵	591		2																			5	35	27	6		2	2		8	252

组，分别是：①

1. 幽宵 4.6，幽侯 4.1，宵药 2.7，侯鱼 6.6，鱼歌 2.1。

2. 支脂 12.4，支微 2.4，支歌 8.2，脂微 6.5，脂物 2.1。

3. 职觉 6.1，觉药 4.8，觉屋 14.1，觉锡 2.6，药屋 8.9，药铎 15.1，屋锡 2.1，铎锡 8.9。

4. 质物 15.5，质月 6.6，物月 6。

5. 蒸冬 5.5，蒸东 2.8，冬东 11.3，冬侵 4。

6. 真文 3.9，真元 2.4。

7. 谈侵 10.1。

依此我们先粗略地把东晋、南朝宋韵部合并为十二辙：

<table>
<tr><th>阴声</th><th>入声</th><th>阳声</th></tr>
<tr><td>1. 之</td><td rowspan="3">4. 职觉药屋铎锡</td><td>8. 蒸冬东</td></tr>
<tr><td rowspan="2">2. 幽宵侯鱼</td><td>9. 阳</td></tr>
<tr><td>10. 耕</td></tr>
<tr><td>3. 支脂微歌</td><td>5. 质物月</td><td>11. 真文元</td></tr>
<tr><td rowspan="2"></td><td>6. 叶</td><td rowspan="2">12. 谈侵</td></tr>
<tr><td>7. 缉</td></tr>
</table>

遇到一部兼跨数辙的情况，我们并入离合指数较大的韵辙，如宵药 2.7、觉药 4.8，将药部并入觉部。具体的语音关系，在后文“韵辙内部分析”以及“相关议题讨论”之处详谈。

二、东晋、南朝宋诗人用韵的“韵离合指数”及“卡方检验法”分析

底下依韵离合指数及卡方检验法于十二辙内部再做押韵分析：

（一）之辙

	1046	之部止摄	之部流摄	之部蟹摄	之部通摄
之部止摄	814	353		11	
之部流摄	106		7		

① “辙离合指数＞2”但是“韵次＜3”计有：质缉 2，物缉 2，月叶 2.9，叶缉 11。以上合韵指数的可靠性存疑，故不作分辙考虑。

续表

	1046	之部止摄	之部流摄	之部蟹摄	之部通摄
之部蟹摄	124	11		37	
之部通摄	2				
其他	230	97	92	39	2

上表“韵离合指数”均<50，显示“之部止摄、之部流摄、之部蟹摄、之部通摄”①之间互相押韵的情况不多，故将东晋、南朝宋“之辙”分出：

1. 之部：之部止摄（jə［～ji］之）。

2. 咍部：之部蟹摄（ə>ɛ［～ɛi］灰咍、rə>rɛ［～rɛi］皆）。

＊之部流摄（［B］ə、［B、Kw］jə>u 侯、ju 尤）。

大致上来说，之部一、二等（之部蟹摄）演变为咍部，之部三等（之部止摄）保留之部原有的央元音 ə。此外，“之部流摄”转入其他韵部，没有独立地位，韵段上可见“之部流摄”转入幽部（［B］ə、［B、Kw］jə>u、ju），与幽（u）、侯（o>u）两部的流摄字相押。如下表之部流摄的“丘”字转押幽部、侯部的流摄字：

作者	诗名	韵字	上古韵部	中古韵目
王羲之	兰亭诗	丘/周柔流	之/幽	尤
孙绰	兰亭诗	丘/流俦舟	之/幽	尤
陶渊明	命子诗	丘/周流/侯	之/幽/侯	尤/尤/侯

之部三等（之部止摄）到了东晋、南朝宋原则上保留央元音 ə，但部分字有“i 音化”② 倾向（jə>ji），转与支部（je>ji）、脂部（ji）、微部（jəi>ji）、歌部（jai>je>ji）的止摄字相押，如：

① 分指上古之部内的中古止摄字、蟹摄字、流摄字以及通摄字。

② 上古之部元音拟 ə，支部拟 e，脂部拟 i，微部拟 əi，歌部拟 ai。自东晋、南朝宋这些韵部的三等字在韵段中频繁接触，全拟作 i 的理由是押韵的大原则得主要元音相同，且这些三等字在后代的演变常常变成舌尖元音，而舌尖元音的前一个阶段，正好就是 i 元音的擦音化。张光宇指出，早在隋代以前，这几个韵类已有相混，他说：“在《切韵》以前，汉语史早已发生过‘爱欧塔化’的现象，止摄诸韵已难区别。例如王本切韵韵目小注上说‘脂’在吕静、夏侯赅的韵书里与‘之微’大杂乱。”域外借音和汉语方言也可以见到这些韵类演变共同的指向是 i 元音，如高本汉说：“从脂之二韵我们过渡到支韵。这里我们再次发现，所有的域外借音和几乎全部现代方言都把支韵和脂之二韵读得一样，它们全都指示着一个 i：‘寄’字朝鲜 kɯi，汉音、吴音、越南、客家、汕头 ki，温州、上海、官话 tɕi。”高本汉还说：“我们又一次发现了（微韵）与支脂之三韵完全相同的情况：‘几’字朝鲜 kɯi，汉音、越南、客家、汕头、福州 ki，温州、上海、官话 tɕi，所有这些方言似乎都指出中古音是 i。”上述说法分见于张光宇：《论“深摄结构”及相关问题》，《语言研究》2007 年第 1 期，第 9 页；［瑞典］高本汉：《中上古汉语音韵纲要》，聂鸿音译，济南：齐鲁书社，1987 年，第 80—81 页。

作者	诗名	韵字	上古韵部	中古韵目
陶渊明	和胡西曹示顾贼曹诗	飔/葵迟/衰悲衣微挥	之/脂/微	之/脂/脂脂微微微
庾阐	吊贾谊辞	圮/指死/水	之/脂/微	旨
伍辑之	劳歌	期/枝澌知/萎/危奇	之/支/微/歌	之/支/支/支
羊权	萼绿华赠诗	枝/弥/池	支/脂/歌	支

之部一、二等（之部蟹摄）原则上演变为咍部（ə>ε），但部分字有元音复化倾向（ε>εi），转与支部（e>εi）、脂部（i>əi>εi）、微部（əi>εi）的蟹摄字相押。如下表之部蟹摄的“来莱”转押支部、脂部、微部的蟹摄字：

作者	诗名	韵字	上古韵部	中古韵目
—	读曲歌	来/题	之/支	咍/齐
郭璞	游仙诗	莱/栖荑梯妻瓻齐	之/脂	咍/齐
—	祈嘉夜闻人呼语	来/崖/谐	之/支/脂	咍/佳/皆
刘义庆	乌夜啼	来/啼/开	之/支/微	咍/齐/咍

（二）幽宵侯鱼辙①

	2288	幽部止摄	幽部流摄	幽部效摄	幽部遇摄	宵部效摄	侯部流摄	侯部遇摄	鱼部遇摄	鱼部假摄
幽部止摄	19									
幽部流摄	507		178	1		1	79B	9	2	
幽部效摄	213		2	60		65B		2		
幽部遇摄	2								129	
宵部效摄	355		2	84		130	2			
侯部流摄	91		49			1	11	7	1	
侯部遇摄	176		7	1			1	18	88T	3
鱼部遇摄	742		6	1	2		1	114	285	1
鱼部假摄	183							1	2	47
其他	282	19	85	5		8	17	16	46	86

把“字次 10 以下”“韵次 3 以下且离合指数过高”的情况去掉（下文同），分出：

① 表中出现 T 表示经卡方检验两类相合，B 表示两类不通，N 表示字次、韵次太少不具有参考价值（下同）。

1. 幽部：幽部流摄（［B］u 侯、ju 尤幽）。

2. 豪部：幽部效摄（u、ru、iu>ou［～au］豪、rou［～rau］肴、iou［～iau］萧）。

3. 宵部：宵部效摄（au 豪、rau 肴、jau 宵、iau 萧）。

4. 侯部：侯部遇摄（jo 虞）、鱼部遇摄（a、ja>o 模、jo 鱼虞）。

5. 鱼部：鱼部假摄（ra 麻、ja 麻）。

＊幽部止摄（［Kw］ju>jə>ji 脂）。

＊侯部流摄（o>u 侯）。

幽部三等包含中古的流摄字和止摄字，幽部流摄元音不变读同先秦的 u；幽部止摄受圆唇舌根声母影响先元音央化入之部，再伴随着之部三等字“i 音化”入脂部。如轨字（［Kw］ju>jə>ji）：

作者	诗名	韵字	上古韵部	中古韵目
陶渊明	劝农诗	鄙/轨/履美	之/幽/脂	旨
何偃	冉冉孤生竹	沚始纪里已耳/轨/美	之/幽/脂	止/旨/旨

幽部一、二、四等字（幽部效摄）元音复化为豪部（u、ru、iu>ou、rou、iou）。部分韵段显示，“幽部效摄”元音复化后有转入宵部的倾向（u、ru、iu>ou、rou、iou～［au、rau、iau］），形成中古效摄格局的前身，如：

作者	诗名	韵字	上古韵部	中古韵目
谢灵运	酬从弟惠连诗	苞陶/交遨劳	幽/宵	肴豪/肴豪豪
陶渊明	己酉岁九月九日诗	凋陶/霄焦朝交高劳	幽/宵	萧豪/宵宵宵肴豪豪
孙绰	与庾冰诗	啸调好/照	幽/宵	啸啸号/笑

“侯部遇摄、鱼部遇摄”88T，显示鱼部的一、三等字元音高化并入侯部（a>o）。韵例如：

作者	诗名	韵字	上古韵部	中古韵目
曹毗	歌高祖宣皇帝	符区珠/衢敷虞	侯/鱼	虞
支遁	述怀诗	嵎躯符劬/虚蔬梧	侯/鱼	虞/鱼鱼模
李颙	经涡路作诗	濡榆/墟舒车鱼衢都	侯/鱼	虞/鱼鱼鱼鱼虞模

从数理统计的结果上看“侯部流摄”的归属不明，但从“侯部流摄、侯部遇摄”1 韵次，“侯部流摄、幽部流摄”49 韵次来思考，侯部一等应不再读中高元音 o，并入幽部 u 元音。韵例如：

作者	诗名	韵字	上古韵部	中古韵目
鲍照	蒜山被始兴王命作诗	流羞休游留洲浮州柔球猷/陬讴	幽/侯	尤/侯
颜延之	阮始平	秀守/奏觏	幽/侯	宥/候

（三）支脂微歌辙

	1563	支部止摄	支部蟹摄	脂部止摄	脂部蟹摄	微部止摄	微部蟹摄	微部果摄	歌部止摄	歌部假摄	歌部果摄
支部止摄	87	12		32	5	7	4		98		
支部蟹摄	56		7		99	2	45		10	16	
脂部止摄	128	5		15		51B	4		25		
脂部蟹摄	111	1	24		23	3	61B		6		
微部止摄	505	4	1	43	2	200	17		10		
微部蟹摄	116	1	9	1	23	13	29		2		
微部果摄	7										75T
歌部止摄	164	43	2	8	2	10	1		41		
歌部假摄	44		1							4	52B
歌部果摄	345							4		16	132
其他	209	9	5	41	13	32	10	3	16	19	61

我们依照表中数据分出：

1. 支部：支部止摄（je［～ji］支）、歌部止摄（jai>jei［jəi］>je［～ji］支）。

2. 脂部：脂部止摄（ji 脂）、微部止摄（jəi>ji 脂）。

3. 微部：微部止摄（jəi>jəi［～ji］微）。

4. 皆部：微部蟹摄（əi、rəi>ɛi 灰咍、rɛi 皆）、脂部蟹摄（ri、i>rəi、əi>rɛi 皆、ɛi［～iai］齐）、支部蟹摄（re、ie>rɛi 佳皆、iɛi［～iai］齐）。①

*歌部假摄（rai、jɛi>ra［rɛ］麻二、ja［rɛ］麻三）、歌部果摄（ai>a 歌戈）。②

“支部止摄、歌部止摄”98，显示歌部三等并入支部三等（jai>je），如：

作者	诗名	韵字	上古韵部	中古韵目
谢灵运	游南亭诗	规歧斯崖知/驰池移垂	支/歌	支
吴迈远	飞来双白鹄	知知/离移	支/歌	支
鲍照	代别鹤操	枝知/驰仪离	支/歌	支

歌部果摄、歌部假摄从统计结果看归属不明，检视韵段历经复元音单化（ai>a），转

① “脂部蟹摄、微部蟹摄”61B 不足以合并，但从“脂部蟹摄、脂部止摄”0 韵次，“脂部蟹摄、微部蟹摄”23 韵次来看，脂部蟹摄不再读 i 元音，转与微部蟹摄 ɛi 相押。

② “歌部假摄、歌部果摄”52B，意谓 a（歌戈一）；ra（麻二）、ja（麻三）应细分两类，实际音值为 a；rɛ、jɛ，看起来是同一韵类的条件变体，因诗人审音加细分成两类，我们仍拟作 a。

与鱼部假摄字（a）合流。例如：

作者	诗名	韵字	上古韵部	中古韵目
杨羲	九华安妃见降口授作诗	霞花邪/罗峨河阿多波和	鱼/歌	麻/歌歌歌歌歌戈戈
鲍照	还都至三山望石头城诗	华芽霞家/阿罗河歌多何波	鱼/歌	麻/歌歌歌歌歌歌戈
何承天	朱路篇	华霞车遐家/歌阿和波笳	鱼/歌	麻/歌歌戈戈麻

微部三等包含“微部脂韵”和“微部微韵”。从韵段上看，前者与脂部三等字合流（jəi>ji 脂）；后者大致上独立一类，但是有部分微韵字“i 音化”同与脂部三等字相押（jəi>jəi ［～ji］ 微），如：[①]

作者	诗名	韵字	上古韵部	中古韵目
谢惠连	西陵遇风献康乐诗	迟湄/悲谁	脂/微	脂
谢庄	怀园引	墀湄/蕤衰追悲	脂/微	脂
鲍照	学刘公干体诗	私葵/帷遗	脂/微	脂
王胡之	赠庾翼诗	夷鳍师/归辉	脂/微	脂/微
孙绰	与庾冰诗	资夷鸱/微	脂/微	脂/微
王凝之	兰亭诗	湄/归	脂/微	脂/微

数理统计“微部止摄、微部蟹摄”仅17，显然微部一、二等字（微部蟹摄）已元音低化（əi、rəi>ɛi 灰咍、rɛi 皆），同支部（re、ie>rɛi 佳皆、iɛi 齐）、脂部（ri、i>rəi、əi>rɛi 皆、ɛi 齐）的二、四等字合流为皆部：

作者	诗名	韵字	上古韵部	中古韵目
—	符坚时关陇人歌	街/栖黎/槐	支/脂/微	皆/齐/皆
荀昶	拟青青河边草	珪/绨凄/怀	支/脂/微	齐/齐/皆
何承天	芳树篇	闺卦/栖凄谐阶/怀乖徊开	支/脂/微	齐/齐齐皆皆/皆皆灰咍

少数皆部四等字元音持续低化转押祭部字（支部 ie>iɛi>iai 霁、脂部 i>əi>ɛi>iai 霁），如：

作者	诗名	韵字	上古韵部	中古韵目
—	方山亭鬼妇歌	婿/契	支/月	霁
郭璞	游仙诗	翳/蒂逝	脂/月	霁/霁祭

（四）职觉药屋铎锡辙

我们依照表中数据分出入声韵部：

① 东晋、南朝宋“微部脂韵、微部微韵”71B、“微部脂韵、脂部脂韵”82T，前者表现出“微部脂韵、微部微韵”有别，后者显示“微部脂韵”并入“脂部脂韵”。

	1297	职止	职曾	职梗	职通	职流	职蟹	觉流	觉效	觉通	觉江	觉梗	觉效	药效	药江	药宕	药梗	屋通	屋江	屋梗	铎遇	铎梗	铎假	铎宕	锡梗	锡蟹	锡止	锡臻
职止	38	7																										
职曾	252		121	[104N]						[2]								[1]				[2]			[1]			
职梗	1		1																									
职通	30				5					[83T]								[19]										
职流	2																											
职蟹	4																											
觉流	6																											
觉效	1																											
觉通	111		2		17					38					18			[28]										
觉江	5																	[87N]						[56N]				
觉梗	7														[190N]				[190N]			[23]			[91]			
觉效	4													[182N]														
药效	14												2	1														
药江	9									1		1				[45]		[82T]						[16]				
药宕	63														1	9		[8]						[94]				
药梗	1																								[157]			
屋通	113		1		3					13	3				5	2		39	[123]									
屋江	9											1						8										
屋梗	5																					[63N]			[95N]			
铎通	95																				23			[4]				
铎梗	160		2									1								2		51	[9]	[6]	[62B]			
铎假	19																					1	1					
铎宕	187										2				1	42					2	4		67	[1]			
锡梗	150		1									4					1			3		45		1	47			
锡蟹	2																											
锡止	3																											
锡臻	4																											
其他	133	24	5			2	4	6	1	2			2	10							47	3	16	1	1	2	3	4

1. 职部：职部曾摄（jək>jik 职）。

2. 德部：职部曾摄（ək 德）。

3. 觉部：觉部通摄（uk 沃、juk 屋）、职部通摄（［B］jək>juk 屋）。

4. 屋部：屋部通摄（ok［～uk］屋、jok［～juk］烛）、屋部江摄（rok［～ruk］觉）、药部江摄（rauk>rok［～ruk］觉）。①

5. 铎部：铎部宕摄（ak 铎、jak 药）、药部宕摄（auk、jauk>ak 铎、jak 药）。

6. 陌部：铎部梗摄（rak、jak>rɛk［～rek］陌麦、jɛk［～jek］陌昔）。

7. 锡部：锡部梗摄（rek 麦、jek 昔、iek 锡）。

“职部曾摄”同各部韵离合指数均小于50，其内部“职韵”“德韵”依洪细可再分出两类，② 我们拟测一等元音不变读 ək，三等受 j 介音影响读 jik。职部的唇音声母字（职部通摄，［B］jək>juk）转入觉部（uk），同之部流摄入幽部音变平行。部分屋部字有元音高化倾向（ok>uk），转与职部唇音声母字及觉部字相押，如：

作者	诗名	韵字	上古韵部	中古韵目
谢晦	悲人道	牧福/蹙鞠戮复叔/族	职/觉/屋	屋
鲍照	还都道中诗	洑/舳目陆宿/木谷	职/觉/屋	屋
王韶之	食举歌	服/淑/俗	职/觉/屋	屋/屋/烛

“药部宕摄、铎部宕摄”94、“药部江摄、屋部通摄”82T，显示药部随等第有别有不同的发展，其中一、三等并入铎部（auk、jauk>ak、jak），二等并入屋部，部分字随屋部元音高化转押觉部字（rauk>rok～ruk），如：

作者	诗名	韵字	上古韵部	中古韵目
鲍照	秋夜诗	雀酌铄乐鹤/寞壑落箨幕	药/铎	药药药铎铎/铎
谢灵运	斋中读书诗	雀谑乐/壑寞作阁托	药/铎	药药铎/铎
刘骏	游覆舟山诗	烁鹤/薄壑络阁	药/铎	药铎/铎
陶渊明	时运诗	濯乐/瞩足	药/屋	觉/烛
谢灵运	过白岸亭诗	戚/乐/屋木鹿曲属朴	觉/药/屋	锡/觉/屋屋屋烛烛觉
谢瞻	于安城答灵运诗	笃/乐邈/曲	觉/药/屋	沃/觉/烛

铎部二、三等（铎部梗摄字）受 r、j 介音影响元音高化（rak、jak>rɛk［～rek］、jɛk［～jek］），转与锡部梗摄字相押，从“铎部梗摄、锡部梗摄”62B来看尚未合并一部，如：

① 屋部江摄、药部江摄字次不足10，但多半与屋部通摄字相押，并为一部。

② “职部一等德韵、职部三等职韵”韵离合指数仅10，明显分出两类。

作者	诗名	韵字	上古韵部	中古韵目
鲍照	和王义兴七夕诗	白客夕/隔	铎/锡	陌陌昔/麦
湛方生	游园咏	泽昔/隔适	铎/锡	陌昔/麦昔
陶渊明	移居诗	宅夕席昔/役析	铎/锡	陌昔昔昔/昔锡

（五）质物月辙

	822	质部臻摄	质部山摄	质部曾摄	质部止摄	质部蟹摄	物部臻摄	物部山摄	物部蟹摄	物部止摄	月部山摄	月部臻摄	月部蟹摄
质部臻摄	130	51	4				53B				1		
质部山摄	56	1	4			56N		203N			100		
质部曾摄	1												
质部止摄	38				6					73T			
质部蟹摄	12		1			1							61T
物部臻摄	60	19					12				34	217N	
物部山摄	3		1								84N		
物部蟹摄	7								3				
物部止摄	45				10					11			14
月部山摄	326	1	45				14	2			129		3
月部臻摄	3						3						
月部蟹摄	141					6				4	3		60
其他	48	7		1	16	3			1	9	3		8

我们依照表中数据分出入声韵部：

1. 质部：质部臻摄（jit 质栉）。

2. 月部：月部山摄（at 曷末、rat 鎋黠、jat 薛、jat［～jət］月、iat 屑）、质部山摄（it>iat 屑）。

3. 祭部：月部蟹摄（ad、rad、jad、iad>ai 泰、rai 夬怪、jai 废祭、iai 霁）、质部蟹摄（it、iad>iai 霁）。

* 物部臻摄（jət>jit 质术物；ət 没）。

“月部山摄、质部山摄”100，显示质部四等（质部山摄字）it 裂化为 iat，并入月部，韵段如：

作者	诗名	韵字	上古韵部	中古韵目
鲍照	发后渚诗	结节/发樾雪别灭绝	质/月	屑/月月薛薛薛薛
谢晦	悲人道	戾/缺哲灭绝雪	质/月	屑/屑薛薛薛薛
谢惠连	咏冬诗	切/洁灭雪辙	质/月	屑/屑薛薛薛

“月部蟹摄、质部蟹摄”61T，显示少数质部四等-t、-d尾转-i尾，入祭部，如“惠”字：

作者	诗名	韵字	上古韵部	中古韵目
谢惠连	夜集叹乖诗	惠/晢	质/月	霁/祭
袁淑	效古诗	惠/岁滞晢	质/月	霁/祭
卢谌	赠刘琨诗	惠/契世废	质/月	霁/霁祭废

物部臻摄可依洪细分出物部臻摄三等（质术物）和物部臻摄一等（没）。三等央元音前高化与质部字相押（jət>jit）；一等元音不变（ət），与受三等介音影响元音央化的月部月韵字相押（jat>jət），如：

作者	诗名	韵字	上古韵部	中古韵目
颜延之	秋胡行	匹室日毕/律	质/物	质/术
颜延之	皇太子释奠会作诗	日帙/笔述	质/物	质/质术
陶渊明	责子诗	实匹七栗/笔术物	质/物	质/质术物
谢灵运	游赤石进帆海诗	没忽/歇发发月越阙伐	物/月	没/月
刘铄	七夕咏牛女诗	忽没/歇月阙发越	物/月	没/月
鲍照	中兴歌	没/歇	物/月	没/月

（六）叶辙

	21	叶部咸摄	叶部蟹摄
叶部咸摄	19	9	
叶部蟹摄	2		
其他	3	1	2

叶辙分出叶部咸摄（rap洽、jap叶、iap怗）。从韵段上看，叶部从“盍”得声字转入祭部（ab>ad>ai）：

作者	诗名	韵字	上古韵部	中古韵目
杨羲	四月十四日紫微夫人作	际外蔼迈/盖	月/叶	祭泰泰夬/泰

（七）缉辙

	61	缉部深摄	缉部咸摄	缉部止摄
缉部深摄	53	26		
缉部咸摄	3		1	
缉部止摄	5			
其他	7	1	1	5

缉辙分出缉部深摄（jəp 缉）。

（八）蒸冬东辙

	763	蒸部梗摄	蒸部曾摄	蒸部通摄	冬部通摄	冬部江摄	东部通摄	东部江摄
蒸部梗摄	7							
蒸部曾摄	71		34				4	
蒸部通摄	20				101		56T	
冬部通摄	208			8	41		64B	38
冬部江摄	1							
东部通摄	416		2	7	71		134	106
东部江摄	40				5		28	2
其他	99	7	1	5	42	1	40	3

我们依照表中数据分出阳声韵部：

1. 蒸部：蒸部曾部（jəŋ>jiŋ 蒸）。

2. 登部：蒸部曾部（əŋ 登）。

3. 冬部：冬部通部（uŋ 冬、juŋ 东）、蒸部通部（［Kw］jəŋ>juŋ 东）。

4. 东部：东部通部（oŋ［～uŋ］东、joŋ［～juŋ］钟）、东部江部（roŋ［～ruŋ］江）。

蒸部曾摄同各部韵离合指数均小于 50，其内部依洪细分出两类，[①] 我们拟测一等元音不变读 əŋ，三等读 jiŋ。蒸部三等“圆唇舌根音”声母字（蒸部通摄）转入冬部（［Kw］jəŋ>juŋ），同之部流摄、职部通摄音变平行，如：

作者	诗名	韵字	上古韵部	中古韵目
—	符坚时长安为慕容冲歌	雄/宫	蒸/冬	东

① “蒸部一等登韵、蒸部三等蒸韵”仅 24，明显分出两类。

续表

作者	诗名	韵字	上古韵部	中古韵目
颜延之	飨神歌	穹/终/功充	蒸/冬/东	东
谢瞻	九日从宋公戏马台集送孔令诗	穹/宫穷终/工丛鸿桐蓬	蒸/冬/东	东

东部字不论等第俱有元音高化倾向（oŋ～uŋ），转与蒸部通摄（［Kw］jəŋ>juŋ）、冬部通摄（uŋ）、侵部通摄（［B］jəm>juŋ，风字）相押，如：

作者	诗名	韵字	上古韵部	中古韵目
颜延之	飨神歌	穹/终/功充	蒸/冬/东	东
鲍照	数名诗	宫丰/东鸿通钟重容邦/风	冬/东/侵	东/东东东钟钟钟江/东
谢惠连	七月七日夜咏牛女诗	穹/悰/栊空从容踪龙重双/风	蒸/冬/东/侵	东/冬/东东钟钟钟钟钟江/东

（九）阳辙、耕辙

阳辙、耕辙韵段多有交涉，底下合并观察：

	2515	阳部遇摄	阳部宕摄	阳部梗摄	耕部梗摄	耕部山摄	耕部蟹摄
阳部遇摄	2						
阳部宕摄	1116		539	1			
阳部梗摄	223		3	19	96		
耕部梗摄	1168		1	174	477		
耕部山摄	2						
耕部蟹摄	4						
其他	89	2	34	8	39	2	4

我们依照表中数据分出阳声韵部：

1. 阳部：阳部宕摄（aŋ 唐、jaŋ 阳）。

2. 耕部：耕部梗摄（reŋ 庚耕、jeŋ 庚清、ieŋ 青）、阳梗（raŋ、jaŋ>reŋ 庚耕、jeŋ 庚）。

“阳部梗摄、耕部梗摄 96”显示阳部梗摄字受二、三等介音影响，转押耕部字，韵段如：

作者	诗名	韵字	上古韵部	中古韵目
鲍照	代春日行	行明/荣惊鸣生声倾	阳/耕	庚/庚庚庚庚清清
刘铄	效古	兵明/平惊城营轻	阳/耕	庚/庚庚清清清
陶渊明	咏荆轲诗	卿京行英/生惊嬴缨声名城营成情庭	阳/耕	庚/庚庚清清清清清清清清青

（十）真文元辙

	3120	真梗	真臻一	真臻三	真山三	真山四	文臻一	文臻三	文山二	文山三	文山四	元山一	元山二	元山三	元山四
真梗	38														
真臻一	4					$\boxed{87N}$								$\boxed{161N}$	
真臻三	578			189		$\boxed{5}$		$\boxed{67B}$					$\boxed{5}$	$\boxed{4}$	
真山三	24					$\boxed{75T}$					$\boxed{67N}$		$\boxed{43}$	$\boxed{132}$	$\boxed{24}$
真山四	315		1	6	5	45		$\boxed{3}$	$\boxed{97}$	$\boxed{59T}$	$\boxed{71T}$		$\boxed{68B}$	$\boxed{88T}$	$\boxed{90}$
文臻一	136						48	$\boxed{9}$						$\boxed{49}$	
文臻三	524			179		3	7	160					$\boxed{3}$	$\boxed{5}$	$\boxed{1}$
文山二	14					4			1				$\boxed{66N}$	$\boxed{92}$	
文山三	25					4					$\boxed{101N}$		$\boxed{109N}$	$\boxed{95}$	$\boxed{43}$
文山四	35				1	7				2	2		$\boxed{15}$	$\boxed{51B}$	$\boxed{110}$
元山一	430			1				1				163	$\boxed{57B}$	$\boxed{18}$	$\boxed{1}$
元山二	241			5	2	36		3	2	6	1	68	26	$\boxed{62B}$	$\boxed{41}$
元山三	634		3	7	15	124	33	8	6	11	8	30	57	146	$\boxed{64B}$
元山四	122				1	34		1		2	10	1	9	34	14
其他	56	38		2		1		2			2	3		6	2

“真文元辙”合韵的情况较为复杂，底下大致先分出：

1. 真部：真部臻摄三等（jin 真谆臻）。

2. 文部：文部臻摄一等（ən 魂痕）。

3. 元部一：元部山聂一等（an 寒桓）。

4. 元部三：元部山摄三等（jan ［jɛn］ 仙）、文部山摄三等（iən ［A 类］ ＞in＞ian ［iɛn］ 仙）、真部山摄三等（in ［A 类］ ＞ian ［iɛn］ 仙）、文部山摄二等（rən＞jan ［jɛn］ 山）。

5. 元部四：元部山聂四等（ian ［ien］ 先）、文部山摄四等（iən＞in＞ian ［ien］ 先）、真部山摄四等（in＞ian ［ien］ 先）。

＊真部梗摄三、四等（jeŋ 庚清、ieŋ 青，从令声），入耕部。①

＊文部臻摄三等（jən>jən［～jin］真谆文欣）。

＊元部山摄二等（ran 删、jan［jɛn］山）。

＊元部山摄三等（jan>jan［～jən］元）。

真部三等元音不变读 jin；四等 in 裂化为 ian，同质部四等字 it>iat 音变平行，如：

作者	诗名	韵字	上古韵部	中古韵目
陶渊明	归园田居诗	年渊田烟巅/山间闲前然	真/元	先/山山山先仙
鲍照	和王丞诗	年贤烟牵/山间绵传	真/元	先/山山仙仙
谢灵运	入华子冈是麻源第三谷诗	贤阡烟/山前泉筌传湲然	真/元	先/山先仙仙仙仙仙

文部臻摄分出文部臻摄三等（真谆文欣）和文部臻摄一等（魂痕），三等 ə 受介音 j 及前鼻音尾 n 影响有“i 音化”倾向，转与真部字相押，处于元音变动阶段（jən～jin），如：

作者	诗名	韵字	上古韵部	中古韵目
—	白纻舞歌诗	人尘陈神/银巾	真/文	真
陶渊明	癸卯岁始春怀古田舍诗	人新津邻民/贫勤欣	真/文	真/真欣欣
鲍照	行药至城东桥诗	津尘人亲身辛/晨闉春沦	真/文	真/真真谆谆

文部一等元音不变读 ən，与元音央化的元部元韵字相押（jan>jən 元），如：

作者	诗名	韵字	上古韵部	中古韵目
王微	杂诗	门温昏论/轩言园怨	文/元	魂/元
鲍照	拟行路难	门樽魂髡尊/言	文/元	魂/元
王僧达	和琅琊王依古诗	昏魂根/源言樊园怨	文/元	魂魂痕/元

文部四等 ə 元音先前高化入真部，再裂化入元部（iən>in>ian［ien］），如“先”字：

作者	诗名	韵字	上古韵部	中古韵目
鲍照	代朗月行	弦篇/先/山间前妍宣	真/文/元	先仙/先/山山先先仙
陶渊明	连雨独饮诗	天年/先/言间还然仙	真/文/元	先/先/元山删仙仙
陶渊明	赠长沙公诗	先/言山然	文/元	先/元山仙

诗韵里少数文部三等字（川圆）音变同四等入元部（iən>in>ian），如：

① “真部梗摄、其他”38 韵次，从韵段上看主要是与“耕部梗摄字”（reŋ、jeŋ、ieŋ）、“阳部梗摄字”（raŋ、jaŋ>reŋ、jeŋ）相押，显示从“令”得声之字收舌根尾。

作者	诗名	韵字	上古韵部	中古韵目
鲍照	拟古诗	坚年烟填贤/川/山泉	真/文/元	先/仙/山仙
谢灵运	陇西行	篇篇/圆/园闲泉便	真/文/元	仙/仙/元山仙仙

丁邦新认为文部二等字受 r 介音影响，转与元部字相押（rən>ran）。[①] 从押韵上看，文部二等字“限眼艰”韵头应有细音成分（rən>jan），因此多半只押真部四等字（in>ian）以及元部细音一类，如“艰”字：

作者	诗名	韵字	上古韵部	中古韵目
卢谌	赠刘琨诗	颠/艰/迁愆	真/文/元	先/山/仙
谢灵运	三月三日侍宴西池诗	天/艰/传	真/文/元	先/山/仙

元部一等元音不变读 an；二等分出删、山，前者押洪音一类，后者押细音。其中山韵是“山闲间简”等字，里面除了“山”字外，[②] 其余全是见系开口二等，推测带有细音成分，因此与“元仙先”等三、四等字相通，如：

作者	诗名	韵字	上古韵部	中古韵目
鲍令晖	题书后寄行人诗	兰寒颜关还	元	寒寒删删删
鲍照	赠故人马子乔诗	丹难兰颜还	元	寒寒寒删删
吴迈远	棹歌行	兰寒残端关还	元	寒寒寒桓删删
谢灵运	日出东南隅行	轩播暄山泉	元	元元元山仙
陶渊明	归园田居诗	年渊田烟巅/山间闲前然	真/元	先/山山山先仙
谢灵运	顺东西门行	年牵弦/川/言间山泉旋然	真/文/元	先/仙/元山山仙仙仙

元部三、四等受介音影响读作 ɛn、en 和一等的 an 是同一韵类的条件变体，因诗人审音加细分成三类，音位上仍可视作/an/。

（十一）谈侵辙

	610	谈部咸摄	谈部深摄	侵部咸摄	侵部深摄	侵部通摄
谈部咸摄	16	5		80N	19	
谈部深摄	2				102N	
侵部咸摄	6	3		1		
侵部深摄	513	3	2		250	1

---

① 丁邦新：《魏晋音韵研究》，第 246 页。

② “山”字，《集韵》《韵会》所旃切，音仙，同样带有细音读法。

续表

	610	谈部咸摄	谈部深摄	侵部咸摄	侵部深摄	侵部通摄
侵部通摄	73				1	
其他	80			1	7	72

我们依照表中数据分出阳声韵部：

1. 谈部：谈部咸摄（am 谈、jam 盐凡、iam 添）。

2. 侵部：侵部深摄（jəm 侵）。

* 侵部通摄：（[B] jəm>juŋ 东）。风字，入冬部。

“侵部咸摄”字次太少，从韵段上看，侵部一、二、四转与谈部字相押（əm>am），如：

作者	诗名	韵字	上古韵部	中古韵目
殷淡	休成乐	范/感	谈/侵	范/感
刘程之	奉和慧远游庐山诗	检渐染慊玷/减	谈/侵	琰琰琰忝忝/赚
—	读曲歌	厌/念	谈/侵	艳/㮇

三、相关议题的讨论

（一）“之支脂微”的合韵关系

周秦“之支脂微”的三等字，东晋、南朝宋多有互用。东晋译经对音显示中古止摄字在东晋有共同的韵读层次 i。① 我们推断之部脂韵（[B、Kw] jə>ji）、幽部脂韵（[Kw] ju>ji）并入脂部 i；之部之韵、支部支韵则尚未完全 i 音化。罗常培、周祖谟将两汉脂微合并，② 丁邦新、③ 何大安④据此将西汉脂部三等 i 裂化为 iə 并入微部，北魏后期北齐前高化为 ie，《切韵》又回到 i，如此在拟测上显得叠床架屋：

周秦	西汉	东汉	魏晋	宋北魏前期	北魏后期北齐	齐梁陈北周隋	切韵
jid	jiəd	jiəi、jiəd	jiəi、jiəd	jiəi	jiei	jiei	i

① 刘广和根据东晋译经对音说：“我们取消之部，脂之合一，音值是 i。根据是脂部伊对字母 i、ī，之部釐对字母 r.［ri］，其他对音字也显示出元音是 i。”又说：“微部字跟脂部字对音又牵混，很难确定脂微是否两分。”见刘广和：《东晋译经对音的晋语韵母系统》，谢纪锋、刘广和主编：《薪火编》，太原：山西高校联合出版社，1996 年，第 231 页。

② 罗常培、周祖谟：《汉魏晋南北朝韵部演变研究》（第一分册），北京：科学出版社，1958 年，第 14 页。

③ 丁邦新：《魏晋音韵研究》，第 240 页。

④ 何大安：《南北朝韵部演变研究》，第 265 页。

照我们的观察，周秦以降脂、微仍是 i、ə 对立的格局，内部音变是微部三等 ə 音 i 化，脂部二、四等 i 裂化为 əi。换言之，微部三等 ə 元音普遍 i 音化，到了东晋、南朝宋，音变的动力中断。从押韵上看即微部三等分出两类，已变的微部脂韵元音创新（jəi>ji）；未变的微部微韵元音保守（jəi），仅部分诗人前高化为 i，形成吕静、夏侯赅“脂之微大乱杂”的情况。

（二）“咍皆”的合韵关系

之部皆灰咍、支部齐佳皆、脂部齐皆、微部灰咍同属韵图蟹摄字，这几个韵各家分合多有不同。从东晋、南朝宋的诗人用韵来看：

	407	之部皆	之部灰	之部咍	支部齐	支部佳	支部皆	脂部齐	脂部皆	微部皆	微部灰	微部咍
之部皆	4			48				74		314		
之部灰	19		2	72T							45	
之部咍	101	1	7	27	12			13	11	7	7	33
支部齐	51			2	7			96	88T	71T	19	38
支部佳	2								326			
支部皆	3									267		
脂部齐	88	1		3	18			15	91	93	43	
脂部皆	23			1	5	1		7	1	123	53	80
微部皆	43	2		1	5		1	12	4	2	125	112
微部灰	42		1	1	1			4	1	7	2	148
微部咍	31			4	2				2	5	11	2
其他	71		7	27	4	1	2	13		2	12	3

之部皆韵字次少，周祖谟宋入咍部，何大安宋入皆部。从“之部皆、脂部齐、微部皆”3 韵次来看，或许并入皆部（rə>rɛ>rɛi 之部皆）。之部灰咍韵，王力、周祖谟宋独立一部，何大安并入皆部。上表“之部灰、之部咍”72T 独立一部，韵段上看仅部分字有元音复化倾向（ɛ>ɛi），转与支（e>ɛi）、脂（i>əi>ɛi）、微（əi>ɛi）等部的蟹摄字相押。“支部齐韵、脂部齐韵”，王力、周祖谟宋入皆部，何大安独立为齐部。从“支部齐韵、脂部齐韵”96、“支部齐韵、脂部皆韵”88T、“支部齐韵、微部皆韵”71T、“脂部齐韵、脂部皆韵”91、“脂部齐韵、微部皆韵”93 来看，“支部齐韵、脂部齐韵”没有独立的理由，我们并入皆部（ie>iɛi 支部齐；i>əi>ɛi 脂部齐）。

（三）“萧宵”“肴豪”二分的问题

王力、何大安、周祖谟俱将幽部效摄并入宵部效摄，形成中古韵图里的效摄格局。何大安又依洪细分出宵（萧宵）、豪（肴豪）。数理统计显示“幽部效摄、宵部效摄”65B 尚不足以合并，我们细部检视效摄字的接触情况如下表：

	587	幽一	幽二	幽三	幽四	觉一	觉二	觉四	宵一	宵二	宵三	宵四	药一	药二	药三	药四
幽一	148	46	106		19				76B	6	21					55
幽二	9	6							103		18					
幽三	6								79		131					
幽四	50	4			4			510	15	95	79T	83T			143	102
觉一	2									225	80					
觉二	2														187	233
觉四	1				1											
宵一	75	28	2	1	1				8	90	43	66T				79
宵二	33	1			6	1			7	3	39	85T	159			
宵三	222	13	1	5	23	1			15	7	69	91	54		80	27
宵四	25				3				3	3	14	1				
药一	3									1	1			200		
药二	1												1			
药三	4				1		1				2					
药四	6	2			1		1		1		1					
其他	7	2			2				1	1	1					

扣除“字次 10”“韵次 3”以下等不可靠的用韵情况，表中大致上“幽部一等”一类，“幽部四等、宵部二等、宵部三等、宵部四等”一类。换言之，东晋、南朝宋幽部一等尚未完全并入宵部；幽部二等字次虽少，看起来也同一等一类；确定并入宵部的只有幽部四等字。何大安将宵部分出宵（jau 宵 jiau 宵、iau 萧）、豪（au 豪、rau 肴），上表显示四个等第互有往来，依洪细分部的意义不大。

（四）“歌戈”“麻”二分的问题

王力、周祖谟、何大安俱认为南朝宋时期“歌戈麻”一部，王力说：“南北朝第一期歌戈与麻还是混用的，至第二期以后，麻韵方才独立。”① 从东晋、南朝宋的统计数字

① 王力：《南北朝诗人用韵考》，《王力语言学论文集》，第 11 页。

来看：

	579	鱼麻二	鱼麻三	歌歌一	歌戈一	歌麻二	歌麻三	微戈一
鱼麻二	141	24	119	63B	51B	91	50	84
鱼麻三	42	20	3	22	46	28		100
歌歌一	241	36	4	62	100	51B	127	110
歌戈一	104	13	4	56	14	37		
歌麻二	38	12	1	9	3	3	103	
歌麻三	6	1		4		1		
微戈一	7	2	1	4				
其他	25	9	6	4		6		

上表“歌戈麻”依等第分出“鱼部二等麻韵、鱼部三等麻韵、歌部二等麻韵”（rɛ、jɛ）以及“歌部一等歌韵、歌部一等戈韵”（a）两类。[1] rɛ、jɛ；a，看起来是同一韵类的条件变体，因诗人审音加细分成两类，音位上仍可视作/a/。

（五）“祭泰”的语音内涵

周秦祭部，何大安、周祖谟晋宋时分出祭、泰，但内涵有些不同：

	何大安：晋＞宋	周祖谟
祭部	riad（怪）、jiad（祭）、jwad（废）、iad（霁）＞jiad～jiai（祭）、iad～iai（霁）	祭（祭霁怪［届］）
	ad（泰）、rad（夬）＞ai（泰）、（rai 夬）	泰（泰夬废怪［介芥］）

“祭部废韵”，何大安晋入祭部，宋改入皆部；周祖谟东晋、宋入泰部。“祭部怪韵”，何大安晋入祭部，宋改入皆部；周祖谟东晋、宋兼入祭、泰。从东晋、南朝宋祭部的用韵内涵来看：

	155	月部祭韵	月部泰韵	月部夬韵	月部废韵	月部霁韵	月部怪韵	叶部泰韵	质部霁韵
月部祭韵	60	14	30	37	124	112	105	105	101
月部泰韵	54	6	19	49	41	17		71	
月部夬韵	6	1	2	1					
月部废韵	8	5	2			194			
月部霁韵	11	6	1		1		354		
月部怪韵	2	1				1			

---

① “歌戈三”不见用于韵段。

续表

	155	月部祭韵	月部泰韵	月部夬韵	月部废韵	月部霁韵	月部怪韵	叶部泰韵	质部霁韵
叶部泰韵	2	1	1						
质部霁韵	12	6							1
其他	13	6	4	1		2			4

表中大致可以看出“月部祭韵、月部霁韵、质部霁韵”一类（jad＞jai［jɛi］、iad＞iai［iɛi］、it＞iai［iɛi］），“月部泰韵”一类（ab＞ad＞ai）。ai、ɛi 看起来是同一韵类的条件变体，因诗人审音加细分成两类，音位上可拟作/ai/。“废韵”8 字次只押“祭泰霁”，“怪韵”2 字次只押“祭霁”，何大安入皆部不知所据为何。

（六）“蒸部耕”的归属

“蒸部耕韵”，林炯阳、何大安、王力晋、宋入耕部，周祖谟入登部。从我们仅见的 4 个韵段（皆甍字）来看：

作者	诗名	韵字	上古韵部	中古韵目
汤惠休	楚明妃曲	甍/英迎荣/荣楹轻成灵	蒸/阳/耕	耕/庚/庚清清清青
谢庄	世祖孝武皇帝歌	甍/京/城瀛	蒸/阳/耕	耕/庚/清
谢惠连	塘上行	甍/明/营庭馨	蒸/阳/耕	耕/庚/清青青
颜延之	车驾幸京口侍游蒜山作诗	甍/京明英氓/耕成营情征溟灵垧	蒸/阳/耕	耕/庚庚庚耕/耕清清清清青青青

蒸部二等受 r 介音影响元音前高化（rəŋ＞reŋ），转与阳部梗摄（raŋ、jaŋ＞reŋ、jeŋ）、耕部梗摄（reŋ、jeŋ、ieŋ）相押。

（七）“东冬钟江”的合韵及拟音

王力、何大安、周祖谟将上古冬、东，加上蒸部、侵部的东韵字合并为韵图里的通、江摄格局。从“冬部通摄、东部通摄”64B 来看，东部通摄虽有元音高化倾向（oŋ＞uŋ），尚未与冬部通摄合并。细部观察通、江摄各韵的交涉情况如下表：

	758	蒸部东三	冬部东三	冬部冬	冬部钟	冬部江	东部东一	东部钟	东部江	侵部东三
蒸部东三	20		100				89T	24		293
冬部东三	191	8	38	53T			72T	39	31	117
冬部冬	15		3				114	75T	82	349
冬部钟	2							212		
冬部江	1									

续表

	758	蒸部东三	冬部东三	冬部冬	冬部钟	冬部江	东部东一	东部钟	东部江	侵部东三
东部东一	189	5	37	5			27	82T	101	66T
东部钟	227	2	22	5	2		55	52	89T	60T
东部江	40		4	1			12	16	2	72
侵部东三	73	5	34	1			10	15	1	
其他	34		7			1	11	6	2	7

表中大致可以看出：冬部东三（juŋ）、冬部冬（uŋ）、蒸部东三（［B、Kw］jəŋ>juŋ）、侵部东三（［B］jəm>juŋ）合为一类。

“东部东一、冬部冬”114、“东部东一、冬部东三”72T；“东部东一、东部钟”82T、“东部东一、东部江”101，看起来东部一等兼押东、冬两部（oŋ>oŋ［～uŋ］）。

“东部钟、冬部东三”39、“东部江、冬部东三”31，可以看出东部二、三等的元音高化速度较一等慢，大致上仍处于 oŋ 阶段。

王力、周祖谟不拟测音值，从他们的著作里看不出具体的音变方向。何大安将魏晋东部拟测为 uŋ（东一）、ruŋ（江）、juŋ（钟），并于宋、北魏前期划入冬部 oŋ。① 从 uŋ 到 oŋ 一方面不符合汉语元音高化的链动倾向，另一方面东一从 uŋ 到 oŋ 再回到 uŋ 极不符合音变常理：

魏晋	宋北魏前期	北魏后期北齐	齐梁陈北周隋	切韵	例字
uŋ	oŋ	uŋ	uŋ	东一 uŋ	东工

从刘广和的东晋译经来看：②

阴声	入声	阳声
鱼 o	屋 ok	东 oŋ
侯 u	沃？	冬？

冬部既配侯部 u，元音应该比 o 要高些。照我们的想法，冬部拟 uŋ，东部拟 oŋ，冬东互韵的音变路径是由 oŋ 到 uŋ，一方面元音持续高化，另一方面“东一”也省了回头音变的路程。

（八）“青韵”“锡韵”的独立问题

周秦耕部、阳部庚耕、蒸部耕、真部从令得声字，到东晋、南朝宋并作一部，形成韵图里的梗摄格局。王力南朝宋分“庚（庚耕清）/青（青）”和“陌（陌麦昔）/锡（锡）”将青韵和锡韵独立出来，何大安、周祖谟不分。从梗摄的内部考察来看：

① 何大安：《南北朝韵部演变研究》，第 257 页。

② 刘广和：《东晋译经对音的晋语韵母系统》，谢纪锋、刘广和主编：《薪火编》，第 230 页。

	1722	阳庚二	阳庚三	阳耕二	耕庚二	耕庚三	耕耕二	耕清三	耕青四	蒸耕二	职麦二	觉锡四	药锡四	屋锡四	铎陌二	铎陌三	铎麦二	铎昔三	锡麦二	锡昔三	锡锡四
阳庚二	22		[120]		[322]	[92]		[73T]	[135]												
阳庚三	193	4	14	[86]	[82T]	[75T]	[48]	[113]	[84T]	[184]											
阳耕二	8		1				[95]	[163]													
耕庚二	94	1	8			[104]	[91]	[121]	[109]								[1032]				
耕庚三	148	4	17		15	15	[38]	[98]	[66B]												
耕耕二	29		2	1	1	2	2	[115]	[76T]												
耕清三	601	6	91	5	45	58	13	113	[107]	[76]											
耕青四	296	7	32		22	20	5	133	33	[184]											
蒸耕二	7		2					2	3												
职麦二	1																				
觉锡四	7														[35]				[143]	[106]	
药锡四	1																				[320]
屋锡四	5														[89]				[182]		[81]
铎陌二	80											1		2	18		[46]	[86T]	[28]	[54B]	[10]
铎陌三	12																[226]	[152]	[65]	[140]	
铎麦二	5				1										1	1				[76]	
铎昔三	63														19	5		7	[61T]	[95]	[47]
锡麦二	36											2		2	3	1		4	3	[113]	[82T]
锡昔三	83											2			11	5	1	16	13	11	[105]
锡锡四	31												1	1	1			3	5	11	4
其他	58		8	1	1	2	1	22	8		1	2			6		1	2		2	1

上表“耕部青韵四等”与阳部庚韵二等 135、阳部庚韵三等 84T、耕部庚韵二等 109、耕部耕韵二等 76T、耕部清韵三等 107 的韵离合指数都达合并标准，“锡部锡韵四等、锡部昔韵三等”105、“锡部锡韵四等、锡部麦韵二等”82T 也应合并一部，没理由将四等独立一类。

（九）“真文元”的混押关系

罗常培、周祖谟指出收-n 诸部到了汉朝，真文合为一部，与元部是音近关系。晋朝时，林炯阳、周祖谟自真部（周秦真文）分出真（真谆臻文欣）、魂（魂痕），又自元部分出寒（寒桓删）、元（元山先仙）。丁邦新进一步从“真谆臻文欣”分出真（真谆臻）、文（文欣），并对各部拟测为：真（rjiən、jiən）、魂（ən）、文（jən）/寒（ran、rian、jan、jian、ian）、元（an、uan、ran）。到了南北朝，何大安指出：“文欣部的元音在南北朝时期已经发生变动，由 ə 变成 e。晋代在元山先仙部的元韵，这时候元音由 a 变成 ə，因而脱离山先仙而与魂痕混成一部，也取代了文欣部原来的位置。”① 各部音变依丁邦新、何大安的拟测如下表：

周秦	两汉	晋	宋、北魏前期
真 in	真 in>iən 文 ən	真：rjiən（臻）、jiən（真）、jiwən（谆）	真：rjien（臻）、jien（真）、jiwen（谆）
		文：jən（欣）、jwən（文）	文：en（欣）、jwen（文）
文 ən		魂：ən（痕）、wən（魂）	魂：ən（痕）、wən（魂）、jan>jən（元）
元 an	元 an	元：rian（山）、jan（元）、jian（仙）、ian（先）	元：rian（山）、jian（仙）、ian（先）
		寒：an（寒）、wan（桓）、ran（删）	寒：an（寒）、wan（桓）、ran（删）

丁邦新、何大安将两汉“脂质真”并入“微物文”（i>iə）后，造成韵类系统没有 i 作为主要元音。此外，晋分真 ən/文 ən/魂 ən，从主要元音及韵尾看不出分部的意义。从上古到中古真部真谆臻和文部魂痕并不接触，两类元音不同在演变的过程中必须坚持下来，我们拟真部真谆臻为 in，文部魂痕为 ən。文部三等涵盖中古“真谆文欣”，其中真谆 i 音化与真部字合流（jən>jin），文欣或保守（jən）或创新（jən>jin），保守又因诗人审音加细与魂痕（ən）分出洪细两类。同属文部三等，为什么“真谆”变化快？“文欣”或变或不变？从声母上看，“真谆”多舌齿，“文欣”多喉牙，锐音声母驱使央元音前高化；钝音声母 ə 或变或不变，随诗人有别。元部三等唇喉牙音字包括元、仙，前者多押魂痕，后者押山先，可见文部三等元音前高化后（jən>jin），拉动部分元部三等字填补空档（jan>jən）。

① 何大安：《南北朝韵部演变研究》，第 145 页。

（十）"屋沃"的合并问题

周祖谟说："到了宋代，屋沃两部合为一部，不再有甚么区别。"① 王力、何大安也持相同的意见。从历史音变上看，即周秦的职部屋、觉部屋沃烛觉、屋部屋烛觉、药部觉，到了南朝宋合并在一起，形成通、江摄入声的格局。但是我们从相关的统计数字上看：

	277	职部屋三	觉部屋三	觉部沃	觉部烛	觉部觉	屋部屋一	屋部烛	屋部觉	药部觉
职部屋三	30	5	83T				28	9		
觉部屋三	109	17	38				44	6		
觉部沃	1									499
觉部烛	1							171		
觉部觉	5						64	72		
屋部屋一	42	2	10			1	7	65T	74	42
屋部烛	71	1	2		1	2	12	20	114	82
屋部觉	9						2	6		
药部觉	9			1			1	4		
其他	13		4			2		3	1	3

把表中"字次 10 以下""韵次 3 以下且离合指数过高"的情况去掉，明显看出东晋、南朝宋"职部屋韵三等、觉部屋韵三等"（uk）一类，"屋部屋韵一等、屋部烛韵"（ok）一类，两类虽有接触，尚不及合为一部。何大安将屋部拟测为 uk，并于宋、北魏前期划入沃部 ok，② 如此屋一的音变为：

魏晋	宋北魏前期	北魏后期北齐	齐梁陈北周隋	切韵	例字
uk	ok	uk	uk	屋一 uk	木独谷

表中从 uk 到 ok 再回到 uk 不符合音变常理。从刘广和的东晋译经表来看：③

阴声	入声	阳声
鱼 o	屋 ok	东 oŋ
侯 u	沃？	冬？

① 周祖谟：《魏晋南北朝韵部之演变》，第 28 页。

② 何大安：《南北朝韵部演变研究》，第 260 页。

③ 刘广和：《东晋译经对音的晋语韵母系统》，谢纪锋、刘广和主编：《薪火编》，第 230 页。

沃部字少虽不能肯定音值，但配侯部 u，显然元音要比屋部 o 高些。我们拟屋部 ok，觉（沃）部 uk，东晋、南朝宋部分屋部字有元音高化倾向，转与沃部字相押（ok>uk），并未完全合并。

（十一）“药铎”的演变问题

周秦“药铎”到了魏晋，林、何、周合并一部。何大安拟测音变方向是药部 ɑkw 丢失 w 尾与铎部 ɑk 相押。[①] 检视三国、西晋药部 14 个韵段，仅“鹤、溺”押铎部，很难看出药、铎有什么合并的理由。到了东晋、南朝宋，药部的主要变化是一、三等并入铎部（auk、jauk>ak、jak），二等并入屋部（rauk>rok），四等字次少不论。何大安、周祖谟南朝宋将铎部二、三、四等并入锡部。我们统计“铎部梗摄、锡部梗摄”62B，尚不足以合并，据此拟测“铎部梗摄”为 ɛk，部分韵段元音高化为 ek。《切韵》的编纂动机是“因论南北是非，古今通塞”，只要异读曾出现于经籍中，就有可能被收录到韵书。从这个角度来看，同属铎部三等，何大安拟 jɑk（药）和 jiɑk>jiek（陌昔），实际上读低元音为保守层，中古入药韵（jak），a 受 j 介音影响元音高化为创新层，中古入陌昔韵（jak>jek），不必在 jɑk 和 jiɑk 强作纸上区别。

（十二）“质没”的拟音问题

周秦“质物”到了西汉，罗常培、周祖谟无条件合并。丁邦新、何大安也拟质部 it>iət 并入物部，造成韵部系统内没有主要元音 i。事实上，从周秦到南朝宋，质、物都是 i、ə 元音对立的格局，内部音变涉及物部三等（物韵）央元音前高化与质部字相押（jət>jit），物部一等（没韵）元音不变保留 ət。换言之，质、物从上古到中古都是 i、ə 元音对立的格局，差别在于质部 it 的辖字扩大，中古分出质、术韵；物部 ət 的辖字缩小，中古入没韵。东晋、南朝宋时期，“物部没韵”往往与受三等介音影响元音央化的“月部月韵”字相押（jat>jət），从“物部没韵、月部月韵”仅 66B 来看，尚未合为一部。

何大安表列魏晋“物”与“质术栉”一部，宋北魏前期“物”独立，北魏后期、齐梁陈隋又并回“质术栉”。[②] 从文韵三等或者与真部字相押（jən>jin），或者 jən 不变与真部字有别来看，相配的物韵元音或变（jət>jit）或不变（jət），随诗人有别。

四、分辙分部小结

下文总结东晋、南朝宋的分部概况，凡兼押两部者下加横线，意谓处于语音的变动阶段。

---

① 何大安：《南北朝韵部演变研究》，第 261 页。

② 何大安：《南北朝韵部演变研究》，第 85 页、第 172—173 页。

韵部	上古韵部＋中古韵摄等第（拟音＋中古韵）
之部 ə	之部止摄三等（jə［～ji］之）
咍部 ɛ	之部蟹摄一、二等（ə>ɛ［～ɛi］灰咍、rə>rɛ［～rɛi］皆）
幽部 u	幽部流摄一、三等（［B］u 侯、ju 尤幽） 之部流摄一、三等（［B］ə、［B、Kw］jə>u 侯、ju 尤） 侯部流摄一等（o>u 侯）
豪部 ou	幽部效摄一、二、四等（u、ru、iu>ou［～au］豪、rou［～rau］肴、iou［～iau］萧）
宵部 au	宵部效摄一、二、三、四等（au 豪、rau 肴、jau 宵、iau 萧） 幽部效摄一、二、四等（u、ru、iu>ou［～au］豪、rou［～rau］肴、iou［～iau］萧）
侯部 o	侯部遇摄三等（jo 虞） 鱼部遇摄一、三等（a、ja>o 模、jo 鱼虞）
鱼部 a	鱼部假摄二、三等（ra［rɛ］麻二、ja［jɛ］麻三） 歌部假摄二、三等（rai、jai>ra［rɛ］麻二、ja［jɛ］麻三） 歌部果摄一等（ai>a 歌戈）
支部 e	支部止摄三等（je［～ji］支） 歌部止摄三等（jai>jei［jəi］>je［～ji］支）
脂部 i	脂部止摄三等（ji 脂） 微部止摄三等（jəi>ji 脂） 之部止摄三等（［B、Kw］jə>ji 脂） 幽部止摄三等（［Kw］ju>jə>ji 脂） 之部止摄三等（jə［～ji］之） 支部止摄三等（je［～ji］支） 歌部止摄三等（jai>jei［jəi］>je［～ji］支） 微部止摄三等（jəi>jəi［～ji］微）
微部 əi	微部止摄三等（jəi>jəi［～ji］微）
皆部 ɛi	微部蟹摄一、二等（əi、rəi>ɛi 灰咍、rɛi 皆） 脂部蟹摄二、四等（ri、i>rəi、əi>rɛi 皆、ɛi［～iai］齐） 支部蟹摄二、四等（re、ie>rɛi 佳皆、iɛi［～iai］齐） 之部蟹摄一、二等（ə>ɛ［～ɛi］灰咍、rə>rɛ［～rɛi］皆）
祭部 ai	月部蟹摄一、二、三、四等（ad、rad、jad、iad>ai 泰、rai 夬怪、jai 废、jai［jɛi］祭、iai［iɛi］霁） 质部蟹摄四等（it、iad>iai［iɛi］霁） 叶部蟹摄一等（ab>ad>ai 泰） 脂部蟹摄四等（i>əi>ɛi［～iai］齐） 支部蟹摄四等（ie>iɛi［～iai］齐）
职部 ik	职部曾摄三等（jək>jik 职）
德部 ək	职部曾摄一等（ək 德）
觉部 uk	觉部通摄一、三等（uk 沃、juk 屋） 职部通摄三等（［B］jək>juk 屋） 屋部通摄一、三等（ok［～uk］屋、jok［～juk］烛） 屋部江摄二等（rok［～ruk］觉） 药部江摄二等（rauk>rok［～ruk］觉）

续表

韵部	上古韵部＋中古韵摄等第（拟音＋中古韵）
铎部 ak	铎部宕摄一、三等（ak 铎、jak 药） 药部宕摄一、三等（auk、jauk>ak 铎、jak 药）
陌部 ɛk	铎部梗摄二、三等（rak、jak>rɛk［～rek］陌麦、jɛk［～jek］陌昔）
屋部 ok	屋部通摄一、三等（ok［～uk］屋、jok［～juk］烛） 屋部江摄二等（rok［～ruk］觉） 药部江摄二等（rauk>rok［～ruk］觉）
锡部 ek	锡部梗摄二、三、四等（rek 麦、jek 昔、iek 锡） 觉部梗摄四等（iuk>iek 锡） 铎部梗摄二、三等（rak、jak>rɛk［～rek］陌麦、jɛk［～jek］陌昔）
质部 it	质部臻摄三等（jit 质栉） 物部臻摄三等（jət>jit 质术） 物部臻摄三等（jət>jət［～jit］物）
物部 ət	物部臻摄一等（ət 没） 物部臻摄三等（jət>jət［～jit］物） 月部山摄三等（jat［～jət］月）
月部 at	月部山摄一、二、三、四等（at 曷末、rat 鎋黠、jat 薛、jat［～jət］月、iat 屑） 质部山摄四等（it>iat 屑）
叶部 ap	叶部咸摄二、三、四等（rap 洽、jap 叶、iap 怗）
缉部 əp	缉部深摄三等（jəp 缉）
蒸部 iŋ	蒸部曾摄三等（jəŋ>jiŋ 蒸）
登部 əŋ	蒸部曾摄一等（əŋ 登）
冬部 uŋ	冬部通摄一、三等（uŋ 冬、juŋ 东） 蒸部通摄三等（［Kw］jəŋ>juŋ 东） 侵部通摄三等（［B］jəm>juŋ 东） 东部通摄一、三等（oŋ［～uŋ］东、joŋ［～juŋ］钟） 东部江摄二等（roŋ［～ruŋ］江）
东部 oŋ	东部通摄一、三等（oŋ［～uŋ］东、joŋ［～juŋ］钟） 东部江摄二等（roŋ［～ruŋ］江）
阳部 aŋ	阳部宕摄一、三等（aŋ 唐、jaŋ 阳）
耕部 eŋ	耕部梗摄二、三、四等（reŋ 庚耕、jeŋ 庚清、ieŋ 青） 阳部梗摄二、三等（raŋ、jaŋ>reŋ 庚耕、jeŋ 庚） 真部梗摄三、四等（jeŋ 庚清、ieŋ 青，从令声） 蒸部梗摄二等（rəŋ>reŋ 耕，甍字）
真部 in	真部臻摄三等（jin 真谆臻） 文部臻摄三等（jən>jin 真谆） 文部臻摄三等（jən>jən［～jin］文欣）

续表

韵部	上古韵部＋中古韵摄等第（拟音＋中古韵）
文部 ən	文部臻摄一等（ən 魂痕） 元部山摄三等（jan>jan［～jən］元） 文部臻摄三等（jən>jən［～jin］文欣）
元部 an	元部山摄一等（an 寒桓） 元部山摄二等（ran 删） 元部山摄三等（jan［jɛn］仙）、元部山摄二等（jan［jɛn］山）、真部山摄三等（in［A 类］>ian［iɛn］仙）、文部山摄三等（iən［A 类］>in>ian［iɛn］仙）、文部山摄二等（rən>jan［jɛn］山）、元部山摄三等（jan>jan［～jən］元） 元部山摄四等（ian［ien］先）、真部山摄四等（in>ian［ien］先）、文部山摄四等（iən>in>ian［ien］先）
谈部 am	谈部咸摄一、三、四等（am 谈、jam 盐凡、iam 添）
侵部 əm	侵部深摄三等（jəm 侵）

Mathematical Statistics Analysis of the Rhymes Used by Poets of the Eastern Jin Dynasty and of the Song Period from the Southern Dynasties

WEI Hongjun

（School of Liberal Arts，Minnan Normal University，

Zhangzhou 363000）

Abstract：This study will employ mathematical statistics to examine the gradual evolution of and shifts in rhymes during the reign of the Eastern Jin Dynasty and the Song period of the Southern Dynasties. We will examine not only the foundation of the rhyming relation between zhī（之），zhī（支），zhī（脂），wéi（微）and hāi（咍），jiē（皆）but also the divisive issue between xiāo（萧），xiāo（宵）、yáo（肴），háo（豪）；gē（歌）gē（戈）and má（麻）. Furthermore，this study will discuss and comment on the various rhyming schemes and the way in which they interact，such as the implications behind jì（祭）and tài（泰）；the attributes of zhēng（蒸）and gēng（耕）；the rhyming and phonetic construction of dōng（东），dōng（冬），zhōng（钟）and jiāng（江）；the separation between qīng（青）and xí（锡）；the rhyming relation between zhēn（真）wén（文）and yuán（元）；the evolution of yào（药）and duó（铎）；and the phonetic construction of zhí（质）and méi（没）.

Keywords：archaic rhyme divisions；ancient rhyme divisions；phonology；mathematical statistics

作者简介：魏鸿钧，文学博士，闽南师范大学文学院副教授，著有《周秦两汉诗歌韵类演变研究》等。

方言文献视域下19世纪南方方言与通语对音词的研究*

林清霞

（闽南师范大学文学院，福建漳州　363000）

摘　要： 19世纪来华传教士编写了大量的南方方言辞书，这些辞书用汉字记录当时的方言词汇时，却出现了与所标注的方言读音完全不符的情况。这不是辞书编纂者的失误，经研究，这些词正是当时方言与通语的对音词。汇集当时吴方言、客方言、粤方言、闽方言的词典，整理基本词和一般词中的对音词，能够探寻当时通语词汇的面貌，以及方言词汇与通语词汇的相互关系。

关键词： 方言文献；南方方言；通语；对音词；特有词

引　言

方言词汇中有一部分常让辞典编撰者感到头疼不已。这部分词因词形与通语相同，词义大体与通语相同，只是语音形式上有所不同，所以对编纂者来说如何选择义项和释义是相当棘手的事情。这部分词语即方言与通语的"对音词"。地域方言历来是研究通语的重要参照。由于对音词与通语词汇有着紧密联系，因此，透过19世纪传教士所撰方言辞典，窥探当时通语词汇的总体面貌，必是一种新的视角和探索，同时也是对当时通语词汇较为真实、有效的展现。本文尝试从传教士编写的南方方言辞书入手，梳理19世纪吴方言①、客方言、粤方言、闽方言②的对音词，探寻当时通语词汇的面貌。

根据汉语史分期，19世纪的汉语属于元明清时期发展的最后一个阶段，是近代汉语走向现代汉语的过渡期。此时的通语即汉民族的共同语吸收了不少方言词汇，同时也对方言词汇产生了重要的影响，特别是以对音词的方式大量进入各地方言。以下笔者尝试从方言文献的文字书写记录反向推演南方方言与通语对音词相互影响的情况。

---

* 本文为教育部人文社科青年基金项目"16世纪以来海峡两岸及海内外闽南方言文献的词汇研究"（24YJC740047）的阶段性成果。

① 以宁波话、上海话为例。

② 以闽南话为例。

一、南方方言语料

“南方方言”的界限历来学界也都只是一个笼统的范围。罗杰瑞（1995）认为包括闽语、客家话、粤语，且这三种方言来自同一祖先。① 克留科夫和杰里·诺曼（2007）则把闽方言、客家方言和粤方言放在“南方方言组”。② 刘泽民（2011）认为“南方方言”包括吴语、闽语、赣语、客家话、粤语、徽语和平话。③ 不可否认，历史上闽、粤、客方言曾经一度非常相似，可看做具有同一来源。由于本文探讨的是19世纪的南方方言词汇，鉴于这时期中外沟通交流频繁，因而选择与外语接触程度较深的吴方言、客方言、粤方言、闽方言为对象，以美国传教士罗啻（1853）所撰《翻译英华厦腔语汇》和姚小平、姚喜明（2019）主编“19世纪西方传教士编汉语方言词典”之《英粤字典》《上海方言汇集》《宁波方言字语汇解》《客英词典》④ 等为分析语料。这些辞书均以英汉对照方言，便于查找方言词。另外，《厦荷词典》（1882）也是重要参照，因该词典以荷兰语对照厦门方言。使用英、荷不同的外语对照，却用了相同的方言词，更能说明对音词的情况。

表1　19世纪传教士所编南方方言辞书

辞典	作者	出版时间	出版社	所属方言	释语语言
翻译英华厦腔语汇	美国传教士罗啻（Rev，Elihu Doty）	1853年	鹭门梓行	闽南方言之厦门话	英语
厦荷词典	弗兰肯（J. J C. Francken）	1882年	巴达维亚艺术与科学学会	闽南方言之厦门话	荷兰语
英粤字典	英国传教士湛约翰（John Chalmers）	1859年	不祥	粤方言	英语
上海方言词汇集	英国传教士艾约瑟（J. Edkins）	1869年	上海美华书馆	吴方言之上海话	英语
宁波方言字语汇解	美国旅甬传教士睦礼逊（William T. Morrison）	1876年	上海美华书馆	吴方言之宁波话	英语
客英词典	英国长老会纪多纳（Donald Maciver）和玛坚绣（M. C. Mackenzie）	1905年	上海美华书馆	粤东客家方言	英语

① ［美］罗杰瑞：《汉语概说》，张惠英译，北京：语文出版社，1995年，第186页。

② ［苏］克留科夫、［英］杰里·诺曼：《中国近现代汉语发展史论著选译》，成都：天地出版社，2007年，第151页。

③ 刘泽民：《南方方言研究论稿》，上海：中西书局，2011年，第251页。

④ 为行文简洁，以下将这几部辞典简称为《语汇》《英粤》《上海》《宁波》《客英》。

二、对音词的定义及研究

（一）对音词的定义

李如龙（1996）在提及方言词汇的共时系统时，认为其组成部分有大量套用共同语的语词。[①] 这里的“套用共同语的语词”，即方言与普通话的“对音词”。周长楫（1991）对其作了详细的界定，“把闽南话词汇里这种词形词义与普通话相同，只在语音形式上有别的词语叫对音词，也有人叫译音词、转译词、转借词等等”。[②] 方言对音词来源不仅是普通话，更有不少是从古汉语一直流传、沿用的方言基本词。从定义看，对音词和普通话有密切联系，二者有词义和构词的一致性。普通话即现代汉民族共同语，亦即现代汉民族的通语。所以19世纪的方言对音词可延伸系联当时的通语词汇。

另外，训读字是“借用一个同义字或近义字来记录”，[③] 一般是以方言口语常用词来读，也会导致记录的词形与读音不一致，如海南闽语读“首”为“头”。这容易与对音词混淆。对此可从两个要点区分：一是“训读字”属于“字”的研究范围，以单字的形式出现，“对音词”则属于“词”研究领域，多半能够分析词语的内部结构；二是“训读字”既以方言口语常用词来读，不同的方言一般是不同的口语词来对应，而方言与通语的对音词则是相同的。

（二）对音词的研究

关于方言与通语的“对音词”研究成果较少，且关注焦点多在闽南方言，如张振兴（2016）比较方言特有词和对音词的差异，认为《闽南方言大词典》只标注普通话和厦漳泉闽南方言读音，没有释义和例句是一大创新。[④] 陈稚瑶（2021）以《闽南方言大词典》所收对音词为例，讨论大量收录这类词可能造成内容冗余的问题。[⑤] 除了从辞书编纂角度出发，从社会语言学角度进一步调查闽南方言特有词与对音词在现代厦门话中的使用情况，也不失为拓展性、应用性的研究。据调查，厦门话老年组喜欢用方言特有词，而青少年组更青睐对音词，这主要是受普通话的影响，但厦门话中的基本词汇和常用词汇具有顽

① 李如龙主编：《汉语方言研究文集》，广州：暨南大学出版社，2002年，第9页。

② 周长楫：《闽南话与普通话》，北京：语文出版社，1991年，第130页。

③ 游汝杰：《汉语方言学导论》（修订本），上海：上海教育出版社，2018年，第196页。

④ 张振兴：评《闽南方言大词典》，詹伯慧、肖自辉编：《汉语方言辞书编纂的理论与实践》，广州：暨南大学出版社，2016年。

⑤ 陈稚瑶：《浅谈方言词典中的普通话对音词——以〈闽南方言大词典〉为例》，《出版参考》2021年第11期。

强生命力，在今后相当长的历史时期不会被对音词所取代。① 除此之外，近年来对音词的本体研究停滞不前，也无扩展的研究视角。

另有学者将“对音词”概念应用于汉语与其他民族语言或外语的“译音词”，如蒋冀骋（2019）在比较两处‘回回处方’后，发现“茴香”写作“阿你松”用的是阿拉伯语汉字对音词。② 在此，本文只考察方言与通语的对音词，不涉及与外语的“译音词”。

三、方言与通语对音词

“通语”一词原是汉代扬雄《方言》中所用术语，后为训诂学家所沿用，指各地区通用的词语或某几个地区通用的词语。现代一般认为“通语”是“人们常说的全民族的交际语言，是不同方言区域的人相互交流、沟通的工具”③。所以，更准确地说，所谓的通语是指“口语中民族通用的语言”。口语历来是容易被忽视的语言研究项目，目前对通语的研究十分薄弱，主要集中于语音，对通语词汇的研究则寥寥无几，原因可能是词汇数量庞大，没有可供研究的正面材料，使不少研究者望难止步。事实上，方言对音词既然是通语对方言“倾销式”的渗透，则必然成为探视通语词汇的绝佳视角。虽然对音词无法展现通语词汇的语音系统，但却较全面地保留各时代的通语词汇。在现代闽南方言中，对音词所占比例达到三分之二。④

而如何区别辞书中所记录的是方言特有词还是方言对音词？在《语汇》中可见一种有意思的现象，即所标记的读音与书面记录符号即汉字存在出入，这明显违反了辞书编纂原则。如《语汇》“飓风［hong t’ai］”一词指称“tyfoon（台风）”，现代厦门话写作“风台［hɔŋ$^{1-6}$ thai^{1}］”，根据《语汇》注音，应与现代厦门话一致，写作“风台”。而《上海》P135称之为“大风［dá fúng］”或“飓风［gū’ fúng］”，《宁波》P495为“风飑［fong—pao’］”或“飓风［gyü’ fong］”，《英客》P149亦为“飓风［khí fung］”。所以，“飓风”应为当时通用语的说法，即方言与通语的对音词，《语汇》等南方方言辞书受其影响，写作“飓风”，但读音仍保留当时厦门话的说法。而这样的词语并不仅有，而是成规模、成系统地保存在辞书中。由此发现了这样一些隐藏的现象：同是19世纪南方方言辞书，在对译同一个英文词语时，大多数使用相同的词语来对译，只有少数保留自己方言的说法。深层次分析可知，这并不是纯粹的巧合，因为这正是这些南方方言与通语的对音词。

（一）方言与通语对音词之基本词汇

不管是通语还是方言，基本词都是词汇中最稳定的部分。但在19世纪，社会人员天

① 周长楫、欧阳忆耘：《厦门方言研究》，福州：福建人民出版社，1998年，第225页。
② 蒋冀骋：《近代汉语词汇研究》（增订本），北京：商务印书馆，2019年，第529页。
③ 何占涛：《新唐书释音声类研究》，上海：学林出版社，2009年，第121页。
④ 周长楫：《闽南话与普通话》，第130页。

南海北地穿梭往来，通语便以强劲的力量冲击当地的方言基本词。本文根据邢福义（2020）对基本词的分类，探讨方言与通语对音词中的基本词。篇幅所限，下文举例分析。

1. 有关自然界事物的基本词

现代汉语之“地震”：《语汇》[P2]称为“地震［toē tāng］”，根据注音，应写作“地动”，现代厦门方言亦写作“地动［tue^{6}（tə^{6}）taŋ^{6}］”。《上海》[P28]既称为“地动［di dúng］”，又有“地震［di tsun］”的说法，《宁波》[P140]称为“地震［di—cing］”，《英客》[P888]亦称为“地震［thì chin］”。据此推测“地震”是当时通用语与南方方言的对音词，亦是与英文“earthquake”的对译词。

现代汉语之“木瓜”：《语汇》[P6]称为“木瓜［bòk kou］”，现代厦门话称之为“奶匏［ni$^{1-6}$pu^{2}］”，或“番匏［huan$^{1-6}$pu^{2}］”。“木瓜”为现代普通话与厦门话的对音词，《宁波》[P377]称之为“木瓜［moh—kwô’］”，《英客》[P538]亦称为“木瓜［muk kwa］”。所以，“木瓜”也是当时的对音词。

现代汉语之“海岛”：《语汇》称为“海屿［hái sū］”，现代厦门话称之为“山屿［suā $^{1-6}$ su^{6}］”。《上海》[P58]称之为“海岛［hé tau］”，《宁波》[P256]亦称为“海岛［hæ’ tao］”，或称为“海山［ih—zo］”，《英客》[P208]亦是“海岛［hói táu］”。当时的上海话和宁波话虽都称之“海岛”，“海”均读为文读音，可宁波话还可称为“海山”，“海”和“山”则是白读音。据此推测，“海岛”应为当时的对音词。而《语汇》称为“海屿”是受当时通语的影响，与上海话、宁波话有共同的语素“海”，但是又保留原厦门话的说法，不说“岛”，而说“屿”。

2. 有关生产和生活资料的基本词

现代汉语之“粪”：《语汇》称为“粪［pùn/ pûi］”，现代厦门话称之为“肥［pui^{2}］”，而“粪［pun$^{5-3}$］”则作为非自由语素，无单独使用的情况，可与其他语素组成“粪箕”“粪扫”“粪斗”等词，主要表示“垃圾”之义。而“肥”可单独使用，如“遮的涂野肥”①，亦可组成“肥水（农作物用的粪肥）”“肥粉（化肥）”“肥粪（粪肥）”等。从语音上看，“肥”读为《广韵》“並母微部”，並母在闽南方言里读为［p］或［p’］，微部闽南方言读为［i］［ui］［e］［ue］［e］［ə］，② 声、韵组合符合《语汇》注音。所以应写作“肥”，而非“粪”。其他辞书指称该物情况：《上海》[P66]为“粪［fun’］”，《宁波》[P287]为“肥［bi］”或“粪［feng］”或“料［liao］”，《英粤》[P154]亦称为“粪［fun$^{\circ}$］”，《英客》[P709]亦是“粪［pùn］”。因此，“粪”极有可能是当时的对音词，《语汇》

① 周长楫主编：《闽南方言大词典》，福州：福建人民出版社，2006年，第225页。

② 马重奇：《闽台方言的源流与嬗变》，福州：福建人民出版社，2002年，第104、124页。

受其影响，写作“粪”，但在语音上仍保留当时厦门话读音。

现代汉语之“芫荽”：《语汇》称为“胡荽［iân sui］”，《厦荷词典》P164写作“芫荽［ièn sui］”①，现代厦门话也作“芫荽”，《上海》P18称为“芫荽［niōn sûe］”，《英客》P824亦称为“芫荽［yên sui］”。可见，“芫荽”应是当时通语的对音词。“芫荽”最早是古希腊的传统药物，在汉代时期传入中国，唐代孟诜的《食疗本草》第一次出现“胡荽”这个药用之名，②《语汇》写作“胡荽”大概是源于此，但与《语汇》大致同时期的闽南方言词典及上海方言、客方言均写作“芫荽”，且根据《语汇》的注音，指称“coriander（芫荽）”还是应该写作“芫荽”。

3. 有关称谓的基本词

现代汉语之“老公”：《上海》P51称之为“丈夫［dzang' fú］”，《宁波》P230称为“丈夫［dzang' fú］”或“老公［lao' kong］”，《英粤》P122称为“丈夫［cheung—foo］”或“老公［ᶜlo—kuung］”，《英客》P430亦称为“老公［lǻu kung］”。可见，各地方言既有与通语的对音词，也保留了古汉语词。而现代汉语“老公”一词，在方言中被认为是不受尊重的说法。

现代汉语之“媳妇”：《语汇》P29称之为“媳妇”［sim pū］，根据《语汇》注音，写作“新妇”较为合适。《厦荷》P525写作“新妇［sim pū］”，荷兰文注释“behuwddochter（已婚女儿）”。《闽南方言大词典》P316亦写作“新妇［sim⁶ pu⁶］”。其他南方方言辞书：《上海》P19称之为“媳妇［sing' vú］”，《宁波》P108称为“媳妇［sing—vu'］”，《英粤》P61称为“媳妇［sik—ᶜfoo］”，《英客》P811亦称为“媳妇［sit fù］”。所以，“媳妇”应该是通语与方言的对音词，罗啻虽受此影响，但仍保留当时厦门话的读音。

4. 有关人体各部分名称的基本词

现代汉语之“身体”：《语汇》P15称为“身体［sieng k'u］”，现代厦门话写作“身躯”，根据注音写作“身躯”合适。《英粤》P26称为“身体［shan ᶜt'ai］”，《上海》P9称之为“身体［sung t'i］”，《宁波》P48亦称为“身体［sing—t'i'］”，《英客》P887亦是“身体［shin thí］”。

现代汉语之“背脊”：《语汇》P16称为“背脊［ka chiah］”，指称“back（背）”，《上海》P7称为“背脊骨［pé tsih kweh］”，《宁波》P33亦称之为“背脊［pe'—tsih］”，《英粤》P16亦是“背脊［pooiᵓ—tsekᵓ］”。“背脊”应为当时通语与方言的对音词。

现代汉语之“眼睛”：《语汇》P15称为“眼睛［bȧk chiu］”，现代厦门话写作“目珠

① J. J. C. Francken编：《厦荷词典》，台北：教会公报出版社，2008年，第164页。
② 赵中振、郭平、洪雪榕编：《百药西来》，北京：中国中医药出版社，2019年，第86—87页。

[bak$^{8-5}$ tsiu^{1}] ”。《上海》[P561]既可称为“眼睛 [‘ngan tsing] ”，又有“眼目 [‘ngan móh] ”之说，《宁波》[P164]亦是两种说法同时存在。《英粤》[P252]称为“眼 [^{c}ngaan] ”或“眼目 [^{c}ngaan—muuk] ”。《英客》[P35]只有“眼睛 [ngán] ”一说。可见“眼睛”为当时的对音词。

现代汉语之“耳朵”：《上海》[P27]称之为“耳朵 [‘ni’ tú] ”，《宁波》亦称之为“耳朵 [ng’ —tô] ”，《英粤》[P78]称为“耳朵 [i—tö] ”或“耳仔 [^{c}i—^{c}tsai] ”，《英客》[P915]亦称为“耳朵 [nyì tó] ”。“耳朵”应为当时通语与方言的对音词。

现代汉语之“鼻孔”：《语汇》[P15]称为“鼻孔 [p’īn k’ang] ”，《厦荷词典》[P445]《上海》[P73]《宁波》[P312]《英客》[P660]亦称之为“鼻孔”，因此，“鼻孔”应为当时的对音词，受其影响，《语汇》写作“鼻孔”。《闽南方言大词典》按闽南方言读音写作“鼻腔”。

现代汉语之“牙齿”：《语汇》[P26]称为“牙齿 [ch’ùi k’í] ”，《上海》[P127]称为“牙齿 [ngá ‘t’sz] ”，《宁波》[P474]为“牙齿 [ngô—ts’] ”，《英客》[P556]亦为“牙齿 [ngâ chhì] ”，所以“牙齿”应为对音词。“牙”厦门话读为 [ge^{2}]，但《语汇》注音为 [ch’ùi]，可见在文字书写上，罗啻受通语的影响，但仍保留当时厦门话的读音。

（二）方言与通语对音词之一般词汇

1. 古语词

现代汉语之“子孙”：《语汇》[P26]称为“子孙 [kiá^{n} sun] ”，《上海》[P87]称之为“后代 [‘heu dó’] ”或“子孙 [‘tsz sun] ”，《宁波》[P355]称为“后代 [‘eo’ —dæ] ”或“子孙 [ts‘—seng] ”，《英客》[P827]亦是“子孙 [tsú sun] ”。由此，当时极有可能以“子孙”作为通语与“posterity”的对译词，也是方言对音词。《厦荷》[P239]写作“子孙 [kiá sun] ”，《闽南方言大词》[P524]写作“囝孙 [kiã^{3} sun$^{1-6}$] ”。“囝”《集韵》“囝，闽人呼儿曰囝”，为方言词。罗啻、弗兰肯可能受通语的影响，写作“子孙”。“子孙”一词最早出现于西周中期青铜器“井南白簋”铭文“井南白（伯）乍（作）季婖好尊簋，宜迈（万）年子子孙孙永宝，日用享考（孝）”，① 是以重叠词的形式出现。

现代汉语之“权柄”：《语汇》[P25]称为“权柄 [koân liéng] ”，《厦荷》[P296]称之为“权柄 [koàn pìng] ”，《上海》[P87]亦称为“权柄 [giōn ping’] ”，《宁波》[P357]“权柄 [gyün—ping’] ”，《英客》[P87]“权柄 [khén piàng] ”。“权柄”应该是方言对音词。“权柄”一词最早出现于元朝宫天挺所撰《新刊关目严子陵垂钓七里滩》“显耀他帝王的权柄”。

2. 新词及外来词

① 马承源等编：《商周青铜器铭文选》，北京：文物出版社，1986 年，第 253 页。

随着中西航海贸易的发展，汉语产生了不少商贸类的新词。这些词进入到方言，几乎都使用当时通语对译英文的对音词。如使用“报货单”指称“bill of lading（报货单）”，《上海》[P9]亦称为“报货单［pau’ hú tau］”，《宁波》[P43]亦是“报货单［pao’ —ho—tæn］”，《英客》[P646]则称作“报单［pàu tun］”。《语汇》[P83]称为“报货单［pò hè toa^{n}］”，现代厦门话称为“报条［po$^{5-3}$tiau^{2}］”，可见受当时通语的影响。①

西方宗教传播到中国，因而此时也有不少宗教类的外来词。如指称“Christianity（基督教）”，《语汇》[P110]称为“耶稣教［iâ so. kàu］”，《上海》[P15]亦称为“耶稣教［yá sú kiau’］”，《宁波》[P74]亦是“耶稣教［Yiæ—su’ kyao］”，《英客》[P1143]只有“耶稣［yâ su］”一词。又如指称“God（上帝）”，《语汇》[P110]称之为“上帝［siōng tè］”，《上海》[P45]称为“上帝［zang’ ti’］”，《宁波》[P202]亦称为“上帝［zông—ti’］”，《英客》[P884]亦是“上帝［shòng tì］”。

现代汉语之“火柴”：《语汇》[P46]称为“自来火［chū lâi hé］”，《厦荷》[P757]亦称为“自来火［tsū lai hè/hoè］”，荷兰文注解“lucifer（火柴），vuurstokje（火棒）”。《闽南方言大词典》则称之为“火柴［he^{3} tsha^{2}］”，这是厦门话与普通话的对音词，另有一个方言同义词“火擦［he^{3} tshat^{7}］”。②《上海》[P67]《宁波》[P290]均称之为“自来火”，《英粤》[P155]则称为“火柴［^{c}foh—ch’aai］”。《英客》[P112]则既记录“自来火”，又有“火柴”的说法。有学者认为“自来火”是“火柴”的俗称，在清末由外国传入，因而又称为“洋火”。③ 钱乃荣在《上海方言》一书中认为，“自来火”是上海方言词，而“火柴”是普通话中的词语，受其影响，现代上海人已不再使用“自来火”，而改用“火柴”。④ “自来火”见诸中国文献记载，是清同治九年（1870）孙玉璋所写的《异闻琐录》一书：“道光间，英夷所贡杂物，多淫巧好玩，中有自来火者，长仅盈寸，一端五色洋药，擦之而火爆发。”所以，可作这样的推测：自清末传入的“洋火”，当时就有“自来火”和“火柴”两种名称，“火柴”是规范用语，因为清末第一家火柴厂生产的是“凤凰”牌火柴，光绪十八年（1892）山西巡抚胡聘之等筹资创办“山西火柴局”，之后创办的厂子也都是以“XX 火柴厂”或“XX 火柴公司”命名，如 1911 年创办的“杭州光华火柴厂”和“上海荧昌火柴公司”。而“自来火”应是俗称，所以当时许多方言以此来指称“matches”。⑤

① J. J. C. Francken 编：《厦荷词典》，第 465 页。

② 周长楫主编：《闽南方言大词典》，第 844 页。

③ 方炳桂、方向红：《福州老行当》，福州：福建人民出版社，2002 年，第 206 页。

④ 转引自王均熙：《王均熙文集》，上海：文汇出版社，2014 年，第 258 页。

⑤ 湖北大学政治经济学教研室编：《中国近代国民经济史讲义》，北京：高等教育出版社，1958 年，第 83 页。

结　语

正如李如龙（2006）所说，历来关于语言的比较研究多半侧重于语音和语法，较少涉及词汇，这主要是词汇系统相比语音和语法自有其多元而复杂的特点。本文尝试从19世纪传教士编写的方言辞书中出现书写记录的汉字与注音不符的现象入手，反向推测当时通语词汇的面貌。

研究过程中，发现不少南方方言既存在与通语词汇并用的方言对音词，又保留自己原来的方言特有词。如现代汉语“老婆”一词，《上海》P148中可称为“妻子［t’sí tsz］”“夫人［fú niun］”“贤妻［hien t’sí］”等。《宁波》P530中既有“老婆［lao’—bo］”之说，又有“妻子［ts’i—ts’］”“女人［nyü’—nying］”“老妇［lao’—nyüing］”等用法。《英粤》P291也是有“老婆［꜀lo—p’oh］”，也有“妻室［ts’ai—shat］”“妻［ts’ai］”等。《英客》P430中也有“老婆［láu phô］”之称。当时的南方方言词汇既有与通语的对音词“老婆”，又有原方言中历史传承下来的古语词“妻”“妻子”“妻室”。众所皆知，许多方言语音具有文白异读完整的系统，体现了方言语音的层次性。而其实方言词汇受历代通语词汇的影响，也必然具有层次性。这类的方言对音词展现了方言特有词与通语对音词存在平衡并用的状态。

A Study of Southern Dialects and Common Languages in the 19th Century from the Perspective of Dialect Literature

LIN Qingxia

(School of Liberal Arts，Minnan Normal University，

Zhangzhou，Fujian 363000)

Abstract：Missionaries compiled a large number of southern dialect dictionaries in the 19th century. When these dictionaries recorded the dialect words of that period with Chinese characters，there appeared a situation that was completely inconsistent with the dialect pronunciation marked. And this was not the fault of lexicographers，for studies have shown that these words were the antiphonics of the dialect and the common language of the time. By collecting the dictionaries of Wu dialect，Ke dialect，Yue dialect and Min dialect at that time and sorting out the antiphonics of basic words and general words，we can explore the appearance of the common language vocabulary at that time and the mutual relationship between dialect words and common language words.

Keywords: dialect literature; southern dialect; common language; antiphonics; characteristic word

作者简介：林清霞，文学博士，闽南师范大学文学院讲师，著有《海峡两岸泉腔音韵的历史演变研究》等。

文艺学研究

论中国画的诗意*

郭勇健

（厦门大学中文系，福建厦门　361000）

摘　要： 苏东坡通过揭橥文人画之理念而提高了绘画的地位。画本来低于诗，但文人画因其具有诗意而得以与诗并肩而立。王维则因其“诗中有画，画中有诗”而首次使绘画获得了与诗歌并列的地位，被尊为文人画之祖。然而，真正实现“画中有诗”之理想的恰恰是院体画，而非文人画。画与诗的结合点何在之问题已有三种回答，即文化背景（徐复观）、创作手法（徐书城）、观察方法（丰子恺），而我们认为结合点在于意境。意境的三层规定，即直观、有无相生、情景交融，都与现象学有相通之处。现象学以直观为方法，现象学直观与审美直观很接近；有无相生相当于现象学的“在场—缺席”结构；情景交融对应于现象学的意向性结构。山水画取得最高成就的三个时代是北宋、南宋和元。倘若以“意境”为标准来衡量这三个时代，那么比较而言：北宋山水画“境大于意”，其境界是“天人合一”；南宋山水画“意境相契”，其境界是“情景交融”；元代山水画“意大于境”，其境界是“书画合璧”。“情景交融”的南宋山水画是最有诗意的，它将意境作为“如在目前”的东西呈现给观众的直观。

关键词： 中国画；诗意；苏东坡；意境；直观；南宋山水画

引　言

无论东西方，在古代很长一段时间，都有诗画相通的思想。西方如古希腊诗人西蒙尼德斯（Simonides）说：“诗为有声之画，画为无声之诗。”古罗马诗人贺拉斯（Quintus Horatius Flaccus）说：“诗歌就像图画。”中国诗人苏东坡在《书鄢陵王主簿所画折枝二首》中说：“诗画本一律，天工与清新。”又在《题韩幹画马》中说：“少陵翰墨无形画，韩干丹青不语诗。”张舜民《跋百之诗画》说：“诗是无形画，画是有形诗。”钱鍪《次袁尚书巫山十二峰二十五韵》说：“终朝颂公有声画，却来看此无声诗。”这些东西方古代诗人的观点并无根本差别。但是比较而言，西方的思维方式是分析性或区分性的，因而在进

* 本文为国家社科基金艺术学一般项目《中国画的现象学诠释》（19BF085）的阶段性成果。

入现代性的学科分立之后，就把诗与画区分开来，划定两者的界限，让两者各自独立发展。其中最具代表性的就是德国批评家莱辛（Gotthold Ephraim Lessing）的《拉奥孔》，此书的副标题是“论诗与画的界限”。而中国的思维方式是综合性和整体性的，自从宋代发现并论证了诗画相通现象之后，诗与画就结成姻缘，从此不离不弃，“诗情画意”被相提并论，“诗中有画，画中有诗”被奉为圭臬。放眼世界各国诗歌，可能只有中国诗歌特别强调“情景交融”；放眼世界各国的绘画，可能只有中国画特别追求绘画的诗意。中国画有一个“写意”传统，而写意的“意”，其表现之一便是“诗意”。即使不是全部，至少有一部分中国画可以称作“诗意画”。因此，在进行中国画原理的现代诠释时，“中国画的诗意”也便成了一个难以回避也不能放过的理论问题。

一、“诗中有画，画中有诗”

唐代大画家阎立本在唐高宗时被擢升为右相。左相姜恪历任将军，曾立功沙漠，而右相阎立本除了绘制十八学士图、凌烟阁功臣图和昭陵六俊图稿之外，似乎并无功绩可言。时人以为他只精通绘画，非宰辅之器，用《千字文》之语加以讥讽：“左相宣威沙漠，右相驰誉丹青”。其实在唐太宗之时，就曾有过令阎立本尴尬至极的遭遇：

> 太宗尝与侍臣学士泛舟春苑，池中有异鸟随波容与，太宗击赏数四，诏座者为咏，召立本令写焉。时阁外传呼云：“画师阎立本。”时已为主爵郎中，奔走流汗，俛伏池侧，手挥丹粉，瞻望坐宾，不胜愧赧。既而戒其子曰：“吾少好读书，幸免墙面，缘情染翰，颇及侪流。唯以丹青见知，躬斯役之务，辱莫大焉！汝宜深戒，勿习此末伎。”（《旧唐书》卷七十七《列传》二十七《阎立德附弟立本传》）

宋人何梦桂《芸窗集画图》诗中有一句“主爵郎中羞画史”，说的就是阎立本的这个故事。此事引起后世史家（如张彦远）和画家（如李公麟）的诸多讨论。这位在唐代一度执画坛之牛耳的艺术巨匠，却以“画师”身份为耻，将绘画称为“末伎”，在今天看来简直是不可思议的。但在当时的阎立本看来，如果可以在“读书”和“丹青”之间做一个选择，应当毫不犹豫地选择读书，而不是学习绘画这种雕虫小技。

阎立本“羞画史”的故事有其文化背景。在中国历史上，曾有很长一段时间，“画”的地位低于“文”。苏东坡《文与可画墨竹屏风赞》说：“与可之文，其德之糟粕。与可之诗，其文之毫末。诗不能尽溢，而为书，变而为画。其诗与文，好者益寡。有好其德，如好其画者乎？悲夫!”这句话给出了一个价值等级体系：“德→文→诗→书→画”，五者价值依次降低。此价值序列虽由苏东坡之口道出，却契合了宋代之前中国文化的基本价值取向。其理论依据是儒家的价值观。儒家追求“三不朽”，即立德、立功、立言。《左传·襄公二十四年》：“太上有立德，其次有立功，其次有立言，虽久不废，此之谓不朽。”“三不朽”也是自高而低的价值序列。首先是立德，亦即成就道德自我，使道德行为成为世人的楷模。其次是立功，类似于“治国平天下”。立功为何低于立德？因为儒家推崇的政治是德治，政治基于伦理，“齐家治国平天下”以“正心诚意修身”为前提。再次是立言，立言有大有小，大则著书立说，犹如司马迁的“成一家之言”，小则写文章。立言与“文”直接相关。正如“三不朽”中立德高于立言，在苏东坡的价值序列中，德也高于文。不仅如此，德还是文的根本。文亦有等级之分，高者是经史，低者是诗词。欧阳修《归田录》卷二有云：“平生惟好读书。坐则读经史，卧则读小说，上厕则阅小辞。”此语中“小说”应当也是史，不过是“稗官野史，街谈巷议”之类的野史；“小辞”则是短小的诗词。故诗低于文。书画又低于诗文。唐代书法家孙过庭《书谱》说：“然君子立身，务修其本。扬雄谓‘诗赋小道，壮夫不为’，况复溺思毫厘，沦精翰墨者也!”扬雄是汉代大儒，自然把道德视为立身之本，与之相比，诗赋只是小道而已，至于沉溺于书法这种雕虫小技，恐怕更是“不务正业”了。然而，书法毕竟高于绘画。熊秉明曾说：“中国书法是中国文化核心的核心。”① 在他看来，中国文化的“核心”是中国哲学，而“核心的核心”则是书法。此言虽有夸张，却足以提示书法在中国文化中的地位相当之高，非绘画所能望其项背。

在苏东坡的价值系统中，画的地位最低。文与可以画闻名，苏东坡却认为他德第一、文第二、诗第三、书第四、画第五。这里隐含的潜台词是，文与可并不是一个职业画家，画画对他来说不过是“文之余”或“诗之余”。文人才是文与可的当行本色，作画只是他的业余爱好。苏东坡的观点使我们想起孔子的格言：“志于道，据于德，依于仁，游于艺。”（《论语·述而》）道是社会性的，德是个体性的；德是外在性的，仁是内在性的；仁是精神，艺是技艺。此处“艺”应当是礼、乐、射、御、书、数这“六艺”，但亦可包括绘画。在儒家的评价体系中，“艺”是用来“游”的，游是游戏、游憩之意，换言之，从艺只能是附属性、业余性、游戏性的。

如此，我们便能理解阎立本的尴尬处境了，他把本该是附属性、业余性、游戏性的绘画变成了专业。一个官居高位的士大夫，不去做“修身齐家治国平天下”之事，却“唯以丹青见知，躬斯役之务”，这确实是“本末倒置”了。然而，张彦远作为杰出的艺术批评家，不能不为大画家阎立本辩护，他指责那些讽刺阎立本无辅佐之才的人：“浅薄之俗，轻艺嫉能，一至于此，良可于悒也。”（《历代名画记》卷九）他同时强调：“自古善画者，莫匪衣冠贵胄，逸士高人，振妙一时，传芳千祀，非闾阎鄙贱之所能为也。”（《历代名画记·论画六法》）依张彦远之说，绘画并不是低贱的工匠活，其理由是，“古之善画者”都是“衣冠贵胄，逸士高人”。阎立本或许并非“逸士高人”，但无疑是“衣冠贵胄”。“衣冠贵胄，逸士高人”强调的身份，并不都是文人。李长之对张彦远这句话略作发挥，将它与后世的文人画联系起来：“中国绘画之又一特色则为士大夫的：这就是后来所谓的‘文人画’。详言之，即把绘画限制到是有教养的、有学问的读书人的活动，而对于倘若没有

① 熊秉明：《书法与中国文化》，上海：文汇出版社，1999年，第252页。

这些附带的资格的人的绘画则加以排斥。这种态度，也是由张彦远发端的。”①

如此，我们也就不难理解苏东坡对吴道子的评价。苏东坡对吴道子的态度似乎有点矛盾，一方面钦佩不已、推崇有加，另一方面又有点不大瞧得上。《书吴道子画后》说：“诗至于杜子美，文至于韩退之，书至于颜鲁公，画至于吴道子。而古今之变，天下之能事毕矣。”既然吴道子是绘画的代表人物，如同杜甫是诗歌的代表人物、韩愈是古文的代表人物、颜真卿是书法的代表人物，那么在绘画领域，苏东坡只能说吴道子“盖古今一人而已”了。这种评价已经高得不能再高了。然而他在《王维吴道子画》诗中又说：“吴生虽妙绝，犹以画工论。摩诘得之于象外，有如仙翮谢笼樊。吾观二子皆神俊，又于维也敛衽无间言。”在这里吴道子就不再是“古今一人”了，还有比他更高的，那就是王维，与王维相比，吴道子不过是个“画工”而已。王维为什么能秒杀吴道子呢？诗中提供的理由是：“摩诘本诗老，佩芷袭芳荪。今观此壁画，亦若其诗清且敦。”这就很清楚了，吴道子只是画家，王维却是画家兼诗人；作为诗人，王维能够把诗意融入绘画作品。所以在《书摩诘蓝田烟雨图》中苏东坡又说：“味摩诘之诗，诗中有画。观摩诘之画，画中有诗。”

王维高于吴道子，意味着文人画家高于职业画家，这是苏东坡在绘画领域的“价值重估”。在唐代张彦远的《历代名画记》中，吴道子被评为“六法兼备”，且有“画圣”之誉。朱景玄《唐朝名画录》把唐朝绘画分为神品、妙品、能品、逸品四等，推崇吴道子“天纵其能，独步当世”，定为“神品上”，将吴道子作为“神品上”的唯一代表。“神品上”之下还有“神品中”一人、“神品下”七人。至于王维，只是“妙品上”八人之一。王维成为品位超越吴道子的画家，是宋代才发生的价值颠倒，而苏东坡当是首倡者。这显然与中国文化的唐宋之变有关。日本美术史家宫崎法子指出：

> 宋代以后的文化就是这样一群士人（士大夫是高级官僚的尊称）领导的文化。士大夫的价值观绝对不是孤立的，并不局限于一部分人内部，在对任何人都开放的科举制度下，所有人都被卷入其中了……
>
> 然而，作为士大夫，他们与一般人的界限不再明显，因此他们认为有必要找到一种象征身份的明确差异。失去了世袭这一血缘保证，他们于是用覆盖生活各方面的“雅俗”概念来区分彼此，表明身份。雅俗成了所有价值的基准，在绘画批评里也经常使用。很多画家和作品被定义为了“俗”，叫人退避三舍，然而其中的理由却没有明确的说法。这是因为其本身就是不可明说的，一旦明说就“俗”了。而“雅”就只能解释成不俗的东西。换句话说，雅因俗而生，二者是一种相对的价值观。二者一开始就带有共存关系，宋代以后的士大夫虽然极力标榜二者的差异，其根源却仍在于与一般百姓的无区别化和制度的无区别化上。②

① 李长之：《中国画论体系及其批评》，北京：北京出版社，2017年，第136页。

② ［日］宫崎法子：《中国绘画的深意》，傅彦瑶译，长沙：湖南文艺出版社，2020年，第18页。

宋代士人用“雅俗”来“区分彼此，表明身份”，这是敏锐且准确的判断。以苏东坡为中心的文人集团，如米芾、黄庭坚、李公麟、晁补之、王诜等人，无不以“不俗”相标榜。黄庭坚《论书》云：“士大夫处世可以百为，唯不可俗，俗便不可医也。”这句话道出宋代士人的心声。美术史论家俞剑华指出：“西画鉴赏的标准在乎美丑，国画鉴赏的标准则在乎雅俗。”① 以历史的眼光来看，中国画正式确立以“雅俗”为鉴赏标准当在宋代以后。但“雅俗”是不是如宫崎法子所言，由于在制度上无区别，就“没有明确的说法”呢？恐怕未必，雅俗之分本来就不是物质性、制度性，而是精神性、气质性的。雅俗虽不可量化，仍有较明确的衡量指标，此即文化教养之有无，亦可说是“书卷气”之有无。俞剑华认为：“雅俗二字虽常用于国画的鉴赏，然究无具体的解释与固定的标准，全恃乎个人之修养与程度，平常所谓有没有书卷气，董其昌所谓画家必须‘读万卷书’，就是在雅字上作工夫。”② 何必等到明代的董其昌，宋人早已大谈“读万卷书”了。如黄庭坚《题宗室大年永年画》云：“大年学东坡先生作小山丛竹，殊有思致。但竹石皆觉笔意柔嫩，盖年少喜奇故耳。使大年耆老，自当十倍于此。若更屏声色裘马，使胸中有数百卷书，便当不愧文与可矣。”南宋赵希鹄《洞天清录·古画辨》也认为：“胸中万卷书，又车辙马迹半天下，方可下笔。”总而言之，有书卷气的画才是雅画，也才是好画。

苏东坡明确地把“士人画”和“画工画”区别开来。《东坡题跋·跋汉杰画》说：“观士人画，如阅天下马，取其意气所到。乃若画工，往往只取鞭策皮毛槽枥刍秣，无一点俊发，看数尺便倦。汉杰真士人画也。”以此说法，可想而知，吴道子的画技纵然高明到了“古今一人”的地步，终究不过是画工画而已，而王维的画是士人画，在绘画价值上段位更高。士人画和画工画的区别就在于前者雅而后者俗。与黄庭坚一样，苏东坡对“俗”也是零容忍的。《于潜僧绿筠轩词》诗云：“可使食无肉，不可居无竹。无肉令人瘦，无竹令人俗。人瘦尚可肥，士俗不可医。”《祭柳子玉文》评论唐代诗人：“元轻白俗，郊寒岛瘦。”《答子勉三首》说：“无一点俗气，相期林下风。”他赞李公麟：“古来画师非俗士，妙想实与诗同出。龙眠居士本诗人，能使龙池飞霹雳。”赞燕肃：“燕公之笔，浑然天成，粲然日新；已离画工之度数，而得诗人之清丽也。”按照苏东坡的倾向，李公麟之所以不俗、燕肃之所以不是画工，就因为他们是诗人，或者说他们的画中有诗。事实上，苏东坡可能认定诗和俗是不共戴天的，所以《祭张子野文》说：“清诗绝俗，甚典而丽。搜研物情，刮发幽翳。微词宛转，盖诗之裔。”在苏东坡的画论中似乎并没有出现“雅”字，但“清”字颇为常见。“清诗”是他爱用的词组。他声称“诗画本一律，天工与清新”；评文与可“其身与竹化，无穷出清新”；评王维“今观此壁画，亦若其诗清且敦”；还有评燕肃“得诗人之清丽”。清、清新、清丽等，或可视为“雅”的代名词。以“书卷气”规定

① 俞剑华：《俞剑华美术论文选》，济南：山东美术出版社，1986 年，第 101 页。

② 俞剑华：《俞剑华美术论文选》，第 101 页。

“雅”固然不错，但可以说仍是泛泛而谈，在苏东坡的表述中，书卷气被具体化为诗意。

苏东坡通过揭櫫士人画或文人画之理念而提高了绘画的地位。按照苏东坡的价值等级系统，画本来低于诗，但是，士人画或文人画因其具有诗意而得以与诗并肩而立。王维则因其“诗中有画，画中有诗”而首次使绘画获得与诗歌并列的地位，故而后世文人画家往往将王维尊为开山之祖。不过，文人画的对立面是画工画，而宋代绘画中与文人画并立的是院体画，这很容易让人认定文人画才是有诗意的，院体画则是无诗意的。但这纯粹是一种误解。如前引宫崎法子所言，“士大夫的价值观绝对不是孤立的，并不局限于一部分人内部”，许多院体画家其实也接受了苏东坡“诗画一律”的艺术观，并在画中创造诗意。据邓椿《画继》载，宋徽宗领导下的北宋画院，实行“如进士科下题取士”，以诗为题，让人来画。所试之题有“野水无人渡，孤舟尽日横”“乱山藏古寺”等，其评价标准就是画面是否巧妙地呈现诗意。宋徽宗自己也喜欢在画上题诗，譬如《芙蓉锦鸡图》画面右边空处醒目地题了一首五言诗：“秋劲拒霜盛，峨冠锦羽鸡。已知全五德，安逸胜凫鹥。”

李泽厚指出，正是由画院肇始，“画面的诗意追求开始成了中国山水画的自觉的重要要求”①。依高居翰之见，真正实现“画中有诗”之理想的恰恰是院体画，而非文人画。他断言：“文人画家不能一劳永逸地在他们的口号中宣称自己是诗、画两个领域的佼佼者，给予诗意以最敏感、最有召唤力的图像形式的绘画创作的桂冠必须戴在别处。这些文人画家在技巧能力和表达的目标上都不能完全胜任。”② 李泽厚和高居翰的判断值得重视。纵观中国绘画史，最有资格戴上诗意画之桂冠的当属宋代山水画，其中有不少院体画，而南宋院体山水画大多是富有诗意的。但这个判断并非出于推理，而是基于对意境的直观。意境是直观的对象，因而是一个现象学性质的概念。为此，我们有必要借鉴现象学视角重新探讨古代诗学的意境概念。

二、意境及其现象学性质

中国诗与画的结合点在哪里？对这个问题目前已有三种回答。第一种属于文化背景的回答，其代表是徐复观。他在《中国诗与画的融合》一文中指出，诗是“感的艺术”，画是“见的艺术”。“由魏晋所开辟的自然文学，乃是人的感情的对象化，感情的自然化。于是诗由‘感’的艺术，而同时成为‘见’的艺术。”“中国以山水为主的自然画，是成立于自然的感情化之上。这是‘见’的艺术，而同时成为‘感’的艺术。”“诗由感而见，这便是诗中有画；画由见而感，这便是画中有诗……而其中，都是以魏晋时代玄学对自然的新发现为两者的共同根据，共同的联结点。画与诗的融合，即人与自然的融合。”③ 但是，

① 李泽厚：《美学三书》，合肥：安徽文艺出版社，1999 年，第 173 页。

② ［美］高居翰：《诗之旅：中国和日本的诗意绘画》，洪再新等译，北京：生活·读书·新知三联书店，2012 年，第 7 页。

③ 徐复观：《中国艺术精神》，上海：华东师范大学出版社，2001 年，第 293—294 页。

说诗与画的结合点在于自然，显然太宽泛了；“画与诗的融合，即人与自然的融合”，简直宽泛得不着边际了。再则，探讨诗画的结合点，有必要追溯到魏晋玄学和山水诗的成立么？徐复观可能是想借魏晋玄学证明庄子思想是“中国艺术精神”的源头，正如刘勰所言，“庄老告退，而山水方滋”。然而，庄子思想→魏晋玄学→山水诗→山水画→诗画一律，这个思路绕得太远了。徐复观说法中比较实在的是，山水画中最有可能出现“画中有诗”的情况。

第二种属于创作手法的回答，其代表是徐书城。他在研究苏东坡的王维论时说：“王维，是以山水诗画著名于世的，故苏轼这个议论，恐怕主要是指他的山水诗画。山水诗画‘本一律’，此‘律’为何？熟悉唐人诗者也许都清楚，此‘律’当指‘比、兴’之法。”① 在一般性地讨论“中国画之美”时，徐书城指出：“‘比、兴’原则的一个最根本之点，就是指出文艺作品中描摹了某些自然物的形象，尽管描摹者为‘物’，但其中真正所表达的艺术内容却并非属于自然‘物’本身，而在于‘人’——即所谓‘借物咏情’或‘以物喻人’。”“一般来说，比较有意识地在绘画中应用‘比兴’手法并不是太早的。在中国绘画史上，恐怕要在独立的‘山水画’和‘花鸟画’从人物画的背景地位上脱离出来之后才能出现。”“唐末五代之际出现了几位有名的山水画家如范宽、董源、李成等人，他们以各人的不同个性好尚的眼睛来看待自然万物——自然在艺术家笔下成了人的化身。”② 但是，能否如此斩钉截铁地认定“诗画一律”的“律”就是“比兴”？看来不能。苏东坡的原话是“诗画本一律，天工与清新”，“天工”指的是天然性或自发性，“清新”指的是不俗性和新颖性，此处并无“比兴”之义在内。再则，“比兴”是汉人从《诗经》中总结出来的一种古老的诗歌创作手法，尽管后世诗歌仍在沿用比兴手法，但唐宋诗论的发展已然超出“比兴”这个概念，换言之，作为诗歌创作手法，“比兴”已经不太够用了。况且“比兴”据徐书城的界定乃是“借物咏情”和“以物喻人”，但“诗中有画，画中有诗”远不止于“借物咏情”和“以物喻人”。说《溪山行旅图》是范宽的化身、《溪岸图》是董源的化身、《乔松平远图》是李成的化身，虽大致不错，却犹如雾里看花，终隔一层。按照李泽厚《美的历程》中的说法，北宋山水画属于“无我之境”，“无我”亦即“无人”，既然如此，怎么能说那些山水画是“人的化身”？徐书城说法中值得注意的是，在山水画和花鸟画中才能运用“比兴”手法，也才能出现“诗画一律”的现象，这个观点是有待分析的。

第三种属于观察方法的回答，其代表是丰子恺。丰子恺早年有《文学中的远近法》和《中国画与远近法》两篇文章，相当精彩地阐释了中国诗画之互动。“远近法”(perspective) 亦即透视法。丰子恺发现中国画中充满“远近法错误”，但他认为这“属于中国画的必然性”。原因在于，“中国画所描写的想象的世界，换言之，就是诗的境地”，

① 徐书城：《中国画之美》，北京：中国社会科学出版社，1989年，第145页。

② 徐书城：《中国画之美》，第62—70页。

“中国画中一切不近事实的畸形的表现，都是由于作画时用诗的看法而来的”[①]。所谓“诗的看法”，也就是“诗的观察方法”。另一方面，中国诗人写诗往往采用远近法，换言之，使用“绘画的观察方法”。因此，“画家与诗人，对于自然的观照态度，是根本地相同的”[②]。不过，丰子恺在这两篇文章中只是证明了中国诗人喜欢用画家的观察方法、中国画家喜欢用诗人的观察方法，他称之为“诗画交流”。“诗画交流”并不等于“诗画一律”。诗人和画家只是交互使用对方的观察方法，并不意味着诗和画的结合点就在观察方法。

丰子恺早年还有一篇文章《中国画的特色——画中有诗》，文中指出：

> “画中有诗”，虽然是苏东坡评王维的画而说的话，其实可认为中国画的一般的特色。中国画所包含的“诗趣”，可分两种看法：第一种，是画与诗的表面的结合，即用画描写诗文所述的境地或事象，例如《归去来图》依据《归去来辞》之类；或者就在画上题诗句的款，使诗意与画义，书法与画法做成有机的结合。如宋画院及元明的文人画之类。第二种看法，是诗与画的内面的结合，即画的设想、构图、形状、色彩的诗化。中国画的特色，主在于第二种的诗趣。第一种的画与诗的表面的结合，在西洋也有其例……第二层的内面的结合，是中国画独得的特色。苏东坡评王维的画为“画中有诗”，意思也就在此。[③]

在此文中，丰子恺似乎认为“画中有诗”是理所当然的，不必证明的，因此只对画与诗结合的方式加以分析。他将画与诗的结合分为“表面的结合”与“内面的结合”两种，是很有必要的。把“画中有诗”落实到绘画作品之上，也是很恰当的。既然是“画中有诗”，那么诗意或诗趣就应当体现于绘画作品的构图、形状、色彩之中，可以让观者从中直接看到。正因为绘画是“见的艺术”，“画中有诗”也必须诉诸知觉的直观。不过丰子恺的观点亦有可商榷之处，他认为“画中有诗”是“中国画的一般特色”。然而按照徐复观的看法，“画中有诗”主要是山水画的特色，花鸟画和人物画与之无关；按照徐书城的看法，“画中有诗”是山水画和花鸟画的特色，人物画与之无关。

在我们看来，事情是很明显的，“诗画一律”的“一律”，指的是意境。或者说，诗与画的结合点在于意境。其实徐复观也说，诗画“融合的成熟，乃是精神上的、意境上的”[④]。他在讨论“气韵生动”时还说过：“中国的诗与画固然有其密切的关系，但这只能是意境的关系，而不可能是音响的关系。”[⑤] 把“诗画本一律”的“一律”之处认定为意境，可与后半句“天工与清新”并行而不悖。意境应当具有“天工与清新”的品质。至于“诗中有画，画中有诗”，那更是讲意境的，因为意境在古代诗论中的基本规定就是“情景

① 丰子恺：《绘画与文学》，郑州：大象出版社，2009年，第73—74页。

② 丰子恺：《绘画与文学》，第6页。

③ 丰子恺：《丰子恺文集·艺术卷一》，杭州：浙江文艺出版社/浙江教育出版社，1990年，第39页。

④ 徐复观：《中国艺术精神》，第292页。

⑤ 徐复观：《中国艺术精神》，第102页。

交融”。在情景交融的层面上，我们不妨说意约等于情、境约等于景。王国维《文学小言》说：“文学中有二原质焉：曰情，曰景。”王夫之《夕堂永日绪论内编》说：“情景名为二，而实不可离。神于诗者，妙合无垠，巧者则有情中景，景中情。”都穆《南濠诗话》说：“作诗必情与景会，景与情合，始可与言诗矣，如‘芳草伴人还易老，落花随水亦东流’，此情与景会也。‘雨中黄叶树，灯下白头人’，此景与情合也。”一般说来，诗中必须有景，有画面，才能有意境①。王维是用文字制造画面的绝顶高手，也是“诗中有画”的最佳范例。

诗的意境是“情景交融”，画的意境也是“情景交融”。宗白华是把意境理论从语言艺术扩展到造型艺术领域的杰出学者，他在《中国艺术意境之诞生》中主张：“意境是‘情’与‘景’（意象）的结晶品。”“艺术家以心灵映射万象，代山川而立言，他所表现的是主观的生命情调与客观的自然景象交融互渗，成就一个鸢飞鱼跃，活泼玲珑、渊然而深的灵境；这灵境就是构成艺术之所以为艺术的‘意境’。”② 或许是为了适应造型艺术的特点，宗白华把情景交融的“情”扩展为心灵，如此在他看来意境即心境或灵境。他还用张璪的“外师造化，中得心源”和石涛“山川与予神遇而迹化”作为绘画中情景交融的例证。

“景”与“境”同音，在语义上，景与境也是相通的。但相通并不是相同。景不等于境，因为景可能只是“象”而不是“境”。刘禹锡《董氏武陵集纪》云：“诗者，其文章之蕴邪？义得而言丧，故微而难能；境生于象外，故精而寡和。”此语一劳永逸地区分了“象”和“境”。“境生于象外”，象是“有”，象外是“无”，因此，意境诞生于“有无相生”。如果说“情景交融”是意境的第一层规定，那么“有无相生”就是意境的第二层规定。王国维云：“古今词人格调之高，无如白石。惜不于意境上用力，故觉无言外之味、弦外之响，终不能与于第一流之作者也。”（《人间词话·四二》）这则评论把“言外之意、弦外之响”视为意境不可或缺的特征，易言之，把“有无相生”视为意境的本质规定。诗如此，画亦然。故笪重光在《画筌》中说：“虚实相生，无画处皆成妙境。”我们发现，苏东坡也已感受到“有无相生”或“虚实相生”的妙处，因而在画论、书论、诗论中很爱用“象外”“外”这类词汇。《题文与可墨竹》说：“斯人定何人，游戏得自在。诗鸣草圣余，兼入竹三昧。时时出木石，荒怪轶象外。”《王维吴道子画》说：“摩诘得之于象外，有如仙翮谢笼樊。”《书黄子思诗集后》说：“余尝论书，以谓钟、王之迹，萧散简远，妙在笔墨之外。”《书司空图诗》说：“司空图表圣，自论其诗，以为得味于味外。”看来，苏东坡实在是一个不用“意境”一词却大谈意境的诗人兼画家。

意境还有第三层规定，这就是直观。注意到意境的直观性的诗论家以王夫之和王国维

① 王国维说：“境非独谓景物也。喜怒哀乐，亦人心中之一境界。故能写真景物、真感情者，谓之有境界。否则谓之无境界。”（《人间词话·六》）这是他对意境说或境界说的发挥。即使有王国维的这一发挥，也不能推翻意境主要靠写景物而呈现。

② 宗白华：《美学散步》，上海：上海人民出版社，1981 年，第 70 页。

最为突出，王夫之启用佛教概念“现量”表达直观，王国维则直接挪用德国哲学家叔本华的“直观”概念，并将它创造性地转化为自己的“不隔”说。在《叔本华之哲学及其教育学说》一文中，王国维指出：“叔氏谓直观者，乃一切真理之根本，唯直接间接与此相联络者，斯得为真理。而去直观愈近者，其理愈真；若有概念杂乎其间，则欲其不罹于虚妄难矣。”“而美术之知识全为直观之知识，而无概念杂乎其间，故叔氏之视美术也，尤重于科学……如建筑、雕刻、图书、音乐等，皆呈于吾人之耳目者。唯诗歌（并戏剧小说言之）一道，虽藉概念之助以唤起吾人之直观，然其价值全存于其能直观与否。”① 诗歌的价值在于借概念唤起直观，换言之，诗歌是用文字来画画。这正是王国维论意境极其重视“不隔”的根本原因。“语语都在目前，便是不隔”（《人间词话·四二》），可见“不隔”就是“可以直观”。这也正是苏东坡高度赞赏王维“诗中有画，画中有诗”的根本原因。为什么那么多诗人，唯有王维被拿来说明“诗中有画，画中有诗”？因为王维的诗句具有“语语如在目前”的效果。《红楼梦》第四十八回香菱论王维诗：“我看他《塞上》一首，那一联云：‘大漠孤烟直，长河落日圆。’想来烟如何直？日自然是圆的：这‘直’字似无理，‘圆’字似太俗。合上书一想，倒像是见了这景的。若说再找两个字换这两个，竟再找不出两个字来。”这个评论侧重于“炼字”，但“合上书一想，倒像是见了这景的”，说的岂非正是王维诗句的不隔性、直观性？不只是诗句，“诗中有画，画中有诗”是说，王维的作品无论是诗还是画，都能以如在目前的方式呈现意境。

意境的三层规定，即直观、有无相生、情景交融，都与现象学有相通之处。直观自不必说了，这原是现象学的出发点。现象学认为，不能建立在直观上的概念是空洞的甚至是无意义的，哲学应当立足于直观、以直观为方法。第一期《现象学与哲学研究年鉴》发表的“现象学宣言”说道：“使他们联合起来的是这样一个共同的信念，即只有返回到直接直观这个最初的来源，回到由直接直观得来的对本质结构的洞察，我们才能运用伟大的哲学传统及其概念和问题；只有这样，我们才能直观地阐明这些概念，才能在直观的基础上重新陈述这些问题，因而最终至少在原则上解决这些问题。”② 胡塞尔《现象学的观念》也说：“现象学的特征恰恰在于，它是一种在纯粹直观的考察范围内、在绝对被给予性的范围内的本质分析和本质研究。”③ 王国维于1908年发表《人间词话》，而胡塞尔于1900年出版《逻辑研究》第一卷，标志着现象学的开端。换言之，王国维写作和发表《人间词话》时，胡塞尔的现象学才创立没几年，影响尚未及于中国，王国维可能没听说过现象学的直观。事实上中国在1929年才出现第一篇介绍现象学的论文，而此时王国维已经自沉。

---

① 聂振斌编：《中国现代美学名家文丛·王国维卷》，浙江大学出版社，2009年，第61、65页。

② ［美］赫伯特·施皮格伯格：《现象学运动》，王炳文、张金言译，北京：商务印书馆，1995年，第40页。

③ ［德］埃德蒙德·胡塞尔：《现象学的观念》，倪梁康译：《胡塞尔文集》（第二卷），北京：人民出版社，2007年，第44页。

倘若王国维在1908年就了解现象学，他恐怕就要舍叔本华的直观而取现象学的直观了。实际上，胡塞尔虽然对诗歌和艺术并无多大兴趣，但他也认为现象学直观与审美直观是很相似的。

意境的“有无相生”，在现象学的意义上就是“在场—缺席”的共在。罗伯特·索科拉夫斯基（Robert Sokolowski）认为：“有关在场与缺席或者说充实意向与空虚意向的哲学主题是现象学原创的主题。”“胡塞尔最具有原创性的洞见之一，就是让我们注意到空虚的意向，注意到我们对于缺席者的意向方式，并且凸显它们在关于存在、心灵和人的状况的哲学探索中所据有的重要性。”① 胡塞尔在1926年关于“感知分析”的讲座中指出：“所有真实显现之物之所以是事物的显现之物，只是因为有一种意向的空乏视域围绕着它们并和它们混杂在一起，只是因为它们周围有一圈与现象有关的晕（Hof）。这种空乏不是虚无，而是一种可以充实的空乏，它是一种可确定的不确定性。”② 这个围绕事物的“晕圈”，作为“空乏领域”就是“缺席”之在。根据胡塞尔的分析，任何知觉行为都具有“在场—缺席”的共在结构。譬如我们观察一个六面体，实际上在一个固定的视角上，一次知觉行为只能直观到两三个面，其他的面是缺席的，但我们还是把对象把握为六面体。现象学“在场—缺席”这对概念，对分析中国画尤其是“虚实相生”的山水画特别有用，法国汉学家朱利安（Francois Jullien）的专著《大象无形：或论绘画之非客体》就是一个成功的范例。

意境的“情景交融”对应于现象学的“意向性”。意向性的基本意义是，意识必定指向对象。这种主客体的契合相关性，现象学用“意向活动—意向对象”或“意向行为—意向客体”概念加以阐明。在意境的“情景交融”状态中，情相当于意向行为，景相当于意向行为所指向的意向客体，换言之，景是情的意向相关项。王国维《人间词话删稿》云：“昔人论诗词，有景语、情语之别，不知一切景语，皆情语也。”宗白华也说：“艺术意境的创构，是使客观景物作我主观情思的象征。”③ 这两句话都是对情景交融的高度强调，但也许令人觉得王国维和宗白华更偏向情，破坏了情景之间的平衡关系。倘若在现象学的意向性概念中审视他们的言论，便会发现其中有理路可循。意向性概念表明，情感是关涉性的情感，没有不关涉于对象的情感，反过来说，对象也必定关涉于情感，因此，“一切景语皆情语”。例如孟浩然《宿建德江》：“移舟泊烟渚，日暮客愁新。野旷天低树，江清月近人。”后面两句纯然写景，并不言情，但旅思和客愁自在其中，呼之欲出。

① ［美］罗伯特·索科拉夫斯基：《现象学导论》，高秉江、张建华译，武汉：武汉大学出版社，2009年，第33、37页。

② ［德］埃德蒙德·胡塞尔：《生活世界现象学》，［德］克劳德·黑尔德编，倪梁康、张廷国译，上海：上海译文出版社，2002年，第49页。

③ 宗白华：《美学散步》，第72页。

三、山水画的三种境界

现在已经清楚，中国诗与画的结合点在于意境，进一步要追问的是："画中有诗"是不是中国画的一般特征？丰子恺对此表示肯定。然而，丰子恺这一思想的前提有二：一是他把画与诗的"表面的结合"如"画上题诗"也算作"画中有诗"了，可见他的"画中有诗"远比苏东坡所说的宽泛；二是他认为"中国画以山水为正格"①，可见即使是丰子恺，想必也不会反对"画中有诗"主要是山水画的特色。宗白华在《中国艺术意境之诞生》文中专设"意境与山水"一节，认为"只有大自然的全幅生动的山川草木，云烟明晦，才足以表象我们胸襟里蓬勃无尽的灵感气韵"②。这基本上是说，只有山水画才特别适合于创造意境。正因如此，山水画家李可染一再强调："意境是山水画的灵魂"，"没有意境，或意境不鲜明，绝对画不出好的山水画来。"③

没有人会说"意境是人物画的灵魂"。理由有二：其一，人物画不是肖像画就是叙事画，而意境适用于诗意画；其二，人物画的评价标准是"传神""神似""气韵生动"等，而非"意境"。"气韵"这个源于人物画的概念后来可以被扩展到山水画和花鸟画，但"意境"这个从诗学中借来的概念却从未被挪用于人物画。徐复观和宗白华都赞同意境主要属于山水画。但是，徐书城认为山水画和花鸟画中都存在"诗画一律"。为什么认为花鸟画中也有"诗画一律"？因为徐书城把"诗画一律"的"律"理解为比兴，比兴又是"以物喻人"，而花鸟画是典型的"以物喻人"，例如梅兰竹菊被誉为"四君子"，明显把植物视为人的品格的象征。但是这样一来，"诗意绘画"很可能变成"象征性绘画"。可见，花鸟画能否纳入"诗画一律"的范围，实有斟酌的必要。文与可的《墨竹图》、王冕的《墨梅图》画品很高，但很难说有意境。笔者认为，苏东坡意义上的"诗画一律"，亦即"诗中有画，画中有诗"的"诗画一律"，基本上只存在于山水画中。易言之，惟山水画方可谈意境。当然也有一些介于山水与花鸟之间的作品，如传徐熙的《雪竹图》、传惠崇的《寒林鹭鸟图》、崔白的《双喜图》等，亦可谈意境，但总的来说花鸟画以象为主，山水画才是以境为主。元代以前的花鸟画重视传神，追求生意，元代以后的花鸟画开始服务于笔墨。一旦中国画的历史进入笔墨阶段，意境也就逐渐从画面中淡出了。

中国绘画史上，山水画取得最高成就的是北宋、南宋和元这三个时代。这三个时代代表了山水画的三种境界。在王国维诗学中，境界约等于意境；王国维似乎根据不同的语境交替使用境界和意境。但当我们说"山水画的三种境界"时，"境界"一词不等于意境，而是大体上相当于"层次""类别""风格""气象"之类。倘若以"意境"为标准来衡量

① 丰子恺：《绘画与文学》，第75页。

② 宗白华：《美学散步》，第72—73页。

③ 孙美兰编：《李可染画论》，郑州：河南人民出版社，1999年，第56、55页。

这三个时代或三种境界，那么可以说，比较而言：北宋山水画“境大于意”，其境界是“天人合一”；南宋山水画“意境相契”，其境界是“情景交融”；元代山水画“意大于境”，其境界是“书画合璧”。元代山水画的境界是书画合璧，这是由于到了元代，开始全面“引书入画”，所谓意境部分地从“诗中有画”演变为“画上题诗”了。丰子恺曾区分画与诗“表面的结合”和“内面的结合”，元代山水画主要是表面的结合，宋代山水画尤其是南宋山水画主要是内面的结合。所谓“意境”，也就是“诗的意境”，因此，“情景交融”的南宋山水画是最有诗意的。换言之，南宋山水画把“意”和“境”的契合做得最为成功。正因如此，它才能将意境作为“如在目前”的东西呈现给观众的直观。

先看南宋山水画。主张南宋山水画是“诗画一律”的最佳体现，是中国绘画史上最有诗意的山水画，这恐怕会招来一片质疑，因为大多数史家似乎认定南宋绘画不如北宋绘画。北宋有院体画和文人画双峰并峙，而南宋基本上只有院体画在唱独角戏；北宋绘画理论界可谓热闹非凡，众声喧哗，而南宋画家则是一片缄默，“以实践代替话语”[①]；北宋文坛群星璀璨，文化泰斗纷纷介入绘画创作或评论，而南宋画院的一众画师似乎文化水平不太高。总之，较之北宋绘画，南宋绘画在规模上已有所不如，在气象上也不可同日而语。北宋文化是上升的，南宋文化是下降的。李冬君《走进宋画》一书称北宋是“文艺复兴来了”，南宋是“文艺复兴的挫折”。她还提到，有人认为，“北宋饶有‘士气’，南宋流为‘匠气’”[②]。杜哲森认为：“南宋绘画表面上看虽兴盛一时，但与北宋相比，那不过是夕阳西下前的一抹余晖，照亮的不过是即将倾圮的宫墙檐瓦而已，再难重现北宋绘画艳阳当空的历史辉煌。”[③]“夕阳无限好，只是近黄昏”，李商隐的这一诗句常被拿来说明南宋文化和绘画。

史学家也常用“残山剩水”来形容南宋山水画。南宋山水画不再是以五代和北宋的“全景式”构图、“纪念碑式”风格，去再现高山大川层峦叠嶂了，而是把绘画眼光转向局部和具体的边角小景，形成“边角山水”。这个趋向在李唐晚年作品中便已有所展露，到了马远和夏圭那里更是成了常态，马远号称“马一角”，夏圭号称“夏半边”。这种“小景化”的艺术趣味的转变，恰好与南宋偏安一隅的政治格局同步或同构。于是，马一角、夏半边的“残山剩水”也就被视为南宋气数的象征了。

王国维有言，“境界有大小，不以是而分优劣。”（《人间词话·八》）北宋山水画境界大，南宋山水画境界小，这是事实，但大小不等于优劣。两宋山水画应当是“春兰秋菊，各擅胜场”，故李泽厚认为：“北宋浑厚的、整体的、全景的山水，变而为南宋精巧的、诗意的、特写的山水，前者以雄浑、辽阔、崇高胜，后者以秀丽、工致、优美胜。两美并

① ［美］巫鸿：《中国绘画：五代至南宋》，上海：上海人民出版社，2023年，第258页。

② 李冬君：《走进宋画：10—13世纪的中国文艺复兴》，北京：北京时代华文书局，2022年，第282页。

③ 杜哲森：《中国传统绘画史纲》，北京：人民美术出版社，2015年，第218页。

峙，各领千秋。”[1] 至于北宋“士气”，南宋“匠气”，这要具体分析。米友仁的《云山图卷》《远岫晴云图》《潇湘奇观图》等作于南宋，烟云弥漫，朦胧缥缈，何来“匠气”？李唐的《清溪渔隐图》元气淋漓，笔简意远，何来“匠气”？从文人画“逸笔草草”的“墨戏”角度看，或许南宋山水画多少有些“匠气”，但须知过度的“逸笔草草”必然伤及形象的再现和丘壑的描绘，有损意境的营造。而且正如巫鸿所言，南宋画院仍不断地推行“文人趣味的普及”[2]，院体山水归根到底仍是写意的。更重要的是，诸如文化气脉的“回光返照”、政治格局的“残山剩水”、绘画理论的“缄默无声”，这些基本上属于概念的判断，而未必基于对作品的审美直观。作品有无意境，与文化、政治、绘画理论等都没有直接关系，而只与画面能否直观地呈现出意境相关。南宋山水画显然具有直观呈现意境的能力。

试看李唐的《清溪渔隐图》《奇峰万木图》、刘松年的《四景山水图》、马远的《华灯待宴图》《江亭望雁图》《山径春行图》《山水人物图》《寒江独钓图》、夏圭的《烟岫林居图》《临流抚琴图》《雪堂客话图》、李迪的《雪中归牧图》、梁楷的《雪景山水图》……这些画中的诗意呈现是一目了然的，足以令人产生“现象学式的点头”。直观之后，可以稍加论证。笔者认为有以下四个理由，可以证明南宋山水画是富有诗意的。

第一，题材。南宋山水画多半是小景山水，许多还是“边角山水”，巫鸿指出：“与神宗不同的是，高宗更深地受到文人趣味的影响，格外欣赏富于诗意的‘烟岚昏雨难状之景’。这也是他‘时作小笔山水’和‘极喜’李唐后期山水画的原因。”[3] 小景山水并非都是“烟岚昏雨难状之景”，但总的来说，小景山水往往更富诗意。米芾《画史》中说自己“只作三尺横挂、三尺轴……更不作大图，无一笔李成、关仝俗气”。对于这句话，既可以理解为米芾认为模仿李成、关仝的风格是俗气，也可以理解为像李成、关仝那样作全景大图是俗气。俗气的反面是诗意。小景山水往往取一边一角，符合“小中见大”“以部分见整体”的艺术原理。古代诗人和画家都深谙此理。齐己《早梅》：“前村深雪里，昨夜一枝开。”叶绍翁《游园不值》：“满园春色关不住，一枝红杏出墙来。”李方膺《梅花》：“触目横斜千万朵，赏心只有两三枝。”南宋小景山水的流行，虽有“上有所好，下必甚焉”的外在因素，但也有追求合乎艺术原理的内在因素。

第二，立意。小景山水往往更富诗意，还由于它有助于具体而鲜明的“立意”。恰如《红楼梦》中林黛玉对香菱的教导，对写诗而言，“第一立意要紧”，意境起源于情景交融，因此创造诗意首先要求“意”或“情”必须具体而鲜明。从来没有泛泛的诗意，只有具体的诗意。郭熙《林泉高致·山水训》说：“真山水之烟岚，四时不同，春山艳冶而如笑，

① 李泽厚：《美学三书》，第 176 页。

② ［美］巫鸿：《中国绘画：五代至南宋》，第 258 页。

③ ［美］巫鸿：《中国绘画：五代至南宋》，第 239 页。

夏山苍翠而如滴，秋山明净而如妆，冬山惨淡而如睡。”这是观察，也是立意。刘松年的《四景山水图》正是分别描绘春夏秋冬四时之景。郭熙的《早春图》诚为山水画的杰作，但由于采取全景式的构图，“意”被分散了、弱化了，太过宽泛而不明确，致使“景”大于“情”。反之，南宋山水画“对自然景象进行高度概括，通过集中、提炼、剪裁等方式选择和突出最具表现性的画面”①，如此“最具表现性的画面”，与具体而鲜明的立意相得益彰。

第三，技法。高居翰指出：“在我的定义中，最好的诗意画并不取决于艺术家本人的抒情程度——尽管我们也应考虑这一点，只要它不与文人士大夫身份扯上关系——而是依赖于完全掌握了某种再现的技巧，以看似轻松的方式，来表现空间、气氛、光亮以及物象表面的细微和转瞬即逝的效果。”② 在他看来，南宋山水画具有高度的再现技巧，正好符合于诗意画的基本要求。“立意”属于情的确立，技法用于“景”的再现，两者相辅相成，共同实现情景交融。

第四，留白。留白本来也属于技法范畴，但值得独立出来讨论。对意境不可或缺的规定是“境生于象外”，是“有无相生”或“虚实相生”。象是确定性，象外是不确定性。空白是现象学的缺席，是现象学美学家英加登（Roman Ingarden）所说的“未定域”（places of indeterminacy）。故而留白手法有助于制造“有无相生”或“虚实相生”的效果。北宋山水多是全景式山水，因而画面相对较“满”较“实”，“充实”做得极好，“空灵”却稍有不足。而南宋山水画往往大量留白，“在从李唐到马远及其追随者所形成的院体山水画中，近景满而实，远景几乎或完全都是虚空。”③ 其实南宋山水画“近景满而实”倒也未必，大量留白却是真的。大量留白既能呈现云气弥漫的氛围，又能营造趋于无限的空间。如马远的《寒江独钓图》仅有一叶扁舟，周围烟波浩渺；一叶扁舟是集中，烟波浩渺是扩散；显隐相成，有无相生。夏圭的《山水十二景图》仅存最后四景，即“遥山书雁”“烟村归渡”“渔笛清幽”“烟堤晚泊”，四景既是独立的又是关联的，无论是独立的还是关联的，都是空白远大于实物，视野开阔，诗意盎然。

再看北宋山水画。北宋山水画“境”大于“意”，也就没能达到意境所要求的情景交融，因此，较之南宋山水画，北宋山水画在诗意上是有所欠缺的。当然这是一个着眼于整体的判断，局部地看，北宋山水画中当然也有富于诗意的。例如郭熙的《幽谷图》、王诜的《渔村小雪图》、赵士雷的《湘江小景图》、赵令穰的《湖庄清夏图》，值得注意的是，这些有诗意的北宋画大致属于小景山水。被苏东坡大加赞誉的诗人兼画家惠崇，《图画见闻志》也说他“尤工小景，善为寒汀远渚、潇洒虚旷之象”。但北宋山水总体上以巨障高

① ［美］巫鸿：《中国绘画：五代至南宋》，第 241 页。

② ［美］高居翰：《诗之旅：中国和日本的诗意绘画》，第 47 页。

③ ［美］高居翰：《诗之旅：中国和日本的诗意绘画》，第 17 页。

壁的全景山水见长。李泽厚指出："在这好像是纯客观的自然描绘中，的确表达了一种生活的风神和人生的理想，又正因为它并不呈现更为确定、具体的'诗情画意'或观念意绪，这就使观赏审美感受中的想象、情感、理解诸因素由于未引向固定方向，而更为自由和宽泛。"① 所谓"纯客观的自然描绘"，就是说北宋山水画"境大于意"；所谓"并不呈现更为确定、具体的诗情画意"，就是说北宋山水画相对缺乏诗意。

由于意境就是"诗的意境"，因此严谨地说，北宋山水画不能称"意境"，而应当称"境界"。这里的"境界"，又不同于"山水画的三种境界"之"境界"。比较而言，意境是诗的意境，境界是哲学的境界；诗的意境的表现是"情景交融"，哲学境界的表现是"天人合一"。"情景交融"和"天人合一"说的都是主客关系，且"景"属于自然，"天"亦有自然义，因此诗歌意境和哲学境界在现实中会有部分叠合，但它们在概念上或本质上大为不同。不同在于："情景交融"的"景"是自然中的景物，"天人合一"的"天"则是自然全体，因而"天"还有宇宙义；"情景交融"的"情"也就是情感，但"天人合一"的"人"可能是整体的人，包括今天所说的知、情、意三者。因此我们看到，北宋山水画往往呈现一种"宇宙境界"，并不局限于一时一地一景。但是，正如德国诗人歌德所言，真正的诗都是"即兴诗"，必须从一时一地一景出发，否则诗就成了空中楼阁。另一方面，"宇宙情怀"也不等同于具体和特定的"情"。从具体而特定的"情"看来，"宇宙情怀"毋宁说是"无情"。无情不成诗。在这个意义上，适宜于北宋山水画的概念是境界，而不是意境。

天人合一，在北宋山水画中是人合于天。南宋山水画中常有一个点景人物，这人物作为景物观赏者往往是画面的精神凝聚之点。但北宋山水画中不可能有这种作为观赏者和凝聚点的人物。人物在北宋山水画中是无比渺小的，渺小到近乎消失于宏伟的大自然之中。大自然本身才是北宋山水的主角。所以比较而言，北宋山水偏于客观，南宋山水偏于主观。虽说是偏于主观，但在李泽厚看来，南宋山水画并不就是"有我之境"。高居翰也认为，南宋山水画的画家"有意将自我隐去"，有如唐诗中的"隐含自我"。② 另一方面，虽说是偏于客观，因而被李泽厚称为"无我之境"，但北宋山水画中仍然是有我的。王维《辛夷坞》诗云："木末芙蓉花，山中发红萼。涧户寂无人，纷纷开且落。"这也是"无我之境"，但并非真的无我，因为至少还有诗人在观看领略辛夷花的"自开自落"。所谓境界，就其本质而言是意识的境界、心灵的境界、生存的境界，因此，不存在字面意义上的"无我之境"。之所以说是"无我之境"，只是强调"我"并不直接出现，而且较之南宋山水画，北宋山水画中的"我"隐藏得更深，深得让人看起来只是"纯客观的自然描绘"。

最后来看元代山水画。元代山水画作为山水画的第三种境界属于"有我之境"，其所

① 李泽厚：《美学三书》，第 171 页。

② ［美］高居翰：《诗之旅：中国和日本的诗意绘画》，第 39 页。

以是“有我之境”，是由于“意大于境”。高居翰敏锐地发现：

> 文徵明、倪瓒、苏东坡（也是我们目前能评断的）以及绝大多数的文人业余画家，尽管他们是出色的诗人和画家，但在总体上缺乏像马远、夏圭以及创作了能说服我们的绘画作品的院画家那样的能力，把他们对生活的直接经验传达在画面上。文人们所描绘的各种世界，更多是程式化的，是根据特定文化环境而作的；他们的成就应当不是在唤发诗意一端，而是在其他方面。他们当中的最优秀者，就像元代大师王蒙和倪瓒，其山水被读作（而且是有意被读作）是个人的表达，是半自传性的陈述，其中，艺术家的手笔和感触传达的是画家对自然的个人观察及内心世界，从而替代了对客观景色的表现，支配着观众的注意力，并赋予艺术品以表现性。①

在宋代山水画中，画家“把自我隐藏起来”，但是元代画家如王蒙和倪瓒，却把山水画变成了“个人的表达，是半自传性的陈述”。也就是说，在元代山水画中，客观景色只是作为主观情意的载体，因此可以“逸笔草草，不求形似”，如此便把造型程式化了。倪瓒山水画最为典型。倪瓒作品具有鲜明的特色，使用标志性的个人图式，画面构成异常简洁，俗称“三段式”平远构图：远处是山，中间以水隔开，近处是岸。具体言之，内容无非太湖平远小景，近景是岸边的小石坡，上有三五株杂树，树下或有一个小小草亭，远景是高度有限的一两座江南山丘，中间是空无一物的湖水。倪瓒反反复复地使用他的个人图式，虽不至于千篇一律，却应当说变化相当有限。总之，倪瓒山水画是高居翰所说“程式化”之佳例。尽管倪瓒山水画中往往空无一人，却属于标准的“有我之境”。吴镇的造型程式虽无倪瓒这般独特，但他亦有个人标志性的题材，那就是各式各样的“渔父图”。程式化造型不利于意境的营造，却有利于笔墨的发挥。因此，元代山水画中的“我”不仅表现为个人的造型程式，而且表现为画家个人的笔墨特色。比如说，王蒙笔墨繁密紧凑，倪瓒笔墨疏简松灵；倪瓒喜用干笔淡墨，吴镇喜用湿笔重墨。

观看倪瓒山水画，令人联想到王国维对南宋姜夔的评价：“古今词人格调之高，无如白石。惜不于意境上用力，故觉无言外之味、弦外之响，终不能与于第一流之作者也。”姜白石词格调很高，意境却有所不足。同样地，倪云林山水画格调很高，董其昌《画旨》说：“云林古淡天真，米颠后一人而已。”宋元以后，中国画有逸品、神品、妙品、能品四个等级，倪云林山水画无疑属于最高等级的逸品。王原祁《雨窗漫笔》就说：“云林纤尘不染，平易中有矜贵，简略中有精彩，有在章法笔法之外，为四家第一逸品。”然而，倪云林山水画格调虽高，意境却有所不足。当然这并不是倪云林个人的问题，而是整个时代精神使然。赵孟頫乃元代绘画的一代宗师，但他的《鹊华秋色图》《双松平远图》《重江叠嶂图》等山水画，只能说颇有“古意”，却不能说富有诗意。主要是笔墨的彰显，让意境退避三舍了。一旦笔墨成了山水画的主角，意境只好待在背景的位置上了。

---

① ［美］高居翰：《诗之旅：中国和日本的诗意绘画》，第 39 页。

元代山水画凸显自我，“意大于境”，这是对意境之“情景交融”关系的破坏，如此一来，其诗意大为降低。这也不是说元代山水画完全没有诗意，而是说较之南宋山水画，元代山水画并不以诗意取胜。杜哲森认为：“苏轼强调‘诗画一律’，但诗与画如何结合，怎样才能做到诗传画外意，画表诗内情，这个问题到了元代，由于画家本人多属既精于画，又工于诗，且能于书，使诗画结合问题才得到了较完美的体现。”① 这个观点有些牵强。前文已经表明，诗画结合的结合点在于意境，而意境是直观的对象。“能于书”对于意境的呈现并非必要因素。如果说书法对“画中有诗”有所帮助的话，那也只能是“画上题诗”，但画上题诗是“书画合璧”，属于丰子恺所说的“表面的结合”，在意境的创造上已经落于第二义了。为何要在画上题诗？主要有两个理由。其一是画家对自己的书法比较自信，希望以书法丰富绘画作品的表现力，如宋徽宗的《芙蓉锦鸡图》和《腊梅山禽图》即是如此，宋徽宗独创的‘瘦金书”确实为他的工笔花鸟画增色不少。其二是画家对自己的绘画不够自信（画家自己可能不承认这一点），唯恐观众不能在画中直接看出自己的意向性，故而以题诗作为补充。如吴镇《洞庭渔隐图》画上题诗云：“洞庭湖上晚风生，风揽湖心一叶横。兰棹稳，草花新。只钓鲈鱼不钓名。”最后一句“只钓鲈鱼不钓名”是画不出来的，吴镇以之作为点题，重申自己选择了隐居生存的清高立场。这样一来，画家的“意”是明显了。不过意境之为意境，就在于显隐共生，故能余味无穷；用诗把话说出来了，画就没有余味了。

画上题诗的并不都是画家自己。例如倪瓒的《六君子图》，此图得名于黄公望在画上题诗：“远望云山隔秋水，近看古木拥坡陁。居然相对六君子，正直特立无偏颇。大痴赞云林画。”虽是黄公望题诗，但倪瓒自己在此画中段题字中有“大痴老师见之，必大笑也”，可见他是预定画完请黄公望题字的。画中石坡上长了六株树，故黄公望称之为“六君子”。明代李日华在题跋中认为：“六君子乃松、柏、樟、楠、槐、榆。”但问题是，倪瓒曾在《题画竹》中说过一段名言：“余之竹聊以写胸中逸气耳，岂复较其似与非、叶之繁与疏、枝之斜与直哉！或涂抹久之，他人视为麻与芦，仆亦不能强辩为竹，真没奈览者何。”他画竹子都不肯计较其为麻或芦，又怎会一一仔细区分描摹松、柏、樟、楠、槐、榆呢？仔细察看画面，料想没有人能辨别出这六种树。因此，李日华的题跋颇有蛇足之嫌。此画上还有朽木居士的题诗：“江头碧树动秋风，江上青山接远空。若向波心添钓艇，还须画我作渔翁。”诗句出于朽木居士因观画而产生的联想。不过，倪瓒山水画从来都是空无一人，他画的是“一种地老天荒式的寂寞和沉默”②，这样的世界里又岂能容得下钓艇和渔翁？看来朽木居士也是强作解人，狗尾续貂。于此亦可见出，只要脱离了直观而对画面展开联想，对绘画的诗意丰富不仅无益，反而有害。

---

① 杜哲森：《中国传统绘画史纲》，第 271 页。

② 李泽厚：《美学三书》，第 171 页。

当然，画上题诗的主要还是画家自己。但画上题诗的性质偏于“书画合璧”，对“画中有诗”帮助有限，甚至可能起反作用。事实上，比较需要画上题诗的是花鸟画而非山水画。例如王冕题《墨梅图》：“吾家洗砚池头树，朵朵花开淡墨痕。不要人夸好颜色，只留清气满乾坤。”徐渭题《墨葡萄图》：“半生落魄已成翁，独立书斋啸晚风。笔底明珠无处卖，闲抛闲掷野藤中。”这两首题画诗不仅比宋徽宗的题画诗好，也比吴镇的题画诗好，它们明显地提升了绘画作品的价值段位。的确，画上题诗对山水画或许不见得多么重要，对花鸟画却可能意义重大。花鸟画是比兴式、象征性的绘画形式，未必需要山水画的意境，因此尽可以画上题诗，图文互证。画上题诗不仅能丰富和深化花鸟画的象征意蕴，而且以书法的形式作为一种绘画元素，参与了画面构成。题诗题什么固然重要，题在何处也很重要。文人画的诗、书、画“三合一”，在花鸟画这里可谓适得其所。尽管如此，这种诗书画结合的“画上题诗”，需要在看画之外的阅读和联想，并不是基于直观的“画中有诗”。因此，以此结束对山水画三种境界的讨论也是适得其时的。

On the Poetry of Chinese Painting

GUO Yongjian
(Department of Chinese, Xiamen University, Xiamen, Fujian 361000)

Abstract: Su Dongpo raised the status of painting by revealing the concept of literati painting. Painting was originally inferior to poetry, but literati painting was able to stand alongside poetry because of its poetic qualities. Wang Wei was the first to give painting a status equal to that of poetry because of his “painting in poetry, poetry in painting”, and is revered as the ancestor of literati painting. However, it was the official school paintings, rather than the literati paintings, that truly realised the ideal of “poetry in painting”. There have been three answers to the question of where the point of intersection between painting and poetry lies: the cultural context (Xu Fuguan), the creative technique (Xu Shucheng) and the method of observation (Feng Zikai). We believe that the point of intersection lies in the artistic conception. The three-layered definition of artistic conception, namely intuition, the interplay of presence and absence, and the fusion of situation and emotion, has a connection with phenomenology. Phenomenology uses intuition as a method, and phenomenological intuition is very similar to aesthetic intuition. The coexistence of the two is equivalent to the phenomenological structure of “presence and absence”; the blending of the two corresponds to the phenomenological structure of intentionality. The three eras in which landscape painting achieved its highest achievements were the Northern Song, Southern Song and Yuan dynasties. If we use the criterion of "artistic conception" to measure these three periods, then comparatively speaking: Northern Song landscape painting has a "greater conception than sense", its realm being "unity of man and nature"; Southern Song landscape painting has a "convergent artistic conception", its realm being "blending of scene and emotion". Yuan dynasty landscape painting has a "greater sense than conception", its realm being "a combination of calligraphy and painting". Southern Song landscape painting, with its "blending of scene and emotion", is the most poetic, presenting the artistic conception to the viewer's intuition as something that is "as if it were present".

Keywords: Chinese painting; poetry; Su Dongpo; artistic conception; intuitive; Southern Song landscape painting

作者简介：郭勇健，文学博士，厦门大学中文系教授、博士生导师，著有《现象学美学史》等。

文化诗学与文本解蔽

沈金耀

（闽南师范大学文学院，福建漳州　363000）

摘　要：如何真切认知事物，是困扰古今学者的难题，荀子的《解蔽》篇将壅蔽归因于人心偏于一曲，但忽略隔在人与事物之间的文本所具有的解蔽（无蔽与遮蔽共在）特性，现代学者应充分注意文本的这一特性。文学真诚地承认文本的这一特性，以文学文本为主要阐释对象的文化诗学，理应成为大众的阐释学，通过文学文本的解读与文化诗学的阐释，自觉反思文本的解蔽特性，在日常生活中合理对待文本的解蔽特性，更好地阐释文本的意义，以利于人的生存。

关键词：文化诗学；文本特性；解蔽

中国自古就有"解蔽"一说，荀子的《解蔽》篇即以解蔽立论，指出人的认知受到各种壅蔽，并思考如何突破各种壅蔽而通达于道。

文化诗学作为一种阐释实践，旨在更好地阐释各种文本的意义。人为了安全生存，对周围的各种事物必须有真切的了解，但是，人们在感知事物时能获得的总是这个事物的色彩、形态、重量、温度等，我们可以统称这些现象为"文本"，所以这里以文本指称人们在感知事物时构建的各个层次的现象。那么，这些文本在传达事物真实时，无蔽与遮蔽并存，所以按汉语的一种习惯用法，"解蔽"一词，同时包含无蔽与遮蔽两个意义。

本文尝试在解读《荀子·解蔽》的基础上，从文化诗学的角度探讨文本解蔽问题，旨在通过文化诗学的实践，以求在日常生活中合理关注文本的特性，以求更好地阐释文本的意义，以利于人的生存。

一、《解蔽》所理解的解蔽

《解蔽》开篇所论如下：

> 凡人之患，蔽于一曲而暗于大理。治则复经，两疑则惑矣。天下无二道，圣人无两心。今诸侯异政，百家异说，则必或是或非，或治或乱。乱国之君，乱家之人，此其诚心，莫不求正而以自为也。妒缪于道，而人诱其所迨也。……是以与治虽（按：虽，应为离——据王先谦注）走而是已不辍也，岂不蔽于一曲而失正求也哉？心不使

焉，则白黑在前而目不见，雷鼓在侧而耳不闻，况于使者乎？德道之人，乱国之君非之上，乱家之人非之下，岂不哀哉。[1]

首先提出“凡人之患，蔽于一曲而暗于大理”，并指出即使“乱国之君，乱家之人，此其诚心莫不求正而以自为也”，认为所有的人（即使是坏人）为了自己的利益和生存都会真心追求正确的事理和事实真相，但由于“妒缪于道，而人诱其所迨也”，又往往处于被遮蔽之中，所以“蔽于一曲而失正求”。这就是荀子要解决的问题。解决这个问题的思路是先设定天下有唯一的道，圣人有唯一的心，“天下无二道，圣人无两心”，“大理”是唯一的，人们之所以偏离正道而“暗于大理”，是“心”的问题。“心不使焉，则白黑在前而目不见，雷鼓在侧而耳不闻。”将蔽于一曲的原因断定为人心的蒙蔽，而人心的蒙蔽是由于被外人引诱而离开正道。于是得道之人总被乱国之君、乱家之人共同非之。

荀子将壅蔽解释为人心蔽于一曲而未能认识“大理”（道）。接下来，以各学派的代表性人物为例，论述“蔽于一曲”的表现，但只有孔子一家例外，能做到不蔽。

墨子蔽于用而不知文，宋子蔽于欲而不知得，慎子蔽于法而不知贤，申子蔽于艺而不知知，惠子蔽于辞而不知实，庄子蔽于天而不知人。故由用谓之道尽利矣，由俗谓之道尽嗛矣，由法谓之道尽数矣，由艺谓之道尽便矣，由辞谓之道尽论矣，由天谓之道尽因矣。此数具者，皆道之一隅也。夫道者，体常而尽变，一隅不足以举之。曲知之人，观于道之一隅而未之能识也。故以为足而饰之，内以自乱，外以惑人，上以蔽下，下以蔽上。此蔽塞之祸也。孔子仁知且不蔽，故学乱术足以为先王者也。一家得周道，举而用之，不蔽于成积也。故德与周公齐，名与三王并，此不蔽之福也。[2]

以上文字，指出诸家学说只是“道之一隅”，承认了“道”之一隅的可说性，只是所说并非道之本体而已，与老子所说“道可道，非常道”意思相近。但又转而认可孔子“仁知且不蔽”又多才多艺（“学乱术”），所以“一家得周道”。并解释：“圣人知心术之患，见蔽塞之祸，故无欲无恶，无始无终，无近无远，无博无浅，无古无今，兼陈万物而中悬衡焉。是故众异不得相蔽以乱其伦也。何谓衡？曰道。”[3] 在这里的论述中，可看出荀子是将孔子视为圣人，认为孔子“一家得周道”，能兼陈万物而以道为衡量，并以孔子为典范，阐释如何“知道”，力求解决如何把握“道”的问题。所以荀子接着说：“故治之要，在于知道。何以知道？曰心。心何以知？曰虚壹而静。”[4]

然而，心能否真正做到“虚壹而静”？荀子往下说，承认了人心中的“前见”不可避免，从而对“虚壹而静”的“虚”和“壹”做了合理而且切合实际的阐释，这是一个值得注意的地方。

---

① 王先谦撰，沈啸寰、王星贤点校：《荀子集解》，北京：中华书局，1988 年，第 386—387 页。

② 王先谦撰，沈啸寰、王星贤点校：《荀子集解》，第 392—393 页。

③ 王先谦撰，沈啸寰、王星贤点校：《荀子集解》，第 394 页。

④ 王先谦撰，沈啸寰、王星贤点校：《荀子集解》，第 395 页。

心未尝不藏也，然有所谓虚。心未尝不满也，然有所谓一。心未尝不动也，然有所谓静。人生而有知，有知而有志，志也者藏也。然而有所谓虚，不以所已藏害所将受，谓之虚。心生而有知，知而有异，异也者，同时兼知之。同时兼知之，两也。然而有所谓一，不以夫一害此一，谓之壹。心卧则梦，偷则自行，使之则谋。故心未尝不动也，然而有所谓静，不以梦剧乱知，谓之静。未得道而求道者，谓之虚壹而静。①

以上对心的特性的论述，有许多值得我们注意和继承的地方。所谓的“心”，应当是我们现在所说的认识主体的意识和思想。所谓“心未尝不藏也”，即是承认人的意识总存在前见，要做到虚，绝对的虚空是不可能的，所以这里给出合理的解释，即“不以所已藏害所将受，谓之虚”。在实际的感知过程中，就是对前见保持清醒的反思和克制，不是习惯性地同化或抵制新的感受（“所将受”），而是自觉地尽可能合理地接受新的感受。心（意识）的专一，并非排斥相异性，而是不以彼一妨害此一（“不以夫一害此一”），力求达到相异性的共在，一而不同，和而不同。

《解蔽》断定心为认识的主体、身体的主宰：“心者，形之君也，而神明之主也。出令而无所受令。”② 所以只要心能虚壹而静，就能清晰地认知事物，“虚壹而静，谓之大清明。万物莫形而不见，莫见而不论，莫论而失位”③。下文反复论证心应“虚壹而静”，并论述如何实践“虚壹而静”。在具体观物的过程中，尽管既有物象冥冥而造成的不清，但主要的还是由于心神不定而未能清晰认知事物：“凡观物有疑，中心不定，则外物不清。吾虑不清，则未可定然否也。冥冥而行者，见寝石以为伏虎也，见植林以为后人也。”④

中心不定，也有外在因素所致，如因醉酒乱其神而导致中心不定。但又强调只要心定，也能看透外界因素的遮蔽而不会导致错误理解。“故从山上望牛者若羊，而求羊者不下牵也，远蔽其大也。从山下望木，十仞之木若箸，而求箸者不上折也，高蔽其长也。”⑤ 但这里的心定，从荀子的论述中看，可理解为内心有正确的理性认识从而不被感性错觉所误导，从山上看山下的牛像是羊，但心里知道那不是羊。心中若无正确的理性知识，则会导致错误行为和不良后果。《解蔽》举例，一个人多疑而愚昧，夜行时以自己的身影为鬼，狂奔至家而亡。又有人因湿而痹，却击鼓烹豚祷神，于疾无益。以此说明中心不定的主要原因，是心中缺乏正确的理性观念，从而被错误的感觉误导。

从对心的重视，又指出认识人性的意义在于由“知人之性”而“知物之理”。

凡以知人之性也，可以知物之理也。以可以知人之性，求可以知物之理，而无所

① 王先谦撰，沈啸寰、王星贤点校：《荀子集解》，第 395—396 页。
② 王先谦撰，沈啸寰、王星贤点校：《荀子集解》，第 397 页。
③ 王先谦撰，沈啸寰、王星贤点校：《荀子集解》，第 397 页。
④ 王先谦撰，沈啸寰、王星贤点校：《荀子集解》，第 404 页。
⑤ 王先谦撰，沈啸寰、王星贤点校：《荀子集解》，第 405 页。

> 疑止之，则没世穷年不能偏也。其所以贯理焉，虽亿万已不足以浃万物之变，与愚者若一。老身长子而与愚者若一，犹不知错，夫是之谓妄人。故学也者，固学止之也。恶乎止之？曰，止诸至足。曰圣也。圣也者，尽伦者也；王者，尽制者也。①

但在“知人之性”“知物之理”的过程中：“其所以贯理焉，虽亿万已不足以浃万物之变，与愚者若一。”（贯，习也。已，终也）如果只是一个一个地学习物之理，学再多也无法理解、把握万物之变，所以要追求“至足”。至足的标志就是“圣”，因此为了从根本上知性、知理，必须追求至足，即师法圣者和王者，性归属于一。实际上是以圣者的文本为依据。这样，国家最高权力机构就力求将自己的文本阐释为圣者和王者的文本，以求天下归于圣王的一统。

《解蔽》意识到人直接认知真实、事物本身的困境（不可能性），这或许是普遍困扰古代圣贤的问题，荀子于是专门讨论这一问题。在荀子看来，造成遮蔽的主要原因是心的问题。所谓的“心”，如上所云，应该是认识主体的意识。因此，荀子开篇提出的问题“凡人之患，蔽于一曲，而暗于大理”，可转述为人们在认知方面的忧虑、困惑，是由于主体意识受某种偏见的制约而无法认知真理或事物本身。造成这个现状的原因，是人们受各种欲望的引诱而只接受自己喜好的观点，于是就形成各种偏见。而各种偏见将招致天灾人祸，危及人的生存，所以必须克服偏见，其办法就是清心守一，“虚壹而静”。在这个基础上建构心中正确的理性观念，而建构正确的理性观念，就是主体意识归属于圣者和王者的文本，实际上是将圣者和王者的文本作为道的化身。

《解蔽》对克服阐释前见的论述是合理、中肯的。“不以所已藏害所将受”，但需要有真正的反思，才能做到像文中所说的不以已有知识阻碍新知识的接受。这也是现代阐释学的基本常识。而《解蔽》留下的问题是，对文本特性的忽视，将文本视为透明的媒介，将壅蔽的产生只归因于主体意识问题。由此产生两个需要我们进一步思考的问题：一是必须研究文本的解蔽特性，思考文本的解蔽特性对主体意识建构的制约；二是必须辨析文本与事物本身（道）的不同，思考人对事物本身的认知可能性与认知局限，辨析将文本等同于事物本身的观念。以下分别讨论这两个问题。

二、文本的无蔽与遮蔽

《解蔽》论述了人的感知困惑，将造成壅蔽的原因归结于人心，“蔽于一曲而暗于大理”，在论述中有意无意地忽略了文本的解蔽（无蔽/遮蔽）的特性，天真地以为人可以直接去除遮蔽而认知“大理”，认为达到“至足”状态时，成为像圣者、王者那样时，就能做到无蔽，又似乎顺理成章地将“大理”“道”和事物本身等同于圣者、王者所叙述的文本，将经典文本等同于事物本身。《解蔽》论述的这个思想历经千年，似乎已成为中国一

① 王先谦撰，沈啸寰、王星贤点校：《荀子集解》，406—407页。

个普遍的社会意识。它所衍生的问题是对经典的过度信赖，将经典文本阐释的思想视为不可改动的“真理”，势必导致人们思想的僵化和对某些文本的迷信。

大概分析一下人的认知过程：我们能感受到的是关于事物的形状、色彩、声音、文字这些现象（文本），经由大脑处理这些现象而构成关于某一事物的概念。而各种形状、色彩、声音、文字这些信息本身又是由更原始的元素构成的。如从视觉的方式看，是瞳孔接收到各种像素（初级文本），大脑将这些像素合成各种点、线、面（二级文本），进一步建构成某种形式结构（三级文本），然后再赋予这些形式结构以某种意义（四级文本），得出关于某事物的认知概念（趋近终级真实的文本）。在听觉方面，是耳朵接受各种声响，大脑判断这些声响的性质，将这些声响连接起来构成“声音”，各个声音联系在一起而表达某种意义，从而理解了某个事物。由于大脑处理这些信息速度极快，以致我们总以为我们是直接感知到了事物本身。

以上分析无非想说明我们对事物的感知实际上知道的只是各个层次的文本，是不同层级的文本构成的文本系列将我们引向事物本身，但我们永远到达不了事物本身，我们能接触的总是关于这个事物的各个层次的文本系列，或称文本链。这些表现事物的文本不是事物本身，它们只是从某个角度体现这个事物，每一个别的文本既从某个角度传达事物本身的信息，又遮蔽其他角度的事物信息，所以这些文本对事物本身的揭示总是无蔽与遮蔽并在。所以，文本的基本特性就是对事物本身的呈现总是无蔽与遮蔽共在的。这或许就是老子所说“道可道，非常道”的实际意义。也因此，我们需要“知其白，守其黑”，既要知道文本对事物的无蔽（知其白），也要理解文本对事物的遮蔽（守其黑）。

文本系列总是人建构的，人在某种知识结构、思维方式的作用下接受外界信息，并依据自己所愿意、所能够接受的信息建构事物表象形成事物概念，建构自以为是的文本。比如《解蔽》里所述的例子：“夏首之南有人焉，曰涓蜀梁，其为人也，愚而善畏。明月而宵行，俯见其影，以为伏鬼也，卬视其发，以为立魅也。背而走，比至其家，失气而死。”① 涓蜀梁所接受到的信息是各个像素（最初级文本），他的大脑将这些像素合成一个影子（二级文本），这是他在感性层面建构的文本，而他把这个文本解读为“伏鬼”（三级文本），于是形成认知，得出结论：这是会伤害我的“伏鬼”（四级文本）。而在旁人看来，这个影子是涓蜀梁自己的身影。各个层级文本的建构都在主观意识的引导下形成的，观察者的前见和思维方式对建构文本具有重要的制约作用。所以，根据人的有局限的视角建构起来的文本，既指向真实的事物，同时也指向非真的事物。而主体有意识的非真倾向，更加重了文本的遮蔽性。

即使最真诚地想真实地反映事物本身，其建构的文本也还是无蔽与遮蔽共在。对一个圆柱体，从一个角度看到的是长方形，从另一个角度看到的是圆形，人可以根据一定的规

① 王先谦撰，沈啸寰、王星贤点校：《荀子集解》，第405页。

则将这两文本的共同表达理解为圆柱体。如果只限于单一的文本，它既真实再现圆柱体的真实一面，同时也遮蔽了圆柱体的另一面的真实。这就是文本无蔽与遮蔽共在的解蔽特性。而囿于某种立场的人，总是利用文本的这个特性，强调我说的才是真实，指责别人所说的是虚假。

因此，如果我们要认知事物真相，我们就必须时刻保持对文本解蔽特性的自觉反思，同时反思自己的思维方式以及观察视角。只有对文本的解蔽特性有自觉意识，才可能自觉反思自己的思想，在各种关于事物的文本系列中获取正确信息，以求对事物本身有更为完整、真切地认知。同时也要警惕别有用心的人，利用文本既遮蔽又无蔽的特性，标榜自己的叙事为真实、客观，甚至是唯一正确的关于事物的文本。运用各种叙事技巧，将自己的文本编写得看上去很合逻辑，很客观，很真实，甚至是唯一的真实，引导人们只看某一角度的真实，不顾其他更多角度的真实，从而扭曲人们对事物本身的认知。

正是文本的解蔽特性，导致任何文本总是具有虚构属性（叙述事件的选择也是一种虚构）。然而，只有文学文本，最真诚地表明自己是虚构的文本，所以，文学文本是充分体现文本的解蔽特性的文本。文学文本将文本这种无蔽又遮蔽的特性毫无掩饰地呈现给读者，并不伪装为僭越事物本身的“真实”，让读者解读时清醒意识到文本的解蔽（无蔽/遮蔽）特性。

当人们无视某类文本的解蔽（无蔽/遮蔽）特性而陷入对文本的迷信时，文学文本总是真诚地提醒人们注意文本的虚构本质，从而将人们从偏执中挽救出来，自觉反思文本的解蔽特性，以求更逼近事物的真实。这是文学文本的生存论意义，也是文学文本的重要功能所在。文化诗学的重要任务之一，就是充分阐释文学文本的特性，呵护人类认知的完整性，不断地以文学文本的解读实践提醒人们意识到各种文本不可避免的虚构性，反思文本对事物本体的无蔽与遮蔽。我们要获得事物的真相，就不能只限于某种唯一的文本，即使最接近事物本身的文本，对事物本身也是有所遮蔽的，对事物真相的认知永无止境，最高经典的文本也有不断发展、完善的必要性。

只要有文学文本的存在，人们就会意识到文本的解蔽特性，不会被某些文本带入偏执的死胡同，从而损害人类的生存安全。只要人自己想好好活着，而且不想故意害人，就不会恶意利用文本的解蔽特性，将文本的建构视为可以随意捏造的叙事。

真诚体现文本的解蔽特性，这就是文学的生存论意义所在。

三、道可道，非常道

文本的解蔽特性，体现了“道可道，非常道”的意思，也表明任何文本，即使圣人所书的最高经典的文本，对事物的叙述也不可能真正完美无缺，更不能等同于事物本身。

荀子的《解蔽》将文本的解蔽特性（解蔽的同时又产生遮蔽）归因于人心的缺陷，认为只要达到圣者、王者的心境，就可以把握“大理”、道、事物本身，从而将圣者和王者的文本等同于大理、道、事物本身，于是这些经典文本就成了不可更改的唯一真理了。

人与人的思想交流，不可能直接对接大脑，只能通过文本交流。所以，文本的解蔽特性使得文本既交通人与人的交流，同时也阻碍人与人的交流。如果对文本的这个特性缺乏自觉反思，往往导致盲目地自以为是，偏执地以为自己所看到的就是事物本身。一旦形成执念，知识越多偏见越强，因为有执念的人只接受与自己的执念相同的知识，相信只有自己的认知才是正确的，只能接受与自己的前见同质的“新知识”，所以他的新知识越多，原有的执念就越巩固，面对不同意见的人，本能地判其为错误，甚至还要进行道德谴责，指责人家恶意歪曲事实。

古今智者，都知道“道可道，非常道”的道理。有智慧的人，真正的思想者，也能将这个原则运用于日常生活之中。但众多有自主意识的成年人，并非专业的思想者，亦不是专业的认识论研究者，自然会不断受到将某种文本等同于事物本身的观念的影响，往往在权威机构的教育下，认定某种文本为客观叙述、真理表达，由此以为真理在握，从而形成自己偏执的观念，解读文本时未能充分反思文本的解蔽特性，往往迷信自己认可的某种文本，习惯成自然地以某种文本代替事物本身。

行文至此，不禁想到文化诗学应该成为普通人的阐释学。因为文化诗学解读的主要文本是文学文本，这是真诚地承认文本虚构性、解蔽性特征的文本，通过对文学文本的解读，自觉培养对文本解蔽特性的反思意识和反思能力。对文本解蔽特性的自觉把握应当普及到普通百姓之中，作为现代文明人的基本常识。不然，谣言、貌似真实的短视频、诈骗剧本，总会有一些人信以为真。普通人，确实需要有自己的阐释学，那我们可以推荐文化诗学。

“文化诗学”这个术语的含义应该包括某种思想观念、实践模式、解读策略……这些东西应包涵丰富的古老智慧和现代科学精神，切入点或许就是文本解读。基于文本的解蔽（无蔽/遮蔽）特性，文化诗学的一个重要的观念是，对一个事物的认识或一个历史阶段的把握，相反的理论视角得出截然相反的结论，但可能它们都是有真实依据的，都是有道理的，都表现了事物某个真实的一面。因此，我们想要对事实本身有真实、全面地理解，那就需要从不同视角揭示的真实面貌，并合理地整合为相对完整的、全息的事物图像。所以，文化诗学的文本解读，不能限于某一个理论视角，也不能限于某一种固定的方法。因为文本总是无蔽与遮蔽共在的，所以我们应该有一个宽广的认知胸怀，容纳不同理论视角的文本，从而更为真实地理解事物本身。当然，我们这里需要指出，当我们这样做时，实际上也预设了文本的善意构成，排除利用文本解蔽特性而误导解读的恶意建构。对恶意利用文本解蔽特性骗人的，我们也应该有足够的警惕和清醒的批判。

在日常生活中，经常看到争论双方相互指责对方文本（叙述）不真实。当自媒体普及之后，这个问题更突出了。其实，各自的文本都有不真实的地方，应善意地宽容文本的解蔽（无蔽/遮蔽）特性，真正需要争论的是如何反思各自文本的遮蔽方面，以求更好地理解事物本身。如果说文学工作者、研究者的人文关怀应有所表现的话，要发挥文学活动的社会正能量的话，就是以文学文本的感染力，真诚地告诉人们文本的解蔽特性，并以文化诗学的实践充分阐释文本的解蔽特性，以利于人们对世界的理解。让“道可道，非常道”，“知其白，守其黑”的古老智慧成为普通人的日常生活常识。可以在各种文本之中看出那些符合逻辑的真实叙事的片面性，从而更理性地解读文本，不被各种谣言带走。不然，未能自觉反思文本解蔽特性的人们，往往在精心设计的诱导下成为谣言的最佳听众。

文本的解蔽（无蔽/遮蔽）特性源于人的视角局限。也许有人会说，当今人工智能生成的文本，应该可以做到客观真实了吧？且慢，人工智能生成的文本，给人以客观、公正的预设，计算机似乎是没有意识形态偏见的，但我们如果注意到大模型的建构过程，我们不难发现，对大数据的收集、标注，模型算法的设计，对大模型的预训练，对生成文本的微调等训练环节中，大模型的建构者的意识形态就直接、深刻地植入这个大模型之中了，所以这个大模型生成的文本，都自然而然地体现着大模型建构者的意识形态。当我们无保留地听信这个大模型生成的文本，也就不知不觉地接受了这个大模型建构者的意识形态了。再考虑到使用者可以用精心设计的“提问”让大模型生成符合使用者意图的文本，这样的文本自然必须隐含使用者的意识形态。所以，生成式人工智能产生的文本，也受限于提问者的视角，也不能全知全能，更不是非意识形态性的。

当然，我们也可以利用生成式人工智能帮助人类更好地阐释文本意义。如上文所述，文化诗学的文本解读提倡多角度解读，以求得更好地阐释文本的意义，从而更真切地理解事物本身。而一个人单独无法做到穷尽各种可能的角度，人工智能可以帮助我们尽可能多地从不同角度生成文本、解读文本。当我们提出某种设想、观点时，我们需要倾听相反意见，这时可以借助人工智能生成与我们观点相反的文本，这样的文本可能是收集了现有人类的相关思想，有利于我们更深入地思考相关问题。可利用强大的人工智能为解读文本建构合理的参照体系，可利用人工智能建构与我们的立场、观点相反的文本，或者建构更多角度的文本，从而检验我们自己建构的文本，以求我们能更真切地逼近真实，而不是将人工智能的答案替代人的真正思考。

总之，“道可道，非常道”，文本系列可以无限逼近事物本身，但人力有限，现代人工智能为我们提供了强有力的帮助，我们可以利用人工智能在数据汪洋中选择适当的数据，构建几乎无限多的文本单元，构成无限逼近事物本身的文本系列，从而构建通达事物本身的合理、正确的路径，由此我们得以更快更准确地理解事物本身。

文化诗学的解读策略或许可以为我们正确地判断海量信息提供合理的思路，或许，文化诗学可以成为大众的日常阐释学，有助于人类的安全生存。

Cultural Poetics and Text Uncovering

SHEN Jinyao
(School of Liberal Arts, Minnan Normal University,
Zhangzhou, Fujian 363000)

Abstract: How to truly understand things is a difficult problem for ancient and modern scholars. Xunzi 's "*Unmasking*" chapter attributes the occlusion to the tendency of the human mind, but ignores the unmasking (non-masking and macking coexistence) characteristics of the text between people and things. Modern scholars should pay full attention to this characteristic of the text. Literature sincerely recognizes this feature of the text. Cultural poetics with literary text as the main object of interpretation should become the hermeneutics of the public. Through the interpretation of literary text and the interpretation of cultural poetics, we should consciously reflect on the de-concealment characteristics of the text, treat the de-concealment characteristics of the text reasonably in daily life, and better explain the meaning of the text, so as to facilitate the survival of human beings.

Keywords: cultural poetics; text features; unmasking

作者简介：沈金耀，闽南师范大学文学院教授，著有《文化诗学之文本解读》等。

琴学与古谱研究

古琴“闽派”含义源流考*

张艳辉

（闽南师范大学文学院，福建漳州　363000）

摘　要：“闽派”古琴的起源、发展以及形成是研究福建区域琴学的重点。“闽操”一词产生于明朝初期，特指福建本土的琴乐风格，其地域意识要大于流派意识。清初福建地区出现安溪琴派，以李光地及其《兰田馆琴谱》为代表。清末则出现浦城派，以祝凤喈及其《与古斋琴谱》为代表，这一时期流派意识大于地域意识。“闽派”的概念始见于清代，与浦城派既有联系又有区别，直到近现代这一概念才得以确立。

关键词：闽派；古琴；闽操；安溪派；浦城派

明清以降，以地域命名的琴派流布漫衍，愈趋增多，除宋元已经形成的浙派、江派等琴派之外，还有虞山派、中州派、松江派、广陵派、绍兴琴派等等，各个琴派既有代表性琴谱、琴家、琴曲，也有其独特的地域风貌。而对于福建地区来说，唐宋时期虽然已经出现大量本土琴人，如唐代林杰，宋代郑文宝、何薳、朱熹等，但在古琴地域特色乃至流派的形成方面，福建地区显然晚于江浙等地。直至明代初年方出现“闽操”一词，清代安溪派与浦城派成为福建地区两大古琴派别之后，“闽派”的概念占据主流。

琴界关于“闽操”“浦城派”“闽派”等概念的界定多模糊不清，同时，关于“闽派”的起源、发展以及形成，目前学界也较少系统论述。有关福建琴史的研究，仅有李禹贤《八闽琴史略》[①]，叙述自北宋初年至于20世纪80年代福建地区古琴发展概况。《八闽琴史略》虽然提到明代已有“闽派”之称，但并未详细梳理“闽派”源流。基于此，本文试做探讨。

一、关于“闽操”

在福建琴史上，“闽操”一词是极为重要的一种说法。而关于“闽操”一词的出现，

---

*　本文为2022年国家社科基金项目“金元古琴文献整理与研究”（22BZW085）的阶段性成果。

①　李禹贤：《八闽琴史略》。按，本文未正式发表，资料来源于 https://www.docin.com/p-1146742260.html.最后访问时间：2024年9月28日。

当代琴界习惯采用明嘉靖年间刘珠《丝桐篇》的说法："近代所习琴操有三，曰江，曰浙，曰闽。习闽操者百无一二，习江操者十或三四，习浙操者十或六七。"① 首先，从"浙操""江操"等说法来看，明显具有不同地域风格，故多数学者认为"操"在这里实际上具有地域流派的含义。许健《琴史新编》中介绍浙派、江派时，引用文献即《风宣玄品》中所说的"浙操""江操"。其次，这里指出习琴的三个派别，即江派、闽派、浙派，从各派琴人数量上来看，浙操最多，占习琴人数的百分之六七十，而闽派最少，习琴人数百无一二。虽则如此，对于福建琴坛而言，已有自成体系的趋势。梳理相关文献可以发现，"闽操"一词最早并非由刘珠提出。

现存文献较早出现"闽操"一词的是明代袁均哲《新刊太音大全集》。其《琴操辨议》云："琴操传于世者，有江操、闽操、浙操之不一也。"② 明确提出江操、闽操、浙操的概念。此书附有朱权序，这篇序记录了其成书时间"时永乐癸巳十一月望日序"，即公元1413年。这个时间明显要早于约成书于1564年的刘珠《丝桐篇》。

其后，明嘉靖年间卢翰的《掌中宇宙》也提到"闽操"："弹有五功、十善、十疵、五谬之异，有江操、浙操、闽操之不一。"③ 这里只提及古琴的三种流派，并没有说到三者的区别。作者在《小引》中自言本书写于"嘉靖己亥阳月丁卯"，即1539年，则也早于刘珠的《丝桐篇》。

这里需要考察一下《掌中宇宙》一书的性质。卢翰《掌中宇宙·小引》提到此书的写作过程："乃随所读而辄抄之，纲举目张，间以丽图。其千古上下，四海内外，万物终是始，若巨若细，若粗若精，了了若指诸掌。"根据自己所读的书籍进行抄撮，再以纲目分类，也偶然附以图片，使各种知识了如指掌。这说明"闽操"一词应当是卢翰在读书过程中随手抄录下来的。可以考知的是"弹有五功、十善、十疵、五谬之异"一句，应来源于椿庄书院刊刻的元至顺增补本《事林广记》，而后一句"有江操、浙操、闽操之不一"，查《事林广记》并未言及，不过应该也是抄撮自同时期的书籍。同时，弹琴有"五功、十善、十疵、五谬"的记载为明刊本《太古遗音》、明唐顺之《荆川稗编》等书所采录，可见明代初年这一说法已经广为流传。而"闽操"的说法屡屡见于明代永乐、嘉靖年间，那么可以同理推测，这一说法至迟应该出现在明代初年甚或更早。

自此之后，明代也有不少人延续"闽操"的说法，或有所评判或述其琴乐风格。例如胡文焕《文会堂琴谱·琴操》："近世所习琴操有三，曰江，曰浙，曰闽。习闽操者百无一二，习江操者十或三四，习浙操者十或六七。据二操论之，浙操为上，盖江操声多烦琐，浙操声多疏畅，比江操更觉清越也。抑又因是疑之古人琴调一出，天下宗之，永为承宪，

① 转引自许健：《琴史新编》，北京：中华书局，2016年，第205页。
② 袁均哲：《新刊太音大全集》，《琴曲集成》第1册，北京：中华书局，2010年，第102页。
③ 卢翰：《掌中宇宙》卷十二，明万历三十三年刻本，第五十三页。

一字不可增损，今观操有江、浙、闽之不同，则今之琴非古也亦明矣。”① 这段话与刘珠《丝桐篇》的表述是一样的。虽然江、浙、闽三操并提，不过，闽操的地位远逊于前二者，一个非常直接的原因是习闽操者百无一二，在习琴者中所占比例极其微小。或许也正是这一原因导致明代“闽操”始终不成气候的尴尬境地。

至于“闽操”的琴乐特点，依然可以从明清时期的各种文献记载中窥见端倪。例如明代福建长乐人谢肇淛在《五杂组》中说：

> 今鼓琴者，有闽操、浙操二音，盖亦南北曲之别也。浙操近雅，故士君子尚之，亦犹曲之有浙腔耳。莆人多善鼓琴而多操闽音，至于漳、泉遂有乡音词曲，侏儒之甚，即本郡人不能了了也。②

这段话其实是解释了前文“习闽操者百无一二，习江操者十或三四，习浙操者十或六七”的原因。谢肇淛以闽、浙二操类比南北戏曲之别。他认为，浙派琴曲近乎雅正，犹如戏曲之有浙腔，故此颇受士人君子的青睐。而莆田人多有善鼓琴者，莆田戏剧则以闽音为主。至于漳州、泉州两地的戏曲，则多以闽南腔为主，颇难理解，即便是本郡人也很难通晓。虽然这段话并没有明确指出“闽操”的特点，但从谢肇淛以浙地琴曲与戏曲的类比中不难看出，浙操近雅，而闽操近俗。《太古遗音·琴有所宜》云：“凡学琴必须要有文章，能吟咏者。”③ 古人以琴为雅正之乐，习琴之人亦理应为文章之士，而福建莆田、漳州、泉州的乐曲多乡音而颇难理解，因此学习浙派古琴的人数多而习闽操的人数少也在情理之中了。

到了清代，“闽操”一词仍被沿用，如雍正年间范尔梅《读书小记·周山人题辞》云：“周山人绳武，予友也。聪敏绝伦，工文墨，时与当世之达官长者游，不谋生产，吟风弄月，泊如也。操觚之余，往往鼓琴而歌，凡浙操、闽操，九宫十三调之属，间悉一二。”④ 依然以浙操、闽操并称，不过，这里有一个变化是周绳武作为文人，并不专注于浙操，对于闽操也略有涉猎。

清代对“闽操”琴乐风格的界定也更为明确。如清王坦在其《琴旨·支派辨异》中称：“派别流传，有曰中州，曰吴，曰浙，曰闽。吴又分为金陵，为虞山，皆各立门户，互相诋諆。”又言：“八闽僻在边隅，唐宋后始预声名文物，其派多弃古调，务为不经之词，岂无乖于正始?”⑤ 王坦指出清代古琴流派各立门户，各有优缺点，如中州派，优点是“高古端严，宽宏苍老”，缺点是“用意过刚，殊欠优柔”。对于闽地古琴，王坦认为福建地区因为地处边远，直到唐宋时期文化才得以发展。因此闽中古琴多抛弃古调，务为不

① 胡文焕：《文会堂琴谱》，《琴曲集成》第6册，第160页。
② 谢肇淛：《五杂组·物部四》，上海：上海书店出版社，2009年版，第253页。
③ 不著撰人：《太古遗音》，《琴曲集成》第1册，第38页。
④ 范尔梅：《读书小记》，清雍正七年敬恕堂刻本，第六页a。
⑤ 王坦：《琴旨·支派辨异》卷下，影印《文渊阁四库全书》本，第757页。

经之词，与正调相违。这一观点与谢肇淛有相似之处，对闽地古琴风格以批评为主。

与此类似，清陈幼慈《邻鹤斋琴谱·琴本无派》云："以闽派、浙派为俗，以常熟等派为雅，以中州派为正。此等俗议，不知起自何年。"① 尽管陈幼慈并不认为闽派、浙派的琴乐风格为俗，但从"此等俗议"的表述来看，这种说法已经流传很久了。同时，陈幼慈虽明确用了"闽派"一词，不过从其语义来看，仍然是强调其地域特点的。从时间上来看，王坦、陈幼慈所处时期浦城派尚未形成，安溪派虽已形成，但并没有什么影响力，也没有自身的风格。故此，我们依然可以认为二者对"闽派"的评价是基于"闽操"以地域意识为主的内涵的。

古琴流派从唐代的'吴声""蜀声"发展至宋元时期的江西操与浙操，以浙派最为昌盛，而在这一过程中，福建古琴始终没有能够自成一派，或者说自成体系。直至明嘉靖前后才有了明确的"闽操"一词，然而多数是批评的声音。从刘珠到胡文焕再到谢肇淛、王坦，无一例外地认为闽地古琴品格不高，这不仅造成"习闽操者百无一二"的局面，也在一定程度上制约闽地古琴的发展以及自身体系的形成。同时，从谢肇淛等人的评述来看，这一时期的"闽操"显示出较为突出的地域意识，以代表性琴人、琴谱、琴曲为核心的流派意识并不显著。

二、安溪派与浦城派

有清一代，福建古琴文化达到前所未有的高峰，在全国范围内也始具影响力。如果说明代至清初"闽操"是作为一个泛化概念而存在的话，那么，安溪派以及浦城派的兴起，则成为闽派古琴内涵的核心乃至替代者。

安溪派是清乾隆年间形成于福建地区的重要古琴流派，其创始人及代表性琴人为泉州安溪人李光塽，代表性琴谱为《兰田馆琴谱》。《兰田馆琴谱》中有李鹏抟的跋文，言李光塽"公车南北数十年间，深得莲舟、马龙文诸国师亲指授，故指法能臻堂奥，而得三昧，一时言琴学者，皆仰为安溪宗派。"②安溪宗派之称由此而来。

《兰田馆琴谱》关于古琴理论部分无甚新意，或沿袭古人成说；或为前人做注，如杨抡《抚弦转轸歌》；或径直引用各书原文，如引《德音堂琴谱》《溪山琴况》等。判断《兰田馆琴谱》的价值应从其记载的琴曲入手。《兰田馆琴谱》有一个比较突出的特点是：对于每曲不仅标明谱本所自，传自何人，且注明授自何人。如《碧天秋思》注为吴官心谱本；《圯桥进履》注明传自白下庄蝶庵，授自许尔竹；《箕山秋月》则注明"白下沈云舞派传，历下金子陵授"等等。这些做法对于琴谱传承体系的研究是非常有参考意义的。

① 陈幼慈：《邻鹤斋琴谱·琴本无派》卷一，《琴曲集成》第21册，第22页。

② 李光塽：《兰田馆琴谱》，《琴曲集成》第16册，第391页。按：本文所引《兰田馆琴谱》内容均出自此书，下不具注。

从琴曲传授上看，李光塽在《兰田馆琴谱·序》中自言"幸从名师指授"。这些名师包括莲舟和尚、吴官心、马龙文等人。如《庄周梦蝶》注明"莲舟和尚传，马龙文授"，曲谱后有一段文字，云：

此莲舟师遗谱也。莲舟无所不妙，独《梦蝶》一操诚有罔象，求之不得者，每不轻以示人，亦鲜有能学之者，一生又多不存谱。马龙文独传其谱，抃虑无所交付，因执谱授予。杳乎渺矣，三日乃纪其数，七日始会其意，至匝月而犹未得其神也。杳乎渺矣，自今已后又孰而传予之手乎。李光塽识。

此注详细记述李光塽跟随马龙文学习《庄周梦蝶》的过程。此外，《胡笳十八拍》也注明"吴官心传，马龙文授"；《塞上鸿》曲谱之后的跋文也说李光塽曾跟随马龙文学琴，又得吴官心之传。查阜西先生在《兰田馆琴谱·据本提要》中说："如琴曲《桃李春风》，它记明系马龙文所授，并认为该曲有应当修改之处。而《琴剑合谱》中所谓长白唐公之谱，有可能也是来自老琴师马龙文之手。又如《梦蝶》传自莲舟，《塞上鸿》和《胡笳》传自吴官心，都是马龙文亲授。这种详记传授法能帮助我们清楚地看出《琴香堂》确实有广陵派的渊源。"① 马龙文即马士骏，为广陵派代表性琴人，所纂《琴香堂琴谱》为广陵派代表性琴谱。这说明李光塽跟随广陵琴师学习过广陵派的曲目，所传曲目也具广陵派之风。

从《兰田馆琴谱》的曲谱谱本来看，《洞天春晓》《风雷引》《秋江夜泊》《静观吟》《骚意》《潇湘水云》等曲注为徐青山谱本，徐青山即虞山派代表性琴人徐上瀛。而《汉宫秋月》曲谱之后跋文云："此曲本庄蝶庵派传，删削古谱。参以吴官心指授，可谓不枝不蔓矣。"庄蝶庵即庄臻凤，师从徐青山。《圯桥进履》亦注明传自白下庄蝶庵，授自许尔竹。尽管李光塽并没有照搬原有曲谱，而略作修订改正，但从《兰田馆琴谱》谱本多取自徐青山，传自庄蝶庵来看，不得不说李光塽应该受到虞山派的影响。同时，《兰田馆琴谱·墨子悲丝》曲谱后注文云："此操出金陵、中州派，吴下常熟无有也。"虽则此曲传自莲舟大师，不过曲风属金陵、中州派。

综上，李光塽不仅师从广陵派诸琴家，也受到了虞山、金陵、中州等派的影响。由此也可以看出，福建地区的琴家在不断努力吸收、借鉴其他琴派，以期形成独有的地域流派风格，这一点在"安溪宗派"的表达上尤为明显。不过，遗憾的是，安溪宗派并没有形成一时风潮，甚至在很长的一段历史时期内寂寂无闻。造成这一现象的原因，一则安溪派没有形成自身独有的琴派特点，二则虽有宗派之称，传授者却几无踪迹。而浦城派的兴起改变了福建地域琴史这一窘境。

一个具有影响力的古琴流派的形成，其必要条件是要有代表性琴人、琴谱、琴曲，有完善的传承体系，甚至要有独特的琴学理论。对于福建古琴史来说，只有浦城派达到这一

① 中国艺术研究院音乐研究所、北京古琴研究会编：《琴曲集成》第16册《据本提要》，第1页。

要求。浦城派形成于清道光年间，《（光绪）续修浦城县志》云：

> 祝凤鸣，字秋斋，廪贡生。凤喈，字桐君。并精音律，尤善鼓琴，古调独弹，不作靡靡俗韵。家有园林之胜，藏古琴数十张，择其尤者，筑十二琴楼以贮之。伯倡仲和，怡怡如也。凤鸣性恬淡，工吟咏，屏绝尘务，日以琴樽诗画自娱。凤喈宦游江浙，以琴自随，所至名噪一时。著有《与古斋琴谱》四卷行世。律度精审，指法详明，自云得兄指授尤多。以琴受业者，恒不远千里而来。诸弟子中，建安许海樵独得秘传，能衍其派，尤负重名。①

从这段描述中可以看出，浦城派创始人是祝凤喈，著有《与古斋琴谱》，许海樵为祝凤喈传人。现存《与古斋琴谱》四卷，并没有记载琴曲谱本，可以说是一部专门论述琴学理论的著作。除此之外，祝凤喈还编订《与古斋琴谱补义》，亦述琴学理论。学界认为，祝凤喈提出的“依永和声”，是浦城派提出的一个重要理论。《与古斋琴谱·按谱鼓曲要义》中说：“依永（即音韵也），和声（如其音韵而歌和也），而后能合其节也（节、板拍也）。”②祝凤喈认为，弹琴者须按其音韵节奏辅以歌唱，“以得其抑扬长短之音韵”（《与古斋琴谱·按谱鼓曲要义》）。

浦城派代表性曲目为《风云际会》，这是目前琴界已经达成的共识。不过，多数人认为《风云际会》是祝凤喈自创曲目，这一点其实应当是存疑的。《与古斋琴谱》卷三《考存琴谱》详记武林王迪、吴门蒋文勋及祝凤喈所藏琴谱五十六种，其序云：“所藏琴谱共五十余种，兹录其名目，载其曲操。”故《考存琴谱》又列举各家琴谱所载曲目名称，多注明琴曲别称，仅《风云际会》一曲下注“本家藏”。从这一记载来看，《风云际会》应该出自祝凤喈家藏琴谱谱本，并非祝凤喈自创曲目。不过，从其序中“每曲必经按弹，始能别其醇疵，须得三五同调，竭数年月心力，较订二百余曲之音节，庶可以成其善本”的表述来看，祝凤喈对这些曲目除了与诸同好花费数年时间进行按谱弹奏以辨别醇疵的工作之外，也有修订整理的工作。

《与古斋琴谱》仅录《风云际会》的曲名，未见谱本。《风云际会》一曲的谱本收录于张鹤的《琴学入门》。张鹤师从祝凤喈，摘辑《与古斋琴谱》，别成一谱，为《琴学入门》二卷。《琴学入门·凡例》中称：“《风云际会》《渔樵问答》《平沙落雁》《石上流泉》《阳关三叠》《古琴吟》六曲，乃桐君先生家传秘谱。”③ 张鹤称六曲为祝凤喈家传秘谱，《风云际会》的谱本为《琴学入门》所独有。20 世纪 80 年代，福州琴家李禹贤先生为《风云际会》打谱并且进行演奏，展示出慷慨激昂的曲风，这也是《风云际会》成为浦城派代表曲目的标志。《希韶阁琴瑟合谱·自序》云：“金陵之顿挫，中浙之绸缪，常熟之和静，三

---

① 翁天祜修：《（光绪）续修浦城县志·技术》卷二十七，清光绪二十六年刻本，第十一页 a。

② 祝凤喈：《与古斋琴谱》卷三，清咸丰五年祝氏刻本，第六〇五页。

③ 张鹤：《琴学入门·凡例》，《琴曲集成》第 16 册，第 276 页。

吴之含蓄，西蜀之古劲，八闽之激昂。派虽各别，其间轻重徐急，刚柔合度，皆有一定节奏。"① 八闽之激昂，或许正是指向这一琴曲之曲风。也有一种说法认为浦城派古琴琴曲风格为幽静恬淡，其实不然。祝桐君评价《潇湘水云》一曲时说："是曲音节极幽淡静洁。"② 幽淡静洁是祝桐君对这首曲子风格的总结，而非浦城派的曲风。

祝凤喈曾对《春草堂琴谱》详加校订，撰写评语，并再版刊行。《春草堂琴谱》原为苏璟、戴源编订，二人为浙派传人。祝凤喈很重视此谱，所述琴学理论亦多从中受到启发，浦城派受到浙派的影响是显而易见的。民国时期，金天羽《天放楼文言》卷一云："（浙派）以钱塘胡德甫文焕《文会堂琴谱》六卷为精，其自序谓：'皆新传之浙操，顺畅而雅正，洁净而精当。'不虚也。闽、粤派有古浙操之遗音，声文并重、节奏尚整弹，清有浦城祝桐君凤喈《与古斋琴谱》四卷。"③ 这段话也说明了古琴浙派与闽派风格的渊源，认为闽派有古浙操之遗音，以祝桐君为代表。声文并重，节奏规整是浦城派的曲风。

浦城派有清晰的传授体系。祝凤喈有众多弟子，最为著名的是张鹤、陈世骥、许海樵、李迪瑚等人。吴江陈世骥编有《琴学初津》，浦城李迪瑚著《酌海楼琴言》《酌海楼琴谱》，能弹《阳关三叠》《渔樵问答》《平沙落雁》《水仙操》《石上流泉》等曲。其中许海樵一脉最为清晰也最为长远：祝凤喈传许海樵，许海樵传张慕樵，张慕樵传郭同甫，传《平沙落雁》《山居吟》《水仙操》等曲，可见清道光年间至于近现代的传承脉络。

查阜西先生曾说："清代琴学从康熙时起即由广陵派称盛。直到太平天国时期，江淮间军事紧张，这时福建的祝秋斋、祝凤喈（桐君）兄弟曾来到上海，得琴坛盛名……这时江南琴坛正在衰歇，唯独祝氏的琴学大盛，甚至传到了京师。"④ 祝桐君交游亦广，大多为文化名人，如林则徐、缪荃孙、刘烈文等等，这些人的奖掖及宣传也是浦城派影响力的扩大的原因之一。

三、"闽派"概念辨证

古琴流派的称谓，或称"声"，如"沈家声""祝家声"；或称"操"，如江西操、中原操；或径直称"派"，如"浙派""中州派"。由此可见，"闽操"即特指具有福建地域特色的古琴派别。上文已述及，明代初年，"闽操"一词的出现充分说明明代福建古琴的地域特色已经初露端倪。到了清代，"闽操"的说法依然存在，但安溪派与浦城派的兴起则成为福建地区两大古琴派别，也正因此，"闽操"的称谓渐趋衰落，代之而起的是"闽派"这一概念。

---

① 黄晓珊：《希韶阁琴瑟合谱·自序》，《琴曲集成》第26册，第400页。

② 转引自卢旸：《多部闽派琴谱首次公开》，《音乐周报》，2022年1月12日。

③ 金天羽：《天放楼文言》，民国十六年排印本，第十三页。

④ 中国艺术研究院音乐研究所、北京古琴研究会：《琴曲集成》第24册《据本提要》，第4页。

清代古琴文献对“闽派”古琴多有描述，例如徐祺《五知斋琴谱·凡例》中就提到：“派有南北蜀下之分。今以琴川为主，白下、古浙、中州、西蜀、金陵、八闽等派，并附采各省秘谱，删订折衷，庶无偏执。”① 八闽派，实际上就是福建琴派，这里需要注意的是徐祺为康熙年间琴家，其时浦城派尚未出现，故这里的八闽派并不等同于浦城派。蒋文勋《二香琴谱·琴学粹言·论派》：“琴之论派，由来已久……逮后有所谓中州、白下、江浙、八闽之分，至今或灭或微。”② 也提到了八闽一派，蒋氏这一说法应当是沿袭自徐祺。而清陈幼慈《邻鹤斋琴谱·琴本无派》云：“今之弹琴者，动称宗常熟派、金陵派、松江派、中州派，或有以闽派、浙派为俗，以常熟等派为雅，以中州派为正。”③ 毋论本段话的意旨，陈幼慈较早明确提出“闽派”的概念。不过，这里的八闽派也好，闽派也好，也并不是浦城派的代称。

考诸文献，现当代琴家提及福建古琴，多将浦城派径称“闽派”，如李禹贤有《闽派古琴与祝桐君》一文，明确“闽派”这一概念，并以祝桐君为“闽派”代表。其后，“闽派”的称谓也越来越流行。有人径直将“浦城派”与“闽派”等同起来，以为浦城派又称闽派，例如马达、鲁新宇《〈与古斋琴谱〉中浦城闽派古琴文人琴思想研究》一文，从文章题目来看，即以浦城派为闽派。2022 年出版的《闽派古琴琴谱汇编——浦城县图书馆馆藏》，所收五种琴谱《西山琴谱》《自远堂琴谱》《春草堂琴谱》《与古斋琴谱》《琴学入门》，均为浦城派代表性琴谱，由此可见，该书也是以浦城派为闽派的。

持反对意见的是查阜西。他在《琴曲集成·据本提要》中称：“祝（凤喈）是福建浦城人，应该称为闽派，但从来没有人强调这一看法，他的音调体系也只是跟着《春草堂》”。查阜西先生认为祝凤喈虽占籍福建浦城，但实际上是受浙派影响较深的，所以不能称为闽派。各古琴流派的形成过程中，难免互相影响，如虞山派也承袭了浙派的琴学传统。浦城派虽受浙派影响，但其古琴流派构成要件均属完备，且有新的见解，特别是在清代，浦城派影响很大，以闽派代称似也在情理之中。

也有人认为闽派起源于浦城，如《浦城：闽派古琴艺术发源地》（未署名）一文即认为：“闽派古琴艺术自清道光年间形成。”④ 浦城派即形成于道光年间。另外，关于闽派的起源，也有琴家提出，‘福建古琴艺术在明代便出现闽派之称，‘闽派’最早见于明代琴人刘珠《丝桐篇》中”⑤。这一说法其实是融合了李禹贤《八闽琴史略》及许健《琴史新编》中的内容。如论一派起源，惯例是追溯至本土著名琴人，如金天羽《天放楼文言》云：

① 徐祺：《五知斋琴谱·凡例》，《琴曲集成》第 14 册，第 384 页。

② 蒋文勋：《二香琴谱》卷三，《琴曲集成》第 23 册，第 101 页。

③ 陈幼慈：《邻鹤斋琴谱·琴本无派》卷一，《琴曲集成》第 21 册，第 22 页。

④ 《浦城：闽派古琴艺术发源地》，《福建党史月刊》2010 年 18 期。

⑤ 张俊波、黄志禄：《福建琴人史料辑录·序》，杭州：浙江人民美术出版社，2023 年，第 6 页。按，这里需要指出的是，刘珠《丝桐篇》原文为“闽操”，而非“闽派”。

“中州派，琴学之鼻祖也。三代渺矣，琴有书，始自西汉，书详指法，始自中郎，故中州派以中郎为祖。”① 以为中州派应以蔡邕为祖，即其例证。闽派渊源亦应如此，可以追溯至福建本土琴人大盛时期，也正是这些琴人的不断努力，不断汲取其他派别的风格指法，方能最终得以确立，张大命、孙丕显、李光塽、祝凤喈莫不如是，则“闽派”实不能以浦城为起源。

清蒋文勋《二香琴谱·琴学粹言·论派》：“世所传习，多宗吴派。虽今蜀人，亦宗吴派矣。吴派后分为二，曰虞山，曰广陵。”② 也就是说，虞山、广陵两派在一段历史时期内是统称吴派的。那么按此类推，闽派则应该包含“闽操”、安溪和浦城在内的福建古琴流派。2005 年，福建省人民政府第一批非物质文化遗产代表作名录中即有“闽派”古琴。同年，“浦城闽派”列入福建省第一批省级非物质文化遗产名录。2016 年，“闽派古琴（福州）”列入福州市鼓楼曲人民政府第三批非物质文化遗产名录。这些名录即统称闽派，浦城、福州为其分支，这种做法无疑是正确的。故“闽派”称谓应该是在长期的历史视域以及区域琴学的范围内形成，包含“闽操”、安溪琴派、浦城派乃至福州地区等各琴学体系在内的统称。

结　　语

寻绎相关文献，可以得出的结论是，“闽操”的概念产生于明朝初期，特指福建本土的琴乐风格，这一时期的地域意识要大于流派意识。到了清代，随着浦城派的发展，代表性琴人、琴谱、琴曲的确立，其流派意识更为突出。“闽派”与“浦城派”既有联系又有区别，浦城派独盛时期，部分琴家认为闽派即浦城派，但如果放在更久远的历史时空内，浦城派并不能涵盖“闽派”，“闽派”的含义远大于浦城派。

An Examination of the Origins and Definition of Min School of Guqin

ZHANG Yanhui

（School of Liberal Arts，Minnan Normal University，

Zhangzhou，Fujian 363000）

Abstract：This study delves into the origins，evolution，and conceptualization of the Min School of Guqin，a focal point within the broader scope of Fujian regional guqin

① 金天羽：《天放楼文言》卷一，民国十六年排印本，第十二页。

② 蒋文勋：《二香琴谱》卷三，《琴曲集成》第 23 册，第 101 页。

scholarship. The designation “Min Cao” emerged during the early Ming Dynasty, denoting a unique local style of guqin music characterized by its pronounced regional identity, rather than adherence to a formal school of thought. In the early Qing Dynasty, the Anxi School of Guqin gained prominence in Fujian, epitomized by the contributions of Li Guangshuang and his seminal work, the *Lantianguan Guqin Score*. This period witnessed a burgeoning sense of scholarly tradition and stylistic development that transcended mere regional affiliation. By the late Qing Dynasty, the Pucheng School of Guqin surfaced, with Zhu Fengjie at the helm, heralding a new era in guqin pedagogy as articulated through his *Yuguzhai Guqin Score*. During this transformative period, the identity of the school became more pronounced, eclipsing the earlier emphasis on regional distinctions. The notion of the Min School of Guqin was articulated for the first time in the Qing Dynasty, establishing a nuanced relationship with the Pucheng School while differentiating itself through modern interpretations and practices. Ultimately, the Min School of Guqin solidified its identity in contemporary discourse, marking a significant chapter in the ongoing narrative of guqin development.

Keywords: Min School; guqin; Min cao; Anxi School of Guqin; Pucheng School of Guqin

作者简介：张艳辉，文学博士，闽南师范大学文学院教授、博士生导师，著有《宋代闽地唐诗学研究》等。

李郊与《颍阳琴谱》考论*

马方方

（平顶山学院音乐学院，河南平顶山　467000）

摘　要：清代中州派琴人李郊尊儒重道，急公好义，自幼习琴，以修心应世，中年编著《颍阳琴谱》。该琴谱之琴论多因袭前人，但也不乏真知灼见，如提出琴之道在音不在歌，关于指法“擘托”的理解，“左手对徽，右手近岳”的演奏规制，操琴间歇右手腕应置于岳山等，均呈现出中州派的鲜明特征。该著作所收琴曲，徽位记载清晰，方便演奏；多用“少息”，以舒缓节奏，营造高古意蕴；最关键者，琴谱所收琴曲乐段与其他琴谱相比，体量大增，显示出中州派的传曲特征。

关键词：《颍阳琴谱》；李郊；中州派

引　言

中州派琴学著作《颍阳琴谱》，成书于清乾隆十六年（1751），撰者李郊师承清晰，源流有自，其操琴风格“中正平和”，系典型的中州派，与之切磋交流琴学之人，也多与中州派有密切关系。李所编纂的《颍阳琴谱》，既辑录琴学理论，又收有琴曲十二首，这些琴曲多是清代中州派惯弹的曲目，且这些琴谱相较于其他同类著作更加详尽。最关键的是，该著作记谱方法独树一帜，方便实用，查阜西先生认为该琴谱“特创分句成行又再分点的形式，为古琴记谱另辟蹊径”①，在中州派琴学史上意义重大。

遗憾的是，目前学界对《颍阳琴谱》重视程度明显不足，研究亟待深入。目前可见专论仅有霍琨《中州琴派〈颍阳琴谱〉钩沉》② 一文。另有曹晓卿《中州琴派的历史沿革和艺术风格初探》③，彭天麟硕士论文《琴史文献中的古中原区域琴文化探析》④ 两篇文章中

---

* 本文为2022年国家社科基金项目“金元古琴文献整理与研究”（22BZW085）的阶段性成果。

① 中国艺术研究院音乐研究所、北京古琴研究会编：《琴曲集成》第16集，北京：中华书局，2010年，第1页。

② 霍锟：《中州琴派〈颍阳琴谱〉钩沉》，《北方音乐》2016年第15期。

③ 曹晓卿：《中州琴派的历史沿革和艺术风格初探》，《中国音乐》2014年第04期。

④ 彭天麒：《琴史文献中的古中原区域琴文化探析》，西安音乐学院2022年硕士论文，第36—41页。

略微涉及该琴谱。但上述诸文中，关于李郊生卒年份、人生经历均未考证，对于该书所记载的中州派琴学理论或含混不清，或一笔带过，都未深入研究。又因该琴谱是研究清代中州琴派的重要文献，故围绕李郊与《颍阳琴谱》展开论述，探讨其所蕴含的琴学价值，意义自不待言。

一、李郊生平及琴学经历考

目前能见到的清代琴家李郊的文献资料较少，仅有乾隆四十八年（1783）董榕修，郭熙编《商水县志》，民国七年（1918）徐家璘等修，杨凌阁纂的《商水县志》中的零星记载，以及《颍阳琴谱》卷首所载李郊及其友人序文八篇，卷末族兄、外侄等人跋文三篇，系了解李郊生平及学琴经历的重要文献。

（一）“尊儒重道”“好义堪型”：李郊生平简论

李郊，字蘗周，号“爱我先生”“羲皇上人”，溵川（今河南商水）人，乾隆时监生，候选府通判，生卒年不详。按《颍阳琴谱》赵三选“序文”中称乾隆十六年（1751）时李郊“年方壮”①。董榕于乾隆十七年（1752）序中称其“怡情于琴者，垂三十年”②。李郊自序中称其父按儒家“十三学乐”的传统，在李郊年少时“博采四方”并最终在雍正甲辰年（1724）延师襄五至家授琴，可推测李郊约生于康熙五十年（1711）前后。又据民国《商水县志》载《颍阳琴谱》为其晚年所作，以及李郊于乾隆二十九年（1764）尚因“屡修河防”③被河南府道宪奖以匾额可知，其卒年当不早于该年。所以可大致推测李郊约生于1711年左右，卒年应在1764年之后。

李郊父亲名李桂芳，为乾隆朝候补知县。④弟李都，字郁周。李郊育有二子，长子树祥，次子树源。李树祥，字善湘，乾隆年间监生，乾隆四十八年《商水县志》收其五律《丛台怀古》一首。次子树源，字宏济，亦为一时名士。因其家资殷厚，李家三代人均是通过“例监”的方式获取功名。

商水李郊一脉为当地望族，在彼时也多有善举。按乾隆年所修县志记载，李郊“同侄树勋乾隆四年捐给贫民麦种一百石，又捐入义学银五十两”⑤。民国七年所修县志除此条之外，尚有乾隆元年（1736），救济受黄河水患难民；乾隆五年（1740）施设漏泽园三处；乾隆十六年（1751）修筑堤岸，刊施医书；乾隆二十九年（1764）修筑河防等义行。李郊

① 中国艺术研究院音乐研究所、北京古琴研究会编：《琴曲集成》第16集，第11页。
② 中国艺术研究院音乐研究所、北京古琴研究会编：《琴曲集成》第16集，第5页。
③ 徐家璘等修，杨凌阁纂：《商水县志》第8册，卷十九“人物志”，民国七年刻本，第六页。
④ 董榕修，郭熙纂：《商水县志》，卷六“贡士”，清乾隆四十八年刻本，第九页。
⑤ 董榕修，郭熙纂：《商水县志》卷七，清乾隆四十八年刻本，第二十二页。

本人“自奉俭约，一如寒素书生”①，但如遇乡邻生活困窘，天灾人祸之时，则不吝钱财，必伸援手，“缓急与共，患难相恤，被其德者甚众”②。所以，颇受地方官董榕的器重。

总之，出生于素封之家的李郊生性俭约，甘于淡泊，善行义举，惠泽乡邻。虽无才高中举之实，却有尊儒重道之行，以儒家之矩匡世济贫，以道家之法修心炼性，这未必不是得益于他多年操琴之经历。

（二）“赋质孱弱”“以琴应世”：李郊习琴之经历

李郊学琴之经历颇有代表性，也可见当时富家子弟习琴之心态。其在自序中言：“忆余幼而姿性软弱庸钝，先大人辄抚而怜之，每于延师课读之余，时怀隐忧，谓世态多变，人情叵测，又恐余年少长，嗜愁纷而性情乖，家道世事应酬难以树立。”③ 而夏扶黄序文称其“敛才独善，逍遥林下”④。赵三选序文中也提及李郊“常恨赋质弱薄，不能大肆其力于学问”⑤。以及李郊捐监之举，显然李郊于读书作文一道天资平庸，故而不得不另辟蹊径。而与之经历相似者，还有其学生王梦桃。王亦称自己天资孤弱，“艰于诵读”⑥。

纵观当时世风可知，琴依旧是文士身份的标识，更是君子超乎寻章摘句之外，志高意广、品性风雅之彰昭。富家子弟即使作文赋诗稀松平常，如能抚琴，依旧是文人雅士的同道。而且李郊自序中称学琴初衷乃是“家道世事应酬”的需要，显然有以琴应世的功利之心在其中。对于这些家资富裕的阶层而言，学琴既可以壮自身声望，又可借此应酬攀援，这从《颍阳琴谱》作序之人夏扶黄、董榕的身份明确可见。

夏扶黄，字声初，乾隆七年（1742）进士，据乾隆三十二年（1767）《续河南通志》记载，乾隆十七年（1752）夏扶黄任商水知县，⑦ 次年春三月即为李郊琴书作序，可知李之交际圈。又如董榕，字念青，雍正十三年（1735）拔贡，为李郊作序时任陈州知府。所以李郊曾慨叹，“先大人学琴之训，明哲远虑为不可及”⑧。又所谓陶淑性情，与以琴应世不过是表里之间而已。

李郊于琴艺一道浸淫日久。自雍正二年（1724）其父李桂芳延请李襄五居家教琴，至雍正七年（1729）李襄五返回雍丘（今杞县）老家之后，李郊对于琴之研习，历经二十余年不辍，琴学造诣日渐精进，这从诸多文人、琴家的序跋之中清晰可见。如夏扶黄述李郊

---

① 中国艺术研究院音乐研究所、北京古琴研究会编：《琴曲集成》第16集，第11页。
② 徐家璘等修，杨凌阁纂：《商水县志》第8册，卷十九“人物志”，民国七年刻本，第六页。
③ 中国艺术研究院音乐研究所、北京古琴研究会编：《琴曲集成》第16集，第15—17页。
④ 中国艺术研究院音乐研究所、北京古琴研究会编：《琴曲集成》第16集，第3页。
⑤ 中国艺术研究院音乐研究所、北京古琴研究会编：《琴曲集成》第16集，第11页。
⑥ 中国艺术研究院音乐研究所、北京古琴研究会编：《琴曲集成》第16集，第140页。
⑦ 田文镜、王士俊等编：《续河南通志》卷四十八“职官志”，1914年5月重印版，第8页。
⑧ 中国艺术研究院音乐研究所、北京古琴研究会编：《琴曲集成》第16集，第13页。

弹琴，“振巾危坐，凝神定视，抚弦而奏约三四操，以彼安闲对我倥偬，一弹再鼓，劳者忘倦。曲既终，但觉窗外黄鹂数声，微风时度，花气隐隐袭人襟带间，此余一年来一大憩息。”① 从夏听琴感受可知李郊此时琴技经二十年磨砺，已颇为精湛。如李郊另一友人刘体正，字西奉，棠溪（今河南镇平）人，与李郊相知二十余年，“曾数聆其音”，“每一弹再鼓，清风穆如，听之者靡不躁心顿释，竦然以肃”②。又如李郊及门弟子王梦桃，称其师琴技“音调疾徐，妙难言传”③。

李郊除自己操琴之外，还在家族亲戚之中教授琴技。夏扶黄称“子侄辈年未毁齿者皆知调音，邑人士竞从学焉”④，董榕序中提到李郊家族“善琴者不下数十人”⑤。李郊侄子李旷在跋中亦曾追忆曰：“繄周之别墅，从余游者二三弟辈，年各幼，胥能琴。亦尝召余学之……迨乾隆十四年，余复就召见其正六律，和五声，一堂之上，兄弟萃聚，合晨夕而不辍。”⑥ 由此可知雍正六年（1728）至乾隆十四年（1748）间，李郊在教授李姓孩童弹琴，并且弹琴人数逐渐增多。有名可查者如李郊长子树祥、次子树源均承家学，淹通音律，⑦ 侄子李旷，乡人王梦桃等。特别是王梦桃，按当时琴人蔡梦燕所记：“王君介眉偶示一二操，和平澹逸，不务柔媚，不伤躁烈，中州正派也。”⑧ 可见其教授的学生之中，也不乏佼佼者。

概之，李郊或因学文资质平常转而习琴，借琴修身，又以琴应世。在多年精研琴艺，臻于成熟之后又教授子侄，惠及乡邻，为中州琴派蔚起，蓄力储才。而刊布琴谱，则又有泽被后学，兼善共美之功。

二、《颍阳琴谱》中的琴学理论

据现有资料可知，李郊一生有两次刊刻书籍的经历，一次是乾隆五年（1739），“刊施医书数种”⑨。另一次就是乾隆十六年（1751）付梓的《颍阳琴谱》。李郊撰此书花了约二十年，其族兄李珩（字楚白）、学生王梦桃等五人参与琴谱校订。全书序文八篇，跋文三篇，正文前有凡例和目录，正文共分四卷。卷一、二为琴论，卷三、四为琴谱，并配有指法图谱，符合传统琴谱编写惯例。

卷一共列琴论 34 条，多为琴“道”内容；卷二共收琴论 53 条，为弹琴、调弦、上弦

① 中国艺术研究院音乐研究所、北京古琴研究会编：《琴曲集成》第 16 集，第 3 页。
② 中国艺术研究院音乐研究所、北京古琴研究会编：《琴曲集成》第 16 集，第 15 页。
③ 中国艺术研究院音乐研究所、北京古琴研究会编：《琴曲集成》第 16 集，第 140 页。
④ 中国艺术研究院音乐研究所、北京古琴研究会编：《琴曲集成》第 16 集，第 3 页。
⑤ 中国艺术研究院音乐研究所、北京古琴研究会编：《琴曲集成》第 16 集，第 5 页。
⑥ 中国艺术研究院音乐研究所、北京古琴研究会编：《琴曲集成》第 16 集，第 143 页。
⑦ 董榕修，郭蕤纂：《商水县志》第 8 册，卷十九“人物志”，民国七年刻本，第六页。
⑧ 中国艺术研究院音乐研究所、北京古琴研究会编：《琴曲集成》第 16 集，第 8 页。
⑨ 董榕修，郭蕤纂：《商水县志》第 8 册，卷十九“人物志”，民国七年刻本，第六页。

等琴“技”事项。两卷所引前人琴论多标有出处，如卷一多摘录《太古正音》《太古遗音》《文献通考》等著作；卷二部分标注传抄出处，引用文献多为宋代琴论内容，如姜夔《乐议》、陈旸《乐书》、朱熹《琴辨》等。除此之外，卷二还记录左右手指法共131个，89个为左手指法，42个是右手指法。

琴谱卷三、卷四共收琴曲十二首。为了让琴谱方便使用，李郊特创分点、分句、分段的记谱法。因为这一方式为李郊自创，所以在“凡例一”中着重点出：“古来琴谱，俱以一段共叙一处。其法未尝不善，但恐初学之士，逐次下弹，气无歇息，殊为蒙混。今于每句必另为抬头，而段落点数皆为著明，庶学者便于观览。”① 这样的成谱结构，非常方便初学之人学琴断句。李郊在减字谱上做出的改革，得益于习琴授琴的阅历，也是清代中州琴派在记谱方法上的大胆尝试。

通览琴谱可知，李郊在书中所阐述的琴学理论，多为沿袭前人，其中四部琴谱为其琴论祖本，分别是《太古遗音》《乐仙琴谱》《五知斋琴谱》和《德音堂琴谱》。尽管如此，但也有个人独到的见解和代表清代中州琴派的观点，具体有以下三个部分：

（一）反对“以词求琴”

在琴学发展的历程中，一直就有“弦歌合一”和“去文以存勾剔”两种截然相反的观点。如宋代朱长文在其编著的《琴史》中认为：“古之弦歌，有鼓弦以合歌者，有作歌以配弦者”，又认为“古人歌则必弦之，弦则必歌之”②，只有如此，才能“其归一揆”“表里相匀”。相较于有弦必有歌的观点，另一派则认为，古琴应以弹奏为主，祛除歌唱，如元代陈敏子在《琴律发微》中论曰：“《高山》《流水》，则类皆于声而求其意，所尚初不在辞也。”③ 由此可见，陈敏子认为琴曲意味在曲而不在辞，也就是反对“以词求琴”。

有明一代，琴界出现了以琴歌为主的“江派”和以琴曲为主的“浙派”。有统计称，明代有35部琴谱记载琴歌，共488首，④ 琴歌空前繁荣。清代虽已是琴歌的余绪，依然有435首琴歌被多部琴谱收录。⑤

李郊在编纂琴书过程之中，其态度是反对“以词求琴”的。例如他在凡例中指出：“学琴者，多执词以求琴，不知琴道惟以音律中节，声调和缓为主，何必拘拘以有词，而后谓之鼓琴哉。”⑥ 在李郊看来，琴乐一道“在音不在词”，这种琴学理念体现在《颍阳琴谱》之中就是一首琴歌也未收录。而这种重琴曲、轻琴歌的做法，在同为中州派的《琴学练要》《研露楼琴谱》《龙吟阁秘本琴谱》等琴谱中也能明确看到。

---

① 中国艺术研究院音乐研究所、北京古琴研究会编：《琴曲集成》第16集，第19页。

② 朱长文：《琴史》，南京：江苏凤凰文艺出版社，2017年，第245页。

③ 修海林编：《中国古代音乐史料集》，北京：世界图书出版公司，2000年，第455页。

④ 薄克礼：《中国琴歌发展史》，天津：百花文艺出版社，2013年，第143页。

⑤ 薄克礼：《中国琴歌发展史》，第234页。

⑥ 中国艺术研究院音乐研究所、北京古琴研究会编：《琴曲集成》第16集，第20页。

（二）关于指法“擘托”的认识

减字谱是流派传承的重要载体，对琴人演奏有重要作用。在减字谱流传过程中，大多数谱字都已固定，唯有“擘托”这两个指法在不同时期的琴谱中解释不一。如康熙四十八年（1709）左右刊印的《诚一堂琴谱》对“擘托”的解释：“擘也，大指出弦；托也，大指入弦。古谱以入弦为擘，出弦为托。近谱遵琴川严氏反用，盖别指之阴阳也，今遵严谱用。”① 李郊在卷二“弹琴启蒙”一节中引康熙三十年（1691）刊刻的《德音堂琴谱》中一段文字：“故用大指向身内弹琴者谓擘为入，向徽外弹琴者谓托为出。”② 两部刊刻年份相差不远的琴谱在这两个指法的表述上完全不同，前者出弦为擘，入弦为托；后者入弦为擘，出弦为托。

虽然《颍阳琴谱》这段话是抄自《德音堂琴谱》，但李郊认可该书对于“擘托”的解释，而且李郊在跟李襄五学琴之时，必然是学过这一指法的，直到编纂《颍阳琴谱》之时再次强调“擘托”，可见该指法在不同琴派依然有着截然不同的认知。李郊关于“擘托”的理解与中州派琴人王封采于乾隆十二年（1747）编写的《龙吟阁秘本琴谱》认识一致，显示出中州派对于这一指法的阐释具有统一性。

（三）“左手对徽，右手近岳”——中州派的弹奏手势

在《颍阳琴谱》中，李郊除了在“弦歌之辩”“擘托之惑”给出自己的明确观点之外，还在书中记录了弹琴手势、相关指法，为我们了解当时中州派的演奏方式，提供了宝贵的资料。

如关于“手势”：“弹琴时，右手必近岳弹。不过一徽，取其音韵清亮，不致皮慢。假若歇手，手腕必落在岳山之上。此是秘法，在所当效。”③ 这与其他琴派手歇之时，放置琴弦之上有显著不同，是中州派的外部显性特征之一。除了左右手与琴的对应位置之外，还强调手腕的高低姿态 “手腕低平，不易高昂，左手要对徽，右手要近岳。”④ 由此可知，李郊所传中州指法抚琴时靠近岳山，取音清亮。

该书中对于指法法度也有明确规定：“琴声轻重疾徐，要接续而不断，指法手势，悉依规矩而禁飞扬。取予疾徐，皆须得体而去浮躁。”“指法不宜粗暴，粗暴则声不真全，复不宜弱，弱则声不混实。惟沉实详缓，发声清圆为贵。”⑤ 由此可见，中州琴派指法力度讲“沉实详缓，发声清圆”，并且在演奏时音韵不断，弹琴时气韵贯通、浑融无迹。这与

① 中国艺术研究院音乐研究所、北京古琴研究会编：《琴曲集成》第 13 集，第 20 页。
② 中国艺术研究院音乐研究所、北京古琴研究会编：《琴曲集成》第 16 集，第 62 页。
③ 中国艺术研究院音乐研究所、北京古琴研究会编：《琴曲集成》第 16 集，第 20 页。
④ 中国艺术研究院音乐研究所、北京古琴研究会编：《琴曲集成》第 16 集，第 20 页。
⑤ 中国艺术研究院音乐研究所、北京古琴研究会编：《琴曲集成》第 16 集，第 20 页。

《龙吟阁秘本琴谱》中“右手之指法略易于左，但用力太轻则柔，用力太重则浊。即空勾一声，亦必欲圆，况实者乎？然圆一字，惟深知音而精于琴者，方领此趣”[①] 有异曲同工之妙。《重修真传琴谱》在“弹琴发指要论”也有相似论述，不同之处在于《重修真传琴谱》强调“为贵者，弹缓紧慢，发声从容自然为妙”[②]。该谱重视弹琴要放松自然，而《颍阳琴谱》则重视弹琴时用力的“清澈”和琴声的“圆润”。总之，李郊在凡例中提出的“不间断”“禁飞扬”“去浮躁”“禁粗暴”“复宜强”等具体要求汇总到一起，最终达到的就是中州派“中正平和”这一抽象概括的审美特征。

除了上述一些整体原则之外，《颍阳琴谱》对于演奏指法还有具体的要求。如“吟揉抑按，要浑融而无迹，勾打挑剔，要有力而不滞”[③]，对于左手指法“吟揉”，右手“勾打挑剔”的要求相当具体明确。如针对弹奏时容易混淆的“注”进行解释，区分了“真注”与两弦之间的走弦音的区别，指出指法“撮”弹后，剔挑应该不离开琴弦，手指离弦太过则不雅等具体演奏细节，为学琴者立规明矩，趋和臻雅。

三、《颍阳琴谱》中的琴曲研究

《颍阳琴谱》中共收琴曲十二首，琴曲来源李郊在自序中写得相当明白：“自雍正甲辰以至乙酉，岁经五更，而余得琴八曲，悉属李君之口传手授，故未尝见有谱也。迨后李君于里，余恐久而易忘，弗惮心力，逐曲按其音律，详模手法，而谱记八曲，后又推广四曲，合订已十二曲。”[④]

由自序可知，八首琴曲系从其师李襄五处学得，其他四首是抄录别的琴谱而来。在收录这些琴曲过程中，因题解是知晓琴曲内容的关键，所以李郊对其极为重视，故而十二首琴曲均录有题解。但该琴谱中的题解与琴论文字来源相似，多摘抄自其他琴谱：

表 1　《颍阳琴谱》琴曲题解出处一览表

《颍阳琴谱》所收琴曲	琴曲题解出处	备注
《高山》《流水》《墨子悲歌》《塞上鸿》《汉宫秋月》《大雅》	《杨伦伯牙心法》	《大雅》题解内容有所增加
《渔樵问答》《列子御风》	《杨伦太古遗音》	
《乌夜啼》	《神奇秘谱》	题解增加李白《乌夜啼》乐府诗一首
《水龙吟》《平沙落雁》《圯桥进履》	李郊自撰	

① 中国艺术研究院音乐研究所、北京古琴研究会编：《琴曲集成》第 18 集，第 334—335 页。

② 中国艺术研究院音乐研究所、北京古琴研究会编：《琴曲集成》第 4 集，第 292 页。

③ 中国艺术研究院音乐研究所、北京古琴研究会编：《琴曲集成》第 16 集，第 21 页。

④ 中国艺术研究院音乐研究所、北京古琴研究会编：《琴曲集成》第 16 集，第 17 页。

如上表所示，《颍阳琴谱》琴曲解题六首来自《杨伦伯牙心法》，两首来自《杨伦太古遗音》，一首来自《神奇秘谱》，三首为李郊所写。需要特别指出的是，琴曲《乌夜啼》的题解内容系在《杨伦伯牙心法》基础之上加以丰富而成，只有《平沙落雁》《圯桥进履》的题解文字全部为李郊所撰写。这些琴曲除题解外，后记绝少，只有琴曲《汉宫秋月》有寥寥数语的后记。

《颍阳琴谱》所收十二首琴曲中，究竟哪四首系从别的琴书抄录推广而来，又有哪八首是李襄五口传手授，李郊在自序中并没有明说。通过比对发现，“口传手授”的八首琴曲与其他琴谱相比，有以下四个特征：一是旋律多有扩充发展；二是乐段多增加内容；三是增加左手走弦音；四是乐曲开头多用“少息”①。结合上述特征，并通过各种琴谱比对，《高山》《流水》《乌夜啼》《汉宫秋月》四首系李郊抄录自其他琴谱，剩余其他八首则是李郊演奏记谱所得。为方便叙述，下文所列《颍阳琴谱》琴曲，仅标出曲名、宫调、琴曲段数。

（一）四首“推广之曲”的渊薮

《流水》，宫音，共八段。该琴曲最早出现在《神奇秘谱》中，在《西麓堂琴谱》《古音正宗》等琴谱中均有收录。《颍阳琴谱》中的《流水》与《德音堂琴谱》记载一样，同为宫音，八段，无“七十二滚拂”。《高山》，宫音，六段。该曲与《流水》一样，最早出现在《神奇秘谱》中，后在《西麓堂琴谱》《五知斋琴谱》中均有记录。《颍阳琴谱》中的《流水》《高山》与《德音堂琴谱》中的二曲相似度极高，系传抄自《德音堂琴谱》无疑。

《汉宫秋月》，羽音，共十段。该谱是《颍阳琴谱》中唯一一首标注弹琴情感、演奏风格的琴曲，并有后记，内容为：“艳而壮，如美女舞剑；雄而冷，似老将参禅。”② 按该琴谱最早出现在明代《真传正宗琴谱》中，后《五知斋琴谱》《琴学练要》中均收此曲，也都有后记，文字内容都不相同，可知后记或为李郊对此琴曲的感悟。《颍阳琴谱》所收《汉宫秋月》，旋律中偶有“少息”指法的出现，疑似传抄自《诚一堂琴谱》。

《乌夜啼》，羽音，十二段。全曲与《徽言秘旨》琴谱相似，音乐旋律大致相同（只有八、九段旋律不一）。在记谱方式上，前四段多加入“少息”，减少左手走弦音。相对而言，《徽言秘旨》的该曲记谱更为细腻。

（二）八首“口传手授”琴曲的特征

《颍阳琴谱》中未标明，但实际为李襄五口传手授的琴曲分别是：《圯桥进履》《列子御风》《渔樵问答》《墨子悲歌》《大雅》《塞上鸿》《水龙吟》《平沙落雁》。

---

① “少息”，古琴谱字之一，类似于西方音乐中的休止符，意为得音后稍作停顿。

② 中国艺术研究院音乐研究所、北京古琴研究会编：《琴曲集成》第16集，第125页。

《圯桥进履》，宫音，共十段。该曲最早出现在明代琴谱《风宣玄品》中，后在《西麓堂琴统》《五知斋琴谱》中多有出现。《颍阳琴谱》中所收与《德音堂琴谱》属于一个传承体系，但在“德音堂”基础上又有所变化：第一，加入大量左手走弦音，在一个旋律片段上加入“退复”，如“退复上九又上七八又急上七”①；第二，乐段增多，篇幅扩大，《颍阳琴谱》比《德音堂琴谱》多出第三段与第七段，整个琴曲篇幅上扩大；第三，部分徽位不一致，如同样的音乐《颍阳琴谱》用五徽半，《德音堂琴谱》用五徽八。总之，《颍阳琴谱》中的《圯桥进履》音乐发展更加复杂。

《列子御风》，角音，共十段。该曲最早出现在明代《神奇秘谱》中，后多在《西麓堂琴统》《古音正宗》《大还阁琴谱》《德音堂琴谱》等明清琴谱中经常出现。相较于清代琴谱，《颍阳琴谱》中的记载贴近于明代的《神奇秘谱》，如第一段的指法“打圆”，在后世传谱中多改为“再做、三做”，而《颍阳琴谱》依旧保留“打圆”指法；旋律在《神奇秘谱》的基础上有所改变，如第七段音乐旋律有所变化，第九段增加左手走弦音。

《渔樵问答》，商音，共八段。该曲最早出现在《杏庄太音续谱》中，《颍阳琴谱》中第二段与《乐仙琴谱》相似，第三段与《文会堂琴谱》相似，其他段落旋律则自由发展。《颍阳琴谱》此曲第二段、第三段乐句多以“带起”② 指法开始，颇为特殊。

《墨子悲歌》，商音，共十三段。该曲与《五知斋琴谱》所收属于一个体系。两首琴谱均记录为商音，十三段，但在段落分布上有所不同。《颍阳琴谱》将《五知斋琴谱》的第五段，扩充为两个段落为第五、第六段，并在此基础上加入“轮指”指法，增加乐曲篇幅；第八段将《五知斋琴谱》中的七、八段合并，在此基础上增大乐曲篇幅；第十段将《五知斋琴谱》中的九、十、十一合并为一个段落，乐曲篇幅也有增大，并另增加十二、十三段作为琴曲尾声。

《大雅》，黄钟调，十三段。该曲与《诚一堂琴谱》属于一个体系。两部琴谱音乐结构相似，但段落分布不一样。《颍阳琴谱》将《诚一堂琴谱》第二段拆分为二、三段，并在第三段中进行音乐扩充。在第六段中乐句之前，增加“带起”这一指法，是《颍阳琴谱》的旋律特点。

《塞上鸿》，徵音，十四段。与《徽言秘旨》《诚一堂琴谱》属于一个体系。与《徽言秘旨》相比，分段不同，但旋律与体例相似。

《水龙吟》，羽音，四段。该曲与其他琴谱相差较大，并发展出了自己的旋律。该曲第一段与《理性元雅》所收琴曲相似，但后三段旋律较多用指法“撮”，体现周旋自得之趣。

---

① 中国艺术研究院音乐研究所、北京古琴研究会编：《琴曲集成》第 16 集，第 75 页。

② “带起”，古琴指法之一。弹完起手有声，为虚音。

通过对《颍阳琴谱》中所收八首琴曲的分析，可以看出以李郊为代表的中州琴派演奏特点：

首先，从节奏上看，“少息”这一节奏记谱大量出现在琴曲第一段。在《平沙落雁》《大雅》等琴曲中，甚至出现“一音一少息”的旋律特点，最终形成缓慢节奏、气韵高古的琴派风格。

其次，从旋律上分析，这八首琴曲多增加左手走弦音，其特点为连续两个上行音后接下行音，以此来增加旋律的丰富性。中州派弹琴过程中，“必近岳弹，不过一徽”①，但右手过于靠近岳山会造成‘用意过刚，殊欠优柔乐易”② 的弊端，而左手的连续走弦音既中和右手之刚劲，又增加琴曲悠长韵味。因此，以李襄五、李郊一脉琴人有意加入左手走弦音，使音乐更有“高古宽宏”的审美意境。

再次，从记谱方式看，因是李郊回忆老师“口传手授”的琴曲，又是李郊常弹之曲，在琴谱徽位标识上更加清楚，琴谱中无“分开”“二上”这类模糊音位记谱，而是标注出每一个徽位，例如琴曲出现“分开”指法时，李郊多用左手“上某徽”详细标注，方便掌握。

最后，从指法运用来看，多以“带起”作为乐句起始音。如《大雅》第六段、第八段，《渔樵问答》第二段，《墨子悲歌》第六、七段，都用“带起”作为乐句开始，增加乐句动荡感，为中州派的又一显性特征。

结　语

综上，《颍阳琴谱》编纂李郊，其习琴心态在于结交同好，以琴应世。李郊在精研琴艺、授琴乡里的同时刊刻琴书，对中州琴派蔚起大有裨益。该部琴谱，琴论部分虽多沿袭前人，但也有自身见解，如认为“琴乐在音”，反对“以词求琴”，以及“左手对徽，右手近岳”的表述，都是其他中州派琴谱中所未见的。特别是八首“口传手授”的琴谱中关于“少息”的大量运用，左手走弦音的增加，乐句前“带起”指法的运用等中州派演奏方法，均证明《颍阳琴谱》为研究中州琴派不可或缺的重要文献。

① 中国艺术研究院音乐研究所、北京古琴研究会编：《琴曲集成》第 16 集，第 20 页。

② 中国艺术研究院音乐研究所、北京古琴研究会编：《琴曲集成》第 17 集，第 286 页。

Li Jiao and *Yingyang Qinpu*

MA Fangfang
(Conservatory of Music, Pingdingshan College,
Pingdingshan, Henan 467000)

Abstract: In the Qing Dynasty, Li Jiao, who was sent to play the qin in Zhongzhou, respected Confucianism and was eager for justice. The qin theory of the *Yingyang Qinpu* by Li Jiao is mostly based on the predecessors, but there is no shortage of insights, such as proposing that the way of the qin is in the tone rather than the song, the understanding of fingering "bo tuo", the playing regulation of "left hand on the Hui, right hand near Yue", and the right wrist should be placed on yueshan during the interval of the qin, etc., all show the distinctive characteristics of Zhongzhou School. The music collected in this work is clearly recorded in the emblem position, which is convenient to play; use more "shao xi" to ease the rhythm and create ancient meaning. The most important thing is that compared with other music scores, the volume of the music received by the music score has increased greatly, showing the characteristics of Zhongzhou School.

Keywords: *Yingyang Qinpu*; Li Jiao; Zhongzhou School

作者简介：马方方，平顶山学院音乐学院讲师，发表论文《龙吟阁秘本琴谱研究》等。

袁嘉谷《诗经古谱》研究

张超玲

（福州大学至诚学院，福建福州　353000）

摘　要：在近代西学东渐风气的影响下，清政府学部编撰《诗经古谱》，旨在“不失古人诗教之旨”。《诗经古谱》体现了对文化传统的重视，也是在音乐领域西学东用的开始。该书在21世纪才被发现，成为国人认识西乐与传统文化交融的新资料。其内容主体虽然是《诗经》，但是乐谱形式上，翻译中国律吕谱和工尺谱，改用西方五线谱和简谱的记谱方式。这种中西结合的形式是清末时期中西文化交融下的产物。本文通过介绍《诗经古谱》一书的成书背景、主要内容，并与《诗经古谱》的两部文献来源——陈澧《声律通考》和熊朋来《瑟谱》进行对比，试图梳理出《诗经古谱》与《声律通考》和《瑟谱》间的关系。

关键词：诗经古谱；声律通考；瑟谱

引　言

清光绪三十四年（1908），学部书局刊印了五线谱和简谱形式的《诗经古谱》。目前学界对《诗经古谱》的内容尚未有完整的分析，主要研究是从侧面说明本书对清代末期学校音乐教育的影响，并对《诗经古谱》的源流做了一些研究。经过孙继南的查证，《诗经古谱》所载《淇奥三章》之五线谱与简谱绘制格式与中国第一部音乐教科书《初等小学乐歌教科书》所载的《淇奥》歌谱完全相同。① 因此可以推测，《诗经古谱》对于清晚期学校音乐教育的推进有着重要意义。除此之外，学界还有关于《诗经古谱》版本源流的讨论，有学者仅将《诗经古谱》看作《风雅十二诗谱》的乐谱流传版本，并作为《风雅十二诗谱》传世的佐证。②

虽然《诗经古谱》未署名编者或者整理者的姓名，但其扉页背面题有“光绪三十四年

① 孙继南：《中国第一部官方统编音乐教材〈乐歌教科书〉的现身与考索》，《音乐研究》2010年第3期。

② 汪亚：《风雅十二诗谱校勘与译谱》，南京艺术学院2020年硕士论文，第41页。

(1908) 春二月学部图书局印成”字样。学者们根据出版时间，一致认为《诗经古谱》应是清代学部编译图书局局长袁嘉谷在位期间（1906—1909）编撰的书籍之一，由学部编译图书局出版发行。[①]张维在《袁嘉谷传》中提到，1905 年末清末最高教育行政机构学部成立，学部设有视学官和咨议官以及下属“三局一所”，即编译图书局、京师督学局、学制调查局、教育研究所。编译图书局成立时，学部任命袁嘉谷为首任局长，一直到宣统元年（1909）卸任，为期四年。袁嘉谷所领导的编译局将确定成书校审程序分为三级：分校、复校和总校。袁嘉谷不仅对全局各事操心，还要对每一本成书担任总校之责。[②]对于《诗经古谱》的编撰者，学界的看法不完全相同。在云南省文史委员会编撰的《云南文史资料选辑》中只提到袁嘉谷对此刊物负责。[③] 与之不同的是，金治中[④]和张维[⑤]都认为《诗经古谱》应是王国维与袁嘉谷共同编撰，因为袁嘉谷在他的《王静安国维别传》[⑥] 中，提到和王国维一起编写《暑假歌》。袁天聪不仅推测王国维曾参与《诗经古谱》编撰，而且认为《诗经古谱》的作者应该还有高连科，但负责总校之责的应是袁嘉谷。他在考证袁嘉谷生平时，提到对国家档案馆中编者名单进行查证，找到有关高连科的信息。高连科研究音乐，且编写了几本有关音乐的教科书。[⑦] 总之，目前学界对《诗经古谱》的编撰者还没有具体的定论。

关于《诗经古谱》乐谱的来源真实性在学界也未有定论。《诗经古谱》的“题识”中虽然提到两本重要参考文献，即陈澧编撰《声律通考》的第十卷《风雅十二诗谱》和熊朋来编撰《瑟谱》的第三、四卷《新诗谱》。但是，《诗经古谱》与《风雅十二诗谱》和《新诗谱》的内容是否有关联，以及关联在何处还未有完整的分析研究，因此本文从《诗经古谱》成书的背景与目的着手，着眼《诗经古谱》与两部文献之间的关系，试图探究《诗经古谱》乐谱来源的真实性。

一、《诗经古谱》总校袁嘉谷

袁嘉谷，号屏山居士，云南石屏人，是我国近代杰出学者。1903 年，袁嘉谷取得清政府举办经济特科考试的一等奖第一名，民间也称他为“经济特元”。1905 年袁嘉谷担任清末全国最高教育机构——学部的编译图书局局长。在此期间，他主管全国教科书的编写

---

① 张维：《袁嘉谷传》，云南：云南教育出版社，2001 年，第 148 页。

② 张维：《袁嘉谷传》，第 148 页。

③ 政协云南省委员会文史资料委员会编：《云南文史资料选辑》第 35 辑，2001 年，第 178 页。

④ 金治中：《袁嘉谷先生与诗乐，重读〈诗经古谱〉之〈题识〉》，搜狐网，https://www.sohu.com/a/74994965_357206. 最后访问时间：2024 年 9 月 20 日。

⑤ 张维：《袁嘉谷传》，第 163—164 页。

⑥ 袁嘉谷：《袁嘉谷文集》第一卷，云南：云南人民出版社，2002 年，第 431—432 页。

⑦ 袁天聪：《耕读世家——云南科举第一人百年家族史》，云南：云南人民出版社，2018 年，第 215—216 页。

事宜，主持编写小学至中学、初级师范和女子师范等各科的教科书。1909 年，袁嘉谷担任浙江提学使兼布政使，主管浙江的学务、财政和民政，提倡在全省城乡普遍建立简易识字学塾，增设师范、工、医、水产学校及各县小学四千余所。辛亥革命爆发之后，袁嘉谷回到云南石屏县，隐居乡里，埋头著述。1922 年，他开始了在云南第一所大学东陆大学（云南大学的前身）15 年的执教生涯。他作为国文教授的任教期间，培养了数百人。1937 年“七七事变”之后，袁嘉谷忧愤成疾，卧床不起，于当年 12 月 23 日与世长辞，终年 66 岁。

袁嘉谷主要成就集中在三个方面。第一，编撰和整理许多传世文献，对文献学和编辑学做出了较大贡献。例如，系统整理《尚书》传本，参与《清史稿》体例的制定和内容编制等。第二，致力于地方志、史书的编撰，如编撰《石屏县志》和《云南历史大事记》，参与撰写《征刻云南丛书启》和《滇南文献备征录》等，对于云南地方史研究有重要意义。第三，参与创办学部，并编撰我国第一批西式统编教材，为清末西式学校教育起到推动作用。在《学部编译局初等小学国文教科书》序言中，他阐述了自己对教科书的编辑理念。他主张国民教育以国文为重，虽时代变迁，但教材应该与《四书》《五经》一样，以“正风俗、范政治、立人道、巩国本”①。

二、《诗经古谱》编撰背景和主要目的

《诗经古谱》是在清末西学东渐的背景下编撰的。彼时中国正面临前所未有的国家危机，西方列强通过不平等条约使中国成为半殖民地半封建社会。早在戊戌变法初期，清政府就出台了赴日留学的政策。随着变法改革深入，西学的风气逐渐扩大。1901 年，朝廷颁布《新政上谕》，派官员东渡日本考察，以了解和学习西方教育的经验，为国家的教育改革做准备。张之洞等人上奏《江楚会奏变法三折》，明确提出改革教育，制定新学规定，吸收西法来补充中法，这些措施在新政中逐渐得以推广。为了适应时代改革的发展，清末学部出版《诗经古谱》，使西方的五线谱和简谱与中国的“古乐”《诗经》音乐进行融合创新。

《诗经古谱》的“题识”开篇首先强调中国古代《诗经》与音乐自古以来就是相生相伴的关系，乐以诗为体，诗以乐为用。“孔子取三百五篇，皆弦歌之”，“雅颂之音，盖无一篇不可歌，亦无一人不能歌也”②。他引用郑渔仲对诗与乐的认识，说明诗乐相伴的特点。“郑渔仲曰：古之诗，今之词曲也。若不能歌之，但颂其文，说其义，可乎？谅哉!”很遗憾的是，晋朝以后许多乐谱都亡佚了。幸运的是，清代陈澧在《声律通考》中辑录《朱子仪礼经传通解》中由唐代赵彦肃传下来的《风雅十二诗谱》。《诗经古谱》为了传承

① 张维：《袁嘉谷文集》第一卷，第 312 页。

② 《诗经古谱》，清光绪三十四年京师学部图书局石印本（该书不注页数，下同）。

古人诗教的目的，认为应当以“古乐”为基础，“后世而言古乐，非可臆造，今采古谱，庶不失古人诗教之首”①。虽然唐代与《诗经》产生的年代相距甚远，但是唐代相距如今的清代也有六七百年，所以唐代乐谱也可算是“古乐”。因此，《诗经古谱》翻译了陈澧《声律通考》中的《风雅十二诗谱考》作为上卷。除此之外，元代有熊朋来的《瑟谱》也可以作为“古乐”，因为熊氏乐谱以律吕谱和歌词相结合，具有古代雅乐的特点。因此，《诗经古谱》将熊氏《瑟谱》第三和第四卷《新诗谱》共二十篇，翻译在下卷。

同时，《诗经古谱》还关注到古今音韵的问题，注意叶音②的和谐。“不敢以私意点窜诗经，以今韵歌之，往往不合，今从原本叶音，附注于后，盖其慎也”。③ 有学者认为：《诗经古谱》中每篇最后的注音多采用反切法，少数用直音法，可见作者对音韵的重视。④但《诗经古谱》中的叶音认识并不是编撰者自创，而是应该完全源于熊朋来《瑟谱》中第二章对于《风雅十二诗谱》传谱的继承，后文会有具体分析。

《诗经古谱》翻译传统“古乐”乐谱为西式五线谱和简谱，是充分考虑了《诗经》乐谱在不同时代的变化。从宋代戴长庚《律话》所传的《诗经乐谱》注宋字谱及声谱，到清代陈澧改注俗字谱，这似乎是传统“古乐”与时俱进的特点。因此编者认为：“今日通行谱表并注简谱是编，若仍从旧式，恐义涉两学者，转无从尽解。”⑤《诗经古谱》改用西方五线谱和简谱记谱，不仅适应了当时西学的潮流，而且解决了中国乐谱晦涩难懂的问题，使得同时代的人不再因乐谱难以掌握而止步于《诗经》音乐。这一改变目的是让学习和传播中国文化和西方乐谱变得方便，同时也促进了中西音乐文化的交流与融合。

三、《诗经古谱》的主要内容

整部《诗经古谱》不著撰人，现存两个版本：一为清道光间刻本，二为光绪三十四（1908）年京师学部图书局石印本。⑥《诗经乐谱》的内容包含勘误表、目录、题识和乐谱四个部分。《诗经古谱》主要目的是让人们更容易认识“古乐”并保存下去，所以它不采用中国传统的律吕谱和工尺谱的乐谱形式，每一曲谱均运用当时流行的五线谱和简谱，同时标明调性和拍号。

《诗经古谱》分上、下两卷。每一首乐谱的开头由左至右标明调性、拍号和诗篇名称，同时乐谱中的一个乐段用五线谱的双竖线分隔开。上卷包括《诗经·小雅》中的六篇：《鹿

① 《诗经古谱》。

② 叶音是用当时的语音去读《诗经》，遇有押韵不合的，临时改读字音，以求谐和。

③ 《诗经古谱》。

④ 孙浩：《袁嘉谷编辑思想与成就研究》，昆明理工大学 2021 年硕士论文，第 13 页。

⑤ 《诗经古谱》。

⑥ 中国艺术研究院音乐研究所资料室编：《中国音乐书谱志（先秦—1949 年音乐书谱全目）》增订本，北京：人民音乐出版社，1994 年，第 12 页。

鸣》三章、《四牡》五章、《皇皇者华》五章、《鱼丽》六章、《南有嘉鱼》四章、《南山有台》五章；《诗经·国风·周南》三篇：《关雎》三章、《葛覃》三章、《卷耳》四章；《诗经·国风·召南》三篇：《鹊巢》三章、《采蘩》三章、《采蘋》三章。下卷包含了完整的《诗经·国风》中的八篇：《召南·驺虞》二章、《卫风·淇奥》三章、《卫风·考槃》三章、《王风·黍离》三章、《郑风·缁衣》三章、《魏风·伐檀》三章、《秦风·蒹葭》三章、《陈风·衡门》三章；《豳风·七月》八章；《诗经·小雅》三篇：《菁菁者莪》四章、《鹤鸣》二章、《白驹》四章；《诗经·大雅》完整一篇：《文王》七章；《诗经·周颂》完整三篇：《清庙》一章、《载芟》一章、《良耜》一章；以及部分《诗经》的节选：《崧高》八章之一、《烝民》八章之一、《抑》十二章之二、《秦风·驷》三章之一。

从节奏上来说，《诗经古谱》通篇都只采用 4/4 拍的节奏，同时当乐曲每章的最后小节不满四拍时，用休止符补齐四拍。它确保了乐曲的整齐划一，使得每个小节都保持相同的拍数。这种四拍子的结构，可以推测与《诗经》作为四言诗的特性密切相关。大部分《诗经》中的诗句都是以四个字的形式构成，这种固定的字数结构为四拍子提供了便利，使得每个字可以与一个音符相对应，形成“一字一音”的节奏形态。《诗经》在律吕谱和工尺谱中无固定节奏的形态，因此《诗经古谱》采用西方 4/4 拍的结构是一种创新和尝试，旨在将古老的诗经与西方的音乐节奏相结合。

从调性上来说，《诗经古谱》只有包含 C 调和 D 调两种调性。大部旋律是标记为 C 调，即五线谱中无调号记谱，只有上卷中的六篇《关雎》《葛覃》《卷耳》《鹊巢》《采蘩》《采蘋》是标注 D 调，即五线谱中两个升号的形式。从五线谱和简谱记谱来说，C 调作品中五线谱与简谱的音名和唱名相统一，根据简谱的唱名与音阶的关系，可以反推出七声雅乐音阶与线谱音名的关系，如表一（八度之内）所示：

表 1　C 调音阶对照表

线谱音名	C	D	E	♯F	G	A	B
简谱唱名	1（do）	2（re）	3（mi）	♯4（♯fa）	5（sol）	6（la）	7（si）
七声	宫	商	角	变徵	徵	羽	变宫

不同的是，D 调的六篇中，五线谱的记谱与简谱记谱的音名与简谱唱名完全不统一。同理可根据简谱唱名，反推出七声的清乐音阶，如表二（八度之内）所示：

表 2　D 调音阶对照表

线谱音名	♯C	D	E	♯F	G	A	B
简谱唱名	7（si）	1（do）	2（re）	3（mi）	4（fa）	5（sol）	6（la）
七声	变宫	宫	商	角	清角	徵	羽

由以上的音阶排列可以看出，在《诗经乐谱》中只有出现两种不同的音阶形式，即七声雅乐音阶和七声清乐音阶，其调性的特点并不突出。

四、《诗经古谱》上卷与《声律通考·风雅十二诗谱考》

《诗经古谱》的上卷引述和翻译清代经学大师陈澧《声律通考》第十卷《风雅十二诗谱考》。此书成书于1858年，内容包括古代乐律、调性、乐谱、乐器等方面研究。陈澧立足于《周礼》和《礼记》，以正史志为立论点，对“古乐”进行律学和乐学方面的文献辑录，同时再加以总结归纳。这一时期的戏剧繁荣，使音乐出现“俗乐”繁荣、“古乐”低迷的现象。但陈澧称“成自汉至于赵宋古乐衰而未绝”，因此他“考古今声律为一书”。《声律通考》中的文献，不仅包括《周礼》和《礼记》中最早的有关旋宫转调的文献，还摘录《汉书·律历志》《宋书·律书》《隋书·音乐志》《诗经十二诗谱》等一系列重要的古文献，可见其对“古乐”深入的研究。《诗经古谱》同样也是对“古乐”的挖掘和探索，有理由相信编者引用《声律通考》中《风雅十二诗谱考》是他对陈澧“古乐”研究的高度信任和认可。

《风雅十二诗谱考》是用律吕谱记谱，一字一音，无节奏，无调号，每首诗谱先有乐谱，最后结束标注《诗经乐谱》的标题、章数、乐句和调性。例如：第一首《鹿鸣》中，每字后有乐谱，在乐谱最后标记“鹿鸣三章，章八句，黄钟清宫，俗呼正宫”，如图1所示。《风雅十二诗谱考》共出现两个调，前六篇《诗经·小雅》为“黄钟清宫，俗呼正宫”和后六篇为“无射清商，俗呼越调”。

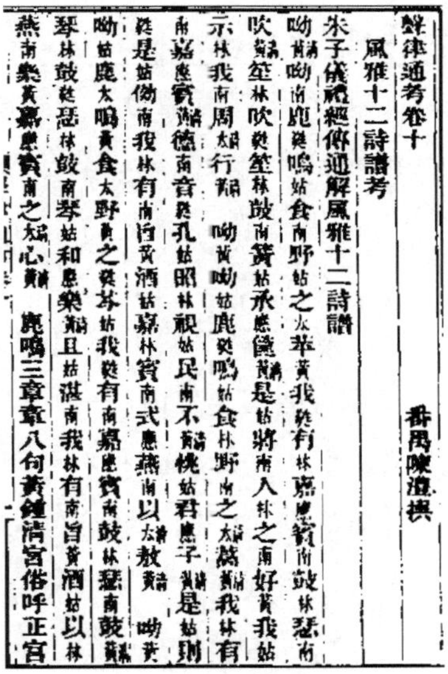
聲律通考卷十　番禺陳澧撰
風雅十二詩譜考
朱子儀禮經傳通解風雅十二詩譜
呦清黄呦南鹿蕤鳴姑食南野姑之太苹黄我蕤有林嘉應賓南鼓林瑟南
吹清黄笙林吹蕤笙林鼓南簧姑承應筐清黄是姑將南入林之南好黄我姑
示林我南周姑行清黄　呦黄呦姑鹿蕤鳴姑食林野南之太蒿清黄我林有
南嘉應賓清黄德南音蕤孔姑昭林視姑民南不清黄恌姑君應子清黄是姑則
蕤是姑傚南我林有南旨黄酒姑嘉林賓南式應燕南以太敖清黄　呦黄
呦姑鹿太鳴黄食太野黄之蕤芩姑我蕤有南嘉應賓南鼓林瑟南鼓清黄
琴林鼓蕤瑟林鼓南琴姑和應樂清黄且姑湛南我林有南旨黄酒姑以林
燕南樂黄嘉應賓南之清黄心清黄　鹿鳴三章章八句黄鐘清宫俗呼正宫

图1　《风雅十二诗谱考·鹿鸣三章》律吕谱

对比《诗经古谱》与《风雅十二诗谱考》中的调性，两书中调性分别具有一一对应的关系，即“黄钟清宫，俗呼正宫”翻译成C调，“无射清商，俗呼越调”翻译成D调。同时两份文献中的乐句结构也完全相同。例如，在《风雅十二诗谱考》中，《鱼丽》共六章，前三章每章四句，后三章每章两句。类似的，在《诗经古谱》也将《鱼丽》乐谱分为六句，其中将前三章的每四个小节作为一个句，后三章每章两句则为两个小节。①

在调式音阶上，若将黄钟定为C，《风雅十二诗谱考》中的“黄钟清宫，俗呼正宫”包含了变徵和变宫的雅乐音阶，且黄钟为结音。与《诗经古谱》前六首的音和音阶都完全相同，如表三（八度之内）所示：

① 每个乐段在《诗经古谱》中使用五线谱中的双竖线表示乐句结束，并且旋律音不满足四拍子时，旋律音用休止符进行补足，故《鱼丽》在此判断分为六句。

表3 律吕谱与乐谱对照表

律　名	黄钟	太簇	姑冼	蕤宾	林钟	南吕	应钟
七声	宫	商	角	变徵	徵	羽	变宫
简谱唱名	1（do）	2（re）	3（mi）	♯4（♯fa）	5（sol）	6（la）	7（si）
线谱音名	C	D	E	♯F	G	A	B

后六首的“无射清商，俗呼越调”中包含了变徵和变宫的七声雅乐音阶，但以黄钟商作为结音，与前文《诗经古谱》用简谱反推出的七声清乐音阶完全不同，同时，线谱音名几乎相同，仅相差一个C与♯C不同，见表四（八度之内）所示：

表4 律吕谱与乐谱对照表

律　名	黄钟	太簇	姑冼	仲吕	林钟	南吕	无射
七　声	商	角	变徵	徵	羽	变宫	宫
简谱唱名	2	3	♯4	5	6	7	1
线谱音名	D	E	♯F	G	A	B	C

《风雅十二诗谱考》中每篇结尾并没有对叶音进行归纳总结。可以推测《诗经古谱》上卷对于叶音的认识，不应该出自《风雅十二诗谱考》，而应该另有出处。

五、《诗经古谱》下卷与《瑟谱·新诗谱》

《诗经古谱》的下卷引用元代熊朋来[①]《瑟谱》中《诗经》的内容，即第三和第四章的《诗新谱》。《瑟谱》一共包含六章，内容包括对《诗经》演唱的伴奏乐器瑟的形制、演奏法、记谱，旋宫图和六十调，加入宋代工尺谱的《风雅十二诗谱》传谱，对《新诗谱》进行新的创作，以及孔庙祭祀礼乐的乐谱。从成书背景看，《瑟谱》的编撰也是为了“复兴雅乐，调制律吕，协歌诗之声，在制器定辞方面，必遵循古式”。这与《诗经古谱》复原“古乐”的思想是一致的。

从整个结构上看，虽然《诗经古谱》的乐谱标题与《新诗谱》一致，但是排列的顺序有所不同。《新诗谱》的三篇《大雅》紧跟着《小雅》，而在《诗经古谱》中将《大雅》三篇放在《周颂·良耜》之后，最后再以《驷》作为终篇。

从乐谱形式的角度来说，《诗新谱》中乐谱形式不仅有律吕谱记谱，还加入宋代的工尺谱形式，与《风雅十二诗谱考》相同的是：无节奏，先有乐谱，最后是《诗经乐谱》的

① 熊朋来（1246—1323），字与可，豫章（今南昌）人，南宋咸淳甲戌（1274）年进士，曾任福建、庐陵（今江西吉水）两郡教授。《元儒考略》卷三中记载：“（朋来）所至，考古篆籀文字，调律吕，协歌诗，以兴雅乐，制器定辞，必则古式，学者化焉。”（冯从吾：《元儒考略》卷三，《文渊阁四库全书》史部七记传类，清乾隆四十七年抄本，台北：台北“故宫博物院”，第122页。）

标题、章数、乐句和调性。例如：《新诗谱》的第一首《驺虞》中，每字歌词对应相应的律吕字谱和工尺谱，并且在乐谱最后标记“驺虞二章，章三句，黄钟羽，俗呼般涉”，如图 2 所示。

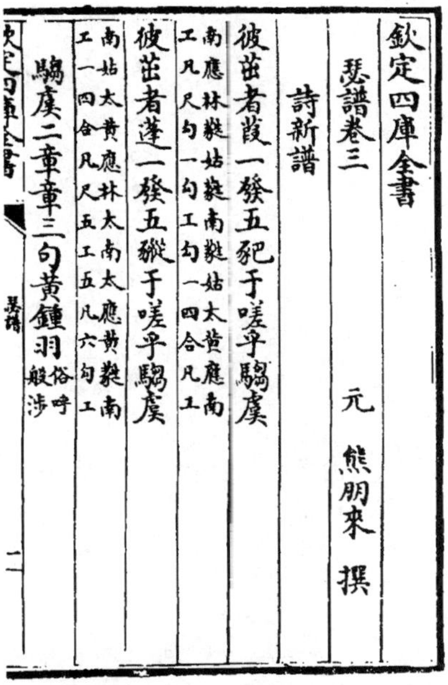
欽定四庫全書
瑟譜卷三　元　熊朋來　撰
詩新譜
彼茁者葭一發五豝于嗟乎騶虞
南應林蕤姑蕤南蕤姑太黃應南
工凡尺勾一勾工勾一四合凡工
彼茁者蓬一發五豵于嗟乎騶虞
南姑太黃應林太南太應黃蕤南
工一四合凡尺五工五凡六勾工
騶虞二章章三句黃鍾羽俗呼般涉

图 2　《新诗谱·驺虞》律吕谱和工尺谱

《诗新谱》与《诗经古谱》在调性方面有很大的不同。《诗新谱》中有许多调性的有益尝试，不局限于黄钟宫调式或者无射商调式，而且出现蕤宾角、南吕商、太簇羽等调式。甚至存在同一篇诗歌中的每一章都运用不同调式的现象。例如：《新诗谱·七月篇》运用了南吕商、夹钟角、姑冼商、大吕角、应钟商、无射商、太簇角共七种调式。

《诗经古谱》下卷的旋律调性与《诗新谱》的调性并无具体对应关系。在《诗经古谱》中只存在 C 调无调号记谱的形式，而《诗新谱》中一共出现 20 种不同的调式，其中以黄钟宫调重复率最高，为 4 次，其次是夹钟宫和黄钟商调，分别为 3 次，并且角调式运用广泛，不同的角调式出现了 9 次之多。由此可见，《诗经古谱》在对于《新诗谱》在调性方面的继承非常少。

在旋律音高问题上，若将《新诗谱》中的律名转换为固定音高，见表五（八度之内），《诗经乐谱》下卷中大部分音高与之相符，但出现偏音讹误的现象。例如在《新诗谱·考槃》三章中，第一个字“考”对应的律名应该是“无射”，因此简谱记谱应为“b7”，第三个字“在”对应“蕤宾”，简谱应记为“♯4”等。而在《诗经简谱》中只有“7”和“4”。

表 5　律吕谱与固定音名对照表

律名	黄钟	大吕	太簇	夹钟	姑冼	仲吕	蕤宾	林钟	夷则	南吕	无射	应钟
线谱音名	C	♯C	D	♯D	E	F	♯F	G	♯G	A	bB	B
简谱唱名	1 do	♯1 ♯do	2 re	♯2 ♯re	3 mi	4 fa	♯4 ♯fa	5 sol	♯5 ♯sol	6 La	b7 bsi	7 si

另一方面，比对《诗经古谱》与《瑟谱》卷二、卷三和卷四，每首乐谱最后的叶音文字记载乃至文字排版都完全相同。以《四牡五章》为例，《诗经古谱》和《瑟谱》卷二《诗旧谱》的记载和排版是完全相同的（见图 3 和图 4）。因此可以推测《诗经古谱》不仅下卷完整引用了《瑟谱·新诗谱》所有关于叶音的内容，同时上卷乐谱也原封不动地保留了《瑟谱·诗旧谱》中关于“叶音”的所有记载。

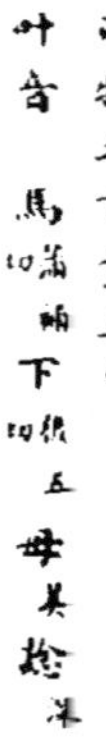

图 3　《诗经古谱・四牡五章》结尾图

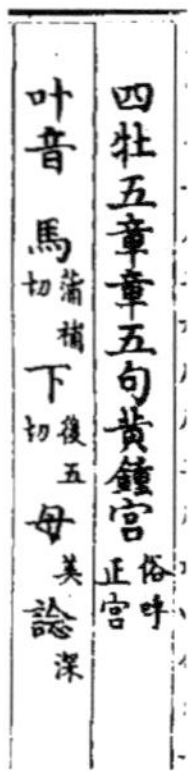

图 4　《瑟谱》卷二《诗旧谱・四牡五章》结尾

六、结　　语

综上所述，《诗经古谱》确为“古乐”无疑，主要的音乐旋律来源于陈澧《声律通考》和熊朋来《瑟谱》，但同时在中西音乐乐谱翻译的过程中出现了一些关键性的讹误。

在《诗经古谱》上卷的六首“无射清商，俗呼越调”中，律名和线谱的音名是一一对应的关系，同时将“宫商角徵羽”五声以线谱“C，D，E，G，A”来表示，商声与线谱上的“D”音完全符合。因此有理由推测，此时《诗经乐谱》在乐谱中标注的“D 调”表示此旋律为商调式。但是，编者很有可能与西方乐理中“D 大调”的概念相混淆，因此在旋律开头调号的位置附加上两个升号，使今天的读者误以为是西方乐理中的 D 大调旋律。

除此之外，对比《诗经古谱》下卷和《瑟谱・诗新谱》，更能看出编者对于“古乐”调式认识的局限性，所以才将大部分调式直接删除，只是在开头写上 C 调。由此也可看出，编者对于西方乐理中调式的认识也具有一定局限性。

《诗经古谱》是清末民国初年有识之士对于中国与西方音乐相互融合的一次重要探索。它寻求在不遗失中国传统古乐文化的基础上，采用当时通用的西方五线谱和简谱的记谱方式翻译和传播古乐，虽然有一定的局限性，但是在西学东渐的背景下，对于中国文化传统的保存和推广具有重要意义。

A Study on *Shijing Gupu* by Yuan Jiagu

ZHANG Chaoling
（Zhicheng College，Fuzhou University，Fuzhou，Fujian 353000 ）

Abstract：Under the influence of the trend of Western learning spreading to the East in modern times, the Qing government's academic department compiled the *Shijing Gupu* with the aim of "not losing the purpose of ancient poetry education". This not only reflects the emphasis on cultural traditions, but also marks the beginning of the application of Western learning to the East in the field of music. This book was only discovered in the 21st century and has become a new resource for us to understand the integration of Western music and traditional Chinese culture. The main body of its content is *Shijing*, but in terms of musical notation, it translates complex musical forms such as ancient Chinese lülü and gongchi notation, and expresses them using Western notation methods such as staff notation and simplified notation. This form of integration of Chinese and Western cultures is a product of the blending of Chinese and Western cultures during the late Qing Dynasty. This article introduces the background and main content of the book *Shijing Gupu*, and compares it with the two sources of literature in *Shijing Gupu*, Chen Li's *Shenglü Tongkao* and Xiong Penglai's *Se Pu*, in an attempt to sort out the relationship between *Shijing Gupu*, *Shenglü Tongkao* and *Se Pu*.

Keywords: *Shijing Gupu*; *Shenglü Tongkao*; *Se Pu*

作者简介：张超玲，福州大学至诚学院助教。

闽南文化研究

清代闽台对渡的第一口岸

——西城五条港的平民生活与文化面貌

郑道聪

（台南市文献编辑委员会，台湾台南　700014）

摘　要： 作为清代台湾府城港区的中心商业街道，台南市神农街（古名北势街）是北势港、佛头港船舶靠岸、装卸货物、买卖交易的商业场所。时至今日仍保留的许多传统街屋，配合外围接官亭石坊、风神庙古迹及港庙等文化资源以及传统行业，是探索当地文化最重要的历史场域。本文即由几句本地俗语，借由文献比对书写，叙明清代闽台对渡的第一口岸——西城五条港的平民生活与文化面貌。

关键词： 台南；清代；俗语；平民生活

台南市神农街古名北势街，位于今台南市西区，东西走向，由水仙宫经海安路、康乐街横亘至金华路药王庙前，是清代台湾府城港区的中心商业街道，总长约 300 米，宽 5 米，是北势港和佛头港船舶靠岸、装卸货物、买卖交易的商业场所。往昔舳舻相连车水马龙，随着清末航运衰退，历经时代变迁与都市发展的影响，此地商业已成停滞状态，但古北势街仍保留许多传统街屋，呈现往昔港区街道历史风貌，配合外围接官亭石坊、风神庙古迹及港庙等文化资源以及传统行业，是探索台湾文化非常重要的历史场域。以下援引几句本地俗语，藉由文献比对书写，叙明清代闽台对渡的第一口岸——西城五条港的平民生活与文化面貌。

一、蔡拼蔡，神主扛扛破

台湾府的港口在康熙晚期时由于台江内海逐渐浮覆，先民挖掘港道、填海为宅，建立街市，形成几条主要的港道，其中最大的一条称为佛头港。佛头港之名称缘于台湾在明末清初时使用西班牙银元，银元上卡洛斯国王的肖像像个佛头，因此而称佛银，可见是个商业繁盛的地区。这个说法不仅出现在台湾，在今漳州龙海市角美镇鸿建村也有佛头港的地名。佛头港港道宽阔，为唐山木材运送进入台湾府城的主要港道，也是百货集散之地。从昔日庙前的街名杉行街及箍桶街，以及众多糕饼炊食业者在此聚集，可窥旧时盛况。各类木材物尽其用，从大规格的原木取料做建材、家具、门窗到小件的木桶、木盒等日常用品，到最后的角料、木屑可做燃料之用，真是印证当地木雕业者的一句俗话："长刻短，短的刻到烧火”。以前在佛头港附近的街道有许多家具或木作行业，台南市有许多庙宇的神案供桌或神龛装饰皆出自于本地。

嘉庆二十一年（1816）佛头港发生著名的斗殴事件。佛头港的码头工人分为来自泉州府晋江县安海镇前埔村蔡氏，以及泉州府晋江县石狮镇大仑村蔡氏。两方均从原乡迎请玄天上帝来港区建庙作为宗姓会馆，前埔蔡在东段建聚福宫，大仑蔡在佛头港西段建崇福宫。两造蔡姓在同一港道营生，各自设置会馆祀神借以团结同乡，互助合作，共谋其利。

斗殴事件源于当时有货船进港，因停靠地点误差，致使承揽挑货搬运的两蔡争挑互殴，双方聚众闹事，扩及掷毁对方在佛头港街屋，经知县出面制止并处分肇事者，立碑于佛头港街示禁。石碑现存于台南市大南门城碑林，纵 110 厘米，横 60 厘米，碑额为“台湾县温奉宪示禁”。从碑文中“不敢再行分界争挑”可知，两大蔡姓有划分地界，应该是以各庙的祭祀圈划定各自工作地盘，其中有人越界承揽挑运工作才引起争执。因此碑文后又记录：“自示之后，凡有该处郊行铺民出入货物，悉听货主自行雇人挑运，断不得仍前分界，霸踞独挑，致启衅端……”知县又饬取蔡姓族长：“务须恪遵示谕，约束子弟，不再行混争滋事，如敢故违，定即严拿按律究办，其罪断不止枷杖也。”知县很清楚知道这些地方豪强的势力，也可能会阳奉阴违，因此又强调：“本县言出法随，决不稍有宽贷，各宜凛遵，毋违！”这段历史衍生出台南有名的俗语“蔡拼蔡，神主扛扛破”，意在说明港区强悍的民风。

咸丰二年（1852），台湾府儒学训导刘家谋著有《海音诗》云：“蔡郭黄卢大姓分，豪强往往虐榆枌。那知拔战能成队，五色旌旗照海滨。”并注记：“大西门外，蔡姓最多，郭姓次之，黄、许、卢三姓又次之，并强悍不驯，各据一街，自为雄长。”也说明在港区有五大姓各据地盘，平常聚众成党，团结互助，营生谋利。《海音诗》一百首之五九诗云：“槺仔林边径路分，中藏罗汉脚纷纷。寄言玉局休相笑，担粪年来亦不群。”这首诗提到的是在府城南门城内也有一群地方势力，是挑粪业者以及槺仔林地区聚集的无业游民，这些人轻生好斗，连到台湾轮调到处苛索的班兵也不敢招惹。从这首诗的诗序“台兵之横，殃及平民；然所惧者有四焉：曰舆夫也，罗汉脚也，大西门外蔡、郭五大姓也，大南门边担粪人也。盖四者半孤身无赖，好勇轻生；其党多至千百人，愈集愈多，拼命死斗，兵无如之何也。抑此四者，遇地方有事，收之则为用，散之则为非，当事者尤为加意也。槺仔林在宁南坊，地旷径多，罗汉脚所聚也”可见台湾府城码头工人官方也不敢随意去招惹。然而，佛头港斗殴事件实在是闹得太大，以致官方“分别照拟枷责发落”，不得不出面干涉。

这块“严禁佛头港货物分界独挑碑记”中，记载有大仑蔡姓、前埔蔡姓，说明了这些宗族势力借由分类意识聚地营生，已成地方势力，如同帮会。另外嘉庆十六年（1811）“重建景福祠碑记”及二十四年（1819）“普济殿重兴碑记”的捐题碑中，出现大仑蔡、前埔蔡，捐献者写的是以地名冠姓，可见已形成社团乡党把持地方，甚至操作不法行业。

例如刘家谋《海音诗》一百首之四四诗："睥睨东边列屋居，冶游只费杖头储。那知切里征村外，别有催科到女闾。"并在诗序中纪录："大西门内，右旋而北，面城居者，皆狭邪家。肩挑负贩之人，百钱即可一度。主者多蔡姓，收淫妪、逃婢实之，日敛其卖笑之资；敛资未盈，辄遭苛责。或勒负债家妇女为之，以偿所负，尤为不法。"提到经营风化场所，收容女子卖笑又是以蔡姓为多，可见乡党豪强已成为恶势力。

重建景福祠碑记/嘉庆拾陆年桂月
大仓蔡捐银拾壹大员……

普济殿重兴碑记/嘉庆贰拾肆年腊月
前埔蔡妥司捐艮十六元……

注：从以上二张嘉庆年间的碑文拓本，可看到大仓蔡与前埔蔡是不同的乡党，来台之人以地缘与血缘的关系团结同姓，共谋其利。前埔蔡碑文有"妥司"即是行业的司阜头人，可见已建立稳定的行业社群体系。

二、行到安平桥，若饮搁若摇

神农街旧名北势街，南边的民权路旧名南势街，原来都是因船只靠港的方位而名。北势街南边街屋的后面，及南势街北边街屋的后面，就是清代港区最繁忙的港道，尽头在水仙宫前。由于港道狭小出入船多，因此从内海运河进来的搬运船，进入这条港道要卸货时，需要向前面的船只呼喊自己的船要靠北势或南势，而且要一面摇船、一面喊，提醒前面的船让出航道空间可以靠岸，要不然要卸货在北势街的船，靠南势街的河岸去，货就卸下不来了。因为涨潮的时间只有那几个时辰，所以搬运船要进港道时需呼喊靠边以便作业，称呼港道才有北势及南势之分。

咸丰六年（1856），陈肇兴《赤嵌竹枝词》"东溟西屿海潮通，万斛泉源一叶风，日暮数声欸乃起，水船都泊水仙宫。"① 描述黄昏时搬运船进港，船夫喊船靠边上岸的幺喝声此起彼落。现在一般人不知道以前港区的作业方式，望文生义，还以为船夫一面摇桨、一

① 陈肇兴：《陶村诗稿》，《台湾文献丛刊》第144种，台北：台湾银行经济研究室，1962年，第48页。

面唱歌呢！其实港区搬运船又称渡船，都是用木竿或竹竿撑着走，通称为手撑仔。船工主要是安平人，渡船都停在安平镇渡头，安平港仔尾的何家、陈家及王城西王家都是搬运船的业主。

2005年在港区采访耆老，住在看西街的卖水果九十几岁的刘老太太说，小时候听过："西门外，水仙宫，行到安平桥，若饮搁若摇。"笔者最初以为她在讲船工摇船的俗语，但她的说法是从西门城外到水仙宫南势街这一带有好几间酒楼，这句话应该是在讲这里酒肆茶楼的女人很会招呼客人，形容港区商业热闹繁华。这句俗语其实界定了一个地理空间，就是西门城到药王庙后边的安平第一桥，是港区的南、北边界，也是往安平的主要通道，所以这句俗语亦说明港区范围及地方风情。

台湾府城大西门进入城内是十字大街，分别有十三铺街、顶南河街、大井头街、帽街、鞋街、草花街、竹子街、做针街、打银街等；在城门外则是港区，从南至北有新港墘、佛头港、北势港、南势港、南河港、松仔脚港、安海港、蕃薯港等。大西门就是唯一可以出入的交通孔道，市井繁华自然就有许多风花雪月的场所。上文所见咸丰年间刘家谋《海音诗》一百首之四四便叙及当时在大西门内有诱拐妇女至风月场所卖笑的情形。不只大西门，诗人陈肇兴在咸丰九年（1859）写的《赤嵌竹枝词》"水仙宫外是侬家，来往估船惯吃茶。笑指郎身似钱树，好风吹到便开花"[①] 也是描述水仙宫周边因为商旅出入，送往迎来、交际应酬多在茶楼酒肆，只要肯花钱应酬即可如沾春风。

光绪丙子年（1876），台南进士施士洁《城西次岱亭留别韵》：

> 苍苍底事困奇材，幻作漂萍海外来。开眼忽惊光似电，闻名早觉贯如雷。赠袍我亦能怜范，折节谁蒙肯始隗。今日感君留别句，令人一读一低徊。闲云相对久忘机，唱彻骊歌忽远飞。短笛宁堪催客去，长亭共此送春归。前程万里君何限，后会三年我岂违。夜夜梦魂随落月，屋梁颜色是耶非。五更匆促话襟期，到此真难顷刻离。忆昨登楼同作赋，况今分袂可无诗。因缘渺渺三生石，文采翩翩一字师。牢记城西灯下语，尽情说与短檠知。

诗中可看出当时舟楫往来的西城港区，文人雅士在此迎送饯别，与离任官员把酒畅饮，互唱离歌的情境。施士洁（1856—1922），字应嘉，一字芸况，号沄舫，晚号耐公，又号楞香行者，是光绪丙子（1876）恩科三甲第二名进士，原籍福建晋江县永宁西岑村，先代渡台卜居台湾府城下南河街，其父施琼芳是道光二十五年（1845）乙巳恩科进士。父子皆同登进士且前后担任台湾海东书院山长，教育乡梓传为佳话。1895年台湾被割让日

---

① 陈肇兴：《陶村诗稿》，《台湾文献丛刊》第144种，第48页。

本，离台居于厦门鼓浪屿，后终老于此。

“安平第一桥”是同治十三年（1874）由台湾知府周懋琦所建，位于府城西城港区北势街尾的港道旁，即今台南市民生路二段协进小学侧门处，碑文内容记载建桥过程，文字生动活泼，又叙明台湾重要历史事件及官场外史。

石碑原高210厘米，宽200厘米，花冈岩，额镌“安平第一桥”。1935年因拓宽马路，被移置南门城外碑林。碑首写着：“由郡城出大西门至安平镇，路经北势街尾有港焉，阻往来者。”这24个字描述府城五条港至安平的地理形势，如今“港”已湮没成巷道，“北势街”还在，即今台南市中西区神农街，是本文中叙述经过历史再生保存的街道。同治十一年（1872）四月，周懋琦至台湾抵任知府，听闻安平海吼名闻天下，想去安平观海。当时所有唐山来台官员都会在四月时去安平看南风吹袭引起的海涛及风声的共鸣，这是在大陆内地听闻不到的奇景，但去安平得从北势街走至安平的陆路，到街尾时有港道阻隔。“郭氏渡以筏，人索钱三，遂专其利。”有个郭姓地方有力人士把持着这个渡口，旁人不得摆渡。

“春夏之交，商人、舟子、渔户、农民，赴城市购食物者，日且千数百人，筏限以一，每次载六、七人，两岸候而争渡者相衅也。”新官周知府过港，摆渡者岂敢收钱，但知府看到旁边有许多人排队等候渡船而相争吵，“民大不便，乃购木将为桥焉”。出于爱民之心，回府之后倡议建桥，但是有人出来阻止，而且搬了一个治安与军事的大理由，“有止之者曰：‘桥成，谁以为守者？恐狱讼滋发，而揖捕徒扰也。’”这位反对的官老爷位阶应该比知府大，说桥造好之后没有人守桥的官腔，使周知府停止造桥计划，碑文中写“余忍焉”，周知府一忍就忍了两年多。

直到同治十三年（1874）冬天因发生牡丹社事件，台湾道夏献纶为防卫府城安全调镇海营驻守五条港的入口并建土城，周知府见上司派兵在港区防守，而再次提出建桥之意：“余以建桥之议商。夏方伯曰：‘善’!”上司虽然同意，但为避免那位大官不高兴，“钦差沈大臣南巡琅璚，亟请于前”，周知府还趁钦差大臣沈葆桢南巡琅璚之时向他请示，获得支持。

这座通往安平的桥梁不到十日即建成，共花费一百八十两白银，此时防守桥梁的军队并非原来的绿营系统，“时北军有市骡者，厥驹良，购以酬之”。周知府买马酬谢北军，即长江以北的淮军。当时台湾原有绿营班兵占额吃缺、军纪松弛，不堪调动，因此沈葆桢乃从内地调五营淮军来防卫台湾，当时防守府城港区门户就是其中一营的淮军，部队番号称镇海营，以示防守海口。

碑文中令周知府写着“余忍焉”的大官是谁呢？在碑文中并未书明，只要探索台湾清代官制应该是城守营官员。是谁并不重要，重点在碑文最后一段：“台湾南北大溪数十，夏秋暴涨，行人苦焉。余以拙于费，未设法以济之，愧矣！然余心则滋慽矣！”周知府自责因短于经费，未能周全水利交通工程造福百姓，也写出为官者民胞物与的胸怀。在清代台湾官场上是比较少见的。

三、内港抽签诗，外港问童乩

前一篇同治十三年（1874）台湾知府周懋琦“安平第一桥”碑文，提到“由郡城出大西门城”，原建于雍正元年（1723）。朱一贵事变后，台湾知县周钟瑄增设木栅城垣，环绕东、北、南三面，周长 2.662 丈，西濒海处无城垣。另设城楼于小东门（右营厅东北）、大东门（龙山寺旁）、小南门（山川坛侧）、大南门（府学宫前）、小北门（近乌鬼井）、大北门（近城守营）、大西门（渡船头）。

文献提到大西门所在的渡船头，即是现在台南市康乐街古迹接官亭、风神庙的位置，昔日货船从台江内海鹿耳门关口查验之后再往府城港区的渡船头上岸，大西门初建于此。乾隆五十三年（1788）林爽文事件后，为加强防御府城安全，台湾府改建砖石土角城垣，并将原渡头的大西门向东迁至宫后街新筑城门，此时原来的港区则应建立城垣而分内外港、街，因此才有这句“内港抽签诗，外港问童乩”。所谓内港即是原来港道延伸至城垣内，例如内关帝港，城垣外的就是外关帝港，因城垣阻隔而分内外，城垣下设水门以便于货船进出。内关帝港上岸接抽签巷，因开基武庙的灵签著名，城外的港区则几乎各庙都有在定时办理关大驾以及设案问公事，因此府城内外呈现不同的民俗风貌。

城外关大驾是港区庙宇最神秘的民俗科仪，中心街道古北势街金华府就有组大驾班。以藤制的无顶轿，上盖红布，由四人抬轿请神驾，从站驾到坐驾，有时长达三、四小时。神明若降驾起驾出巡，路线依神意而行，时间则是于夜晚出巡；关大驾时信徒群起搭轿走行，时间也不定。因为是以安靖地方或为街民解惑消灾为主旨，有时也会跨出街境的范围办案。在夜晚街上安静地行走，走走停停，路上行人及车辆都会避让，亦有好事者围观，而形成特殊的街景。

港区渡船头的西罗殿也是著名关大驾庙宇，在港区有句俗话“下底街的轿”，只有五个字，即是指称台南府城的抬轿文化，无论是两人的手轿或四驾轿、八抬大轿，都是从港区庙宇发展出来的，各庙皆有轿班以神明会的组织动员。由于庙宇之间互相交陪，团结互助，每逢神明圣诞，出轿行列以及文武阵头无不队伍整齐、旗帜鲜明，抬轿以踩步伐前进，整齐划一的动感加上前后呼应的阵头，充分显示出巡队伍规模壮盛。所到之处，迎驾烟火炮声不绝，阵头行进无不光彩夺目，所以府城的神明迓热闹，如果没有下底街的角头街庙出轿，不会引人注目。

四、结　论

《台湾通史》的作者连横曾写过一则闽南语的语音趣闻，描述漳、泉两地来台的移民以语音各自揶揄。《雅言》：“台湾为漳、泉人杂居之地，平时集会，每相戏谑以资谈笑。某庄有庙祀神，泉人以一猪、一羊为牲。漳人见而呼曰：‘全猪全羊，真是闹热！’盖‘全’与‘泉’同音也。泉人以为侮己，顾其徒曰：‘将羊移过来，将猪移过去！”则‘将’又与‘漳’同音也。一捭一阖，机锋相对，真是妙语解颐。”

同样是闽南俗语，也会因不同地区而有不一样的说法，例如泉州有句俗语“会呼鸡，袂喷火”，意思是天色晚了，要赶鸡回巢，养鸡人发出咕咕的声音赶鸡，等到厨房要升火时，口唇已酸，没法将火种吹燃，比喻人气力放尽，很疲倦了。但这句话到了台南工商界却变成“会呼鸡，搁会喷火矣”，店东用这句话表示店里的伙计很能干，很会做事，什么活都做得来，是劝勉称赞的话。

厦门沙坡尾有“七月惊鬼，八月惊水”，泉州的丰州有“七月鬼，八月水”，台南有“七月普渡鬼，八月风台做大水”，这些俗语各自因地方的风土民情而有不同的说法。俗语也有许多相通之处，例如安海有俗语“雾云殿埁墘，白塔泥墘”，形容镇区三里街至港区五里桥的地势高低；台南也有俗语“上帝庙埁墘，水仙宫泥墘”，同样形容十字大街到西门外港口的高低。还有泉州俗语“南门外、青阳镇，行到五里桥，会饮搁会摇”，形容泉州青阳镇到安海镇茂盛的商业活动；台南则有俗语“西门外，水仙宫，行到安平桥，若饮搁若摇”，别有弦外之音，都有异曲同工之妙。

说到西门外水仙宫，即是指台湾府城西城港区，在乾隆时期形成，先民填海为宅挖掘港道，在内海边缘有五间庙宇，向西接着港道延伸到台江内海，像五马奔江，中间就是北势街，街道的尽头是药王庙，却坐西朝东，好像又回头祈求港区神明保佑郊商出海平安，因而民间才有这句“五马朝江一回首”的俗语，整个港区都在这段东西向的庙宇之间。

福建泉州也有一句俗语“五马奔江一回首”，是指晋江安平镇及南安水头镇之间的围头湾，河流要出海时在河口有五块礁石，河水冲击到石头上激起浪花，像五匹马向上游奔驰，所以称五马奔江。“一回首”指的是港口外有岛屿，是入港航行的指标；又有一说，这五块礁石与郑成功有关，石井镇是郑成功的祖地，安平镇则是他成长的地方，这五块礁石形如巨马，其中四匹像奔向海中，另一匹则是回头望向岸上，预言郑氏在海上称霸四代，第五代则是回到陆地上了。

不管上述说法如何，台南俗语“五马朝江一回首”所说的五间庙却都是建于明代的庙宇，分别是广安宫、大妈祖庙、开基武庙、开山宫、沙淘宫，可能从以前民间就借由府城的地理形势，流传着郑成功开台的传奇。

连横在其《雅言》中便记述：“俚言俗谚，闻之似鄙，而每函真理，古人谈论，每援用之……”这段话说明俗语在日常生活里可用于互相劝勉，可以提示警讯、安慰世故，也可以谐谑揶揄、愉悦心情，以俗语表现群体周遭的感受，得以与旁人互通情感，表达文化共享的目的。藉由俗语讲述时代的嬗变，是值得珍视的口语文学，也是先民智慧留给后代珍贵的文化资产。

附录：安平第一桥碑记 碑文

安平第一桥，大清同治十三年十二月除夕日吉立。

由郡城出大西门至安平镇，路经北势街尾有港焉，阻往来者。郭氏渡以筏，人索钱三，遂专其利。同治壬申夏四月抵任，观海于安平，道由是出。春夏之交，商人、舟子、渔户、农民，赴城市购食物者，日且千数百人，筏限以一，每次载六、七人，两岸候而争渡者相衅也，民大不便，乃购木将为桥焉。有止之者曰：“桥成，谁与为守者？恐狱讼滋发，而揖捕徒扰也。”余忍焉。甲戌冬，观察筱涛夏方伯筑营于岸之北，调镇海营驻焉。余以建桥之议商。夏方伯曰：“善！”归而料匠未集。钦差沈大臣南巡琅璚，亟请于前。□□凌公司其亊，鸠工庀材，不十日而成。桥长七丈八尺二寸。翼以栏，如其长之数而两之；广一丈四尺三寸。凡金工、木工、石工、土工之属，灰、砖、杉、铁之料，縻白金百八十两。时北军有市骡者，厥驹良，购以酬之。

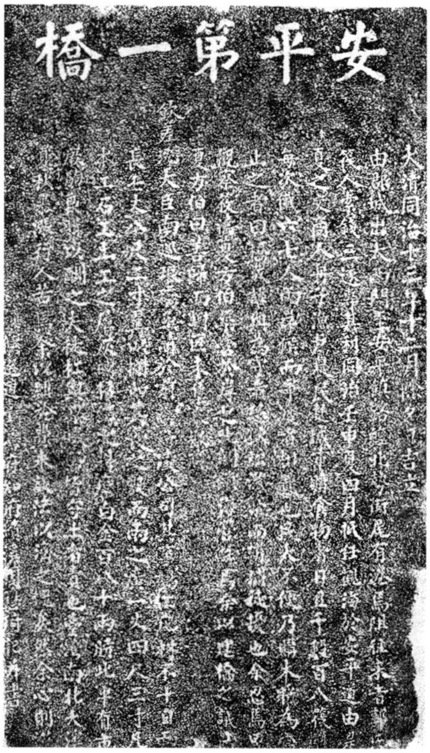

“安平第一桥”碑记拓本

夫徒扛与梁□□，皆守土者责也。台湾南北大溪数十，夏秋暴涨，行人苦焉。余以绌于费，未设法以济之，恺矣！然余心则滋憾矣！

侯巡道台湾府知府缜溪周懋琦记并书。

The First Port of Cross-Strait Exchange Between Fujian and Taiwan in the Qing Dynasty

—The Commoners' Life and Cultural Landscape of Xicheng Wutiao Port

ZHENG Daocong
(Tainan Historical Documents Editorial Committee, Tainan, Taiwan 700014)

Abstract: As the central commercial street of the Taiwan Prefecture's harbor area during the Qing Dynasty, Shennong Street (formerly known as Beishi Street) in Tainan City served as a bustling hub where ships from Beishi Port and Fotou Port docked, loaded and unloaded cargo, and conducted trade. To this day, it retains many traditional shophouses, complemented by surrounding cultural landmarks such as the Jieguanting Stone Archway, Fengshan Temple, and harbor temples, as well as traditional businesses, making it one of the most significant historical sites for exploring local culture. This article draws from local sayings and cross-references historical documents to illustrate the everyday life and cultural landscape of Xicheng Wutiaogang—the first port of call for the Fujian-Taiwan maritime route during the Qing Dynasty.

Keywords: Tainan; Qing Dynasty; vernacular; the commoners' life

作者简介：郑道聪，台南市文献编辑委员会委员、台南市文化协会创会理事长（第一、二届），著有《台南俗谚谈》等。

闽南方言中“查甫”和“查某”

吴文文　李　弢

（闽南师范大学文学院，福建漳州　363000）

摘　要： 关于闽南方言中表示男人和女人的“查甫”“查某”这两个常用词的来源，有很多种说法，但大多数学者是揣摩它们和古代汉语存在什么样的关系，不曾考虑它们和古代闽越语之间是否有一定的渊源。我们认为，“查甫”和“查某”在语音、词义以及构词方式上的关系如此密切，在分析它们的来源时，不应该把这两个词割裂开来，各自找一个古汉语词去“认祖归宗”，相反，应该把两者放在一起，综合起来进行考察。我们从语音演变、构词语序等角度分析了“查甫”和“查某”这两个词，认为它们是在遗留在闽南方言中的古代闽越语成分。

关键词： 闽南语；古闽越语；查甫；查某；构词语序

一、闽南方言“查甫”和“查某”中的“查”

关于闽南方言中“查甫〈厦〉[ta^{6}pɔ^{1}]、〈泉〉[ta^{1}pɔ^{1}]、〈漳〉[tsa^{6}pɔ^{1}]”“查某〈厦漳〉[tsa$^{1-6}$ bɔ^{3}]，〈泉〉[tsa^{1}bɔ^{3}]”①的来源，有很多种说法。有学者认为闽南语表示“男人”的词语是源于闽南人祖先在唐代末年迁徙到闽南后，因为来自中原，被原来当地的少数民族部落称作“唐部”，后来“唐部”的发音又演变为“查甫”。② “叶国庆教授曾撰文指出‘查甫’应是‘查捕’并指出负责追查逮捕的人都是由男人担任的。”③ 还有学者认为其本字应该是“者奴”和“者甫”，盖古代女人自称“奴”，“甫”即指男子。④《闽南方言大词典》则认为闽南语表男人的〈厦〉[ta^{6}pɔ^{1}]、〈泉〉[ta^{1}pɔ^{1}]、〈漳〉[tsa^{6}pɔ^{1}] 本字即

---

①　周长楫主编：《闽南方言大词典》，福州：福建人民出版社，2006年，第50页。

②　方炳桂：《诸娘唐部老公偶》，《福州熟语》，福州：福建人民出版社，1999年，第67—69页。类似的记述另见李乡浏、李达：《诸人仔和诸娘人》、《唐部人和唐部仔》，《福州习俗》，福州：福建人民出版社，2001年，第78页。

③　李竹深：《闽南方言用字刍议》，《闽台文化交流》2009年第4期。

④　李竹深：《闽南方言用字刍议》，《闽台文化交流》2009年第4期。

古汉语中的“丈夫”。① 这一说法从汉语语音演变规律来看是可以解释得通的，但是，字典对“查某”的本字和来源未做解释。总之，学者在研究“查甫”和“查某”的来源时，大多数是揣摩它们和古代汉语存在什么样的关系，不曾考虑它们和古代闽越语之间是否有一定的渊源。我们认为，“查甫”和“查某”在语音、词义以及构词方式上的关系如此密切，在分析它们的来源时，不应该把这两个词割裂开来，各自找一个古汉语词去“认祖归宗”。相反，应该把表示男人的“查甫”和表示女人的“查某”放在一起，综合起来进行考察。我们认为，“查”是古代闽越语在闽南方言中的遗留，表示“人”的意思。“查”和闽语其他方言中表示“人”的词语“侪”有着密切的关系。李如龙先生在《福建方言》中曾经对一些闽方言中的“侪”做过详细的论述：

“从邵武到永定，沿武夷山脉南下，一路上的方言都有称人为‘侪’的：

邵武	sa^{2}	老～家子（老人）		
泰宁	sa^{2}	男子～（男人）	老～人＊（老人）	别～（别人）
将乐	ʃa^{2}	～哩～（男人）	老成～（老人）	～～（大家）
明溪	so^{2}	细～（小孩儿）	老～（老人）	别～（别人）
永安	sɔ^{2}	丈夫～（男人）	老成～（老人）	弄～（种庄人）
清流	so^{2}	男子～（男人）	妇娘～（女人）	损细～（流产）
长汀	sa^{2}	男子～（男人）	细人子～（小孩）	老～哩（父亲）
永定	sa^{2}	男子～（男人）	妇娘（女人）	倨兜～（我们）

这个‘侪’颇有来历。东汉袁康《越绝书》云：‘越人谓人鎩也。’唐李贺《黄家洞》诗有‘官军自杀容州槎’句。鎩，师瞎切。槎，岑牙切，正是读为［sai、sa］的音。”②

“查”和闽方言中的“侪”可能是同源的关系，只不过上述闽语其他方言中的“侪”在各地词语中受汉语构词语序的影响，在“男人、女人、老人”等词语中都处于后面的位置，而“查”在“查某”等词语中仍然保留了古闽越语中原有的构词语序。

二、“查甫”和“查某”的语音演变

如上所述，闽南方言中“查甫、查某”之“查”，源于记载在古典文献“越人谓人鎩也”中的古代闽越语词“鎩”。至于“查甫”之“查”在漳州地区声母为［ts］，在泉州和厦门地区声母为［t］，则可能是语言发展的不平衡性而产生的方言差异。该差异体现为齿音和舌音的差别，两者在语音演变中关系密切。又据泉州许氏族谱研究者许宗超的说法，公元前 120 年汉武帝的左翊将军许滢曾率军队，从河南许州出发，到达闽南同安。闽越灭

① 周长楫主编：《闽南方言大词典》，第 49 页。

② 李如龙：《福建方言》，福州：福建人民出版社，1997 年，第 111 页。

亡之后，其后裔及军队仍“永镇斯土”。① 而漳州地区汉族移民，很多系开漳圣王及其58姓子弟兵的后裔。因此，也有可能是由于来到泉州和漳州地区的中原汉族人源自北方不同地区以及在不同时期到达闽南，从而投射为漳泉厦三地在语音上的这种差异。“根据史书记载，因各种历史原因，中国北方中原地区的百姓从汉代开始，及至魏晋、唐宋等，都不断有大量的移民迁徙到闽南地区，其中一些人还与当地的土著结合，成为闽南地区的主要居民。这些移民带来上古、中古不同历史时期的汉语，在这里逐渐形成和发展成为闽南方言。”②

壮语中表示“公公”“翁”意思的词有𬒍［pau⁶］③，现在闽南语“查甫”之“甫”的语音［pɔ］可能和这个词有密切联系。黄典诚先生指出，“中古效摄一等豪类，普通话都读au，闽南话都读o”④。留存在闽南语中的𬒍［pau⁶］，有可能也被纳入闽南语中古效摄一等豪类字的演变轨迹之中，因此，𬒍［pau6］就成了［po］，与现在闽南语“查甫”之“甫”的语音［pɔ］相近。

壮语中表示母亲、妈妈的词有𡛪［me6］⑤，而闽南语中“查某”之“某”和这个词可能存在同源关系。

三、有关“查某”与“查甫”构词语序的说明

从考古证据来看，所用语言属于壮侗语的一些少数民族，与古代处于闽南地区的闽越人是有着密切关系的。为考古学界所承认的“印纹陶文化”，就是百越民族文化的共同特征之一。李伯谦在《我国南方几何印纹陶遗存的分区分期及有关问题》一文，把我国南方几何印纹硬陶遗存分为七个区，闽台区（包括福建、台湾和浙江南部）、粤东闽南区（包括福建九龙江以南和广东东江流域以东的滨海地区）都是其中之一。⑥“根据文献和调查资料，大多学者主张属壮侗语族的壮、布依、水、侗、黎、傣以及台湾的高山等少数民族族源同百越均有密切关系。”⑦ 可见，闽南地区的闽越人所使用的语言，与现在的壮侗语族语言应该有着密切的关系。而在一些壮侗语族语言中，有不少是中心语前置

① 林华东：《泉州方言研究》，厦门：厦门大学出版社，2008年，第12页。

② 周长楫主编：《闽南方言大词典》，第13页。

③ 广西壮族自治区少数民族古籍整理出版规划领导小组主编：《古壮字字典》，南宁：广西民族出版社，1989年，第9页。

④ 黄典诚：《闽南方音中的上古音残余》，《黄典诚语言学论文集》，厦门：厦门大学出版社，2003年，第220页。

⑤ 广西壮族自治区少数民族古籍整理出版规划领导小组主编：《古壮字字典》，第323页。

⑥ 李伯谦：《我国南方几何印纹陶遗存的分区分期及有关问题》，《北京大学学报》1981年第1期。

⑦ 蒋炳钊：《百越民族的消亡与现代少数民族的关系》，中国百越民族史研究会、云南省民族事务委员会编：《百越史论集》，昆明：云南民族出版社，1989年，第140页。

的，如：

	武鸣壮语	德宏傣语	布依语
男人	pou⁴ saːi¹	pu¹ tsaːi²	pu⁴ saːi
女人		pu¹ jiŋ²	pu⁴
老人	pou⁴ pu¹ tuau³	pu⁴ laːu⁴	
青年男子	pou⁴	pu¹ maːu⁵	pu⁴ ɕo²
青年女子	pu¹ saːu¹	pu⁴ tso²	

上述壮语的［pou⁴］、傣语的［pu¹］、布依语的［pu⁴］都是类别词，相当于汉语的“人”。①

正因为南方少数民族语言中存在这种丰富的BA式构词，一些学者据此把汉语中“人客”“鸡公”这一类词看成是南方少数民族语言的遗存；也有不少学者认为，这种异序现象，是汉语古已有之的现象。对于这个问题，已经有学者发表过一些很值得参考的论述。我们认为，不能把词语中的同素异序现象与某一特定语言相挂钩，词语中的同素异序因素不能用来断定这个词是属于汉语还是源于某种少数民族语言，BA语序的词语与远古一定时期人们的认知顺序有着密切联系。上古蛮荒时期，人们看见一个陌生的事物，首先要确定其大的属性，比如，古人在森林里看见一个动物，首先要明确其为鸡，还是鸭；确定其为鸡之后，再判断其是“公”，还是“母”。这种先“鸡＼鸭”后“公＼母”的认知顺序，与“鸡公”类词语的构词顺序是恰好合拍的。《诗经》中有“无折我树桑”“无折我树杞”中的“树桑”“树杞”正是上古人们此类词语的例证。

那么，后来在汉语中更为普遍的“公鸡”类“修饰语＋中心语”构词方式的形成，与上述特定时期人们的认知顺序相反，这一类词语的构词又该如何解释呢？我们想，这是随着人类社会经济的发展，人们对事物的分类日益精细有密切联系。人类对外界认识的发展过程，往往体现为对事物不断进行分类的过程。比如，随着马在古代人们的经济、军事生活中的扮演着越来越重要的角色，人们对马的分类就不仅仅限于其性别方面的差异。也就是说，发展到后来，由于与人们的生产活动的关系，人们更为关注的是事物的特殊性而不是其一般性。一个打渔的人，由于不同的鱼价值不同，往往最为关心的不是有没有捕获到鱼，而是捕获到了什么鱼。这样，在给新事物进行命名时，往往将能够表明其特殊属性的修饰语放在前，而将表示其一般属性的中心语放置在后。用这种方法对事物进行命名的例子多了，就会对原来“中心语＋修饰语”方法命名的事物名称产生类化作用。正如现在一些闽方言中的“侪”，原先作为闽越语的遗存，可能在构词时也是“BA”式的，后来在汉

① 游文良：《畲族语言》，福州：福建人民出版社，2002年，第509页。

语其他“AB式”词语的类化作用影响下，以老侪（老人）、男子侪（男人）等AB式形式留存在汉语中；而“查某、查甫”却依旧保留了闽越语中原有的“BA”式顺序。

四、为什么这两个词会留存在闽南语当中？

闽南语当中有不少闽越语的留存，不少学者已经做过相关论述。那么，古代闽越语中那么多的词汇，为什么偏偏是这些词，比如我们所探讨的表示“男人、女人”意义的“查甫、查某”留存在现今的闽南语当中呢？相对于语言事实的描写而言，形成这些语言事实背后的历史文化因素是微妙的、令人难以捉摸的，有时甚至是无法实证的东西，只能通过提出一些构想和猜测来加以说明。比如闽南地区有一种海鱼，学名蓝圆鲹，在闽南语中叫“巴郎”。这个词语应该源自古闽越语，因为中原汉族人在北方时少有机会接触到海洋，更难得见到、吃到这一类的海鱼，显然，在当时的古汉语中也没有记录这一概念的词语。汉族人南下，见到这种鱼，当然只能借用当地土著居民语言中的“巴郎”来称呼。“查甫、查某”的来源，也应该联系闽南地区的历史来展开分析。文波、李辉等《遗传学证据支持汉文化的人口扩张模式》认为，现在的南方汉族多半是北方汉族男性同南方外族女性通婚留下的后代，融到南方汉族中的南方原住民族女性远远多于男性。[①] 这个结论，是可以和闽南地区的历史事实相互印证的。闽南汉族聚集地的形成，往往和历史上中原地区汉族南下镇压蛮獠叛乱的活动密切相关。比如唐代陈政、陈元光父子率领士兵从河南固始南下，经过十七年的征抚，方平息闽南战事。关于其南下路线，“现在通常的说法是陈政父子率领中原子弟兵经淮河，沿大运河，取道江浙，由浙江仙霞岭入闽；再顺闽江，沿南平、福清，入驻仙游、安溪一带，继而抵达龙溪，进入闽广之交的‘流移地’”[②]。可见路途之艰险、遥远，况且兵贵神速，不可能有很多的家室或女子随军。随着当地叛乱“蛮獠”男子被清剿或驱赶到外地，而闽越女子则顺理成章地成为获胜士兵们的“战利品”。陈氏父子麾下士兵留下来垦殖辟荒，他们和当地土著女子组建起家庭，繁衍后代。这些闽越族女子在互相谈论时，如果话题涉及到“男人”“女人”这些概念，内容往往具有一定的私密性。为了不让男子听懂她们之间的“悄悄话”，她们可能会一直采用本族中的词语也即“查甫、查某”来指称“男人、女人”。母亲往往是孩子们学习语言的第一个教师，因此她们的下一代在学习语言的过程中，往往也继承了这种称呼“男人”“女人”的说法。虽然“查甫、查某”成为一个词语在闽南方言中固定下来，但因其作为一个借入词，表示“人”这类概念的意义不显，就往往成为一个构词语素和汉语词根语素构成新词加以注明，如“查甫人、查甫囝、查某囝仔、查某孙、查某公、查某雨”等等。这种混合词现象和“巧克力糖、沙发椅、咖啡奶茶”等词语的形成，道理是一致的。

---

① Bo Wen et al.,“Genetic Evidence Supports Demic Diffusion of Han Culture,” *Nature* 431. 7006 (2004): 302-305.

② 张海坤：《陈元光问题考证研究》，《闽台文化交流》2007年第2期。

“Zha Pu” and “Zha Mou” in Southern Fujian Dialect

WU Wenwen, LI Tao
(School of Liberal Arts, Minnan Normal University,
Zhangzhou, Fujian 363000)

Abstract: Regarding the origins of the two commonly used words “Zha Pu” and “Zha Mou” in Southern Fujian Dialect, which represent men and women respectively, there are various opinions. However, most scholars speculate about their relationship with ancient Chinese, without considering whether they have any connection with ancient Minyue language. We believe that given the close relationship between “Zha Pu” and “Zha Mou” in terms of pronunciation, meaning, and word formation, it is inappropriate to analyze the origins of these two words separately by seeking their respective counterparts in ancient Chinese. Instead, they should be examined together comprehensively. Through analyzing the two words from the perspectives of phonological evolution and word formation order, we argue that “Zha Pu” and “Zha Mou” are remnants of the ancient Minyue language components preserved in the Southern Fujian Dialect.

Keywords: Southern Fujian dialect; ancient Minyue language; Zha Pu; Zha Mou; word formation order

作者简介：吴文文，文学博士，闽南师范大学文学院教授，著有《北大汉简老子译注》等；李弢，闽南师范大学闽南文化研究院讲师，发表论文《〈明史〉与漳州地方志中黄道周形象探析》等。

征稿启事附注释规范

一、征稿启事

《闽海学刊》是闽南师范大学文学院创办的综合性学术辑刊，刊发人文科学领域的优秀学术论文。本刊虽处中国东南一隅，但抱广对四海之心，诚挚欢迎海内外作者惠赐大作，共襄其事。今将相关事宜通知如下：

1. 本刊为半年刊，一年刊发两辑，分别于每年 6 月、12 月出版。作者投稿后一般会在一月内收到本刊编辑部的处理通知。

2. 来稿请使用中文规范简体字写作，用其他语种写作的论文，请自行翻译成中文。论文每篇以 10000—15000 字为宜，少数文章字数可扩展到 30000 字。

3. 论文应包括正题（副题）、作者、摘要、关键词、正文、作者简介以及题目、作者、摘要、关键词的英译。

4. 来稿请在文末附上作者信息，包括姓名、工作单位、学历、职称、邮编、通讯地址、电话、电子信箱、代表性著作 1 部或论文 1 篇。

5. 所有来稿由本刊编辑部匿名送两位相关学科专家评审，通过者即告知作者大致在哪一辑刊发。

6. 本刊刊发原创论文，作者切勿一稿多投。虽未发表而在博客、微信等平台上传的论文，本刊一律谢绝采用。凡涉抄袭、侵害他人著作权之事，概由作者承担一切责任。

7. 本刊刊登稿件为作者个人研究成果，不代表本刊意见。如论文涉及敏感话题，本刊会根据相关规定，与作者联系后做出恰当处理。

8. 论文一经发表，即付稿酬，并寄送样刊 3 册。

9. 本刊将加入中国知网，所付稿酬已包含中国知网收录的稿酬。凡不愿在中国知网显示自己的文章者，请事先告知本刊，本刊会做处理。

10. 本刊目前通过电子邮箱接收稿件，特殊情况可邮寄纸质稿件。投稿电子邮箱：minhaixuekan@163.com。地址：中国福建省漳州市芗城区县前直街 36 号闽南师范大学文学院《闽海学刊》编辑部。邮政编码：363000。电话：0596—2591442。

二、注释规范

1. 本刊采用页下注。每页重新编号。

2. 注释内容有：作者、题名、出版地、出版者、出版年、引文页码。同一专著再次征引时只需标注作者、题名、页码，出版信息可以省略；期刊、报纸文章及析出文献，再次征引时依然保留出处信息。具体分述如下：

（1）引用古籍文献：

谢章铤：《赌棋山庄文集》卷四，清光绪十年南昌刻本，第十七页 b。

刘将孙：《养吾斋集》卷九《刻长吉诗序》，《文渊阁四库全书》集部 1199 册，台北：台湾商务印书馆，1986 年，第 80 页。

许慎撰，段玉裁注：《说文解字段注》第一篇下，成都：成都古籍书店，1981 年，第 31 页。

谢章铤：《赌棋山庄遗稿》，八闽文库编纂委员会编：《福建文献集成》集部（48），影印福建省图书馆藏稿本，福州：福建人民出版社，2020 年，第 427—428 页。

（2）引用今人著作：

鲁迅：《中国小说史略》，北京：中华书局，2010 年，第 22 页。

秦观撰，徐培均笺注：《淮海集笺注》，上海：上海古籍出版社，1994 年，第 176 页。

屈兴国编：《词话丛编二编》，杭州：浙江古籍出版社，2013 年，第 1378 页。

（3）引用析出文献：

姚中秋：《作为一种制度变迁模式的“转型”》，罗卫东、姚中秋：《中国转型理论分析：奥地利学派的视角》，杭州：浙江大学出版社，2009 年，第 44 页。

陈衍：《石遗室诗话》卷二四，张寅彭主编：《民国诗话丛编》第 1 册，上海：上海书店，2022 年，第 328 页。

（4）引用论文：

吴承学：《生命之喻——论中国古代关于文学艺术人化的批评》，《文学评论》1994 年第 1 期。

王宁、黄易青：《词源意义与词汇意义论析》，《北京师范大学学报》（人文社会科学版）2002 年第 4 期。

赖静玫：《刘辰翁诗歌评点论析——以唐代诗歌为研究中心》，台湾淡江大学 2003 年硕士论文，第 123 页。

（5）引用译作：

［法］杜夫海纳：《美学与哲学》，孙非译，北京：中国社会科学出版社，1985 年，第 52 页。

［日］浅见洋二：《文本的密码——社会语境中的宋代文学》，李贵、赵蕊蕊等译，复

旦大学出版社，2017年，第200页。

（6）引用报纸、杂志文献：

钱锺书：《中国固有的文学批评的一个特点》，《文学杂志》第1卷第4期，1937年8月。

习近平：《深入学习坚决贯彻党的十九届五中全会精神 确保全面建设社会主义现代化国家开好局》，《人民日报》2021年1月12日，第1版。

（7）引用网络文献

《习近平同美国总统拜登举行视频会晤》，中国政府网，http://www.gov.cn/xinwen/2021—11/16/content_5651232.htm. 最后访问时间：2022年1月23日。

图书在版编目（CIP）数据

闽海学刊. 第二辑 / 肖庆伟主编. --福州 ：福建人民出版社，2024. 12. -- ISBN 978-7-211-09702-9

Ⅰ. H1-55

中国国家版本馆 CIP 数据核字第 2024A3V971 号

闽海学刊（第二辑）

主　　编：肖庆伟
责任编辑：张煜杰
助理编辑：李　科
美术编辑：王　玮
责任校对：陈　璟
出版发行：福建人民出版社　　电　　话：0591-87533169（发行部）
网　　址：http://www.fjpph.com　　电子邮箱：fjpph7211@126.com
地　　址：福州市东水路 76 号　　邮政编码：350001
经　　销：福建新华发行（集团）有限责任公司
印　　刷：福州德安彩色印刷有限公司
地　　址：福州市金山工业区浦上 B 区 42 幢
电　　话：0591-28059365
开　　本：787 毫米×1092 毫米　1/16
印　　张：19.25
字　　数：392 千字
版　　次：2024 年 12 月第 1 版　　2024 年 12 月第 1 次印刷
书　　号：ISBN 978-7-211-09702-9
定　　价：80.00 元